"闽西职业技术学院国家骨干高职院校项目建设成果"编委会

主　任：来永宝

副主任：吴新业　吕建林

成　员（按姓名拼音字母顺序排列）：

陈建才　董东明　郭　舜　李志文　林茂才

檀小舒　童晓滨　吴国章　谢　源　张源峰

闽西职业技术学院 国家骨干高职院校项目建设成果
——建筑工程技术专业

MINXI VOCATIONAL & TECHNICAL COLLEGE

钢结构施工

主　编 ◎ 陈小娟　王秋丽

副主编 ◎ 徐小康　刘　星

厦门大学出版社 国家一级出版社
XIAMEN UNIVERSITY PRESS 全国百佳图书出版单位

图书在版编目(CIP)数据

钢结构施工/陈小娟,王秋丽主编. —厦门:厦门大学出版社,2015.12(2018.12 重印)
(闽西职业技术学院国家骨干高职院校项目建设成果.建筑工程技术专业)
ISBN 978-7-5615-5882-9

Ⅰ.①钢… Ⅱ.①陈…②王… Ⅲ.①钢结构—工程施工—高等职业教育—教材
Ⅳ.①TU758.11

中国版本图书馆 CIP 数据核字(2015)第 310572 号

出 版 人	郑文礼
责任编辑	郑 丹
装帧设计	李嘉彬
技术编辑	许克华

出版发行 厦门大学出版社

社　　址	厦门市软件园二期望海路 39 号
邮政编码	361008
总 编 办	0592-2182177　0592-2181253(传真)
营销中心	0592-2184458　0592-2181365
网　　址	http://www.xmupress.com
邮　　箱	xmupress@126.com
印　　刷	厦门市万美兴印刷设计有限公司

开本	787mm×1092mm　1/16
印张	19.5
插页	9
字数	476 千字
版次	2015 年 12 月第 1 版
印次	2018 年 12 月第 2 次印刷
定价	49.00 元

本书如有印装质量问题请直接寄承印厂调换

厦门大学出版社
微信二维码

厦门大学出版社
微博二维码

总 序

国务院《关于加快发展现代职业教育的决定》指出,现代职业教育的显著特征是深化产教融合、校企合作、工学结合,推动专业设置与产业需求对接、课程内容与职业标准对接、教学过程与生产过程对接、毕业证书与职业资格证书对接、职业教育与终身学习对接,提高人才培养质量。因此,校企合作是职业教育办学的基本思想。

产教融合、校企合作的关键是课程改革。课程改革要突出专业课程的职业定向性,以职业岗位能力作为配置课程的基础,使学生获得的知识、技能满足职业岗位(群)的需求。至 2014 年 6 月,我院各专业完成了"基于工作过程系统化"课程体系的重构,并完成了 54 门优质核心课程的设计开发与教材编写。学院以校企合作理事会为平台,充分发挥专业建设指导委员会的作用,主动邀请行业、企业"能工巧匠"参与学院专业规划、专业教学、实践指导,并共同参与实训教材的编写。教材是实现产教融合、校企合作的纽带,是教和学的主要载体,是教师进行教学、搞好教书育人工作的具体依据,是学生获得系统知识、发展智力、提高思想品德、促进人生进步的重要工具。根据认知过程的普遍规律和教学过程中学生的认知特点,学生系统掌握知识一般是从对教材的感知开始的,感知越丰富,观念越清晰,形成概念和理解知识就越容易;而且教材使学生在学习过程中获得的知识更加系统化、规范化,有助于学生自身素质的提高。

专业建设离不开教材,一流的教材是专业建设的基础,它为课程教学提供与人才培养目标相一致的知识与实践能力的平台,为教师依据教学实践要求,灵活运用教材内容,提高教学效果,完成人才培养要求提供便利。由于有了好的教材,专业建设水平也不断提高,因此在福建省教育评估研究中心汇总公布的福建省高等职业院校专业建设质量评价结果中,我院有 26 个专业全省排名进入前十名,其中有 15 个专业进入前五名。麦可思公司 2013 年度《社会需求与培养质量年度报告》显示,我院 2012 届毕业生愿意推荐母校的比例为 68%,比全国骨干院校 2012 届平均水平 65%高了 3 个百分点;毕业生对母校的满意度为 94%,比全国骨干院校 2012 届平均水平 90%高了 4 个百分点,人才培养质量大大提升。

闽西职业技术学院院长、教授

2015 年 5 月

前　言

　　本书根据《钢结构设计规范》(GB 50017-2003)和《钢结构工程施工质量验收规范》(GB 50205-2001)编写,是依据"建筑工程技术专业工作任务与职业能力分析表"中的能正确地按照国家施工规范组织施工、能运用国家验收统一标准组织验收,控制施工质量等工作项目设置的。全面系统地介绍了钢结构的基本原理、钢结构构造形式及其施工方法。内容包括4个学习单元。分别是单元一:钢结构基础知识;单元二:轻钢门式刚架工程施工;单元三:钢框架结构工程施工;单元四:网架结构工程施工。

　　课程内容突出对学生职业能力的训练,理论知识的选取紧紧围绕工作任务完成的需要来进行,同时又充分考虑了高等职业教育对理论知识学习的需要,并融合了相关职业资格证书对知识、技能和态度的要求。

　　本教材由闽西职业技术学院陈小娟、王秋丽主编,龙岩杰新钢结构工程有限公司徐小康及闽西职业技术学院刘星任副主编,黄晓丽等参与编写。在编写过程中,参阅了国内现行施工技术规范。由于时间紧促,限于水平,书中错漏与缺点在所难免,恳请广大师生批评指正。

编　者

2015 年 10 月

目　录

钢结构基础知识

1.1 材　料

1.1.1 钢材的性能指标与影响因素

1. 钢材的主要性能指标

(1)强度和塑性

建筑钢材的强度和塑性一般由常温静载下单向拉伸试验曲线表明(图 1.1.1)。钢材在单向均匀受拉时的工作性能表现为 4 个阶段,即弹性阶段、屈服阶段、强化阶段和颈缩阶段。由此曲线获得的有关钢材力学性能指标如下:

①比例极限 f_P。图 1.1.1 中 σ-ε 曲线 OP 段为直线,表示钢材具有完全弹性性质,称为线弹性阶段,这时应力可由弹性模量 E 定义,即 $\sigma = E\varepsilon$,而 $E = \tan\alpha$,P 点应力 f_P 称为比例极限。

②屈服点 ε。应变 ε 在 f_P 之后不再与应力成正比,应力-应变间成曲线关系,一直到屈服点 S。图 1.1.1 为碳素结构钢材的应力-应变曲线。

这一阶段,是图 1.1.1 中的弹塑性阶段 SC。S 点的应力为屈服点 f_y,在此之后应力基本保持不变而应变持续发展,形成水平线段即屈服平台 SC。这是塑性流动阶段。在开始进入塑性流动范围时,曲线波动较大,以后逐渐趋于平稳,其最高点和最低点分别称为上屈服点和下屈服点。上屈服点和试验条件(加荷速度、试件形状、试件对中的准确性)有关;下屈服点则对此不太敏感,设计中以下屈服点为依据。因此,钢材的屈服强度(或屈服点)是衡量结构的承载能力和确定强度设计值的重要指标。

图 1.1.1　碳素结构钢材的应力—应变曲线

③抗拉强度 f_u。超过屈服台阶,材料出现应变硬化,曲线上升,直至曲线最高处的 B 点,这点的应力 f_u 称为抗拉强度或极限强度。当应力达到 B 点时,试件发生颈缩现象至 D 点而断裂。因此钢材的抗拉强度是衡量钢材抵抗拉断的性能指标,它不仅是一般的强度指标,而且直接反映钢材内部组织的优劣。当以屈服点的应力 f_y 作为强度限值时,抗拉强度 f_u 成为材料的强度储备。

④伸长率 δ_5、δ_{10}。试件被拉断时的绝对变形值与试件原标距之比的百分数,称为伸长率。当试件标距长度与试件直径 d(圆形试件)之比为 10 时,以 δ_{10} 表示;当该比值为 5 时,以 δ_5 表示。钢材的伸长率是衡量钢材塑性性能的指标。伸长率代表材料断裂前具有的塑性变形的能力。

屈服点、抗拉强度和伸长率,是钢材的三个重要力学性能指标。组合结构中所采用的钢材都应满足钢结构设计规范对这三项力学性能指标的要求。

(2)冷弯性能

根据试样厚度,按规定的弯心直径将试样弯曲 180°,其表面及侧面无裂纹或分层则为"冷弯试验合格"(见图 1.1.2)。通过冷弯试验不仅能直接检验钢材的弯曲变形能力或塑性性能,还能暴露钢材内部的冶金缺陷,如硫、磷偏析和硫化物与氧化物的掺杂情况,在一定程度上也是鉴定焊接性能的一个指标。结构在制作、安装过程中要进行冷加工,尤其是焊接结构焊后变形的调直等工序,都需要钢材有较好的冷弯性能。

图 1.1.2　钢材的冷弯试验示意图

(3)冲击韧性

韧性是钢材断裂时吸收机械能能力的量度。吸收较多能量才断裂的钢材,是韧性好的钢材。钢材在一次拉伸静载作用下断裂时所吸收的能量,用单位体积吸收的能量来表示,其

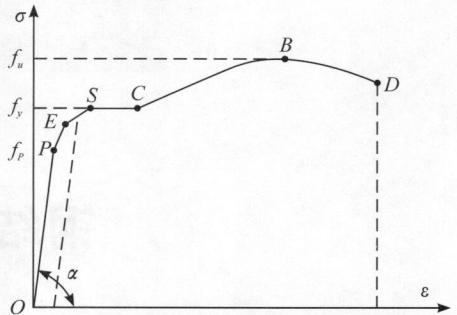

值等于应力-应变曲线下的面积。塑性好的钢材,其应力-应变曲线下的面积大,所以韧性值大。冲击韧性随钢材金属组织和结晶状态的改变而急剧变化,是钢材强度和塑性的综合指标。钢中的非金属夹杂物、带状组织、脱氧不良等都将给钢材的冲击韧性带来不良影响。冲击韧性是钢材在冲击荷载或多向拉应力下具有可靠性能的保证,可间接反映钢材抵抗低温、应力集中、多向拉应力、加荷速率(冲击)和重复荷载等因素导致脆断的能力。材料的冲击韧性数值采用夏比(Charpy)V 形缺口试件(图 1.1.3)在夏比试验机上进行,冲击韧性以所消耗的功 CV 表示,单位为 J。

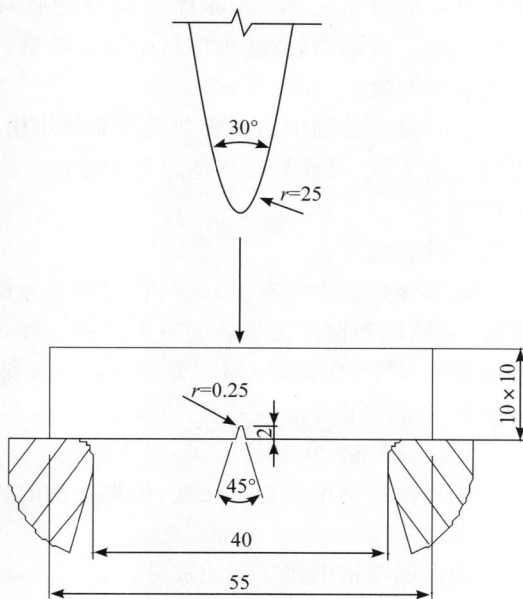

图 1.1.3　冲击韧性试验

在寒冷地区建造的结构不但要求钢材具有常温(20 ℃)冲击韧性指标,还要求具有负温(0 ℃、−20 ℃或−40 ℃)冲击韧性指标,以保证结构具有足够的抗脆性破坏能力。

(4)可焊性

钢材的可焊性指在一定的焊接工艺和结构条件下,钢材经过焊接后能够获得良好的焊接接头性能。评定可焊性好的标志:①在一定的焊接工艺条件下,焊缝金属和近缝区钢材均不产生裂纹(施工上的可焊性)。②焊接接头和焊缝的冲击韧性及近缝区塑性不低于母材性能(使用性能上的可焊性)。

2. 影响钢材性能的因素

影响钢材性能的因素很多,如化学成分、生产过程、钢材硬化、复杂应力、应力集中、温度及荷载等。

(1)化学成分的影响

建筑结构中所用的钢材为碳素结构钢和低合金结构钢,铁(Fe)是钢材的基本元素。在低碳钢中铁(Fe)约占 99%,碳(C)和其他元素约占 1%,其他元素包括硅(Si)、锰(Mn)、硫(S)、磷(P)、氮(N)、氧(O)等。低合金钢中除上述元素外,还含有总量通常不超过 3%的合金元素,如铜(Cu)、钒(V)、钛(Ti)、铌(Nb)、铬(Cr)、镍(Ni)等。组成钢材的化学成分及其含量对钢材的性能特别是力学性能有着重要的影响。

①碳

在低碳钢中,碳是仅次于纯铁的主要元素,碳含量直接影响钢材的强度、塑性、韧性和可焊性等。碳含量增加,钢的强度提高,而塑性和韧性下降,同时恶化钢的可焊性和抗腐蚀性。因此,对碳的含量要加以限制,一般不应超过 0.22%,在焊接结构中还应低于 0.20%。

②硫和磷

硫是钢中的有害成分,它可降低钢材的塑性、韧性、可焊性和疲劳强度。在 800～1000 ℃高温下加工时,硫使钢材变脆,可能出现裂纹,称为热脆。因此,对硫的含量必须严格控制,一般硫的含量应不超过 0.045%。磷既是杂质元素也是可利用的合金元素。在低温时,磷使钢变脆,称为冷脆。在低碳钢中,磷的含量也应严格控制在 0.045% 以下。磷作为可利用的合金元素,能够提高钢材的强度和抗锈蚀能力。若使用磷含量在 0.05% ~ 0.12% 的高磷钢,则应减少钢材中的含碳量,以保持一定的塑性和韧性。

③氧和氮

氧和氮也是钢中的有害杂质。氧的作用和硫类似,使钢热脆;氮的作用和磷类似,使钢冷脆。由于氧、氮容易在熔炼过程中逸出,一般不会超过极限含量,故通常不要求作含量分析。

④硅和锰

硅和锰是钢中的有益元素,它们都是炼钢的脱氧剂。它们使钢材的强度提高,含量不过高时,对塑性和韧性无显著的不良影响。在低碳钢中,硅的含量应控制在 0.3% 以下,锰的含量为 0.3% ~ 0.8%。对于低合金高强度结构钢,锰的含量为 1.0% ~ 1.6%,硅的含量应控制在 0.55% 以下。

⑤铬、镍、钒、铌和钛

铌和钛是钢中的合金元素,能提高钢的强度,又不显著降低钢的塑性和韧性。

⑥铜

铜在低碳钢中属于杂质成分。它可以显著地提高钢的抗腐蚀性能,也可以提高钢的强度,但对可焊性有不利影响。

(2)钢材生产过程的影响

结构用钢需经过冶炼、浇铸、轧制和矫正等工序才能成材,每道工序对钢材的材性都有一定影响。

①冶炼

炼钢炉有三种形式:转炉、平炉和电炉。转炉钢是利用高压空气或氧气使炉内生铁熔液的碳和其他杂物氧化,在高温下使铁液变为钢液。特点是生产周期短、效率高、质量好、成本低,已经成为国内外发展最快的炼钢方法。

平炉钢是利用煤气和其他燃料供应热能,把废钢、生铁熔液或铸铁块和不同的合金元素等冶炼成各种用途的钢。特点是生产周期长、效率低、成本高,现已逐步被转炉钢所取代。

电炉钢是利用电热原理,在电弧炉内冶炼。特点是质量好,但耗电量大、成本高,一般只用来冶炼特种用途的钢材。

②浇铸、脱氧

浇铸是指把熔炼好的钢液做成钢锭或钢坯。钢液中残留的氧将使钢材晶粒粗细不均匀并发生热脆,降低钢材的力学性能,所以需要向钢罐中投入脱氧剂。按照钢液在炼钢炉中进行脱氧的方法和程度不同,碳素结构钢可分为沸腾钢、半镇静钢、镇静钢和特殊镇静钢。

沸腾钢仅用脱氧能力较弱的锰进行脱氧,钢材结晶构造粗细不匀、偏析严重,常有夹层,塑性、韧性及可焊性相对较差。镇静钢除了用锰脱氧外,还用脱氧能力较强的硅,因而脱氧比较充分,钢材结晶构造细密、杂质气泡少、偏析程度低,因而塑性、冲击韧性及可焊性比沸腾钢好。特殊镇静钢在用锰和硅脱氧外,再用铝或钛进行补充脱氧,能明显改善各种力学性能,提高钢材的可焊性。

③轧制

轧制是将钢锭热轧成钢板或型钢,它不仅改变钢的形状和尺寸,而且改善了钢材的内部组织,从而改善钢材的力学性能。轧制钢材时,在轧机作用下,钢材的结晶晶粒会变得更加细密均匀,钢材内部的气泡、裂缝可以得到压合。因此,轧制钢材的性能比铸钢优越。

（3）冶金缺陷的影响

钢材在冶炼、轧制过程中常常出现的缺陷有偏析、非金属夹杂、夹层、裂纹等。偏析是指金属结晶后化学成分分布不均匀的现象。主要是硫、磷偏析,其后果是偏析区钢材的塑性、韧性、可焊性变坏。非金属夹杂是指钢材中的非金属化合物,如硫化物、氧化物,它们使钢材性能变脆。浇铸时的非金属夹杂,在轧制后可能造成钢材的分层。浇铸时由 FeO 和 C 作用所生成的 CO 气体不能充分逸出而滞留在钢锭,气泡被压扁延伸,形成了夹层。偏析、非金属夹杂、夹层、裂纹等缺陷都会使钢材性能变差。

（4）钢材硬化的影响

①冷作硬化

在冷加工或一次加载使钢材产生较大的塑性变形的情况下,卸载后再重新加载,钢材的屈服点提高,塑性和韧性降低的现象。

冷硬提高了钢材的弹性范围,被广泛用于提高承载力。冷拉、冷弯、冲孔、机械剪切等冷加工使钢材产生很大塑性变形,强度提高,但却使钢材变脆,牺牲了塑性。对于承受动力荷载重要构件,不应使用经过冷硬的钢材。

②时效硬化

随着时间的增加,纯铁体中有一些数量极少的碳和氮的固熔物质析出,使钢材的屈服点和抗拉强度提高,塑性和韧性下降的现象。

在交变荷载、重复荷载和温度变化等情况下,会加速时效硬化的发展。

（5）复杂应力的影响

复杂应力是指钢材受到二向或三向应力作用时,其屈服应力需用折算应力进行判断。通过实验可知,复杂应力状态对钢材性能的影响为同号复杂应力(强度提高,塑性降低,性能变脆)和异号复杂应力(强度降低,塑性提高)。

（6）应力集中的影响

在钢结构构件中不可避免地存在着孔洞、槽口、凹角、裂缝、厚度变化、形状变化和内部缺陷等,引起截面中的应力分布不均匀,出现局部高峰应力的现象——应力集中现象。如图 1.1.4 所示。

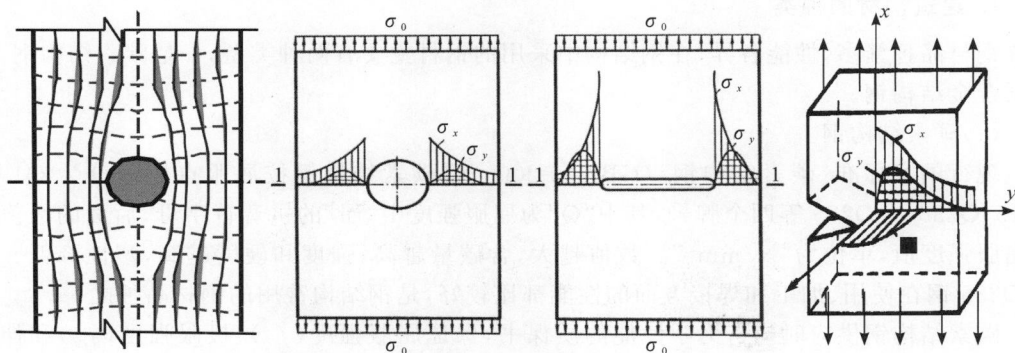

图 1.1.4　应力集中现象

有应力集中的钢材,材性变脆。应力集中处常产生三向的同号拉应力,易使钢材开裂时没有明显的塑性变形。应力集中对塑性良好的钢结构静力强度影响不大,但降低疲劳强度。

(7)温度的影响

①高温的影响

在 150 ℃ 以内,钢材强度、弹性模量和塑性均变化不大,耐热。在 250 ℃ 左右,抗拉强度有局部性提高,伸长率和断面收缩率均降至最低,出现了所谓的蓝脆现象(钢材表面氧化膜呈蓝色)。热加工应避开这一温度区段。在 300 ℃ 以后,强度和弹性模量均开始显著下降,塑性显著上升,达到600 ℃时,强度几乎为零,塑性急剧上升,处于热塑性状态。

②低温的影响

温度越低,钢材的冲击韧性越差,端面晶粒区所占面积越大,越表现为脆性破坏。在直接承受动力作用的钢结构设计中,应使钢材的脆性转变温度低于工作温度,从而选择具有不同冲击韧性指标的钢材。

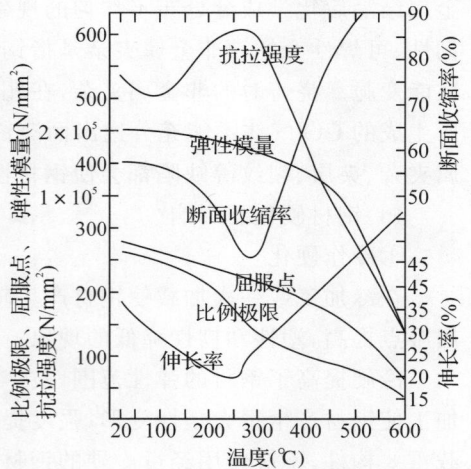

图 1.1.5 温度对钢材性能的影响

(8)荷载的影响

①加荷速度的影响

这是加载过程中出现的问题。加荷速度过快,构件来不及变形,得到的屈服点也高,且呈脆性。特别在低温时对钢材性能的影响要比常温下大得多。

因此,试验时需规定加载速度;静力加载试验一般应加载 5 分钟后再读数据。

②循环荷载的影响

钢材在连续交变荷载作用下,会逐渐累积损伤,产生裂纹及裂纹逐渐扩展,直到最后破坏(疲劳破坏)。疲劳破坏的特点是强度降低,材料转为脆性,破坏突然。

1.1.2 钢材的品种、规格和选用

1. 建筑钢材的种类

钢材品种繁多,性能各异,在钢结构中采用的钢材主要有两种类型,一是碳素结构钢,二是低合金结构钢。

(1)碳素结构钢

现行国家标准《碳素结构钢》(GB 700-2006)将碳素结构钢按屈服点数值分为 Q195、Q215、Q235 及 Q275 等四个牌号,其中"Q"为屈服强度中"屈"的拼音首字母,后面的数值表示屈服强度值,单位为"N/mm²"。数值越大,含碳量越高,强度和硬度越高,塑性降低。其中 Q235 钢在使用、加工和焊接方面的性能都比较好,是钢结构常用的钢材品种之一。

碳素结构钢供应时应有力学性能的质保书,保证屈服强度(f_y)、极限强度(f_u)和伸长率(δ_5 或 δ_{10}),还要提供化学成分质保书,保证碳(C)、锰(Mn)、硅(Si)、硫(S)和磷(P)等的含量。

碳素结构钢按质量等级将钢分为 A、B、C、D 四级,A 级钢只保证抗拉强度、屈服点、伸长率,必要时尚可附加冷弯试验的要求,化学成分对碳、锰可以不作为交货条件。B、C、D 级钢均保证抗拉强度、屈服点、伸长率、冷弯和冲击韧性等力学性能。其中,B 级要求常温(20 ℃)冲击韧性冲击值不小于 27 J,C 级和 D 级则分别要求 0 ℃和－20 ℃的冲击值不小于 27 J,且对碳、硫、磷等化学成分的极限含量也有严格要求。

钢的牌号由代表屈服点的字母 Q、屈服点数值(N/mm²)、质量等级符号(A、B、C、D)、脱氧程度符号等四个部分按顺序组成。根据钢水在浇铸过程中脱氧程度的不同,钢分为沸腾钢(代号为 F)、半镇静钢(代号为 b)、镇静钢(代号为 Z)和特殊镇静钢(代号为 TZ),镇静钢和特殊镇静钢的代号可以省去。对 Q235 钢来说,A、B 两级钢的脱氧程度可以是 Z、b 或 F,C 级钢只能是 Z,D 级钢只能是 TZ。用 Z 和 TZ 表示牌号时也可省略。例如:

Q235－A,代表的意义是屈服强度为 235 N/mm²、A 级、镇静钢。

Q235－BF,代表的意义是屈服强度为 235 N/mm²、B 级、沸腾钢。

Q235－C,代表的意义是屈服强度为 235 N/mm²、C 级镇静钢。

Q235－D,代表的意义是屈服强度为 235 N/mm²、D 级特殊镇静钢。

(2)低合金结构钢

标准采用与碳素结构钢相同的钢的牌号表示方法,仍然根据钢材厚度(或直径)≤16 mm 时的屈服点大小,分为 Q295、Q345、Q390、Q420 和 Q460。其中 Q345,Q390 和 Q420 是钢结构设计规范规定采用的钢种。

低合金钢供应时应有力学性能的质保书,保证屈服强度(f_y)、极限强度(f_u)、伸长率(δ_5 或 δ_{10})和冷弯试验,还要提供化学成分质保书,保证碳(C)、锰(Mn)、硅(Si)、硫(S)、磷(P)、钒(V)、铌(Nb)和钛(Ti)等的含量。

钢的牌号仍有质量等级符号,除与碳素结构钢 A、B、C、D 四个等级相同外,还增加一个等级 E,主要是要求－40 ℃的冲击韧性。钢的牌号如:Q345-B,Q390-C 等等。低合金高强度结构钢一般为镇静钢,因此钢的牌号中不注明脱氧方法。冶炼方法也由供方自行选择。

2. 建筑钢材的规格

钢结构采用的钢材品种主要为热轧钢板、型钢以及冷弯薄壁型钢和压型板。

(1)钢板

钢板分厚钢板、薄钢板和扁钢,其规格用符号"—"和"宽度×厚度×长度"的毫米数表示。如:—300×10×3000 表示宽度为 300 mm,厚度为 10 mm,长度为 3000 mm 的钢板。

厚钢板:厚度 4.5～60 mm,宽度 600～3000 mm,长度 4～9 m;

特厚板:厚度＞60 mm,宽度 600～3800 mm,长度 4～12 m;

薄钢板:厚度＜4 mm,宽度 500～1500 mm,长度 0.5～4 m;

扁钢:厚度 4～60 mm,宽度 12～200 mm,长度 3～9 m。

特厚板用于高层钢结构箱型柱等。厚钢板用作梁、柱、实腹式框架等构件的腹板、翼缘以及桁架中节点板等。薄钢板用来制作冷弯薄壁型钢。扁钢用于组合梁的翼缘板、各种构件的连接板、桁架的节点板和零件等。

(2)热轧型钢

常用的热轧型钢有 H 型钢、T 型钢、工字钢、槽钢、角钢和钢管(图 1.1.6)。

H 型钢和 T 型钢(全称为剖分 T 型钢,因其由 H 型钢对半分割而成,故得名)是近年来

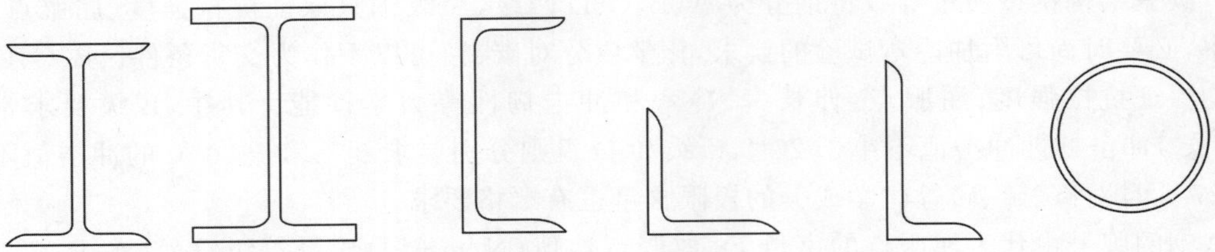

(a)工字钢　　(b)H型钢　　　(c)槽钢　　(d)等边角钢　(e)不等边角钢　(f)钢管

图 1.1.6　热轧型钢

我国推广应用的新品种热轧型钢。由于其截面形状较之于传统型钢(工字钢、槽钢、角钢)合理,使钢材能更好地发挥效能,且其内、外表面平行,便于和其他构件连接,因此只需少量加工,便可直接用作柱、梁和屋架杆件。H 型钢和 T 型钢均分为宽、中、窄三种类别,其代号分别为 HW、HM、HN 和 TW、TM、TN。H 型钢和 T 型钢的规格标记均采用:高度 $H×$ 宽度 $B×$ 腹板厚度 $t_1×$ 翼缘厚度 t_2,H 型钢见附表 5.9,T 型钢见附表 5.10。

工字钢型号用符号"I"及号数表示,见附表 5.5,号数代表截面高度的厘米数。20 号和 32 号以上的普通工字钢,同一号数中又分 a、b 和 a、b、c 类型,同类的普通工字钢宜尽量选用腹板厚度最薄的 a 类,这是因其重量轻,而截面惯性矩相对较大。我国生产的最大普通工字钢为 63 号,长度为 5~19 m。工字钢由于宽度方向的惯性矩和回转半径比高度方向的小得多,因而在应用上有一定的局限性,一般宜用于单向受弯构件。

槽钢型号用符号"["及号数表示,见附表 5.7,号数也代表截面高度的厘米数。14 号和 25 号以上的普通槽钢,同一号数中又分 a、b 和 a、b、c 类型,我国生产的最大槽钢为 40 号,长度为 5~19 m。

角钢分等边角钢和不等边角钢两种,见附表 5.1 及附表 5.2,等边角钢的型号用符号"∠"和肢宽×肢厚的毫米数表示,如∠100×10 为肢宽 100 mm、肢厚 10 mm 的等边角钢。不等边角钢的型号用符号"∠"和"长肢宽×短肢宽×肢厚"的毫米数表示,如∠100×80×8 为长肢宽 100 mm、短肢宽 80 mm、肢厚 8 mm 的不等边角钢。

钢管分无缝钢管和电焊钢管两种,见附表 5.11、5.12。型号用"Φ"和外径×壁厚的毫米数表示。我国生产的最大无缝钢管为 Φ630×16,最大电焊钢管为 Φ152×5.5。

(3)冷弯型钢和压型钢板

建筑中使用的冷弯型钢常用厚度为 1.5~5 mm 薄钢板或钢带经冷轧(弯)或模压而成,故也称冷弯薄壁型钢(图 1.1.7)。另外,还有用厚钢板(大于 6 mm)冷弯成的方管、矩形管、圆管等称为冷弯厚壁型钢。压型钢板是冷弯型钢的另一种形式,它是用厚度为 0.3~2 mm 的镀锌或镀铝锌钢板、彩色涂层钢板经冷轧(压)成的各种类型的波形板,冷弯型钢和压型钢板分别适用于轻钢结构的承重构件和屋面、墙面构件。冷弯型钢和压型钢板都属于高效经济截面,由于壁薄,截面几何形状开展,截面惯性矩大,刚度好,故能高效地发挥材料的作用,节约钢材。

3. 钢材的选用

钢材的选用原则是:保证结构安全可靠,同时要经济合理,节约钢材。考虑的因素有:

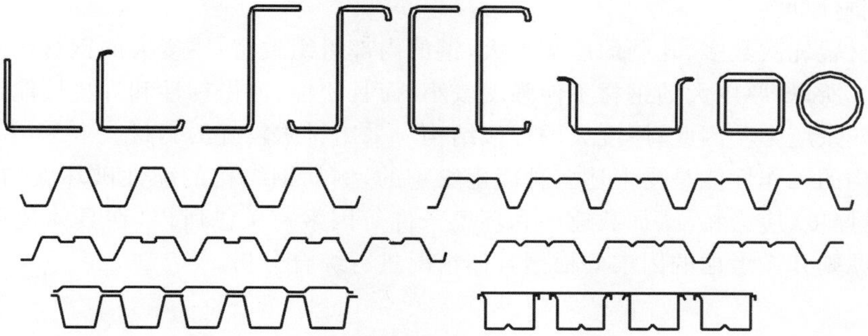

图 1.1.7　冷弯薄壁型钢和压型钢板

（1）结构的重要性

按照《建筑结构可靠度设计统一标准》（GB 50068-2001）的规定，建筑结构按其破坏可能产生的后果（危及人的生命、造成经济损失、产生社会影响等）的严重性分为重要的、一般的和次要的，其相应的安全等级为一、二、三级。安全等级高者（如重型工业建筑结构或构筑物、大跨度结构、高层民用建筑等）应选用较好的钢材；对一般工业与民用建筑结构，可按工作性质分别选用普通质量的钢材。这是选材的一项重要原则。同时，构件破坏造成对整个结构的后果也是考虑的因素之一。当构件破坏导致整个结构不能正常使用时，则后果严重；如果构件破坏只造成局部性损害而不致危及整个结构的正常使用，则后果就不十分严重。两者对材质要求也应有所区别。

（2）荷载情况

结构所受的荷载可为静态或动态的，经常作用、有时作用或偶然出现（如地震）的，经常满载或不经常满载等。应根据荷载的上述特点选用适当的钢材，对直接承受动力荷载的构件应选用综合性能（主要指塑性和韧性）较好的钢材，其中需要进行抗疲劳验算的构件对钢材的综合性能要求更高，对承受静力荷载或间接承受动力荷载的结构构件可采用一般质量的钢材。

（3）连接方法

钢结构的连接可分为焊接或非焊接（螺栓或铆钉）。对于焊接结构，焊接时的不均匀加热和冷却常使构件内产生很高的焊接残余应力；焊接构造和很难避免的焊接缺陷常使结构存在裂纹性损伤；焊接结构的整体连续性和刚性较好的特点易使缺陷或裂纹互相贯穿扩展；此外钢材中碳和硫的含量过高会严重影响钢材的焊接性。因此，焊接结构钢材的质量要求应高于同样情况的非焊接结构钢材，碳、硫、磷等有害元素的含量应较低，塑性和韧性应较好。

（4）结构的工作环境温度

钢材的塑性和韧性随温度的降低而降低，处于较低负温下工作的钢结构容易发生脆性断裂，尤其是焊接结构，故应选用化学成分和力学性能质量较好和脆性转变温度低于结构工作温度的钢材。

（5）结构的应力状态

拉应力容易使构件产生断裂破坏，危险性较大，所以对受拉和受弯的构件应选用质量较好的钢材，而对受压或受压弯的构件就可选用一般质量的钢材。

（6）钢材厚度

薄钢材辊轧次数多,轧制的压缩比大,钢的内部组织致密;厚度大的钢材压缩比小,内部组织疏散。所以,厚度大的钢材不但强度较小,而且塑性、冲击韧性和焊接性能也较差,且易产生三向残余应力。因此,厚度大的焊接结构应采用材质较好的钢材。

钢结构的工作性能是受上述多种因素影响的,例如钢结构的脆性破坏就与结构的工作温度、钢材厚度、应力特征、加载速率和环境条件等因素有关。所以,在具体选用钢材时,对上述各项原则和需考虑的因素要根据具体情况进行综合分析。

1.2 钢结构的连接

1.2.1 钢结构对连接的要求及连接方法

钢结构是由钢板、型钢通过必要的连接组成构件,各构件再通过一定的安装连接而形成整体结构。连接部位应有足够的强度、刚度及延性,且连接构件间应保持正确的相互位置,以满足传力和使用要求。连接的加工和安装比较复杂、费工,因此选定合适的连接方案和节点构造是钢结构设计中重要的环节。连接设计不合理会影响结构的造价、安全和寿命。

钢结构的连接方法可分为焊接、铆接、普通螺栓连接和高强度螺栓连接(如图 1.2.1)

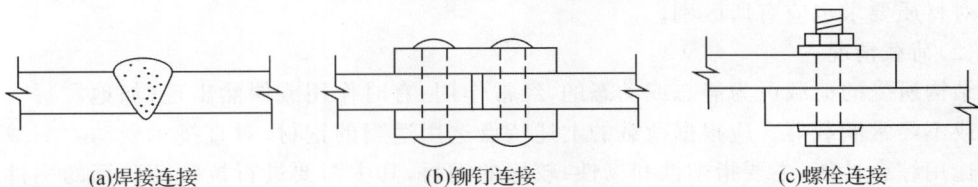

(a)焊接连接　　　(b)铆钉连接　　　(c)螺栓连接

图 1.2.1　钢结构的连接方法

焊接连接是钢结构最主要的连接方法,其优点是构造简单、不削弱构件截面、节约钢材、加工方便、易于采用自动化操作、连接的密封性好、刚度大。缺点是焊接残余应力和残余变形对结构有不利影响,焊接结构的低温冷脆问题也比较突出。

目前除少数直接承受动载结构的某些连接,如重级工作制吊车梁和柱及制动梁的相互连接、桥架式桥梁的节点连接,从目前使用情况看不宜采用焊接外,焊接可广泛用于工业与民用建筑钢结构和桥梁钢结构。

铆钉连接的优点是塑性和韧性较好,传力可靠,质量易于检查,适用于直接承受动载结构的连接。缺点是构造复杂,用钢量多,目前已很少采用。

普通螺栓连接的优点是施工简单、拆装方便。缺点是用钢量多。适用于安装连接和需要经常拆装的结构。普通螺栓又分为 C 级螺栓和 A 级、B 级螺栓。C 级螺栓一般用 Q235 钢(用于螺栓时也称为 4.6 级)制成。A、B 级螺栓一般用 45 号钢和 35 号钢(用于螺栓时也称 8.8 级)制成。A、B 两级的区别只是尺寸不同。C 级螺栓加工粗糙,尺寸不够准确,只要求Ⅱ类孔,成本低,栓径和孔径之差,设计规范未作规定,通常多取 0.2～5.1 mm。由于螺栓杆与螺孔之间存在着较大的间隙,传递剪力时,连接较早产生滑移,但传递拉力的性能仍较好,所以 C 级螺栓广泛用于承受拉力的安装连接,不重要的连接或用作安装时的临时固定。A、B 级螺栓需要机械加工,尺寸准确,要求 Ⅰ 类孔,栓径和孔径的公称尺寸相同。这种螺栓连接传递剪力的性能较好,变形很小,但制造和安装比较复杂,价格昂贵,目前在钢结构中较少采用。

高强度螺栓连接和普通螺栓连接的主要区别是:普通螺栓扭紧螺帽时螺栓产生的预拉力很小,由板面挤压力产生的摩擦力可以忽略不计。普通螺栓连接抗剪时依靠孔壁承压和栓杆抗剪来传力。高强度螺栓除了其材料强度高之外,施工时还给螺栓杆施加很大的预拉力,使被连接构件的接触面之间产生挤压力,因此板面之间垂直于螺栓杆方向受剪时有很大的摩擦力。依靠接触面间的摩擦力来阻止其相互滑移,以达到传递外力的目的,因而变形较小。高强度螺栓抗剪连接分为摩擦型连接和承压型连接。前者以滑移作为承载能力的极限状态,后者的极限状态和普通螺栓连接相同。

高强度螺栓摩擦型连接只利用摩擦传力这一工作阶段,具有连接紧密、受力良好、耐疲劳、可拆换、安装简单以及动力荷载作用下不易松动等优点,目前在桥梁、工业与民用建筑结构中得到广泛应用。尤其在栓焊桁架桥、重级工作制厂房的吊车梁系统和重要建筑物的支撑连接中已被证明有明显的优越性。高强度螺栓承压型连接,起初由摩擦传力,后期则依靠栓杆抗剪和承压传力,它的承载能力比摩擦型的高,可以节约钢材,也具有连接紧密、可拆换、安装简单等优点。但这种连接在摩擦力被克服后的剪切变形较大,规范规定高强度螺栓承压型连接不得用于直接承受动力荷载的结构。

1.2.2　焊接连接

1. 焊接连接特性

（1）常用焊接方法

钢结构中一般采用的焊接方法有电弧焊、电渣焊、气体保护焊和电阻焊等。电弧焊的质量比较可靠,是钢结构最常用的焊接方法。电弧焊可分为手工电弧焊、自动或半自动埋弧焊。手工电弧焊(图 1.2.2)通电后在涂有焊药的焊条与焊件间产生电弧,由电弧提供热源,使焊条熔化,滴落在焊件上被电弧所收成的小凹槽熔池中,并与焊件熔化部分结成焊缝。由焊条药皮形成的熔渣和气体覆盖熔池,防止空气中的氧、氮等有害气体与熔化的液体金属接触而形成脆性易裂的化合物。焊缝质量随焊工的技术水平而变化。手工电弧焊焊条应与焊件金属强度相适应,对 Q235 钢焊件用 E43 系列型焊条,Q345 钢焊件用 E50 系列型焊条,Q390 钢焊件用 E55 系列型焊条。对不同钢种的钢材连接时,宜用与低强度钢材相适应的焊条。

自动或半自动埋弧焊是将光焊丝埋在焊剂层下,通电后,由电弧的作用使焊丝和焊剂熔化(图 1.2.3)。熔化后的焊剂浮在熔化金属表面保护熔化金属,使之不与外界空气接触,有时焊剂还可供给焊缝必要的合金元素,以改善焊缝质量。自动焊的电流大、热量集中而熔深大,并且焊缝质量均匀,塑性好,冲击韧性高。半自动焊除由人工操作进行外,其余过程与自动焊相同,焊缝质量介于自动焊与手工焊之间。自动或半自动埋弧焊所采用的焊丝和焊剂要保证其熔敷金属的抗拉强度不低于相应手工焊焊条的数值,对 Q235 钢焊件,可采用 H08、H08A 等焊丝;对 Q345 钢焊件可采用 H08A、H08MnA 和 H10Mn2 焊丝。对 Q390 钢焊件可采用 H08MnA、H10Mn2 和 H08MnMoA 焊丝。

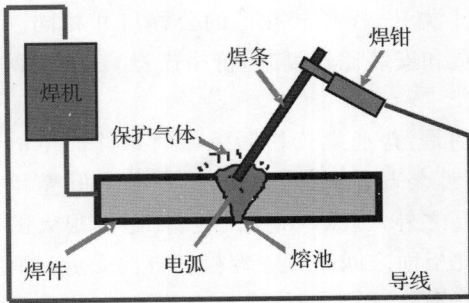

图 1.2.2　手工电弧焊原理　　　　图 1.2.3　自动埋弧焊原理

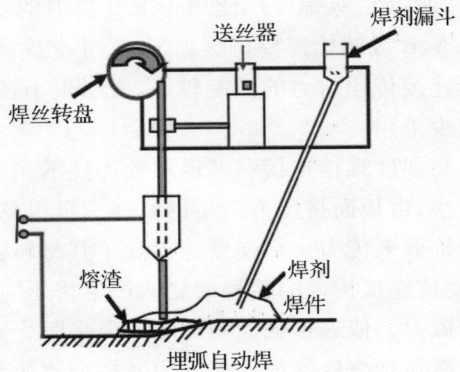

电渣焊是利用电流通过熔渣所产生的电阻来熔化金属,焊丝作为电极伸入并穿过渣池,使渣池产生电阻热将焊件金属及焊丝熔化,沉积于熔池中,形成焊缝。电渣焊一般在立焊位置进行,目前多用熔嘴电渣焊,以管状焊条作为熔嘴,焊丝从管内递进。

气体保护焊是用焊枪中喷出的惰性气体代替焊剂,焊丝可自动送入,如 CO_2 气体保护焊是以 CO_2 作为保护气体,使被熔化的金属不与空气接触,电弧加热集中,熔化深度大,焊接速度快,焊缝强度高,塑性好。气体保护焊既可用手工操作,也可进行自动焊接。气体保护焊在操作时应采取避风措施,否则容易出现焊坑、气孔等缺陷。

(2)焊缝缺陷与焊缝质量等级

焊缝中可能存在裂纹、气孔、烧穿和未焊透等缺陷。裂纹[图 1.2.4(a)]是焊缝连接中最危险的缺陷。按产生的时间不同。可分为热裂纹和冷裂纹,前者是在焊接时产生的,后者是在焊缝冷却过程中产生的。产生裂纹的原因很多,如钢材的化学成分不当,未采用合适的电流、弧长、施焊速度、焊条和施焊次序等。如果采用合理的施焊次序,可以减少焊接应力,避免出现裂纹;进行预热,缓慢冷却或焊后热处理,可以减少裂纹形成。

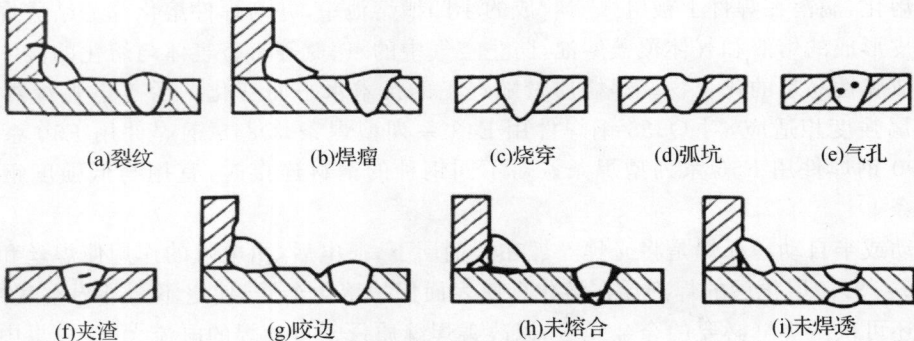

(a)裂纹　　　　(b)焊瘤　　　　(c)烧穿　　　　(d)弧坑　　　　(e)气孔

(f)夹渣　　　　(g)咬边　　　　(h)未熔合　　　　(i)未焊透

图 1.2.4　焊缝缺陷

焊缝的其他缺陷有烧穿、夹渣、未焊透、咬边、焊瘤等。

焊缝的缺陷将削弱焊缝的受力面积,而且在缺陷处形成应力集中,裂缝往往从那里开始,并扩展开裂,成为连接破坏的根源,对结构很不利。因此,焊缝质量检查极为重要。《钢结构工程施工质量验收规范》规定,焊缝质量检查标准分为三级,其中第三级只要求通过外观检查,即检查焊缝实际尺寸是否符合设计要求和有无看得见的裂纹、咬边等缺陷。对于重要结构或要求焊缝金属强度等于被焊金属强度的对接焊缝,必须进行一级或二级质量检验,即在外观检查的基础上再做无损检验。焊缝质量与施焊条件有关,对于施焊条件较差的高空安装焊缝应乘以折减系数 0.9。

（3）焊缝接头与焊缝形式

连接形式:焊缝连接形式按被连接构件间的相对位置分为平接、搭接、T 形连接和角接四种。当采用焊接时,根据焊缝的截面形状,又可分为对接焊缝和角焊缝以及由这两种焊缝组合成的对接与角接组合焊缝,如图 1.2.5 所示。

对接焊缝按所受力的方向可分为对接正焊缝和对接斜焊缝。角焊缝长度方向垂直于力作用方向的称为正面角焊缝,平行于力作用方向的称为侧面角焊缝,如图 1.2.6 所示。

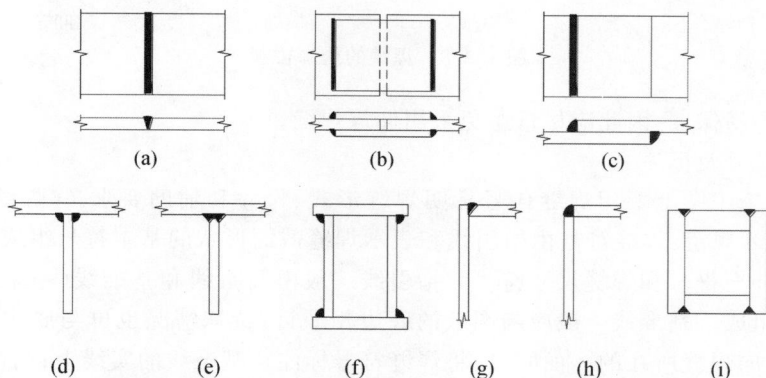

（a）、（b）对接接头;（c）搭接接头;（d）、（e）、（f）T 形接头;（g）、（h）、（i）角接接头

图 1.2.5　焊接接头及焊缝的形式

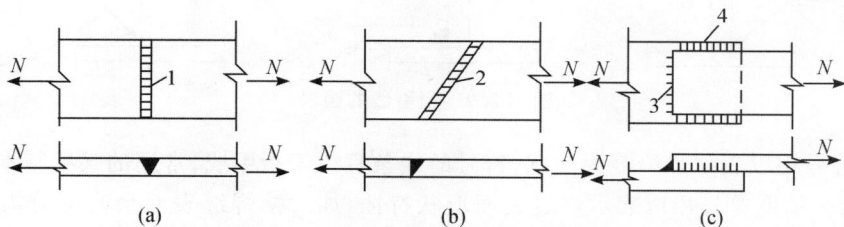

1—对接焊缝-正焊缝;2—对接焊缝-斜焊缝;3—角焊缝-正面角焊缝;4—角焊缝-侧面角焊缝

图 1.2-6　焊缝形式

焊缝按沿长度方向的分布情况来分,有连缝角焊缝和断缝角焊缝两种形式（图 1.2.7）。连缝角焊缝受力性能较好,为主要的角焊缝形式。间断角焊缝容易引起应力集中,重要结构中应避免采用,它只用于一些次要构件的连接或次要焊缝中,间断焊缝的间断距离 L 不宜太长,以免因距离过大使连接不易紧密,潮气易侵入而引起锈蚀。间断距离 L 一般在受压构件中不应大于 $15t$,在受拉构件中不应大于 $30t$,t 为较薄构件的厚度。

焊缝按施焊位置分,有俯焊（平焊）、立焊、横焊、仰焊几种（图 1.2.8）。俯焊的施焊工作易实施,质量最易保证。立焊、横焊的质量及生产效率比俯焊的差一些。仰焊的操作条件最

图 1.2.7 连缝角焊缝与断缝角焊缝

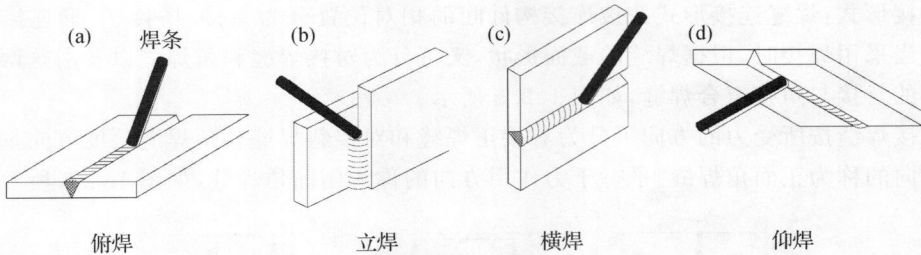

俯焊　　　　　　立焊　　　　　　横焊　　　　　　仰焊

图 1.2.8 焊缝的施焊位置

差,焊缝质量不易保证,因此应尽量避免采用仰焊焊缝。

（4）焊缝符号及标注

在钢结构施工图上要用焊缝代号标明焊缝形式、尺寸和辅助要求。《焊缝符号表示方法》GB324-2008 规定：焊缝符号由指引线和表示焊缝截面形状的基本符号组成,必要时可加上辅助符号、补充符号和焊缝尺寸符号。指引线一般由箭头线和基准线（一条为实线,另一条为虚线）所组成。基准线一般应与图纸的底边相平行,特殊情况也可与底边相垂直,当引出线的箭头指向焊缝所在的一面时,应将焊缝符号标注在基准线的实线上；当箭头指向对应焊缝所在的另一面时,应将焊缝符号标注在基准线的虚线上,见图 1.2.9。

图 1.2.9 指引线的画法

基本符号用以表示焊缝截面形状,符号的线条宜粗于指引线,常用的某些基本符号如表 1.2.1 所示。辅助符号用以表示焊缝表面形状特征,如对接焊缝表面余高部分需加工使之与焊件表面齐平,则需在基本符号上加一短画,此短画即为辅助符号,见表 1.2.2。

表 1.2.1 常用焊缝符号

名称	封底焊缝	对接焊缝					角焊缝	塞焊缝与槽焊缝	点焊缝
		I 形焊缝	V 形焊缝	单边 V 形焊缝	带钝边的 V 形焊缝	带钝边的 U 形焊缝			
符号	⌣	‖	V	Ⅴ	Y	Y	◸	⊓	○

表 1.2.2 焊缝符号中的辅助符号和补充符号

	名称	焊缝示意图	符号	示例
辅助符号	平面符号		—	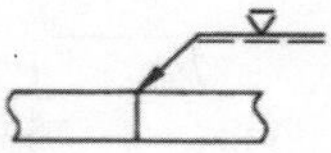
	凹面符号	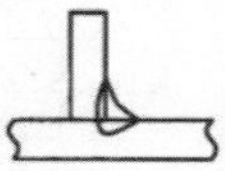	⌣	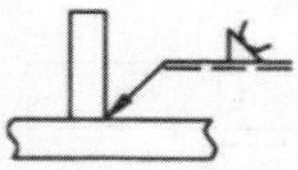
补充符号	三面围焊符号	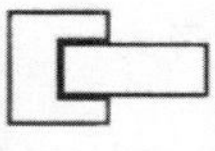	⊏	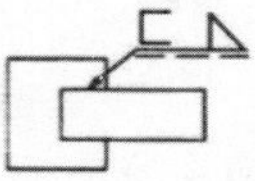
	周边围焊符号	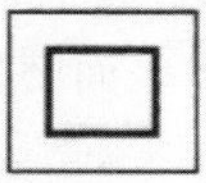	○	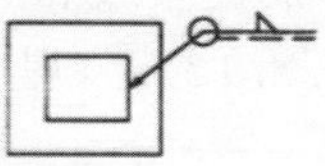
	现场焊符号		⚑	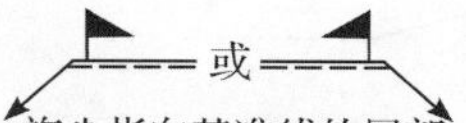 或 旗尖指向基准线的尾部
	焊缝底部有垫板的符号		▭	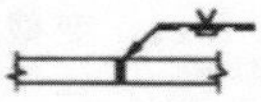
	尾部符号		 ＜	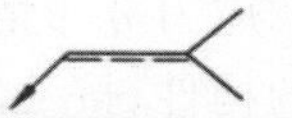 尾部符号用以标注需说明的焊接工艺方法和相同焊缝数量

2. 对接焊缝

(1)对接焊缝的构造

对接焊缝按坡口形式分为 I 形缝、V 形缝、带钝边单边 V 形缝、带钝边 V 形缝(也叫 Y 形缝)、带钝边 U 形缝、带钝边双单边 V 形缝和双 Y 形缝等,后二者过去分别称为 K 形缝和 X 形缝(图 1.2.10)。当焊件厚度 t 很小(t 不大于 10 mm),可采用不切坡口的 I 形缝。对于板厚度($t = 10 \sim 20$ mm)的焊件,可采用有斜坡口的带钝边单边 V 形缝或 Y 形缝,以便斜坡口和焊缝跟部共同形成一个焊条能够运转的施焊空间,使焊缝易于焊透。对于较厚的焊件($t > 20$ mm),应采用带钝边 U 形缝或带钝边双单边 V 形缝或双 Y 形缝。关于坡口的形式与尺寸可参看行业标准《建筑钢结构焊接技术规程》。

在钢板宽度或厚度有变化的连接中,为了减少应力集中,应从板的一侧或两侧做成坡度不大于 1∶2.5 的斜坡,形成平缓过渡。如板厚相差不大于 4 mm 时,可不做斜坡

(a) (b) (c)

(d) (e) (f)

(g) (h) (i)

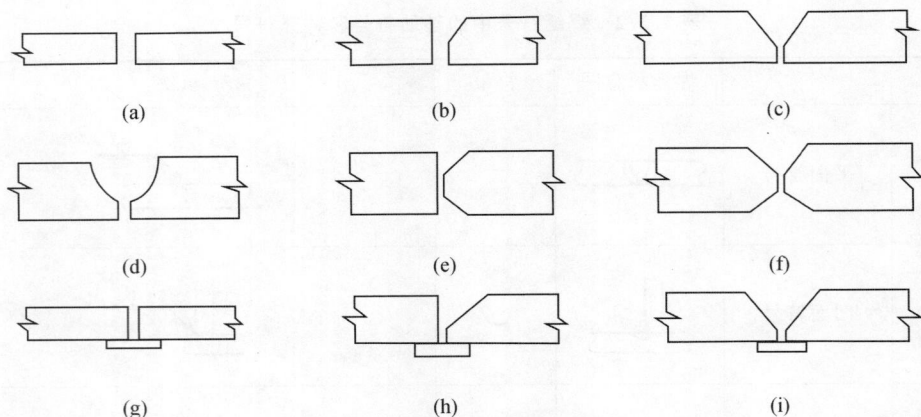

图 1.2.10 对接焊缝的坡口形式

（图 1.2.11）。焊缝的计算厚度取较薄板的厚度。对接焊缝的起弧和落弧点，常因不能熔透而出现焊口，形成类裂纹和应力集中。为消除焊口影响，焊接时可将焊缝的起点和终点延伸至引弧板（图 1.2.12）上，焊后将引弧板切除，并用砂轮将表面磨平。

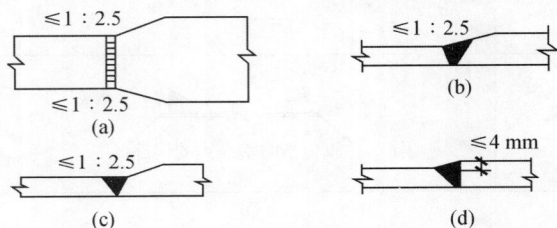

图 1.2.11 变截面钢板拼接

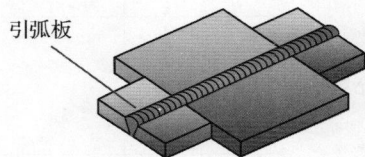

图 1.2.12 引弧板

（2）对接焊缝的计算

对接焊缝的应力分布情况，基本上与焊件原来的情况相同，可用计算焊件的方法进行计算。对于重要的构件，按一、二级标准检验焊缝质量，焊缝和构件等强，不必另行计算。

①轴心受力的对接焊缝（图 1.2.13）应按（1.2.1）式计算

图 1.2.13 轴心力作用下对接焊缝的连接

$$\sigma = \frac{N}{l_w t} \leqslant f_t^w \text{ 或 } f_c^w \qquad (1.2.1)$$

式中，N—轴心拉力或压力设计值

l_w—焊缝计算长度，无引弧板时，焊缝计算长度取实际长度减去 $2t$；有引弧板时，取实际长度。

t——连接件的较小厚度,对 T 形接头为腹板的厚度。

f_t^w、f_c^w——对接焊缝的抗拉、抗压强度设计值(附表 1.3)。

如果直缝不能满足强度要求,可采用如图 1.2.13(b)所示的斜对接焊缝。焊缝与作用力间的夹角 θ 满足 $\tan\theta \leqslant 1.5$ 时,斜焊缝的强度不低于母材强度,不再进行验算。

②弯矩和剪力共同作用时的对接焊缝计算

矩形截面(如图 1.2.14 所示):正应力与剪应力图形分布分别为三角形与抛物线形,其最大值应分别满足下列强度条件:

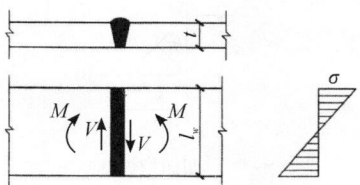

图 1.2.14   受弯、受剪的对接焊缝   图 1.2.15   受弯、受剪的工字形对接焊缝

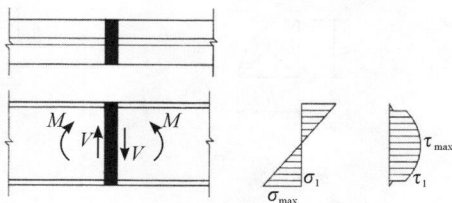

$$\sigma = \frac{M}{W_w} \leqslant f_t^w \tag{1.2.2}$$

$$\tau_{max} = \frac{VS_w}{I_w t_w} \leqslant f_v^w \tag{1.2.3}$$

式中,W_w——焊缝截面模量。

I_w——焊缝计算截面惯性矩。

S_w——焊缝截面计算剪应力处以上部分对中和轴的面积矩。

f_v^w——对接焊缝的抗剪强度设计值(附表 1.3)。

工字形、箱型、T 形等构件,在腹板与翼缘交接处(图 1.2.15)焊缝截面同时受有较大的正应力和较大的剪应力。对此类截面除应分别验算焊缝截面最大正应力和剪应力外,还应按下式验算折算应力:

$$\sqrt{\sigma_1^2 + 3\tau_1^2} \leqslant 1.1 f_t^w \tag{1.2.4}$$

式中,σ_1、τ_1——验算点(腹板翼缘交接)处焊缝截面上的正应力和剪应力。

3. 角焊缝

(1)角焊缝的形式

角焊缝按截面形式(两焊脚边的夹角)可分为直角角焊缝和斜角角焊缝。两焊边的夹角 $\alpha > 90°$ 或 $\alpha < 90°$ 的焊缝称为斜角角焊缝,通常用于钢漏斗和钢管结构中。如图 1.2.16(a)所示。

直角角焊缝的截面形式可分为普通型、平坦型和凹面型三种,如图 1.2.16(b)所示。图中 h_f 称为焊脚尺寸。钢结构一般采用表面微凸的普通型截面,其两焊脚尺寸比例 1∶1,近似等腰三角形,故力线弯折较多,应力集中严重。对直接承受动力荷载的结构,为使传力平缓,正面角焊缝宜采用两焊脚尺寸比例为 1∶1.5 的平坦型(长边顺内力方向),侧面角焊缝则宜采用比例为 1∶1 的凹面型。

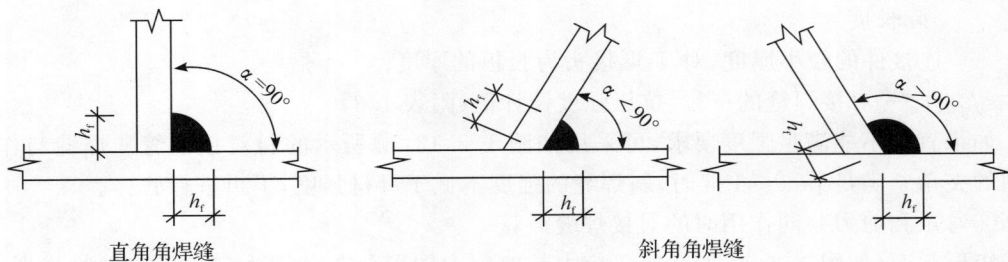

(a)角焊缝的形式

普通焊缝　　　　　　平坦型焊缝　　　　　　凹面型焊缝

(b)直角角焊缝的截面形式

图 1.2.16

(2)角焊缝的构造

角焊缝的焊脚尺寸 h_f 不应过小,以保证焊缝的最小承载能力,并防止焊缝因冷却过快而产生裂纹。焊缝的冷却速度和焊件的厚度有关,焊件越厚则焊缝冷却越快,在焊件刚度较大的情况下,焊缝也容易产生裂纹。角焊缝的焊脚尺寸也不能太大,h_f 如果太大,则焊缝收缩时将产生较大的焊接变形,且热影响区扩大,容易产生脆裂,较薄焊件容易烧穿。因此,规范规定,角焊缝的焊脚尺寸如表 1.2.3 所示。

表 1.2.3　角焊缝的构造要求

部　位	项　目	构造要求	备　注
焊脚尺寸 h_f	上限	$t \leqslant 6, h_f = t, h_f \leqslant 1.2 t_1$; 对板边:$t > 6, h_f = t - (1 \sim 2)$	t_1 为较薄焊件厚
	下限	$h_f \geqslant 1.5 \sqrt{t_2}$;当 $t \leqslant 4$ 时,$h_f = t$	t_2 为较厚焊件厚,对自动焊可减 1 mm;对单面 T 形焊应加 1 mm
焊缝长度 l_w	上限	$40 h_f$(受动力荷载);$60 h_f$(其他情况);	内力沿侧缝全长均匀分布者不限
	下限	$8 h_f$ 或 40 mm,取两者最大值	
端部仅有两侧面角焊缝连接	长度 l_w	$l_w \geqslant l_0$	
	距离 l_0	$l_0 \leqslant 16 t$($t \geqslant 12$ mm 时);$l_0 \leqslant 200$($t \leqslant 12$ mm 时)	t 为较薄焊件厚
端部	转角	转角处加焊一段长度 $2 h_f$(两面侧缝时)或用三面围焊	转角处焊缝须连续施焊
搭接连接	搭接最小长度	$5 t_f$ 或 25 mm,取两者最大值	t_f 为较薄焊件厚度

角焊缝长度 l_w 也有最大和最小的限制:焊缝的厚度大而长度过小时,会使焊件局部加热严重,且起落弧坑相距太近,加上一些可能产生的缺陷,使焊缝不够可靠。因此,侧面角焊缝或正面角焊缝的计算长度不得小于 $8h_f$ 和 40 mm。另外,侧面角焊缝的应力沿其长度分布并不均匀,两端大,中间小;它的长度与厚度之比越大,其差别也就越大;当此比值过大时,焊缝端部应力就会达到极值而破坏,而中部焊缝还未充分发挥其承载能力。这种现象对承受动力荷载的构件尤为不利。因此,侧面角焊缝的计算长度不宜大于 $60h_f$。但内力若沿侧面角焊缝全长分布,其计算长度不受此限。

当板件仅用两条侧焊缝连接时,为了避免应力传递的过分弯折而使板件应力过分不均,宜使 $l_w \geqslant b$(图 1.2.17),同时为了避免因焊缝横向收缩时引起板件拱曲太大,宜使 $b \leqslant 16t$($t > 12$ mm 时)或 200 mm($t \leqslant 12$ mm 时),t 为较薄焊件厚度。当 b 不满足此规定时,应加正面角焊缝。

当焊缝端部在焊件转角处时,应将焊缝延续绕过转角加焊 $2h_f$。避开起落弧发生在转角处的应力集中(图 1.12.18)。

仅用正面角焊缝的搭接连接中,搭接长度不得小于焊件较小厚度的 5 倍或 25 mm。

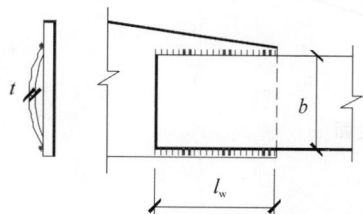

图 1.2.17 侧焊缝引起焊件拱曲

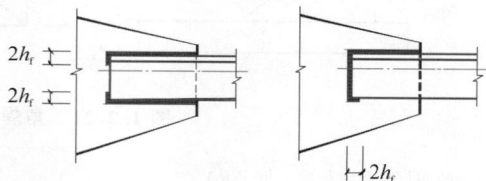

图 1.2.18 绕脚焊缝

(3)角焊缝的应力状态

焊缝是一块体,应力状态复杂,焊缝的强度会受到很多因素的影响,有明显的分散性。端缝与侧缝的工作性能差别较大。

侧面角焊缝主要承受与焊缝长度方向平行的剪应力 $\tau_{//}$。这些剪应力实际分布不均。试验表明两头大中间小。考虑到出现塑性后应力重分布,规范规定在焊缝长度范围内按均匀分布计算,如图 1.2.19 所示。

正面角焊缝刚度大,破坏时变形小,强度比侧缝高,但塑性变形能力比侧缝小,常呈脆性破坏,如图 1.2.20 所示。

工程中假定角焊缝的破坏面均为 45°喉部截面,但不计熔深和凸度,称为有效截面,见图 1.2.21。其宽度 $h_e = h_f \cos 45° \approx 0.7 h_f$,称为计算厚度,$h_f$ 为较小焊脚尺

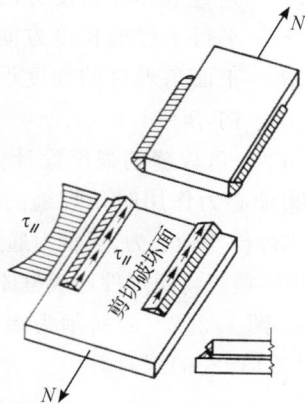

图 1.2.19 侧面角焊缝的应力状态

寸。另外还假定截面上的应力均匀分布。每条焊缝的有效长度取其实际长度减去 $2h_f$。(每端 h_f,以考虑起落弧缺陷)。

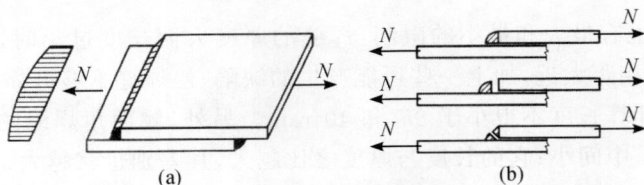

图 1.2.20　正面角焊缝的应力状态

图 1.2.21　角焊缝的有效截面

（4）角焊缝的计算（如图 1.2.21 所示）

①角焊缝的强度条件表达式

$$\sqrt{\left(\frac{\sigma_{\mathrm{f}}}{\beta_{\mathrm{f}}}\right)^2 + \tau_{\mathrm{f}}^2} \leqslant f_{\mathrm{f}}^{\mathrm{w}} \tag{1.2.5}$$

式中,σ_{f}—垂直于焊缝长度方向按有效截面计算的应力。

τ_{f}—平行于焊缝长度方向按有效截面计算的应力。

β_{f}—正面角焊缝的强度设计值增大系数。静载时 $\beta_{\mathrm{f}} = 1.22$,对直接承受动力荷载的结构,$\beta_{\mathrm{f}} = 1.0$。

$f_{\mathrm{f}}^{\mathrm{w}}$—角焊缝的强度设计值,查附表 1.3。

②轴心力作用时角焊缝的计算

当焊件受轴心力,且轴力通过连接焊缝群形心时,焊缝有效截面上的应力可认为是均匀分布的。用拼接板将两焊件连成整体,需要计算拼接板和连接一侧（左侧或右侧）角焊缝的强度。

a. 图 1.2.22(a)所示为矩形拼接板,侧面角焊缝连接。此时,外力与焊缝长度方向平行,可按(1.2.6)式计算

$$\tau_{\mathrm{f}} = \frac{N}{h_{\mathrm{e}} \sum l_{\mathrm{w}}} \leqslant f_{\mathrm{f}}^{\mathrm{w}} \tag{1.2.6}$$

式中,N—轴心力设计值。

h_{e}—焊缝有效厚度。

$\sum l_{\mathrm{w}}$—连接一侧的侧面角焊缝计算长度的总和。

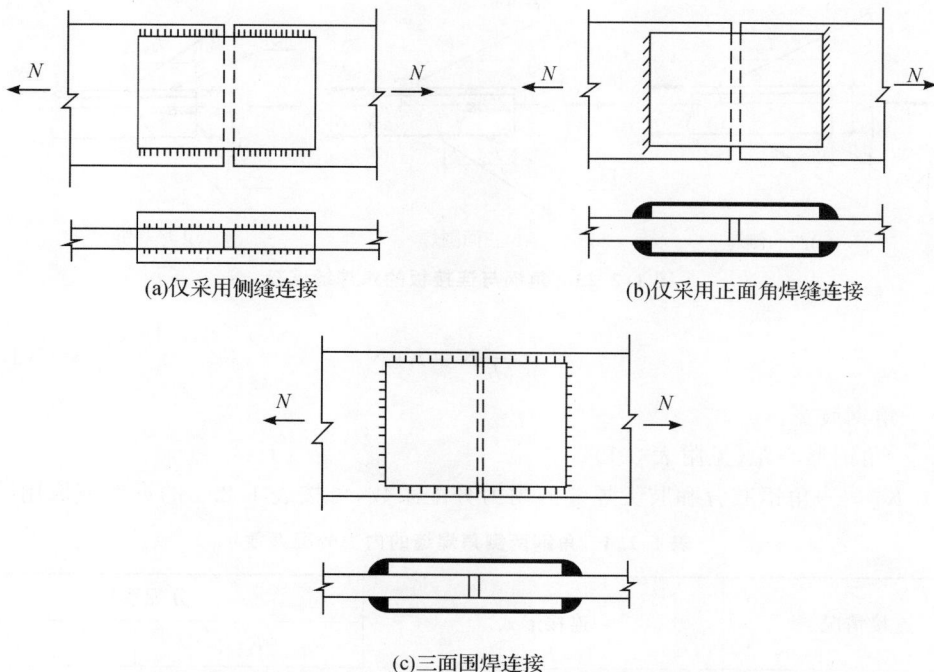

(a)仅采用侧缝连接　　　　　　　　　　(b)仅采用正面角焊缝连接

(c)三面围焊连接

图 1.2.22　轴心力作用下采用拼接盖板的对接连接

b. 图 1.2.22(b)所示采用正面角焊缝连接。此时,外力与焊缝长度方向垂直,可按 (1.2.7)式计算

$$\sigma_f = \frac{N}{h_e \sum l_w} \leqslant \beta_f f_f^w \tag{1.2.7}$$

式中,$\sum l_w$——连接一侧的正面角焊缝计算长度的总和。

c. 图 1.2.22(c)所示采用三面围焊连接。先按式(1.2.7)计算正面角焊缝承担的内力 N_1,再由 $N-N_1$ 按式(1.2.6)计算侧面角焊缝。

$$N_1 = \beta_f f_f^w \sum l_{w1} h_e \tag{1.2.8}$$

$$\tau_f = \frac{N - N_1}{h_e \sum l_{w2}} \leqslant f_f^w \tag{1.2.9}$$

式中,$\sum l_{w1}$——连接一侧的正面角焊缝计算长度的总和。

$\sum l_{w2}$——连接一侧的侧面角焊缝计算长度的总和。

d. 角钢用角焊缝连接时(图 1.2.23)。角钢与连接板用角焊缝连接时,一般宜采用两面侧焊,也可采用三面围焊或 L 形围焊。为避免偏心受力,应使焊缝传递的合力作用线与角钢杆件的轴线重合。各种形式的焊缝内力为:

(a)当采用两面侧缝时[图 1.2.23(a)]

设 N_1、N_2 分别为角钢肢背和肢尖焊缝分别承担的内力,由 $\sum M = 0$,可得:

$$N_1 = \frac{b - z_0}{b} N = K_1 N \tag{1.2.10}$$

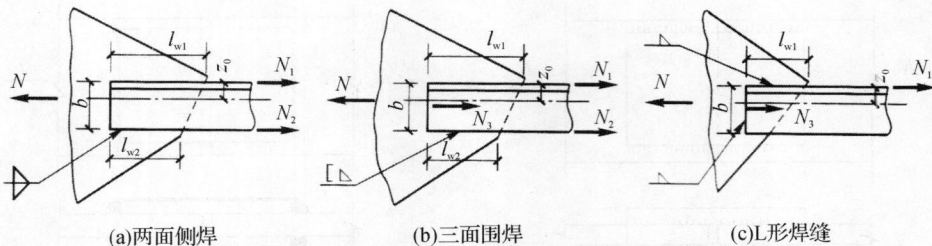

(a)两面侧焊　　　　　　　(b)三面围焊　　　　　　　(c)L形焊缝

图 1.2.23　角钢与连接板的角焊缝连接

$$N_2 = \frac{z_0}{b}N = K_2 N \tag{1.2.11}$$

式中，b—角钢肢宽。

　　z_0—角钢形心距（见附表 3-1）。

　　K_1、K_2——角钢肢背和肢尖焊缝的内力分配系数，可按表 1.2.4 的近似值取用。

表 1.2.4　角钢两侧角焊缝的内力分配系数

连接情况	连接形式	分配系数	
		K_1	K_2
等肢角钢一肢相连		0.7	0.3
不等肢角钢短肢相连		0.75	0.25
不等肢角钢长肢相连		0.65	0.35

　　（b）当采用三面围焊时［图 1.2.23（b）］

　　可先选取正面角焊缝的焊脚尺寸 h_{f3}，并计算其所能承担的内力：

$$N_3 = 2 \times 0.7 h_{f3} b \beta_f f_f^w \tag{1.2.12}$$

　　再由平衡条件，可得

$$N_1 = \frac{b - z_0}{b}N - \frac{N_3}{2} = K_1 N - N_3/2 \tag{1.2.13a}$$

$$N_2 = \frac{z_0}{b}N - \frac{N_3}{2} = K_2 N - N_3/2 \tag{1.2.13b}$$

　　对于 L 形焊缝［图 1.2.23（c）］同理求得 N_3 后，可得 $N_1 = N - N_3$

　　根据上述方法得到 N_1、N_3 后，再根据式（1.2.9）计算侧面角焊缝。

1.2.3 普通螺栓连接

1. 普通螺栓连接的构造

（1）普通螺栓的形式与规格

钢结构采用的普通螺栓形式为六角头形，粗牙普通螺纹，其代号用字母 M 与公称直径表示，工程中常用的为 M16、M20、M22 和 M24。螺栓的最大连接长度随螺栓直径而异，选用时宜控制其不超过螺栓标准中规定的夹紧长度，一般为 4～6 倍螺栓直径，高强度螺栓为 5～7 倍螺栓直径。螺栓长度还应考虑螺栓头部及螺母下各设一个垫圈和螺栓拧紧后外露丝扣不少于 2～3 扣。对直接承受动力荷载的普通螺栓应采用双螺母或其他能防止螺母松动的有效措施（设弹簧垫圈、将螺纹打毛或螺母焊死）。

C 级螺栓的孔径比螺栓杆径大 1.5～3 mm。具体为 M12、M16 为 1.5 mm，M18、M22、M24 为 2 mm，M27、M30 为 3 mm。

（2）普通螺栓的形式与规格

螺栓的排列应遵循简单紧凑、整齐划一和便于安装紧固的原则，通常采用并列和错列两种形式，见图 1.2.24(1)。并列简单，但栓孔削弱截面较大；错列可减少对截面的削弱，但排列较繁。

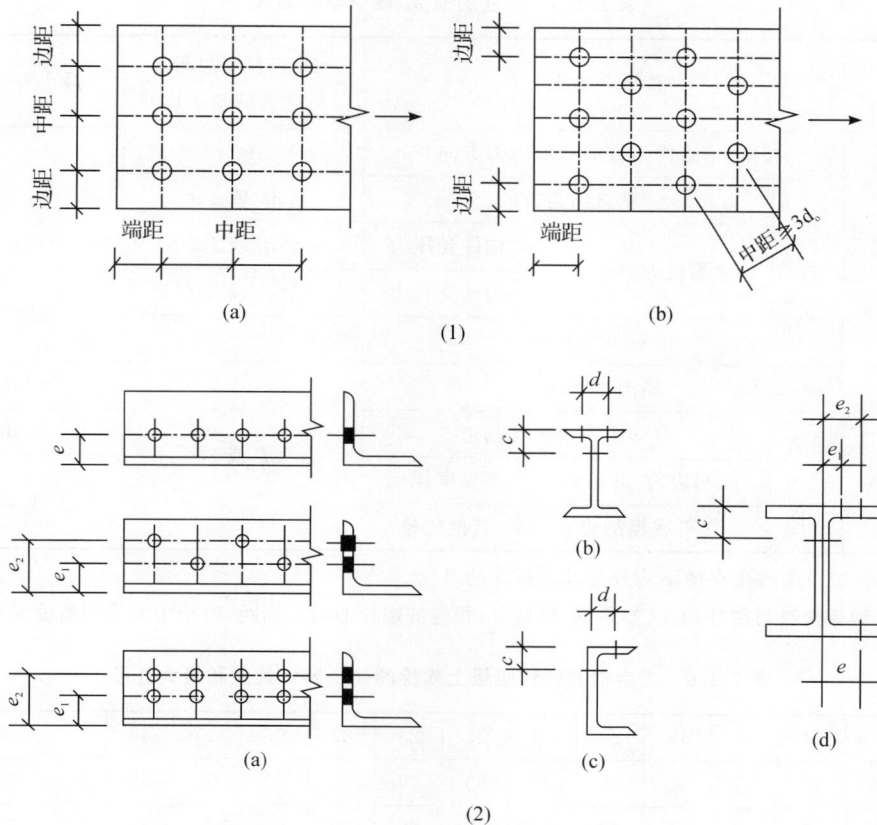

图 1.2.24　螺栓的排列

　　不论采用哪种排列,螺栓的中距(螺栓中心间距)、端距(顺内力方向螺栓中心至构件边缘的距离)和边距(垂直内力方向螺栓中心至构件边缘的距离)应满足下列要求:

　　①受力要求螺栓任意方向的中距以及边距和端距均不应过小,以免构件在承受拉力作用时,加剧孔壁周围的应力集中和防止钢板过度削弱而承载力过低,造成沿孔与孔或孔与边间拉断或剪断。当构件承受压力作用时,顺压力方向的中距不应过大,否则螺栓间钢板可能失稳形成鼓曲。

　　②构造要求螺栓的中距不应过大,否则钢板不能紧密贴合。外排螺栓的中距以及边距和端距更不应过大,以防止潮气侵入引起锈蚀。

　　③施工要求螺栓间应有足够的距离以便于转动扳手,拧紧螺母。

　　《规范》根据上述要求制定的螺栓的最大、最小容许距离见表1.2.5。排列螺栓时,宜按最小容许距离取用,且应取 5 mm 的倍数,并按等距离布置,以缩小连接的尺寸。最大容许距离一般只在起连系作用的构造连接中采用。

　　工字钢、槽钢、角钢上螺栓的排列见图1.2.24(2),除应满足表1.2.5规定的最大、最小容许距离外,还应符合各自的线距和最大孔径 $d_{0\max}$ 的要求(表1.2.6、表1.2.7、表1.2.8),以使螺栓大小和位置适当并便于拧固。H 型钢腹板上和翼缘上螺栓的线距和最大孔径,可分别参照工字钢腹板和角钢的选用。

表 1.2.5　螺栓的最大、最小容许距离

名称	位置和方向			最大容许距离（取两者的较小值）	最小容许距离
中心间距	外排(垂直内力方向或顺内力方向)			$8d_0$ 或 $12t$	$3d_0$
	中间排	垂直内力方向		$16d_0$ 或 $24t$	
		顺内力方向	构件受压力	$12d_0$ 或 $18t$	
			构件受拉力	$16d_0$ 或 $24t$	
	沿对角线方向			—	
中心至构件边缘距离	顺内力方向			$4d_0$ 或 $8t$	$2d_0$
	垂直内力方向	剪切边或手工气割边			$1.5d_0$
		轧制边、自动精密气割或锯割边	高强度螺栓		$1.2d_0$
			其他螺栓		

　　注:1. d_0 如为螺栓孔直径,t 为外层较薄板件的厚度。

　　　　2. 钢板边缘与刚性构件(如角钢、槽钢等)相连的螺栓的最大间距,可按中间排的数值采用。

表 1.2.6　工字钢翼缘和腹板上螺栓的最小容许线距和最大孔径

型号	12.6	14	16	18	20	22	25	28	32	36	40	45	50	56	63
a	40	45	50	50	55	60	65	70	75	80	80	85	90	90	95
c	40	45	45	45	50	50	55	60	60	65	70	75	75	75	75
$d_{0\max}$	11.5	13.5	15.5	17.5	17.5	20	20	20	22	24	24	26	26	26	26

表 1.2.7　槽钢翼缘和腹板上螺栓的最小容许线距和最大孔径

型号	12.6	14	16	18	20	22	25	28	32	36	40
a	30	35	35	40	40	45	45	45	50	55	60
c	40	45	50	50	55	55	55	60	65	70	75
$d_{0\,max}$	17.5	17.5	20	22	22	22	22	24	24	26	26

表 1.2.8　角钢上螺栓的最小容许线距和最大孔径

肢宽		40	45	50	56	63	70	75	80	90	100	110	125	140	160	180	200
单行	e	25	25	30	30	35	40	40	45	50	55	60	70				
	$d_{0\,max}$	11.5	13.5	13.5	15.5	17.5	20	22	22	24	24	26	26				
双行错列	e_1												55	60	70	70	80
	e_2												90	100	120	140	160
	$d_{0\,max}$												24	24	26	26	26
双行并列	e_1														60	70	80
	e_2														130	140	160
	$d_{0\,max}$														24	24	26

2. 普通螺栓连接的计算

（1）受剪的普通螺栓连接

①受剪螺栓连接在达极限承载力时可能出现以下五种破坏形式：

a. 栓杆剪断[图 1.2.25(a)]——当螺栓直径较小而钢板相对较厚时可能发生。

b. 孔壁挤压破坏[图 1.2.25(b)]——当螺栓直径较大而钢板相对较薄时可能发生。

c. 钢板拉断[图 1.2.25(c)]——当钢板因螺孔削弱过多时可能发生。

d. 端部钢板剪断[图 1.2.25(d)]——当顺受力方向的端距过小时可能发生。

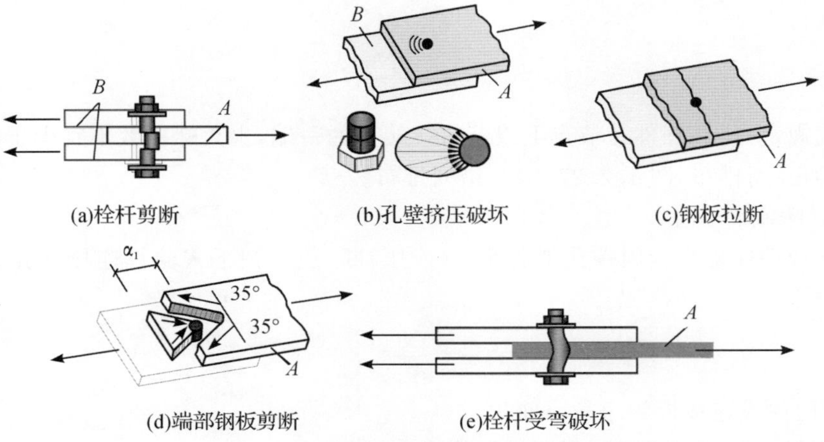

(a)栓杆剪断　　　　(b)孔壁挤压破坏　　　　(c)钢板拉断

(d)端部钢板剪断　　　　(e)栓杆受弯破坏

图 1.2.25　受剪螺栓连接的破坏形式

e. 栓杆受弯破坏[图 1.2.25(e)]——当螺栓过长时可能发生。上述破坏形式中的后两种在选用最小容许端距 $2d$ 和使螺栓的夹紧长度不超过 $4\sim6$ 倍螺栓直径的条件下,均不会产生。但对其他三种形式的破坏,则须通过计算来防止。

②计算方法

a. 单个普通螺栓受剪的抗剪承载力设计值(假定螺栓受剪面上的剪应力为均匀分布)

$$N_v^b = n_v \frac{\pi d^2}{4} f_v^b \tag{1.2.14}$$

式中,n_v——受剪面数目,单剪 $n_v=1$,双剪 $n_v=2$,四剪 $n_v=4$(图 1.2.26)。

d——螺栓杆直径。

f_v^b——螺栓的抗剪强度设计值,根据试验值确定,附表 1.4。

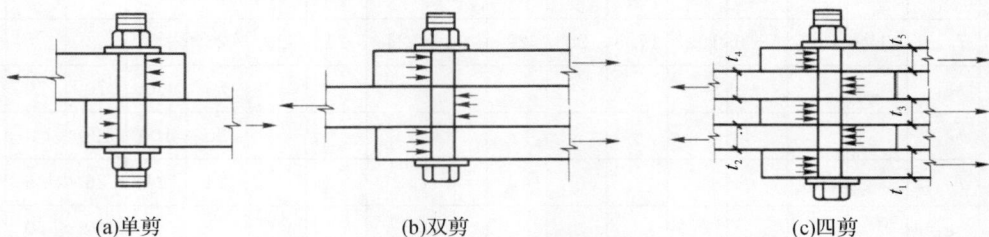

(a)单剪   (b)双剪   (c)四剪

图 1.2.26 受剪螺栓的计算

b. 单个普通螺栓受剪的承压承载力设计值(假定承压应力沿螺栓直径的投影面均匀分布)

$$N_c^b = d \sum t f_c^b \tag{1.2.15}$$

式中,$\sum t$——在同一受力方向的承压构件的较小总厚度。

f_c^b——螺栓的(孔壁)承压强度设计值,与构件的钢号有关,根据试验值确定,见附表 1.4。

d——螺栓杆直径。

c. 普通螺栓群受轴心剪力作用时的数目计算

图 1.2.27 所示为一受轴心力 N 作用的螺栓连接双盖板对接接头,尽管 N 通过螺栓群形心,但实验证明,各螺栓在弹性工作阶段受力并不相等,两端大,中间小;但在进入弹塑性工作后,由于内力重分布,各螺栓受力将逐渐趋于相等,故可按平均受力计算。因此,连接一侧需要的数目为

$$n = \frac{N}{N_{min}^b} \tag{1.2.16}$$

按规范规定,每一杆件在节点上以及拼接接头的一端,永久螺栓数不宜少于两个。如图 1.2.27(a)为并列排布,图 1.2.27(b)为错列排布。

d. 验算净截面强度

为防止构件或连接板因螺孔削弱而拉(或压)断,还须按下式验算连接开孔截面的净截面强度:

$$\sigma = \frac{N}{A_n} \leqslant f \tag{1.2.17}$$

式中,A_n——构件或连接板的净截面面积。

f——钢材的抗拉(或抗压)强度设计值。

图 1.2.27　螺栓的排列

净截面强度验算应选择构件或连接板的最不利截面,即内力最大或螺孔较多的截面,如图 1.2.27(a)所示螺栓为并列布置时,构件最不利截面为截面 1—1,其内力最大为 N。而截面 2—2 和 3—3 因前面螺栓已传递部分力,故内力分别递减。但对连接板各截面,因受力相反,截面 3—3 受力最大,亦为 N,故还须按下面公式将其与构件截面比较,以确定最不利截面(A_n 最小):

$$A_n = (b - n_1 d_0)t \tag{1.2.18}$$
$$A_n = 2(b - n_3 d_0)t_1 \tag{1.2.19}$$

式中,n_1、n_3——截面 1—1 和 3—3 上的螺孔数。

t、t_1、b——构件和连接板的厚度及宽度。

当螺栓为错列布置时[图 1.2.27(b)],构件或连接板除可能沿直线截面 1—1 破坏外,还可能沿折线截面 2—2 破坏,因其长度虽较大,但螺孔较多,故须按下式计算净截面面积,以确定最不利截面:

$$A_n = \left[2e_4 + (n_2 - 1)\sqrt{e_2^2 + e_1^2} - n_2 d_0\right]t \tag{1.2.20}$$

式中,n_2——折线截面 2—2 上的螺孔数。

(2)受拉的普通螺栓连接

①受力性能和破坏形式

图 1.2.28 所示为一螺栓连接的 T 形接头。在外力 N 作用下,构件相互间有分离的趋势,从而使螺栓沿杆轴方向受拉。受拉螺栓的破坏形式是栓杆被拉断,其部位多在被螺纹削弱的截面处。

②计算方法

a. 单个受拉螺栓的承载力设计值

假定拉应力在螺栓螺纹处截面上均匀分布,因此单个螺栓的抗拉承载力设计值为:

图 1.2.28　受拉螺栓连接

$$N_t^b = A_e f_t^b = \frac{\pi d_e^2}{4} f_t^b \tag{1.2.21}$$

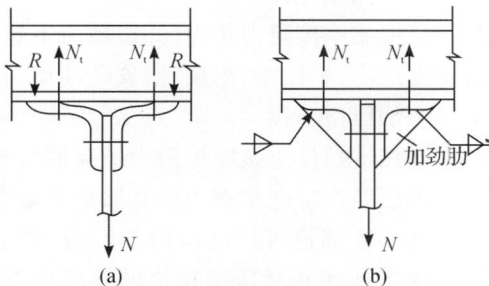

式中，A_e、d_e——螺栓螺纹处的有效截面面积和有效直径，按表 1.2.9 选用。

　　　　f_t^b——螺栓的抗拉强度设计值。

表 1.2.9　螺栓的有效截面面积

螺栓直径 d/mm	16	18	20	22	24	27	30
螺距 p/mm	2	2.5	2.5	2.5	3	3	3.5
螺栓有效直径 d_e/mm	14.1236	15.6545	17.6545	19.6545	21.1854	24.1854	26.7163
螺栓有效面积 A_e/mm^2	156.7	192.5	244.8	303.4	352.5	459.4	560.6

　　b. 普通螺栓群受轴心拉力作用时的计算

　　当外力 N 通过螺栓群形心时，假定每个螺栓所受的拉力相等，因此连接所需螺栓数目为：

$$n = \frac{N}{N_t^b} \qquad (1.2.22)$$

1.2.4 高强度螺栓连接

1. 高强度螺栓连接的工作性能及构造

（1）高强度螺栓连接的性能

高强度螺栓的性能等级有 10.9 级（有 20MnTiB 钢和 35VB 钢）和 8.8 级（有 40B 钢、45 号钢和 35 号钢）。40B 钢和 45 号钢已经使用多年，但二者的淬透性不够理想，只能用于直径不大于 24 mm 的高强度螺栓。级别划分的小数点前数字是螺栓热处理后的最低抗拉强度，小数点后数字是屈强比（屈服强度 f_y 与抗拉强 f_u 的比值），如 8.8 级钢材的最低抗拉强度是 800 N/mm^2，屈服强度是 $0.8 \times 800 = 640$ N/mm^2。高强度螺栓所用的螺帽和垫圈采用 45 号钢或 35 号钢制成。高强度螺栓孔应采用钻成孔，摩擦型的孔径比螺栓公称直径大 1.5～2.0 mm，承压型的孔径则大 1.0～1.5 mm。

高强度螺栓连接分为摩擦型连接和承压型连接。

①摩擦型连接

只依靠摩擦阻力传力，并以剪力不超过接触面的摩擦力作为设计准则。其特点是连接紧密变形小，不松动，耐疲劳，安装简单。

②承压型连接

高强度螺栓连接摩擦阻力被克服后允许接触面滑移，依靠栓杆和螺孔之间的承压来传力。承压型连接在摩擦力被克服后剪切变形较大。

高强度螺栓可广泛应用于厂房、高层建筑和桥梁等钢结构重要部位的安装连接，但根据摩擦型连接和承压型连接的不同特点，其应用还应有所区别。摩擦型连接以用于直接承受动力荷载的结构最佳，如吊车梁的工地拼接、重级工作制吊车梁与柱的连接等。承压型连接则仅用于承受静力荷载或间接承受动力荷载的结构，以能发挥其高承载力的优点为宜。

高强度螺栓连接中板件间的挤压力和摩擦力对外力的传递有很大影响。栓杆预拉力，连接表面的抗滑移系数和钢材种类都直接影响到高强度螺栓连接的承载力。

（2）高强度螺栓的预拉力和紧固方法

摩擦型高强度螺栓不论是用于受剪螺栓连接、受拉螺栓连接还是拉剪螺栓连接,其受力都是依靠螺栓对板件强大的法向压力,即紧固预拉力。承压型高强度螺栓,也要部分地利用这一特性。因此,控制预拉力,即控制螺栓的紧固程度,是保证高强度螺栓连接质量的一个关键因素。紧固预拉力 P 见表 1.2.10。

表 1.2.10　每个高强度螺栓的预拉力 P

螺栓的性能等级	螺栓的公称直径(mm)					
	M16	M20	M22	M24	M27	M30
8.8 级	80	125	150	175	230	280
10.9 级	100	155	190	225	290	355

高强度螺栓的预拉力是通过扭紧螺帽实现的。一般采用扭矩法、转角法或扭掉螺栓梅花头来控制预拉力

①扭矩法

为了减少先拧与后拧的高强度螺栓预拉力的区别,一般要先用普通扳手,拧扭矩值的50%,使板叠靠拢,然后用一种可显示扭矩值的扭矩扳手终拧。先测定的扭矩和预拉力(增加 5%~10%以补偿紧固后的松弛影响)之间的,差不得大于±10%。此法在我国应用广泛。

②转角法

转角法:分初拧和终拧两步。初拧是先用普通扳手使被连接构件相互紧密贴合,终拧就是以初拧的贴紧位置为起点,根据按螺栓直径和板叠厚度所确定的终拧角度,用强有力的扳手旋转螺母,拧至预定角度值时,螺栓的拉力即达到了所需要的预拉力数值。

③扭掉螺栓尾部梅花卡头

扭剪型高强度螺栓的受力特征与一般高强度螺栓相同,只是施加预拉力的方法为拧断螺栓梅花头切口处截面(图 1.2.29)来控制预拉力数值。这种螺栓施加预拉力简单、准确。

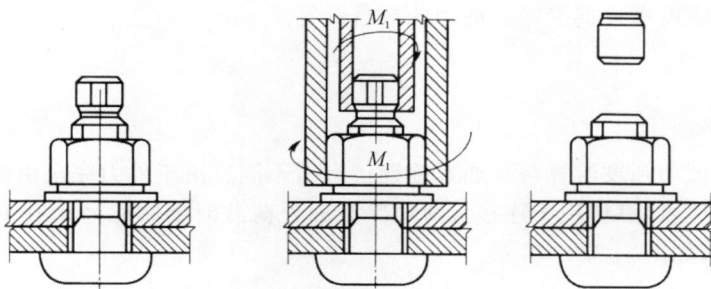

图 1.2.29　扭剪型高强螺栓

（3）高强度螺栓连接摩擦面处理及其抗滑移系数

高强度螺栓摩擦型连接完全依靠被连接构件间的摩擦阻力传力,而摩擦阻力的大小除了螺栓的预拉力外,与被连构件材料及其接触面的表面处理所确定的摩擦面抗滑移系数 μ

有关。规范规定的摩擦面抗滑移系数 μ 值如表 1.2.11。承压型连接的板件接触面只要求清除油污及浮锈。

表 1.2.11 摩擦面的抗滑移系数 μ

在连接处构件接触面的处理方法	构件的钢牌号		
	Q235 钢	Q345、Q390 钢	Q420 钢
喷砂(丸)	0.45	0.50	0.50
喷砂(丸)后涂无机富锌漆	0.35	0.40	0.40
喷砂(丸)后生赤锈	0.45	0.50	0.50
钢丝刷清除浮锈或未经处理的干净轧制表面	0.30	0.35	0.40

(4)其他构造要求

高强度螺栓连接除需满足与普通螺栓连接相同之排列布置要求外,尚须留意以下二点:

①当型钢构件拼接采用高强度螺栓连接时,其拼接件宜采用钢板。以使被连接部分能紧密贴合,保证预拉力的建立。

②在高强度螺栓连接范围内,构件接触面的处理方法应在施工图中说明。

2. 高强度螺栓摩擦型连接计算

(1)受剪连接承载力计算

①单个摩擦型高强度螺栓的抗剪承载力设计值

摩擦型连接的承载力取决于构件接触面的摩擦力,而此摩擦力的大小与螺栓所受预拉力和摩擦面的抗滑移系数以及连接的传力摩擦面数有关。因此,一个摩擦型连接高强度螺栓的受剪承载力设计值为:

$$N_v^b = 0.9 n_f \mu P \qquad (1.2.23)$$

式中,n_f——传力摩擦面数目。

P——每个高强度螺栓的预拉力,见表 1.2.10。

μ——摩擦面抗滑移系数,见表 1.2.11。

②摩擦型高强度螺栓群受轴心剪力的数目计算

$$n = \frac{N}{N_v^b} \qquad (1.2.24)$$

③净截面验算

连接板的净截面强度验算与普通螺栓连接有所不同。由于外力完全由螺栓孔周边近似环状的板区来传递,计算作用于连接板薄弱净截面处荷载时要扣除考虑孔前摩擦板区所传递的那部分荷载,如图 1.2.30 所示。

$$\sigma = \left(1 - 0.5\frac{n_1}{n}\right)\frac{N}{A_n} \leqslant f \qquad (1.2.25)$$

式中,n_1——计算截面 I—I 上的螺栓数目。

n——连接一侧的螺栓数目。

A_n——截面 I—I 的净截面面积,$A_n = (b - n_1 d_0)t$。

f——钢材抗拉强度设计值。

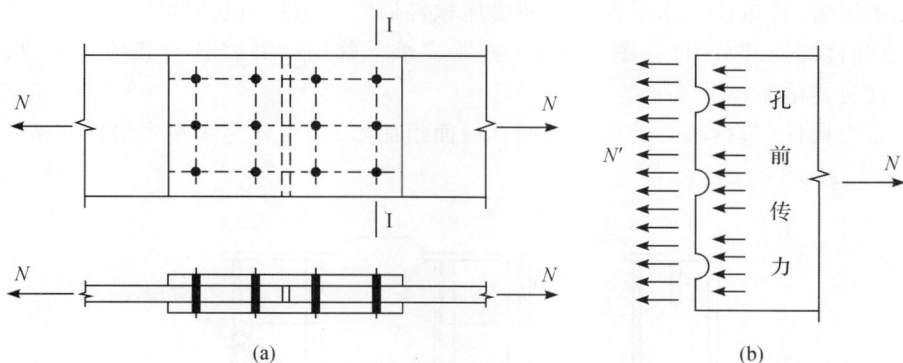

图 1.2.30　摩擦型高强度螺栓净截面强度验算

（2）受拉连接承载力计算

①单个摩擦型高强度螺栓的抗拉承载力设计值

$$N_t^b = 0.8P \tag{1.2.26}$$

②摩擦型高强度螺栓群受轴心拉力的计算

$$n = \frac{N}{N_t^b} \tag{1.2.27}$$

3. 高强度螺栓承压型连接计算

（1）受剪连接承载力计算

承压型连接受剪在后期的受力特性，即产生滑移后由栓杆受剪和孔壁承压直至破坏达到承载能力极限状态，均和普通螺栓连接相同，故单个承压型连接高强度螺栓的抗剪和承压承载力设计值亦可用式（1.2.14）和式（1.2.15）计算，但式中的 f_v^b 和 f_c^b 应按附表 1.4 中承压型连接高强度螺栓取用。当剪切面在螺纹处时，式（1.2.14）中螺栓直径 d 应取螺纹处有效直径 d_e，即应按螺纹处的有效截面面积计算（普通螺栓的抗剪强度设计值是根据试验数据，且不分剪切面是否在螺纹处均按栓杆面积确定的，故无此规定）。

（2）受拉连接承载力计算

承压型连接受拉的受力特性和普通螺栓连接的相同，故单个承压型连接高强度螺栓的抗拉承载力设计值亦用式（1.2.21）计算，但式中 f_t 应按附表 1.4 中承压型高强度螺栓的取用。

1.3　钢结构的基本构件

1.3.1　轴心受力构件

1. 轴心受力构件的应用和截面形式

轴心受力构件是指承受通过构件截面形心轴线的轴向力作用的构件，当这种轴向力为拉力时，称为轴心受拉构件；当这种轴向力为压力时，称为轴心受压构件。轴心受力构件广泛地应用于屋架、托架、塔架、网架和网壳等各种类型的平面或空间格构式体系以及支撑系统中。支承屋盖、楼盖或工作平台的竖向受压构件通常称为柱,包括轴心受压柱。柱通常由柱头、柱身和柱脚三部分组成(图1.3.1),柱头支承上部结构并将其荷载传给柱身,柱脚则把荷载由柱身传给基础。

轴心受力构件(包括轴心受压柱),按其截面组成形式,可分为实腹式构件和格构式构件两种(图1.3.1)。

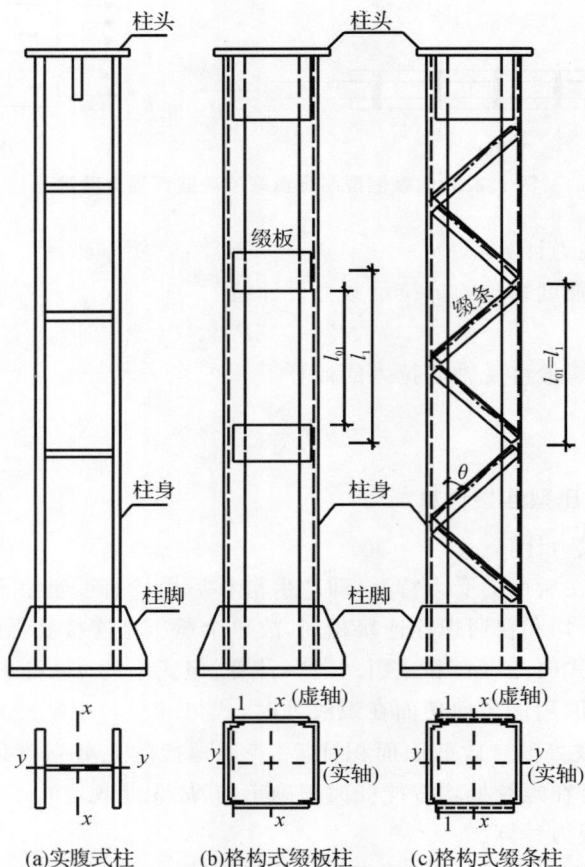

(a)实腹式柱　　(b)格构式缀板柱　　(c)格构式缀条柱

图1.3.1　柱的形式

实腹式构件具有整体连通的截面,常见的有三种截面形式。第一种是热轧型钢截面,如圆钢、圆管、方管、角钢、工字钢、T型钢、H型钢和槽钢等,其中最常用的是工字形或H形截面;第二种是冷弯型钢截面,如卷边和不卷边的角钢或槽钢与方管;第三种是型钢或钢板连接而成的组合截面。在普通桁架中,受拉或受压杆件常采用两个等边或不等边角钢组成的T形截面或十字形截面,也可采用单角钢、圆管、方管、工字钢或T型钢等截面[图1.3.2(a)]。轻型桁架的杆件则采用小角钢、圆钢或冷弯薄壁型钢等截面[图1.3.2(b)]。受力较大的轴心受力构件(如轴心受压柱),通常采用实腹式或格构式双轴对称截面;实腹式构件一般是组合截面,有时也采用轧制H型钢或圆管截面[(图1.3.2(c)]。

格构式构件一般由两个或多个分肢用缀件联系组成[图1.3.2(d)],采用较多的是两分肢格构式构件。在格构式构件截面中,通过分肢腹板的主轴叫作实轴,通过分肢缀件的主轴叫作虚轴。分肢通常采用轧制槽钢或工字钢,承受荷载较大时可采用焊接工字形或槽形组合截面。缀件有缀条或缀板两种,一般设置在分肢翼缘两侧平面内,其作用是将各分肢连成整体,使其共同受力,并承受绕虚轴弯曲时产生的剪力。缀条用斜杆组成或斜杆与横杆共同组成,缀条常采用单角钢,与分肢翼缘组成桁架体系,使承受横向剪力时有较大的刚度。缀板常采用钢板,与分肢翼缘组成刚架体系。在构件产生绕虚轴弯曲而承受横向剪力时,刚度比缀条格构式构件略低,所以通常用于受拉构件或压力较小的受压构件。实腹式构件比格构式构件构造简单,制造方便,整体受力和抗剪性能好,但截面尺寸较大时钢材用量较多;而格构式构件容易实现两主轴方向的等稳定性,刚度较大,抗扭性能较好,用料较省。

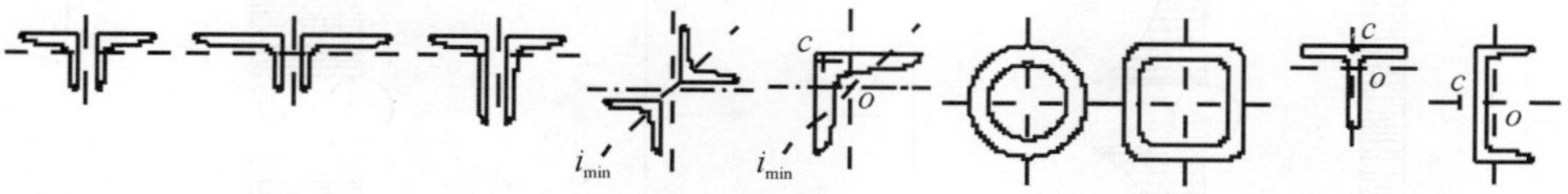

(a)普通桁架杆件截面

(b)轻型桁架杆件截面

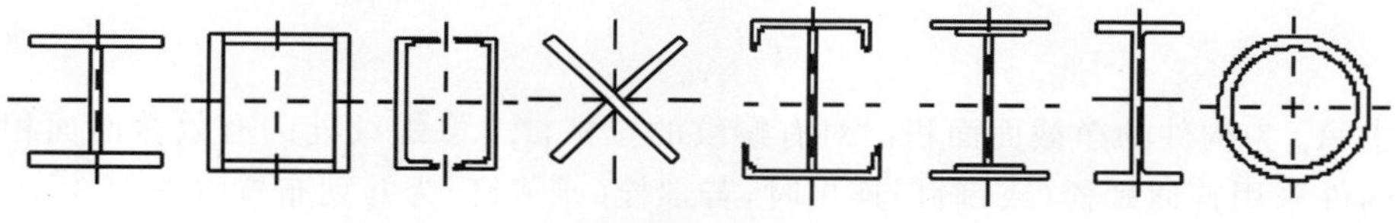

(c)实腹式构建截面

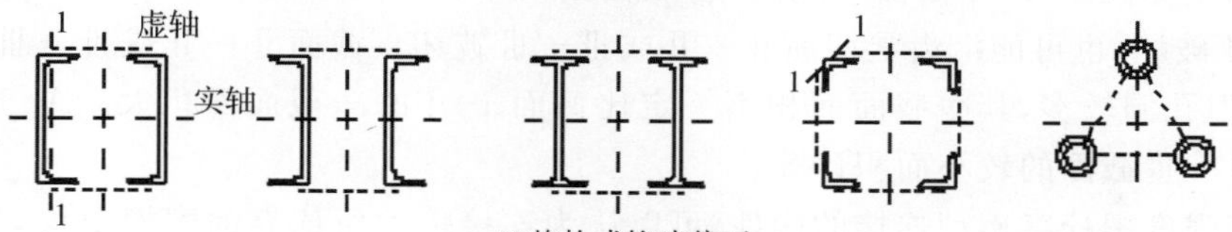

(d)格构式构建截面

图 1.3.2　轴心受力构件的截面形式

2. 轴心受力构件的设计计算

(1)强度

从钢材的应力—应变关系可知,当轴心受力构件的截面平均应力达到钢材的抗拉强度 f_u 时,构件达到强度极限承载力。但当构件的平均应力达到钢材的屈服强度 f_y 时,由于构件塑性变形的发展,将使构件的变形过大以致达到不适于继续承载的状态。因此,轴心受力构件是以截面的平均应力达到钢材的屈服强度作为强度计算准则的。

对无孔洞等削弱的轴心受力构件,以全截面平均应力达到屈服强度为强度极限状态,应按下式进行毛截面强度计算:

$$\sigma = \frac{N}{A} \leqslant f \tag{1.3.1}$$

式中,N—构件的轴心力设计值。

f—钢材抗拉强度设计值或抗压强度设计值。

A—构件的毛截面面积。

对有孔洞等削弱的轴心受力构件(图1.3.3),在孔洞处截面上的应力分布是不均匀的,靠近孔边处将产生应力集中现象。在弹性阶段,孔壁边缘的最大应力 σ_{max} 可能达到构件毛截面平均应力 σ_0 的3倍[图1.3.3(a)]。若轴心力继续增加,当孔壁边缘的最大应力达到材料的屈服强度以后,应力不再继续增加而截面发展塑性变形,应力渐趋均匀。到达极限状态时,净截面上的应力为均匀屈服应力。因此,对于有孔洞削弱的轴心受力构件,以其净截面的平均应力达到屈服强度为强度极限状态,应按下式进行净截面强度计算:

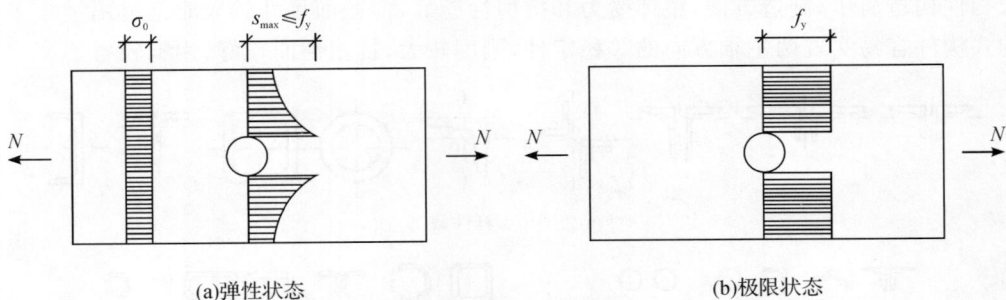

图1.3.3 截面削弱处的应力分布

$$\sigma = \frac{N}{A_n} \leqslant f \tag{1.3.2}$$

式中 A_n 为构件的净截面面积。对有螺纹的拉杆,A_n 取螺纹处的有效截面面积。当轴心受力构件采用普通螺栓(或铆钉)连接时,若螺栓(或铆钉)为并列布置[(图1.3.4(a)],A_n 按最危险的正交截面(I—I截面)计算。若螺栓错列布置[(图1.3.4(b)],构件既可能沿正交截面I—I破坏,也可能沿齿状截面Ⅱ—Ⅱ或Ⅲ—Ⅲ破坏。截面Ⅱ—Ⅱ或Ⅲ—Ⅲ的毛截面长度较大,但孔洞较多,其净截面面积不一定比截面I—I的净截面面积大。A_n 应取I—I、Ⅱ—Ⅱ或Ⅲ—Ⅲ截面的较小面积计算。

对于高强度螺栓摩擦型连接的构件,可以认为连接传力所依靠的摩擦力均匀分布于螺孔四周,故在孔前接触面已传递一半的力(图1.3.5)。因此,最外列螺栓处危险截面的净截面强度应按下式计算:

$$\sigma = \frac{N'}{A_n} \leqslant f \tag{1.3.3}$$

式中,$N' = N(1 - 0.5n_1/n)$。

　　　 n——连接一侧的高强度螺栓总数。

　　　 n_1——计算截面(最外列螺栓处)上的高强度螺栓数目。

　　　 0.5——孔前传力系数。

对于高强度螺栓摩擦型连接的构件,除按式(1.3.3)验算净截面强度外,还应按式(1.3.1)验算毛截面强度。

焊接构件和轧制型钢构件均会产生残余应力,但残余应力在构件内是自相平衡的内应力,在轴力作用下,除了使构件部分截面较早地进入塑性状态外,并不影响构件的极限承载力。所以,在验算轴心受力构件强度时,不必考虑残余应力的影响。

(a)螺栓并列排列时钢板的净面积　　　　　　(b)螺栓错列排列时钢板的净面积

图 1.3.4　净截面面积的计算

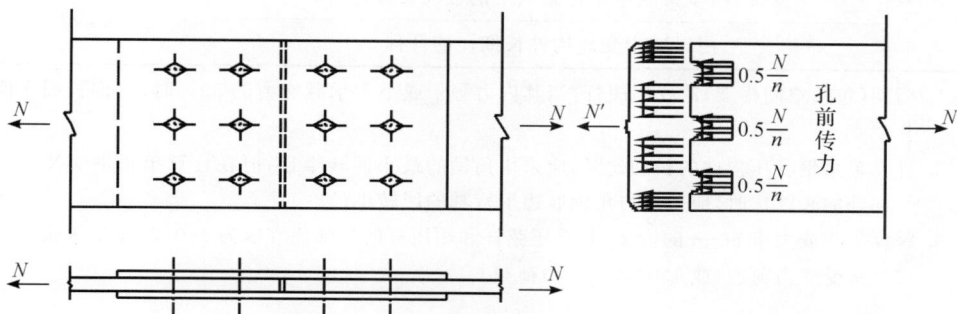

图 1.3.5　轴心力作用下的摩擦型高强度螺栓连接

（2）刚度

按正常使用极限状态的要求,轴心受力构件均应具有一定的刚度。轴心受力构件的刚度通常用长细比来衡量,长细比愈小,表示构件刚度愈大;反之则刚度愈小。

当轴心受力构件刚度不足时,在本身自重作用下容易产生过大的挠度,在动力荷载作用下容易产生振动,在运输和安装过程中容易产生弯曲。因此,设计时应对轴心受力构件的长细比进行控制。对于受压构件,长细比更为重要。受压构件因刚度不足,一旦发生弯曲变形后,因变形而增加的附加弯矩影响远比受拉构件严重,长细比过大,会使稳定承载力降低太多,因而其容许长细比[λ]限制应更严;直接承受动力荷载的受拉构件也比承受静力荷载或间接承受动力荷载的受拉构件不利,其容许长细比[λ]限制也较严;构件的容许长细比[λ]按表 1.3.1 及表 1.3.2 采用。轴心受力构件对主轴 x 轴、y 轴的长细比 λ_x 和 λ_y 应满足下式要求:

$$\lambda_x = \frac{l_{0x}}{i_x} \leqslant [\lambda] \qquad\qquad \lambda_y = \frac{l_{0y}}{i_y} \leqslant [\lambda] \qquad\qquad (1.3.4)$$

式中,l_{0x}、l_{0y}——构件对主轴 x 轴、y 轴的计算长度。

i_x、i_y——截面对主轴 x 轴、y 轴的回转半径。

构件计算长度 l_0(l_{0x} 或 l_{0y})取决于其两端支承情况(见表 1.3.3),桁架和框架构件的计算长度与其两端相连构件的刚度有关。

当截面主轴在倾斜方向时(如单角钢截面和双角钢十字形截面),其主轴常标为 x_0 轴

和 y_0 轴,应计算 $\lambda_{x0} = l_0/i_{x0}$ 和 $\lambda_{y0} = l_0/i_{y0}$,或只计算其中的最大长细比 $\lambda_{max} = l_0/i_{min}$。

设计轴心受拉构件时,应根据结构用途、构件受力大小和材料供应情况选用合理的截面形式,并对所选截面进行强度和刚度计算。设计轴心受压构件时,除使截面满足强度和刚度要求外尚应满足构件整体稳定和局部稳定要求。实际上,只有长细比很小及有孔洞削弱的轴心受压构件,才可能发生强度破坏。一般情况下,由整体稳定控制其承载力。轴心受压构件丧失整体稳定常常是突发性的,容易造成严重后果,应予以特别重视。

表 1.3.1 受压构件的容许长细比

项次	构件名称	容许长细比
1	柱、桁架和天窗架中的杆件	150
1	柱的缀条、吊车梁或吊车桁架以下的柱间支撑	150
2	支撑(吊车梁或吊车桁架以下的柱间支撑除外)	200
2	用以减少受压构件长细比的杆件	200

注:1. 桁架(包括空间桁架)的受压腹杆,当其内力等于或小于承载能力的 50% 时,容许长细比值可取为 200。

2. 计算单角钢受压构件的长细比时,应采用角钢的最小回转半径;但在计算单角钢交叉受压杆件平面外的长细比时,应采用与角钢肢边平行轴的回转半径。

3. 跨度等于或大于 60 m 的桁架,其受压弦杆和端压杆的长细比宜取为 100,其他受压腹杆可取为 150(承受静力荷载)或 120(承受动力荷载)。

表 1.3.2 受拉构件的容许长细比

项次	构件名称	承受静力荷载或间接承受动力荷载的结构		直接承受动力荷载的结构
		一般建筑结构	有重级工作制吊车的厂房	
1	桁架的杆件	350	250	250
2	吊车梁或吊车桁架以下的柱间支撑	300	200	—
3	其他拉杆、支撑、系杆等(张紧的圆钢除外)	400	350	—

注:1. 承受静力荷载的结构中,可仅计算受拉构件在竖向平面内的长细比。

2. 在直接或间接承受动力荷载的结构中,单角钢受拉构件长细比的计算方法与表 1.3.1 的注②相同。

3. 中、重级工作制吊车桁架下弦杆的长细比不宜超过 200。

4. 在设有夹钳吊车或刚性料耙吊车的厂房中,支撑(表中第 2 项除外)的长细比不宜超过 300。

5. 受拉构件在永久荷载与风荷载组合作用下受压时,其长细比不宜超过 250。

6. 跨度等于或大于 60 m 的桁架,其受拉弦杆和腹杆的长细比不宜超过 300(承受静力荷载)或 250(承受动力荷载)。

（3）轴心受压构件的整体稳定

无缺陷的轴心受压构件，当轴心压力 N 较小时，构件只产生轴向压缩变形，保持直线平衡状态。此时如有干扰力使构件产生微小弯曲，则当干扰力移去后，构件将恢复到原来的直线平衡状态，这种直线平衡状态下构件的外力和内力间的平衡是稳定的。

当轴心压力 N 逐渐增加到一定大小，如有干扰力使构件发生微弯，但当干扰力移去后，构件仍保持微弯状态而不能恢复到原来的直线平衡状态，这种从直线平衡状态过渡到微弯曲平衡状态的现象称为平衡状态的分枝，此时构件的外力和内力间的平衡是随遇的，称为随遇平衡或中性平衡。

表 1.3.3　轴心受压构件的临界力和计算长度系数 μ

两端支承情况	两端铰接	上端自由 下端固定	上端铰接 下端固定	两端固定	上端可移动 但不转动,下端固定	上端可移动但 不转动,下端铰接
屈曲形状						
计算长度 $l_0 = \mu l$ μ 为理论值	$1.0l$	$2.0l$	$0.7l$	$0.5l$	$1.0l$	$2.0l$
μ 的设计建议值	1	2	0.8	0.65	1.2	2

如轴心压力 N 再稍微增加，则弯曲变形迅速增大而使构件丧失承载能力，这种现象称为构件的弯曲屈曲或弯曲失稳[图 1.3.6(a)]。

中性平衡是从稳定平衡过渡到不稳定平衡的临界状态，中性平衡时的轴心压力称为临界力 N_{cr}，相应的截面应力称为临界应力 σ_{cr}。σ_{cr} 常低于钢材屈服强度 f_y，即构件在到达强度极限状态前就会丧失整体稳定。无缺陷的轴心受压构件发生弯曲屈曲时，构件的变形发生了性质上的变化，即构件由直线形式改变为弯曲形式，且这种变化带有突然性。结构丧失稳定时，平衡形式发生改变的，称为丧失了第一类稳定性或称为平衡分枝失稳。除丧失第一类稳定性外，还有第二类稳定性问题。丧失第二类稳定性的特征是结构丧失稳定时其弯曲平衡形式不发生改变，只是由于结构原来的弯曲变形增大将不能正常工作。丧失第二类稳定性也称为极值点失稳。

对某些抗扭刚度较差的轴心受压构件（如十字形截面），当轴心压力 N 达到临界值时，稳定平衡状态不再保持而发生微扭转。当 N 再稍微增加，则扭转变形迅速增大而使构件丧失承载能力，这种现象称为扭转屈曲或扭转失稳[图 1.3.6(b)]。

截面为单轴对称（如 T 形截面）的轴心受压构件绕对称轴失稳时，由于截面形心与截面剪切中心（或称扭转中心与弯曲中心，即构件弯曲时截面剪应力合力作用点通过的位置）不重合，在发生弯曲变形的同时必然伴随有扭转变形，故称为弯扭屈曲或弯扭失稳[图 1.3.6(c)]。

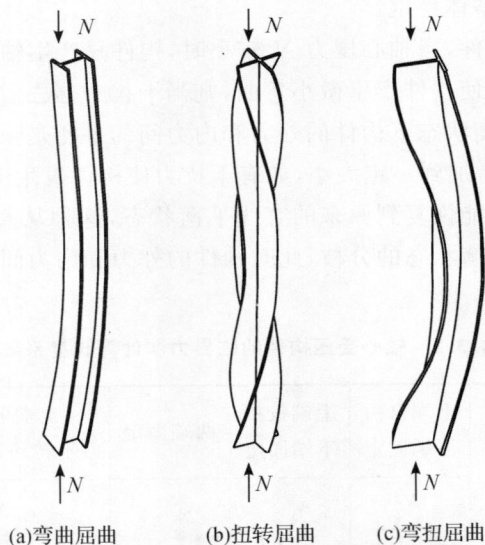

(a)弯曲屈曲　　　(b)扭转屈曲　　　(c)弯扭屈曲

图 1.3.6　两端铰接轴心受压构件的屈曲状态

同理,截面没有对称轴的轴心受压构件,其屈曲形态也属弯扭屈曲。

　　钢结构中常用截面的轴心受压构件,由于其板件较厚,构件的抗扭刚度也相对较大,失稳时主要发生弯曲屈曲;单轴对称截面的构件绕对称轴弯扭屈曲时,当采用考虑扭转效应的换算长细比后,也可按弯曲屈曲计算。

　　实际轴心受压构件的整体稳定受到构件初始缺陷(如偏心、弯曲、挠度等)、焊接残余应力、材料性能、长细比、支座条件等多方面因素影响。《规范》在大量实验、实测数据和理论分析的基础上,提出了较为简捷的计算公式:

$$\frac{N}{\varphi A} \leqslant f \tag{1.3.5}$$

式中,N—轴心压力设计值。

　　A—构件的毛截面面积。

　　f—钢材的抗压强度设计值,按附表1.1采用。

　　φ—轴心受压构件的整体稳定系数,可根据附表 3.1 的截面分类和构件的长细比,按附录 3 的附表 3.2 至附表 3.5 查出。

计算轴心受压构件的整体稳定时,构件长细比 λ 应按照下列规定确定:

①截面为双轴对称或极对称构件:

$$\lambda_x = \frac{l_{0x}}{i_x} \qquad\qquad \lambda_y = \frac{l_{0y}}{i_y} \tag{1.3.6}$$

式中 l_{0x}、l_{0y}—构件对主轴 x 轴、y 轴的计算长度。

　　i_x、i_y—构件毛截面对主轴 x 轴、y 轴的回转半径。

　　为了避免发生扭转屈曲,对双轴对称十字形截面构件,λ_x 或 λ_y 取值不得小于 $5.07\,b/t$(其中 b/t 为悬伸板件宽厚比)。

②截面为单轴对称的构件

对于单轴对称截面,除绕非对称轴 x 轴发生弯曲屈曲外,也有可能发生绕对称轴 y 轴的弯扭屈曲。在对 T 形和槽形等单轴对称截面进行弯扭屈曲分析后,认为绕对称轴(设为 y 轴)的稳定应取计及扭转效应的下列换算长细比 λ_{yz} 代替 λ_y:

$$\lambda_{yz} = \frac{1}{\sqrt{2}}\left[(\lambda_y^2 + \lambda_z^2) + \sqrt{(\lambda_y^2 + \lambda_z^2)^2 - 4\left(1 - \frac{e_0^2}{i_0^2}\right)\lambda_y^2\lambda_z^2}\right]^{\frac{1}{2}} \tag{1.3.7}$$

$$\lambda_z^2 = \frac{i_0^2 A}{\left(\dfrac{I_t}{25.7} + \dfrac{I_\omega}{l_\omega^2}\right)} \tag{1.3.8}$$

$$i_0^2 = e_0^2 + i_x^2 + i_y^2 \tag{1.3.9}$$

式中:e_0——截面形心至剪心的距离。

i_0——截面对剪心的极回转半径。

λ_y——构件对对称轴的长细比。

λ_z——扭转屈曲的换算长细比。

I_t——毛截面抗扭惯性矩。

I_ω——毛截面扇性惯性矩,对 T 形截面(轧制、双板焊接、双角钢组合)、十字形截面和角形截面可近似取 $I_\omega = 0$。

A——为毛截面面积。

l_ω——为扭转屈曲的计算长度,对两端铰接端部截面可自由翘曲或两端嵌固端部截面的翘曲完全受到约束的构件,取 $l_\omega = l_{0y}$。

③角钢组成的单轴对称截面构件

公式(1.3.7)比较复杂,对于常用的单角钢和双角钢组合 T 形截面(图 1.3.7),可按下述简化公式计算换算长细比 λ_{yz}。

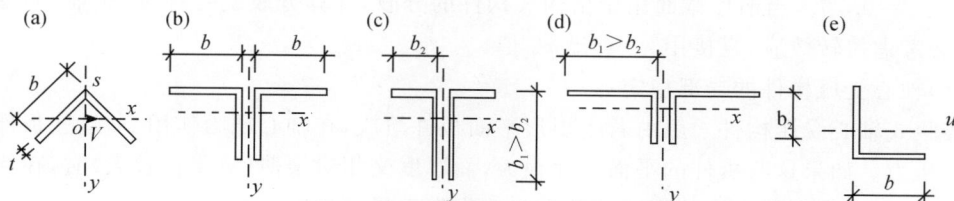

图 1.3.7　单角钢截面和双角钢 T 形组合截面

a. 等边单角钢截面[图 1.3.7(a)]

当 $b/t \leq 0.54 l_{0y}/b$ 时　　　　　$\lambda_{yz} = \lambda_y\left(1 + \dfrac{0.85b^4}{l_{0y}^2 t^2}\right)$ 　　　　(1.3.10)

当 $b/t > 0.54 l_{0y}/b$ 时　　　　$\lambda_{yz} = 4.78\dfrac{b}{t}\left(1 + \dfrac{l_{0y}^2 t^2}{13.5b^4}\right)$ 　　　(1.3.11)

式中 b、t 分别为角钢肢的宽度和厚度。

b. 等边双角钢截面[图 1.3.7(b)]

当 $b/t \leq 0.58 l_{0y}/b$ 时　　　　　$\lambda_{yz} = \lambda_y\left(1 + \dfrac{0.475b^4}{l_{0y}^2 t^2}\right)$ 　　　　(1.3.12)

当 $b/t > 0.58 l_{0y}/b$ 时　　　　$\lambda_{yz} = 3.9\dfrac{b}{t}\left(1 + \dfrac{l_{0y}^2 t^2}{18.6b^4}\right)$ 　　　(1.3.13)

c. 长肢相并的不等边双角钢截面[图 1.3.7(c)]

当 $b_2/t \leqslant 0.48 l_{0y}/b_2$ 时 $\qquad \lambda_{yz} = \lambda_y (1 + \dfrac{1.09 b_2^4}{l_{0y}^2 t^2})$ $\qquad$ (1.3.14)

当 $b_2/t > 0.48 l_{0y}/b_2$ 时 $\qquad \lambda_{yz} = 5.1 \dfrac{b_2}{t} (1 + \dfrac{l_{0y}^2 t^2}{17.4 b_2^4})$ $\qquad$ (1.3.15)

d. 短肢相并的不等边双角钢截面[图 1.3.(7)d]

当 $b_1/t \leqslant 0.56 l_{0y}/b_1$ 时 $\qquad \lambda_{yz} = \lambda_y$ $\qquad$ (1.3.16)

当 $b_1/t > 0.56 l_{0y}/b_1$ 时 $\qquad \lambda_{yz} = 3.7 \dfrac{b_1}{t} (1 + \dfrac{l_{0y}^2 t^2}{52.7 b_1^4})$ $\qquad$ (1.3.17)

e. 单轴对称的轴心受压构件在绕非对称主轴以外的任一轴失稳时应按照弯扭屈曲计算其稳定性。当计算等边单角钢构件绕平行轴[图 1.3.7(e)的 u 轴]的稳定时,可用下式计算其换算长细比 λ_{uz},并按 b 类截面确定 φ 值:

当 $b/t \leqslant 0.69 l_{0u}/b$ 时 $\qquad \lambda_{uz} = \lambda_u (1 + \dfrac{0.25 b^4}{l_{0u}^2 t^2})$ $\qquad$ (1.3.18)

当 $b/t > 0.69 l_{0u}/b$ 时 $\qquad \lambda_{uz} = 5.4 b/t$ $\qquad$ (1.3.19)

式中,$\lambda_u = l_{0u}/i_u$。l_{0u} 为构件对 u 轴的计算长度,i_u 为构件截面对 u 轴的回转半径。

无任何对称轴且又非极对称的截面(单面连接的不等边单角钢除外)不宜用作轴心受压构件。对单面连接的单角钢轴心受压构件,考虑强度设计值折减系数 γ_R 后,可不考虑弯扭效应的影响。规范 GB 50017 规定:计算稳定时,等边角钢取 $\gamma_R = 0.6 + 0.0015\lambda$,但不大于 1.0;短边相连的不等边角钢取 $\gamma_R = 0.5 + 0.0025\lambda$,但不大于 1.0;式中 $\lambda = l_0/i_0$,计算长度 l_0 取节点中心距离,i_0 为角钢的最小回转半径,当 $\lambda < 20$ 时,取 $\lambda = 20$。长边相连的不等边角钢取 $\gamma_R = 0.70$。当槽形截面用于格构式构件的分肢,计算分肢绕对称轴(y 轴)的稳定性时,不必考虑扭转效应,直接用 λ_y 查出 φ_y 值。

(4)轴心受压构件的局部稳定

实腹式轴心受压构件一般由若干矩形平面板件组成,在轴心压力作用下,这些板件都承受均匀压力。如果这些板件的平面尺寸很大,而厚度又相对很薄(宽厚比较大)时,在均匀压力作用下,板件有可能在达到强度承载力之前先失去局部稳定。

轴心受压构件局部稳定的计算方法:

①确定板件宽(高)厚比限值的准则

为了保证实腹式轴心受压构件的局部稳定,通常采用限制其板件宽(高)厚比的办法来实现。确定板件宽(高)厚比限值所采用的原则有两种:一种是使构件应力达到屈服前其板件不发生局部屈曲,即局部屈曲临界应力不低于屈服应力;另一种是使构件整体屈曲前其板件不发生局部屈曲,即局部屈曲临界应力不低于整体屈曲临界应力,常称作等稳定性准则。后一准则与构件长细比发生关系,对中等或较长构件似乎更合理,前一准则对短柱比较适合。规范 GB 50017 在规定轴心受压构件宽(高)厚比限值时,主要采用后一准则,在长细比很小时参照前一准则予以调整。

②轴心受压构件板件宽(高)厚比的限值

轧制型钢(工字钢、H 型钢、槽钢、T 形钢、角钢等)的翼缘和腹板一般都有较大厚度,宽(高)厚比相对较小,都能满足局部稳定要求,可不作验算。对焊接组合截面构件

（图 1.3.8），一般采用限制板件宽（高）厚比办法来保证局部稳定。

图 1.3.8　轴心受压构件板件宽厚比

a. 工字形截面［图 1.3.8(a)］

工字形截面如图 1.3.8a 所示。

翼缘：
$$\frac{b'}{t} \leqslant (10 + 0.1\lambda)\sqrt{\frac{235}{f_y}} \qquad (1.3.20)$$

腹板：
$$\frac{h_0}{t_w} \leqslant (25 + 0.5\lambda)\sqrt{\frac{235}{f_y}} \qquad (1.3.21)$$

式中，λ——为构件两方向长细比的较大值。当 $\lambda \leqslant 30$ 时，取 $\lambda = 30$；当 $\lambda \geqslant 100$ 时，取 $\lambda = 100$。

b. T 形截面

T 形截面［图 1.3.8(b)］轴心受压构件的翼缘板悬伸部分的宽厚比 b'/t 限值与工字形截面一样，按式（1.3.20）计算。

T 形截面的腹板：

热轧 T 形钢
$$\frac{h_0}{t_w} \leqslant (15 + 0.2\lambda)\sqrt{\frac{235}{f_y}} \qquad (1.3.22)$$

焊接 T 形钢
$$\frac{h_0}{t_w} \leqslant (13 + 0.17\lambda)\sqrt{\frac{235}{f_y}} \qquad (1.3.23)$$

c. 箱形截面

箱形截面轴心受压构件［图 1.3.8(c)］，规范采用的宽厚比限值，即

$$\frac{b_0}{t} \text{或} \frac{h_0}{t_w} \leqslant 40\sqrt{\frac{235}{f_y}} \qquad (1.3.24)$$

③加强局部稳定的措施

当所选截面不满足板件宽（高）厚比规定要求时，一般应调整板件厚度或宽（高）度使其满足要求。但对工字形截面

图 1.3.9　纵向加劲肋加强腹板

的腹板也可采用设置纵向加劲肋的方法予以加强，以缩减腹板计算高度（图 1.3.9）。纵向加劲肋宜在腹板两侧成对配置，其一侧外伸宽度 $b_z \geqslant 10t_w$，厚度 $t_z \geqslant 0.75t_w$。纵向加劲肋通常在横向加劲肋间设置，横向加劲肋的尺寸应满足外伸宽度 $b_s \geqslant (h_0/30) + 40\ mm$，厚度 $t_s \geqslant b_s/15$。

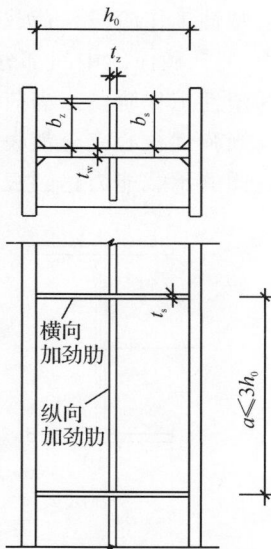

1.3.2　受弯构件

承受横向荷载和弯矩的构件叫受弯构件，如果构件中的弯矩不均匀分布，那么构件中还

存在剪力。结构中受弯构件一般称之为梁,根据使用情况,它可能只在一个主平面内受弯,称为单向受弯构件,也可能在两个主平面内同时受弯,称为双向受弯构件。钢结构受弯构件除要保证截面的抗弯强度、抗剪强度外还要保证构件的整体稳定性和受压翼缘板件的局部稳定要求。对不利用腹板屈曲后强度的构件还要满足腹板局部稳定要求。这些属于构件设计的第一极限状态问题,即承载力极限状态问题。此外受弯构件要有足够的刚度,保证构件的变形不影响正常使用要求,这属于构件设计的第二极限状态问题,即正常使用极限状态问题。本章主要介绍实腹式受弯构件的强度、刚度、整体稳定、局部稳定及腹板屈曲后强度的基本概念和相关的计算方法。

1. 受弯构件的强度

荷载在梁内引起弯矩 M 和剪力 V,因此需验算抗弯强度和抗剪强度。当梁的上翼缘有荷载作用而又未设横向加劲肋时,应验算腹板边缘的局部压应力强度。对梁中弯曲应力、剪应力和局部压应力共同作用的部位,应验算折算应力。

(1)抗弯强度

荷载不断增加时正应力的发展过程分为三个阶段,以双轴对称工字形截面为例说明如下:

①弹性工作阶段。荷载较小时,截面上各点的弯曲应力均小于屈服点 f_y,荷载继续增加,直至边缘纤维应力达到 f_y[图 1.3.10(b)]。

②塑性工作阶段。荷载继续增加,截面上、下各有一个高度为 a 的区域,其应力 σ 为屈服应力 f_y。截面的中间部分区域仍保持弹性[图 1.3.10(c)],此时梁处于弹塑性工作阶段。

③塑性工作阶段。当荷载再继续增加,梁截面的塑性区便不断向内发展,弹性核心不断变小。当弹性核心完全消失[图 1.3.8(d)]时,荷载不再增加,而变形却继续发展,形成"塑性铰",梁的承载能力达到极限。

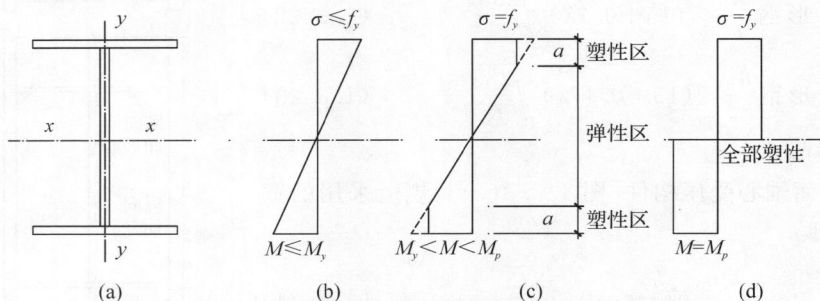

图 1.3.10 各荷载阶段梁截面上的正应力分布

计算抗弯强度时,需要计算疲劳的梁,常采用弹性设计。若按截面形成塑性铰进行设计,可能使梁产生的挠度过大。因此规范规定有限制地利用塑性。

梁的抗弯强度按下列公式计算:

单向弯曲时

$$\sigma = \frac{M_x}{\gamma_x W_{nx}} \leqslant f \tag{1.3.25}$$

双向弯曲时

$$\sigma = \frac{M_x}{\gamma_x W_{nx}} + \frac{M_y}{\gamma_y W_{ny}} \leqslant f \tag{1.3.26}$$

式中，M_x、M_y——同一截面处绕 x 轴和 y 轴的弯矩（对工字形截面：x 轴为强轴，y 轴为弱轴）。

W_{nx}、W_{ny}——对 x 轴和 y 轴的净截面模量。

γ_x、γ_y——截面塑性发展系数，对工字形截面，$\gamma_x=1.05$，$\gamma_y=1.20$；对箱形截面，$\gamma_x=\gamma_y=1.05$；对其他截面，可按表 1.3.4 采用

f——钢材的抗弯强度设计值。

表 1.3.4　截面塑性发展系数 γ_x、γ_y

项次	截面形式	γ_x	γ_y
1			1.2
2		1.05	1.05
3			1.2
4		$\gamma_{1x}=1.05$ $\gamma_{2x}=1.2$	1.05
5		1.2	1.2
6		1.15	1.15

续表

项次	截面形式	γ_x	γ_y
7 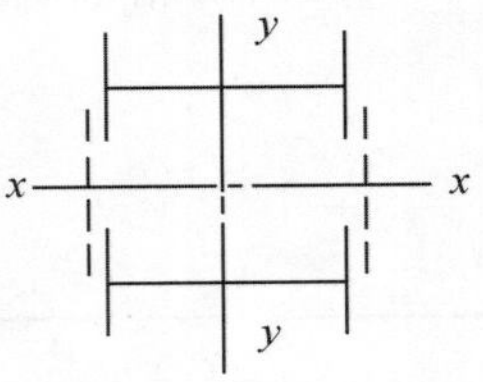 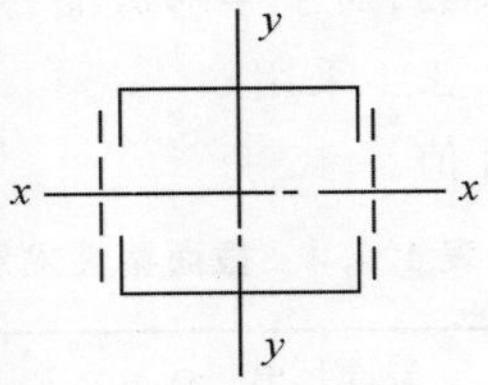			1.05
		1.0	
8	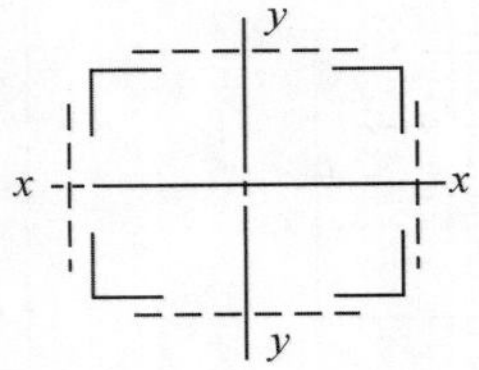	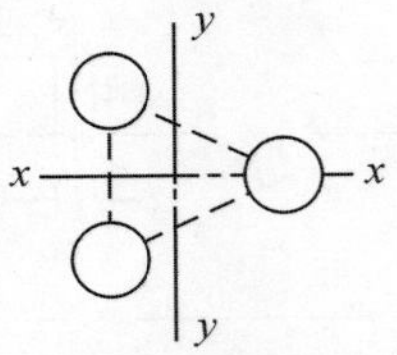	1.0

（2）抗剪强度

主平面受弯的实腹梁，以截面上的最大剪应力达到钢材的抗剪屈服点为承载力极限状态。

$$\tau = \frac{VS}{It_w} \leqslant f_v \tag{1.3.27}$$

式中，V—计算截面沿腹板平面作用的剪力设计值。

S—计算剪应力处以上毛截面对中和轴的面积矩。

I—毛截面惯性矩。

t_w—腹板厚度。

f_v—钢材的抗剪强度设计值。

当抗剪强度不满足设计要求时，常采用加大腹板厚度的办法来增大梁的抗剪强度。

型钢腹板较厚，一般均能满足上式要求，因此只在剪力最大截面处有较大削弱时，才需进行剪应力的计算。

（3）局部承压强度如图 1.3.11 所示，在梁的固定集中荷载（包括支座反力）作用处无支承加劲肋，或有移动的集中荷载（如吊车轮压），这时梁的腹板将承受集中荷载产生的局部压应力。局部压应力在梁腹板与上翼缘交界处最大，到下翼缘处减为 0，如图 1.3.11（b）所示。计算时，假设局部压应力在荷载作用点以下的 h_R（吊车轨道高度）高度范围内以 45°角扩散，在 h_y 高度范围内以 1∶2.5 的比例扩散，传至腹板与翼缘交界处，实际上局部压应力沿梁纵向分布并不均匀，但为简化计算，假设在 l_z 范围内局部压应力均匀分布，并按下式计算腹板边缘的局部压应力：

$$\sigma_c = \frac{\psi F}{t_w l_z} \leqslant f \tag{1.3.28}$$

式中，F—集中荷载，对动力荷载应考虑动力系数。

ψ—集中荷载放大系数；对重级工作制吊车梁，$\psi = 1.35$；其他梁 $\psi = 1.0$；在所有梁支座处 $\psi = 1.0$。

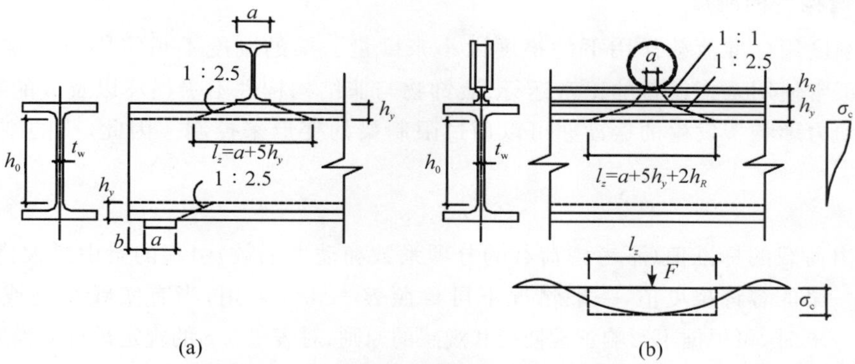

图 1.3.11 腹板边缘局部压应力分布

l_z——集中荷载在腹板计算高度上边缘的假定分布长度,按下式计算:

跨中集中荷载:
$$l_z = a + 5h_y + 2h_R \qquad (1.3.29)$$

梁端支反力处:
$$l_z = a + 2.5h_y + b \qquad (1.3.30)$$

a——集中荷载沿梁跨度方向的支承长度,对钢轨上的轮压可取为 50 mm。

h_y——自梁顶面至腹板计算高度上边缘的距离。

h_R——轨道的高度,对梁顶无轨道的梁 $h_R = 0$。

b——梁端到支座板外边缘距离,如果 b 大于 $2.5h_y$,取 $2.5h_y$。

f——钢材的抗压强度设计值。

腹板计算高度 h_0:对轧制型钢梁,为腹板与上、下翼缘相连处两内弧起点之间的距离;对焊接组合梁,为腹板高度;对铆接(或高强螺栓连接)组合梁,为上、下翼缘与腹板连接的铆钉(或高强螺栓)线间最近距离。

当计算不能满足要求时,对集中荷载(包括支座反力),可采用设置支承加劲肋的办法,对吊车荷载只能采用增加腹板厚度的方法。

(4)折算应力

在组合梁的腹板计算高度边缘处,当同时受有较大的正应力 σ、剪应力 τ 和局部压应力 σ_c 时,或同时受有较大的正应力 σ 和剪应力 τ 时,应按下式验算该处的折算应力

$$\sqrt{\sigma^2 + \sigma_c^2 - \sigma\sigma_c + 3\tau^2} \leqslant \beta_1 f \qquad (1.3.31)$$

式中,σ、τ、σ_c——腹板计算高度边缘同一点上同时产生的正应力、剪应力和局部压应力,σ 和 σ_c 以拉应力为正,压应力为负。τ、σ_c 分别按公式(1.3.27)、(1.3.28)计算,σ 按下式计算:

$$\sigma = \frac{M_x}{I_n} y_1 \qquad (1.3.32)$$

I_n——梁净截面惯性矩。

y_1——所计算点至梁中和轴的距离。

β_1——计算折算应力时的强度设计值增大系数。考虑到梁的某一截面处腹板边缘的折算应力达屈服时,仅限于局部,所以设计强度予以提高。同时也考虑到异号应力场将增加钢材的塑性性能,因而 β_1 可取得大一些。故当 σ 和 σ_c 异号时,取 $\beta_1 = 1.2$;当 σ 和 σ_c 同号或 $\sigma_c = 0$ 时,取 $\beta_1 = 1.1$。

2. 受弯构件的刚度

梁的刚度用标准荷载作用下的挠度大小来度量。梁的刚度不足将影响正常使用或外观。所谓正常使用系指设备的正常运行、装饰物与非结构构件不受损坏以及人的舒适感等。一般梁在动力影响下发生的振动亦可以通过限制梁的变形来控制。因此,梁的刚度可按下式验算:

$$v \leqslant [v] \tag{1.3.33}$$

式中,v——由荷载的标准值(不考虑荷载的分项系数和动力系数)引起的梁中最大挠度。

$[v]$——梁的容许挠度值,一般情况下可参照表 1.3.5 采用,当有实践经验或有特殊要求时,可根据不影响正常使用和观感的原则,对表 1.3.5 的规定进行适当地调整。

表 1.3.5 受弯构件挠度容许值

项次	构件类别	挠度允许值	
		$[v_T]$	$[v_Q]$
1	吊车梁和吊车桁架(按自重和起重量最大的一台吊车计算挠度) (1)手动吊车和单梁吊车(含悬挂吊车) (2)轻级工作制桥式吊车 (3)中级工作制桥式吊车 (4)重级工作制桥式吊车	$l/500$ $l/800$ $l/1000$ $l/1200$	
2	手动或电动葫芦的轨道梁	$l/400$	
3	有重轨(重量等于或大于 38 kg/m)轨道的工作平台梁 有轻轨(重量等于或小于 24 kg/m)轨道的工作平台梁	$l/600$ $l/400$	
4	梁(屋)盖梁或桁架,工作平台梁(第 3 项除外)和平台板 (1)主梁或桁架(包括没有悬挂起重设备的梁和桁架) (2)抹灰顶棚的次梁 (3)除(1)(2)款外的其他梁(包括楼梯梁) (4)屋盖檩条 支承无积灰的瓦楞铁和石棉瓦屋面 支承压型金属板、有积灰的瓦楞铁和石棉瓦等屋面 支承其他屋面材料 (5)平台板	$l/400$ $l/250$ $l/250$ $l/150$ $l/200$ $l/200$ $l/150$	$l/500$ $l/350$ $l/300$
5	墙架构件 (1)支柱 (2)抗风桁架(作为连续支柱的支承时) (3)砌体墙的横梁(水平方向) (4)支承压型金属板、瓦楞铁和石棉瓦屋面的横梁(水平方向) (5)带有玻璃的横梁(竖直和水平方向)	 $l/200$	$l/400$ $l/1\,000$ $l/300$ $l/200$ $l/200$

注:l——受弯构件的跨度(对悬臂梁和伸臂梁为悬伸长度的 2 倍)。

$[v_T]$——全部荷载(永久荷载和可变荷载)标准值产生的挠度(如有起拱应减去拱度)的容许值。

$[v_Q]$——可变荷载标准值产生的挠度的容许值。

3. 受弯构件的整体稳定

(1) 整体失稳现象

如图 1.3.12 所示的工字形截面梁,荷载作用在最大刚度平面内,当荷载较小时,仅在弯矩作用平面内弯曲,当荷载增大到某一数值后,梁在弯矩作用平面内弯曲的同时,将突然发生侧向弯曲和扭转,并丧失继续承载的能力,这种现象称为梁的弯扭屈曲或整体失稳。

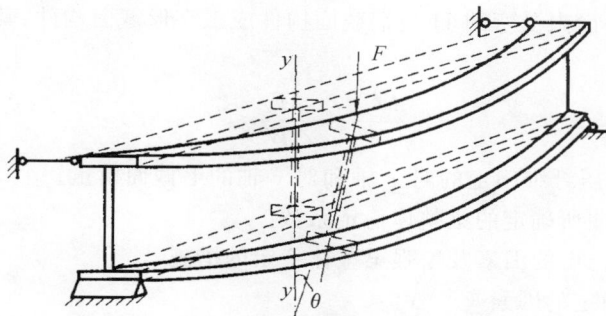

图 1.3.12 梁的整体失稳

(2) 梁整体稳定实用计算

① 单向受弯梁

为保证梁不发生整体失稳,梁中最大弯曲应力应不超过临界弯矩产生的临界应力,即:

$$\sigma = \frac{M_x}{W_x} \leq \sigma_{cr} = \frac{M_{cr}}{W_x} \tag{1.3.34}$$

考虑材料抗力分项系数:

$$\sigma \leq \frac{\sigma_{cr}}{\gamma_R} = \frac{\sigma_{cr} f_y}{f_y \gamma_R} = \varphi_b f$$

或

$$\frac{M_x}{\varphi_b W_x} \leq f \tag{1.3.35}$$

式中,φ_b—梁的整体稳定系数,$\varphi_b = \frac{\sigma_{cr}}{f_y} = \frac{M_{cr}}{M_y}$。 \tag{1.3.36}

双轴对称焊接工字型截面梁的整体稳定系数:

$$\varphi_b = \beta_b \frac{4320}{\lambda_y^2} \cdot \frac{Ah}{W_x} \sqrt{1 + (\frac{\lambda_y t_1}{4.4h})^2} \cdot \frac{235}{f_y} \tag{1.3.37}$$

式中,β_b—梁整体稳定的等效临街弯矩系数,按附表 2.1 采用。

A—梁的毛截面面积。

t_1—受压翼缘的厚度。

λ_y—梁在侧向支承点间绕 y 轴的长细比。

对于单轴对称工字型截面,应引入截面不对称修正系数 η_b,整体稳定系数的通式为:

$$\varphi_b = \beta_b \frac{4320}{\lambda_y^2} \left[\frac{Ah}{W_x} \sqrt{1 + (\frac{\lambda_y t_1}{4.4h})^2} + \eta_b \right] \cdot \frac{235}{f_y} \tag{1.3.38}$$

对于轧制普通工字钢,截面几何尺寸有一定的比例关系,因而可将公式简化,由型钢号码和侧向支承点间的距离 l_1 从附表 2.2 中直接查得稳定系数 φ_b。

上述整体稳定系数是按弹性稳定理论求得的,如果考虑残余应力的影响,当 $\varphi_b > 0.6$ 时,梁已进入弹塑性阶段。规范规定此时必须按式(1.3-39)对 φ_b 进行修正,用 φ'_b 代替 φ_b,考虑钢材弹塑性对整体稳定的影响。

$$\varphi'_b = 1.07 - \frac{0.282}{\varphi_b} \leq 1.0 \qquad (1.3.39)$$

②双向受弯梁

对于在两个主平面内受弯的 H 型钢截面构件或工字形截面构件,其整体稳定可按下列经验公式计算:

$$\frac{M_x}{\varphi_b W_x} + \frac{M_y}{\gamma_y W_y} \leq f \qquad (1.3.40)$$

式中,W_x、W_y——按受压纤维确定的对 x 轴和对 y 轴的毛截面模量。

φ_b——绕强轴弯曲所确定的梁整体稳定系数。

(3)影响梁整体稳定的因素及增强梁整体稳定的措施

①影响梁整体稳定的因素

从以上分析可以看出截面的侧向抗弯刚度 EI_y、抗扭刚度 GI_t 和翘曲刚度 EI_ω 越大,临界弯矩越高;梁两端的支承条件对临界弯矩也有不可忽视的影响,约束程度越高,临界弯矩越高;构件侧向支承点间的距离 l_1 越小,临界弯矩越大;梁的整体失稳是由受压翼缘侧向失稳引起,受压翼缘宽大的截面,临界弯矩高一些。此外,荷载的种类和作用位置对临界弯矩也有不可忽视的影响,弯矩图饱满的构件,临界弯矩低些;荷载作用的位置越高对梁的整体稳定也越不利。

②增强梁整体稳定的措施

从影响梁整体稳定的因素来看可以采用以下办法增强梁的整体稳定性:

a. 增大梁截面尺寸,其中增大受压翼缘的宽度是最为有效的;

b. 增加侧向支撑系统,减小构件侧向支承点间的距离 l_1,侧向支撑应设在受压翼缘处,按受压构件计算方法将受压翼缘视为轴心压杆计算支撑所受的力;

c. 当梁跨内无法增设侧向支撑时,宜采用闭合箱型截面,因其 I_y、I_t 和 I_ω 均较开口截面的大;

d. 增加梁两端的约束,提高其稳定承载力。

(4)不需验算整体稳定的情况

在以下情况梁的整体稳定不需验算:

①当有铺板(各种钢筋混凝土板和钢板)密铺在梁的受压翼缘上并与其牢固相连,能阻止梁的受压翼缘侧向位移时。

②前面已经提到影响钢梁整体稳定性的主要因素是受压翼缘侧向支撑点的间距 l_1 和受压翼缘的平面内刚度,因此主要取决于 l_1 和 b_1。经过计算发现,对于 H 型钢截面或工字型截面简支梁,当 l_1/b_1 满足表 1.3.6 要求时,可不验算整体稳定,因为此时的 φ'_b 已大于 1。

③重型吊车梁和锅炉构架大板梁有时采用箱型截面,这种截面抗扭刚度大,只要截面尺寸满足 $h/b_0 \leq 6$,$l_1/b_1 \leq 95(235/f_y)$ 就不会丧失整体稳定。

4. 受弯构件的局部稳定

组合梁一般由翼缘和腹板焊接而成,如果采用的板件宽(高)而薄,板中压应力或剪应力达到某数值后,腹板或受压翼缘有可能偏离其平面位置,出现波形凸曲,这种现象称为梁局部失稳。

表 1.3.6　H 型钢或工字钢截面简支梁不需计算整体稳定的最大 l_1/b_1 值

钢号	跨中无侧向支撑点的梁		跨中受压翼缘有侧向支撑点的梁,无论荷载作用于何处
	荷载作用于上翼缘	荷载作用于下翼缘	
Q235	13.0	20.0	16.0
Q345	10.5	16.5	13.0
Q390	10.0	15.5	12.5
Q420	9.5	15.0	12.0

热轧型钢板件宽厚比较小,能满足局部稳定要求,不需要计算。

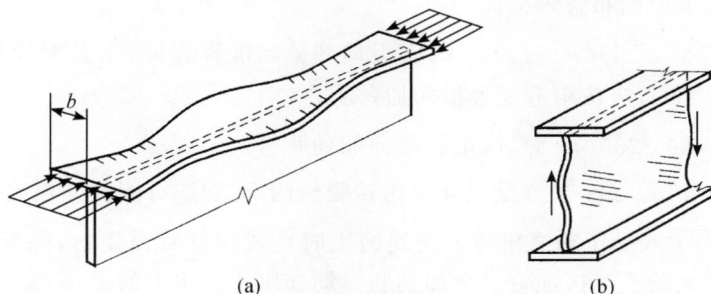

图 1.3.13　梁局部失稳

(1)受压翼缘的局部稳定

一般采用限制宽厚比的办法保证梁受压翼缘板的稳定性。

工字形截面梁,由腹板局部稳定临界应力 $\sigma_{cr} \geqslant f_y$ 得

$$\frac{b}{t} \leqslant 13\sqrt{\frac{235}{f_y}} \tag{1.3.41}$$

当按弹性设计,b/t 值可放宽为

$$\frac{b}{t} \leqslant 15\sqrt{\frac{235}{f_y}} \tag{1.3.42}$$

箱形梁翼缘板在两腹板之间的部分,由 $\sigma_{cr} \geqslant f_y$ 得

$$\frac{b}{t} \leqslant 40\sqrt{\frac{235}{f_y}} \tag{1.3.43}$$

(2)腹板的局部稳定

腹板的局部稳定性与腹板的受力情况、腹板的高厚比 h_0/t_w 及材料性能有关,按照临界应力不低于相应的材料强度设计值原则,《规范》通过限定 h_0/t_w 的值来保证腹板的局部稳定。

①在局部压应力作用下:

$$h_0/t_w \leqslant 80\sqrt{\frac{235}{f_y}} \tag{1.3.44}$$

②在剪应力作用下：

$$\frac{h_0}{t_w} \leqslant 80\sqrt{\frac{235}{f_y}}$$

（1.3.45）

③在弯曲应力作用下：

当梁受压翼缘的扭转受到约束时：

$$\frac{h_0}{t_w} \leqslant 170\sqrt{\frac{235}{f_y}}$$

（1.3.46）

当梁受压翼缘的扭转未受到约束时：

$$\frac{h_0}{t_w} \leqslant 150\sqrt{\frac{235}{f_y}}$$

（1.3.47）

（3）加劲肋设置原则

经过以上分析,对直接承受动力荷载的吊车梁及类似构件。或其他不考虑屈曲后强度的组合梁,应按以下原则布置腹板加劲肋：

①当 $h_0/t_w \leqslant 80\sqrt{235/f_y}$ 时,$\sigma_c = 0$,腹板局部稳定能够保证,不必配置加劲肋;对吊车梁及类似构件($\sigma_c \neq 0$),应按构造配置横向加劲肋。

②当 $h_0/t_w > 80\sqrt{235/f_y}$ 时,应配置横向加劲肋。

③当 $h_0/t_w > 170\sqrt{235/f_y}$ (受压翼缘扭转受到约束,如连有刚性铺板或焊有铁轨时)或 $h_0/t_w > 150\sqrt{235/f_y}$ (受压翼缘扭转未受到约束时),或按计算需要时,除配置横向加劲肋外,还应在弯矩较大的受压区配置纵向加劲肋。局部压应力很大的梁,必要时尚应在受压区配置短加劲肋。任何情况下(包括考虑腹板屈曲后强度的设计),h_0/t_w 均不宜超过 $250\sqrt{235/f_y}$,以免高厚比过大时产生焊接翘曲变形。在本条中的 h_0 为腹板的计算高度,对单轴对称梁,h_0 应取为腹板受压区高度 h_c 的2倍。

梁的支座处和上翼缘受有较大固定集中荷载处,宜设置支承加劲肋。

1.3.3 拉弯与压弯构件

1. 拉、压弯构件的概念

同时承受弯矩和轴心拉力或轴心压力的构件称为拉弯或压弯构件。如图 1.3.14 和图 1.3.15 所示。构件的弯矩可由不通过截面形心的偏心纵向荷载引起,也可由横向荷载引起,或由构件端部转角约束产生的端部弯矩所引起。

在钢结构中压弯和拉弯构件的应用十分广泛,例如由节间荷载作用的桁架上下弦杆,受风荷载作用的墙架柱以及天窗架的侧立柱等等。压弯构件也广泛作柱子,如工业建筑中的厂房框架柱、多层(或高层)建筑中的框架柱以及海洋平面的立柱等等。它们不仅要承受上部结构传下来的轴向压力,同时还受弯矩和剪力。与轴心受力构件一样,在进行拉弯和压弯构件设计时,应同时满足承载能力极限状态和正常使用极限状态的要求。拉弯构件需要计算其强度和刚度(限制长细比);对压弯构件,则需要计算强度、整体稳定(弯矩作用平面内稳定和弯矩作用平面外稳定)、局部稳定和刚度(限制长细比)。拉弯构件的容许长细比与轴心拉杆相同(表 1.3.2);压弯构件的容许长细比与轴心压杆相同(表 1.3.1)。

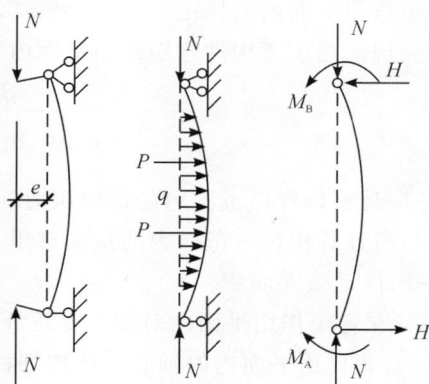

图 1.3.14   拉弯构件   图 1.3.15   压弯构件

2. 拉弯和压弯构件的设计要点

(1)拉弯和压弯构件的强度

同梁的强度计算类似,拉弯和压弯构件设计时考虑采用有限塑性,这里限制塑性区的深度不超过 0.15 倍的截面高度。《规范》规定,截面强度采用下述相关公式计算:

单向弯矩作用时:

$$\frac{N}{A_n} \pm \frac{M_x}{\gamma_x W_{nx}} \leqslant f \tag{1.3.48}$$

双向弯矩作用时:

$$\frac{N}{A_n} \pm \frac{M_x}{\gamma_x W_{nx}} \pm \frac{M_y}{\gamma_y W_{ny}} \leqslant f \tag{1.3.49}$$

式中,N——轴向拉力或压力;

M_x、M_y——x、y 方向的弯矩。

A_n——构件净截面面积。

γ_x、γ_y——截面塑性发展系数。

W_{nx}、W_{ny}——构件净截面模量。

f——钢材的抗压强度设计值。

当梁受压翼缘的自由外伸宽度与厚度之比大于 $13\sqrt{235/f_y}$ 而小于等于 $15\sqrt{235/f_y}$ 时,应取相应的 $\gamma_x = 1.0$。对需要计算疲劳的拉弯、压弯构件取 $\gamma_x = \gamma_y = 1.0$。

上式中弯曲正应力一项前面的正负号表示拉或压,计算时取两项应力的代数和之绝对值最大者。

(2)拉弯和压弯构件的刚度

拉弯和压弯构件的刚度计算公式与轴心受力构件相同。

(3)实腹式压弯构件的整体稳定

压弯构件的截面尺寸通常由稳定承载力条件确定。对双轴对称截面一般弯矩绕强轴作用,而单轴对称截面则弯矩作用在对称平面内。这些构件可能在弯矩作用平面内弯曲失稳,也可能在弯矩作用平面外弯曲失稳。所以,压弯构件要分别计算弯矩作用平面内和弯矩作用平面外的稳定性。

①弯矩作用平面内的稳定

《规范》规定的压弯构件弯矩作用平面内整体稳定计算公式为：

$$\frac{N}{\varphi_x A} + \frac{\beta_{mx} M_x}{\gamma_x W_{1x}(1-0.8\frac{N}{N'_{Ex}})} \leqslant f \tag{1.3.50}$$

式中，N—所计算构件段范围内的轴向压力。

　　M_x—所计算构件段范围内的最大弯矩。

　　A—构件毛截面面积。

　　W_{1x}—在弯矩作用平面内对较大受压纤维的毛截面模量。

　　φ_x—弯矩作用平面内的轴心受压构件稳定系数，查附表3.2～表3.5。

　　γ_x—与W_{1x}相应的截面塑性发展系数。

　　N'_{Ex}—参数，$N'_{Ex} = \dfrac{\pi^2 EA}{1.1\lambda_x^2}$。

　　β_{mx}—等效弯矩系数，按下列规定采用。

　　a. 框架柱和两端支承的构件：无横向荷载作用时，$\beta_{mx} = 0.65 + 0.35\dfrac{M_2}{M_1}$。式中$M_1$、$M_2$为端弯矩，使构件产生同向曲率（无反弯点）时取同号，使构件产生反向曲率（有反弯点时）取异号，$|M_1| \geqslant |M_2|$；有端弯矩和横向荷载同时作用：使构件产生同向曲率时$\beta_{mx} = 1.0$；使构件产生反向曲率时$\beta_{mx} = 0.85$；无端弯矩但有横向荷载作用时，$\beta_{mx} = 1.0$。

　　b. 悬臂构件，$\beta_{mx} = 1.0$。

对于单轴对称截面的压弯构件，由于无翼缘端可能先达到受拉屈服，因此，除按上式计算外，尚应按下式计算

$$\left| \frac{N}{A} - \frac{\beta_{mx} M_x}{\gamma_{2x} W_{2x}(1-1.25\frac{N}{N'_{Ex}})} \right| \leqslant f \tag{1.3.51}$$

式中，W_{2x}—较小翼缘的毛截面模量。

　　γ_{2x}—与W_{2x}相应的截面塑性发展系数。

②弯矩作用平面外的稳定

当弯矩作用在压弯构件截面最大刚度平面时，由于弯矩作用平面外截面的刚度较小，而侧向又没有足够的支承以阻止构件的侧移和扭转。构件就可能向弯矩作用平面外发生侧向弯扭屈曲而破坏。规范按下式验算：

$$\frac{N}{\varphi_y A} + \eta \frac{\beta_{tx} M_x}{\varphi_b W_{1x}} \leqslant f \tag{1.3.52}$$

式中，M_x—所计算构件段范围内（构件侧向支承点之间）的最大弯矩。

　　φ_y—弯矩作用平面外的轴心受压构件稳定系数。

　　β_{tx}—弯矩作用平面外等效弯矩系数，取值方法与弯矩作用平面内等效弯矩系数β_{mx}相同。

　　η—截面影响系数，闭口截面$\eta = 0.7$，其他截面$\eta = 1.0$。

　　φ_b—均匀弯曲的受弯构件整体稳定系数，对闭口截面取1.0。

为了设计上的方便，规范对压弯构件的整体稳定系数采用了近似计算公式，这些公式已

考虑了构件的弹塑性失稳问题,因此当 φ_b 大于 0.6 时不必再换算。

a. 工字形截面(含 H 型钢)

双轴对称时:

$$\varphi_b = 1.07 - \frac{\lambda_y^2}{44000} \cdot \frac{f_y}{235} \tag{1.3.53}$$

单轴对称时:

$$\varphi_b = 1.07 - \frac{W_x}{(2\alpha_b + 0.1)Ah} \cdot \frac{\lambda_y^2}{14000} \cdot \frac{f_y}{235} \tag{1.3.54}$$

b. T 形截面

弯矩使翼缘受压时

双角钢 T 形:

$$\varphi_b = 1 - 0.0017\lambda_y \sqrt{f_y/235} \tag{1.3.55}$$

两板组合 T 形和部分 T 型钢:

$$\varphi_b = 1 - 0.0022\lambda_y \sqrt{f_y/235} \tag{1.3.56}$$

弯矩使翼缘受拉且腹板宽厚比不大于 $18\sqrt{235/f_y}$ 时,

$$\varphi_b = 1 - 0.0005\lambda_y \sqrt{f_y/235} \tag{1.3.57}$$

当 $\varphi_b > 1.0$ 时取 $\varphi_b = 1.0$。

(4)实腹式压弯构件的局部稳定

①翼缘的局部稳定

对于压弯构件的翼缘,就是验算其宽厚比限值。这里与梁的翼缘相同,要求受压翼缘的自由外伸部分的宽厚比限值为

$$\frac{b_1}{t} \leqslant 13\sqrt{\frac{235}{f_y}} \tag{1.3.58}$$

对箱形截面构件,受压翼缘在两腹板间的部分的宽厚比限值为

$$\frac{b_0}{t} \leqslant 40\sqrt{\frac{235}{f_y}} \tag{1.3.59}$$

②腹板的局部稳定

压弯构件腹板的稳定计算比较复杂。考虑塑性区的深度,规范规定的腹板计算高度 h_0 与厚度 t_w 之比的限值与弯矩作用平面内的长细比有关,即

a. 工字形和 H 型截面

当 $0 \leqslant \alpha_0 \leqslant 1.6$ 时

$$\frac{h_0}{t_w} \leqslant (16\alpha_0 + 0.5\lambda + 25)\sqrt{\frac{235}{f_y}} \tag{1.3.60}$$

当 $1.6 \leqslant \alpha_0 \leqslant 2.0$ 时

$$\frac{h_0}{t_w} \leqslant (48\alpha_0 + 0.5\lambda - 26.2)\sqrt{\frac{235}{f_y}} \tag{1.3.61}$$

式中,α_0——应力梯度,$\alpha_0 = \dfrac{\sigma_{max} - \sigma_{min}}{\sigma_{max}}$。

σ_{max}——腹板计算高度边缘的最大压应力。

σ_{min}——腹板计算高度另一边缘相应的应力,应力以压为正,拉为负。

λ——构件在弯矩作用平面内的长细比,当 $\lambda < 30$ 时,取 $\lambda = 30$;当 $\lambda > 100$ 时,取 $\lambda = 100$。

b. 箱形截面

箱形截面腹板的高厚比不应大于由以上公式右侧乘以 0.8 后的值,但当此值小于 $40\sqrt{235/f_y}$ 时,应采用 $40\sqrt{235/f_y}$。

c. T 形截面

弯矩使腹板自由边受压的压弯构件

当 $\alpha_0 \leqslant 1.0$ 时

$$\frac{h_0}{t_w} \leqslant 15\sqrt{\frac{235}{f_y}} \tag{1.3.62}$$

当 $\alpha_0 > 1.0$ 时

$$\frac{h_0}{t_w} \leqslant 18\sqrt{\frac{235}{f_y}} \tag{1.3.63}$$

弯矩使腹板自由边受拉的压弯构件,与轴心受压构件相同。

热轧剖分 T 型钢,

$$\frac{h_0}{t_w} \leqslant (15 + 0.2\lambda)\sqrt{\frac{235}{f_y}} \tag{1.3.64}$$

焊接 T 型钢,

$$\frac{h_0}{t_w} \leqslant (13 + 0.17\lambda)\sqrt{\frac{235}{f_y}} \tag{1.3.65}$$

当腹板的高厚比不符合上述要求时,可采用与轴心压杆相同的解决方法。但在受压较大翼缘与纵向加劲肋之间的腹板应按本节的要求。

1.4 钢结构识图基础

1.4.1 钢结构施工图的内容

一套完整的钢结构建筑物的施工图纸主要包括设计说明、建筑施工图、结构施工图和设备施工图。

1. 设计说明

设计说明通常放在整套图纸的首页,主要是对工程概况、设计依据、主要节点的构造做法和结构做法等内容进行文字方面的说明。对于较复杂的工程,设计说明往往按专业分开编写,分别放在每个专业图纸的首页,例如:建筑设计说明,结构设计说明和水、电、暖设计说明等。

2. 建筑施工图

建筑施工图,简称"建施",主要包括建筑总平面图、建筑平面图、建筑立面图、建筑剖面图和建筑详图等。

建筑总平面图反映一定范围内原有、新建、拟建和即将拆除的建筑及其所处周围环境、地形地貌以及道路绿化等情况的水平投影图。总平面图常用的比例有 1∶500、1∶1000、1∶2000。总平面图中标高和尺寸均以 m 为单位,标高符号为细实线画出的等腰三角形,高为 3 mm,室外地坪标高采用全部涂黑的三角形。

建筑平面图是由一个沿窗台的假想水平剖切建筑物得到的水平剖面图。它主要反映建筑物各层的平面布置情况,建筑平面图的常用比例为 1∶100。

建筑立面图是从建筑物外侧对建筑物的某个外立面进行正投影而得到的投影图。建筑立面图主要包括正立面图、背立面图和侧立面图。它们主要表达建筑物的外观造型、外墙面的装修做法、窗在外立面的布置方案等内容。建筑立面图的常用比例为 1∶100。

建筑剖面图是假想用平行于某一墙面的平面剖切房屋所得到的垂直剖面图。剖面图可以是单一剖面图或阶梯剖面图。剖面图用来表达房屋内部构造、分层情况、各层之间的联系以及高度等。建筑剖面图的常用比例为 1∶50 和 1∶100。

房屋的平、立、剖面图一般以 1∶100 的比例绘制,许多细部构造,例如外墙面、楼梯等部位的结构、形状、材料等无法显示清楚,为此常将这些部位以较大的比例绘制一些局部性的详图,也称大详图,以指导施工。与建筑设计有关的详图称为建筑详图;与结构设计有关的详图称为结构详图。详图中有时还会再有详图,例如楼梯、厨卫间等处,采用 1∶20 或 1∶50 的比例;踏面上的防滑条、楼梯扶手里的铁件等,还需更大的比例,例如 1∶5 或 1∶10。

3. 结构施工图

结构施工图是为了满足房屋建筑的安全与经济施工的要求,对组成房屋的承重构件,依据力学原理和有关的设计规程、规范进行计算,从而确定它们的形状、尺寸以及内部构造等,并且将计算、选择结果绘成图样,这样的图称为结构施工图,简称“结施”。

按照《钢结构设计制图深度和表示方法》(03G 102-2003)的要求,根据我国各设计单位和加工制作单位对钢结构设计图编制方法的通用习惯,并考虑其合理性,把钢结构设计制图分为设计图和施工详图两个阶段。设计图设计是由设计单位编制完成,施工详图设计是以设计图为依据,由钢结构加工厂深化编制完成,并将其作为钢结构加工与安装的依据。

钢结构设计图与施工详图的主要区别是:设计图是根据工艺、建筑和初步设计等要求,经设计和计算编制而成的较高阶段的施工设计图。它的目的和深度以及所包含的内容是作为施工详图编制的依据,它由设计单位编制完成,图纸表达简明,图纸量少。内容一般包括:设计总说明、结构布置图、构件图、节点图和钢材订货表等。施工详图是根据设计图编制的工厂施工和安装详图,也包含少量的连接和构造计算,它是对设计图的进一步深化设计,目的是为制造厂或施工单位提供制造、加工和安装的施工详图,它一般由制造厂或施工单位编制完成,它图纸表示详细,数量多。内容包括:构件安装布置图、构件详图等。

另外,一个建筑物的结构施工图还应该有基础平面布置图及其详图。由于钢结构建筑物基础都为钢筋混凝土基础,所以其基础平面布置图及基础详图与钢筋混凝土工程的基础布置图及详图十分相似,其差别主要在于柱脚与基础的连接上。

4. 设备施工图

设备施工图主要包括排水、采暖通风、电气等专业的平面布置图、系统图和详图,分别简称“水施”、“暖施”、“电施”。

1.4.2 钢结构制图标准

1. 常用钢结构的标注方法

（1）线型

在结构施工图中图线的宽度 b 通常为 2.0 mm、1.4 mm、0.7 mm、0.5 mm、0.35 mm，当选定基本线宽度为 b 时，则粗实线为 b，中实线为 $0.5b$，细实线为 $0.25b$。在同一张图纸中，相同比例的各种图样，通常选用相同的线宽组。各种线型及线宽所表示的内容如表1.4.1。

表 1.4.1　线型及线宽

名称		线型	线宽	一般用途
实线	粗	——————	b	螺栓、结构平面图中单线结构构件线、支撑及系杆线，图名下横线、剖切线
	中	——————	$0.5b$	结构平面图及详图中剖到或可见的构件轮廓线、基础轮廓线
	细	——————	$0.25b$	尺寸线、标注引出线，标高符号、索引符号
虚线	粗	- - - - - -	b	不可见的螺栓线、构件平面图中不可见的单线结构线及钢结构支撑线
	中	- - - - - -	$0.5b$	构件平面图中的不可见构件轮廓线
	细	- - - - - - -	$0.25b$	基础平面图中的管沟轮廓线
单点长画线	粗	—·—·—·—	b	柱间支撑、垂直支撑、设备基础轴线图中的中心线
	细	—·—·—·—	$0.25b$	定位轴线、对称线、中心线

（2）构件名称的代号

为了书写简便，结构施工图中，构件中的梁、板、柱等一般用汉语拼音字母代表构件名称，常用的构件代号见表1.4.2。

表 1.4.2　常用构件代号

序号	名称	代号	序号	名称	代号	序号	名称	代号
1	板	B	15	吊车梁	DL	29	基础	J
2	屋面板	WB	16	圈梁	QL	30	设备基础	SJ
3	空心板	KB	17	过梁	GL	31	桩	ZH
4	槽型板	CB	18	连系梁	LL	32	柱间支撑	ZC
5	折板	ZB	19	基础梁	JL	33	垂直支撑	CC
6	密肋板	MB	20	楼梯梁	TL	34	水平支撑	SC
7	楼梯板	TB	21	檩条	LT	35	梯	T
8	盖板或沟盖板	GB	22	屋架	WJ	36	雨篷	YP
9	挡雨板或檐口板	YB	23	托架	TJ	37	阳台	YT

续表

序号	名称	代号	序号	名称	代号	序号	名称	代号
10	吊车安全走道板	DB	24	天窗架	CJ	38	梁垫	LD
11	墙板	QB	25	框架	KJ	39	预埋件	M
12	天沟板	TGB	26	刚架	GJ	40	天窗端壁	TD
13	梁	L	27	支架	ZJ	41	钢筋网	W
14	屋面梁	WL	28	柱	Z	42	钢筋骨架	G

（3）常用型钢的标注方法

常用型钢的标注方法应符合表 1.4.3 中的规定。

表 1.4.3　常用型钢的标注方法

序号	名称	截面	标注	说明
1	等边角钢	∟	$\llcorner b \times t$	b 为肢宽；t 为肢厚
2	不等边角钢	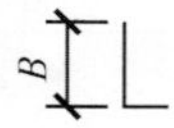 ∟	$\llcorner B \times b \times t$	B 为长肢宽；b 为肢宽；t 为肢厚
3	工字钢	I	$I N$　$Q I N$	轻型工字钢加注"Q"
4	槽钢	[	$[N$　$Q[N$	轻型槽钢加注"Q"
5	方钢	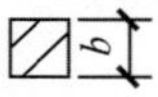	$\square b$	—
6	扁钢	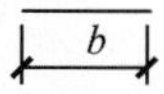	$-b \times t$	—
7	钢板		$\dfrac{-b \times t}{L}$	$\dfrac{宽 \times 厚}{板长}$
8	圆钢		ϕd	—
9	钢管	○	$\phi d \times t$	d 为外径；t 为壁厚

续表

序号	名称	截面	标注	说明
10	薄壁方钢管		B□b×t	薄壁型钢加注“B”字，t 为壁厚
11	薄壁等肢角钢		B∟b×t	
12	薄壁等肢卷边角钢	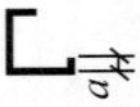	B∟b×a×t	
13	薄壁槽钢		B[h×b×t	
14	薄壁卷边槽钢		B[h×b×a×t	
15	薄壁卷边 Z 型钢	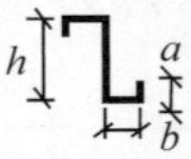	B⅂h×b×a×t	
16	T 型钢	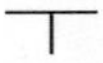	TW×× TM×× TN××	TW 为宽翼缘 T 型钢 TM 为中翼缘 T 型钢 TN 为窄翼缘 T 型钢
17	H 型钢	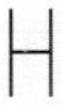	HW×× HM×× HN××	HW 为宽翼缘 H 型钢 HM 为中翼缘 H 型钢 HN 为窄翼缘 H 型钢
18	起重机钢轨		QU××	详细说明见产品规格型号
19	轻轨及钢轨		××kg/m 钢轨	

2. 螺栓、孔、电焊铆钉的表示方法

螺栓、孔、电焊铆钉的表示方法应符合表 1.4.4 中的规定。

表 1.4.4　螺栓、孔、电焊铆钉的表示方法

序号	名称	图例	说明
1	永久螺栓		
2	高强螺栓		
3	安装螺栓		(1)细"＋"表示定位线 (2)M 表示螺栓型号 (3)Φ 表示螺栓孔直径
4	膨胀螺栓		(4)d 表示膨胀螺栓、电焊铆钉的直径 (5)采用引出线标注螺栓时,横线上标注螺栓规格,横线下标注螺栓孔直径
5	圆形螺栓孔		
6	长圆形螺栓孔		
7	电焊铆钉		

3. 常用焊缝的表示方法

(1)焊缝符号的表示,如图 1.4.1。

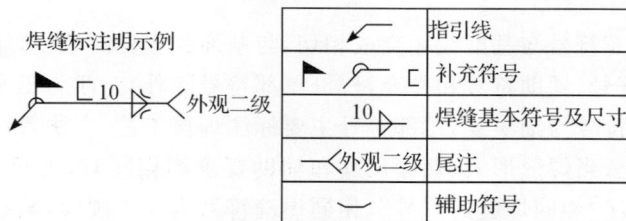

	指引线
	补充符号
10	焊缝基本符号及尺寸
外观二级	尾注
	辅助符号

焊缝标注明示例

图 1.4.1　焊缝符号的表示

焊缝符号表示的方法及有关规定:

①焊缝的引出线是由箭头和两条基准线组成,其中一条为实线,另一条为虚线。线型均为细线,如图 1.4.2。

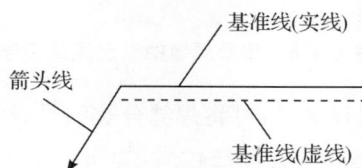

图 1.4.2　焊缝的引出线

②基准线的虚线可以画在基准线实线的上侧,也可画在下侧,基准线一般应与图样的标题栏平行,仅在特殊条件下才与标题栏垂直。

③若焊缝处在接头的箭头侧,则基本符号标注在基准线的实线侧;若焊缝处在接头的非箭头侧,则基本符号标注在基准线的虚线侧,如图1.4.3。

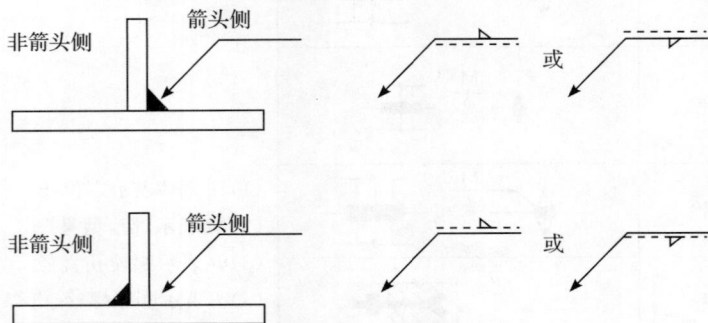

图 1.4.3 基本符号的表示位置

④当为双面对称焊缝时,基准线可不加虚线,如图1.4.4。

⑤箭头线相对焊缝的位置一般无特殊要求,但在标注单边形焊缝时箭头线要指向带有坡口一侧的工件,如图1.4.5。

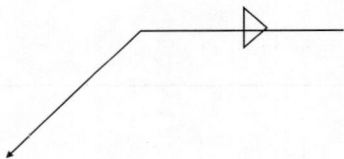

图 1.4.4 双面对称焊缝的引出线及符号   图 1.4.5 单边形焊缝的引出线

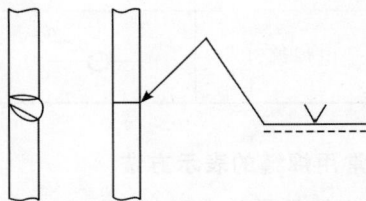

⑥基本符号、补充符号与基准线相交或相切,与基准线重合的线段,用粗实线表示。

⑦焊缝的基本符号、辅助符号和补充符号(尾部符号除外)一律为粗实线,尺寸数字原则上亦为粗实线,尾部符号为细实线,尾部符号主要标注焊接工艺、方法等内容。

⑧在同一图形上,当焊缝形式、断面尺寸和辅助要求均相同时,可只选择一处标注焊缝的符号和尺寸,并加注"相同焊缝的符号",相同焊缝符号为3/4圆弧,画在引出线的转折处,如图1.4.6(a)。

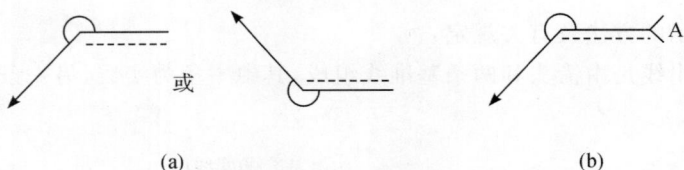

(a)   (b)

图 1.4.6 相同焊缝的引出线及符号

在同一图形上,有数种相同焊缝时,可将焊缝分类编号,标注在尾部符号内,分类编号采用 A、B、C,在同一类焊缝中可选择一处标注代号,如图1.4.6(b)。

⑨当需要标注的焊缝能够用文字表述清楚时,也可采用文字表达的方式。

⑩表 1.4.5～表 1.4.7 列出了焊缝的基本符号、辅助符号和补充符号。

建筑钢结构常用焊缝符号及符号尺寸应符合表 1.4.8 的规定。

表 1.4.5　焊缝基本符号(常用)

（表示焊缝横截面形状的符号）

序号	名称	示意图	符号
1	卷边焊缝		 ∧
2	I 形焊缝		‖
3	V 形焊缝		∨
4	单边 V 形焊缝		 ∨
5	带钝边 V 形焊缝		Y
	带钝边单边 V 形焊缝		Y
6	角焊缝		 △
7	塞焊缝或槽焊缝		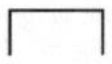 ⊓

表 1.4.6　辅助符号

（表示焊缝表面形状特征的符号）

序号	名称	示意图	符号	说明
1	平面符号		—	焊缝表面齐平 （一般通过加工）
2	凹面符号	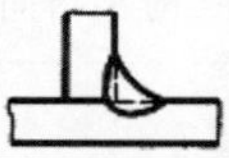	⌣	焊缝表面凹陷
3	凸面符号		⌢	焊缝表面凸起
不需要确切说明焊缝表面形状时,可以不用辅助符号				

表 1.4.7　补充符号

（补充说明焊缝的某些特征而采用的符号）

序号	名称	示意图	符号	说明
1	带垫板	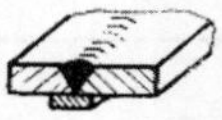	▭	焊缝底部有垫板
2	三面围焊	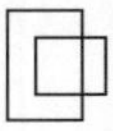	⊐	表示三面有焊缝
3	周围焊	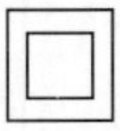	○	环绕工件周围焊缝
4	现场焊		 ⚑	表示工地现场进行焊接
5	典型焊缝（余同）		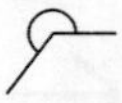	表示类似部位采用相同的焊缝

表 1.4.8　建筑钢结构常用焊缝符号及符号尺寸

序号	焊缝名称	形式	标注法	符号尺寸/mm
1	V 形焊缝	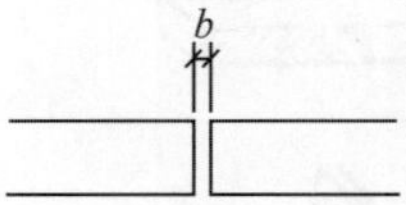	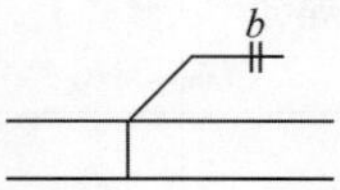	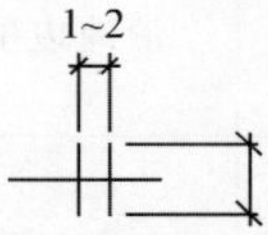 $1\sim2$
2	单边 V 形焊缝	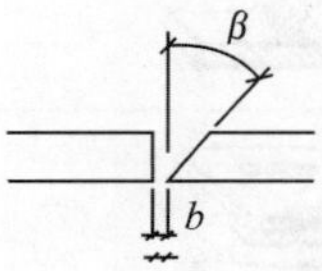	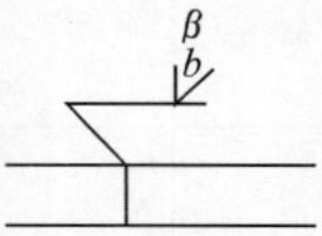 注：箭头指向剖口	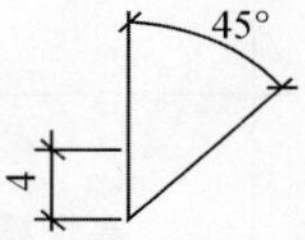 $45°$
3	带钝边单边 V 形焊缝	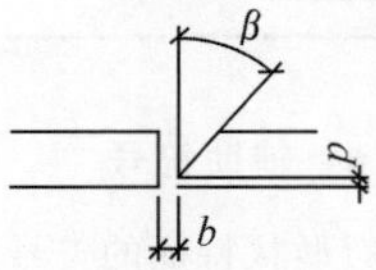	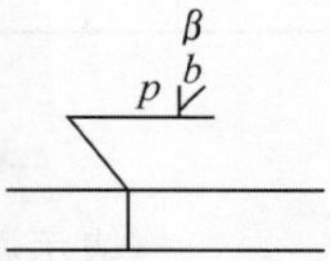	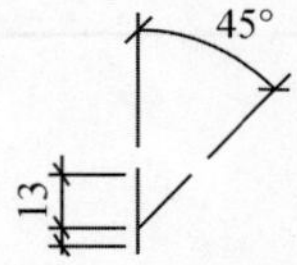 $45°$
4	带垫板带钝边单边 V 形焊缝	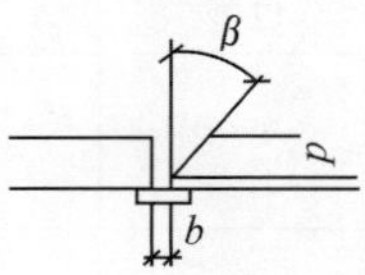	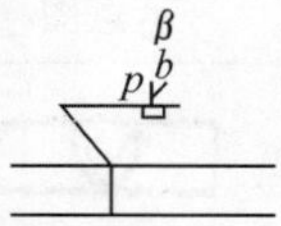 注：箭头指向剖口	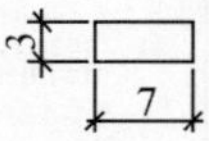
5	带垫板 V 形焊缝	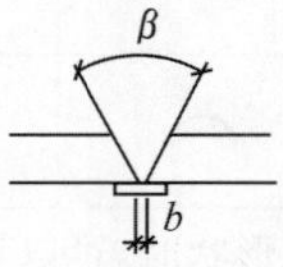	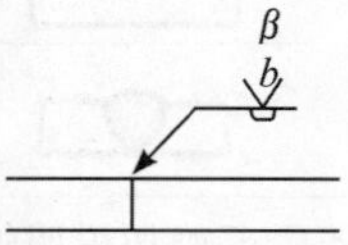	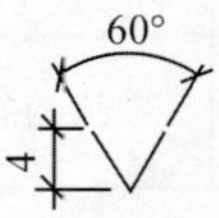 $60°$

续表

序号	焊缝名称	形式	标注法	符号尺寸/mm
6	Y 形焊缝			
7	带垫板 Y 形焊缝			—
8	双单边 V 形焊缝			—
9	双 V 焊缝			—
10	带钝边 U 形焊缝			
11	带钝边双 U 形焊缝			—
12	带钝边 J 形焊缝			
13	带钝边双 J 形焊缝			—

续表

序号	焊缝名称	形式	标注法	符号尺寸/mm
14	角焊缝	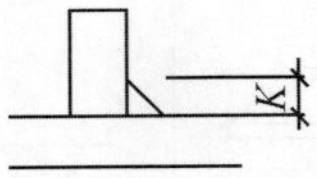	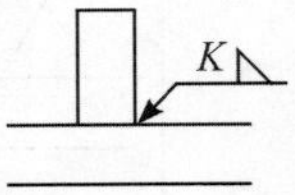	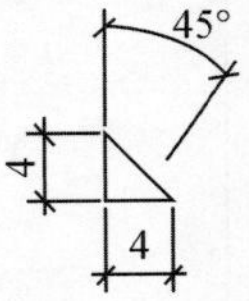
15	双面角焊缝	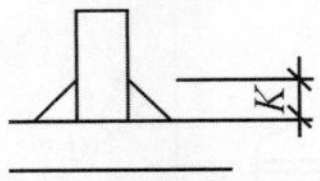	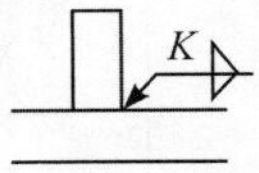	—
16	剖口角焊缝	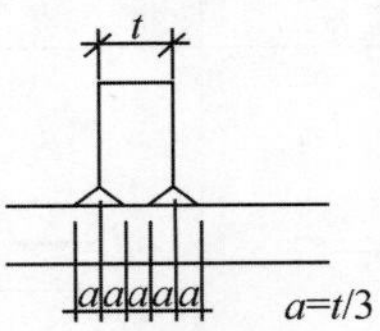	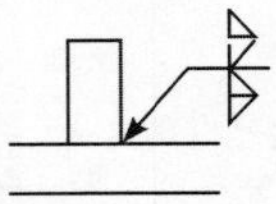	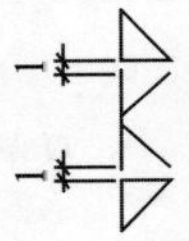
17	喇叭形焊缝	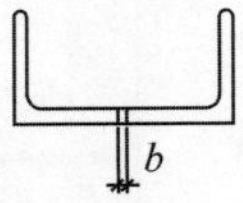	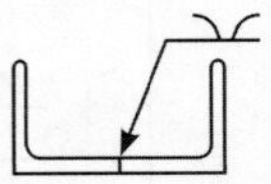	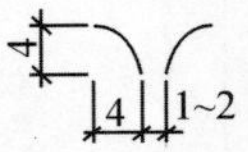
18	双面半喇叭形焊缝	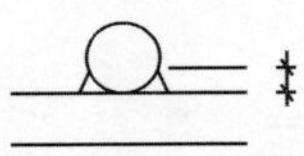	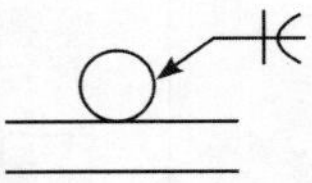	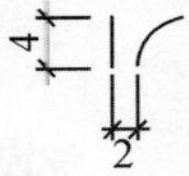
19	塞焊	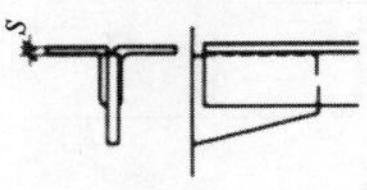 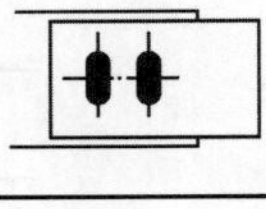	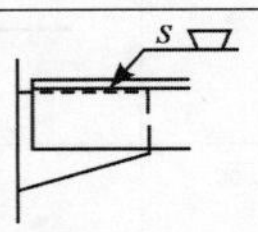 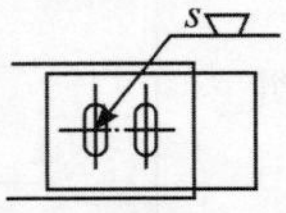	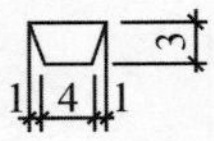

（2）焊缝的质量检验

焊接的质量检验是钢结构质量保证体系的一个重要环节。钢结构的焊缝质量等级根据结构的重要性、实际承受荷载的特性、焊缝的形式、工作环境以及应力状态的不同,可分为三个等级。不同的质量等级,焊缝的质量要求不同,检验的比例和验收的标准也不同。

焊缝的质量检验包括外观检查和内部缺陷检测。外观检查通常采用目视检查,检查焊缝表面形状、尺寸和表面缺陷等。内部缺陷检测主要是检测焊缝内部是否存在裂纹、气孔、夹渣、未熔合与未焊透等缺陷,它是在外观检查完成后再进行,常用的方法有超声波探伤和射线探伤。

4. 尺寸标注

（1）两构件的两条很近的重心线,应在交汇处将其各自向外错开,如图 1.4.7 所示。

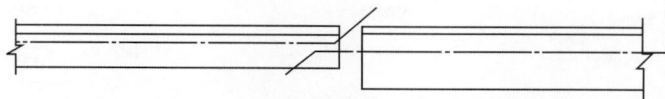

图 1.4.7　两构件重心不重合的表示方法

（2）弯曲构件的尺寸应沿其弧度的曲线标注弧的轴线长度，如图 1.4.8 所示。

（3）切割的板材，应标注各线段的长度及位置，如图 1.4.9 所示。

（4）不等边角钢的构件，应标注角钢一肢的尺寸，如图 1.4.10 所示。

（5）节点尺寸应注明节点板的尺寸和各杆件螺栓孔中心或中心距，以及杆件端部至几何中心线交点的距离，如图 1.4.10 和图 1.4.11 所示。

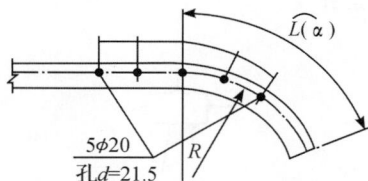

图 1.4.8　弯曲构件尺寸的标注方法

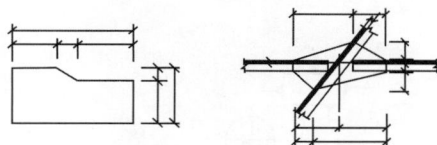

图 1.4.9　切割板材尺寸的标注方法

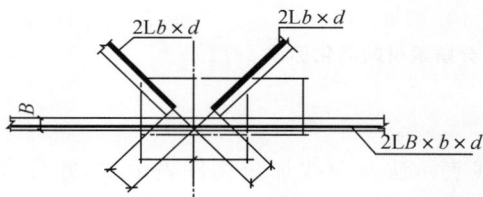

图 1.4.10　节点尺寸及不等边角钢的标注方法

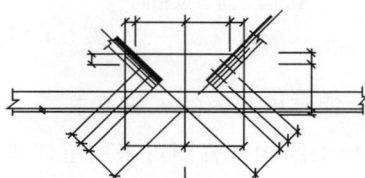

图 1.4.11　节点尺寸的标注方法

（6）双型钢组合截面的构件，应注明缀板的数量及尺寸。引出横线上方标注缀板的数量及缀板的宽度、厚度，引出横线下方标注缀板的长度尺寸，如图 1.4-12 所示。

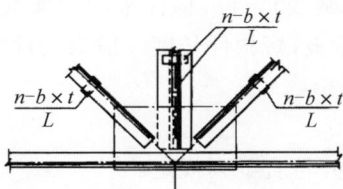

图 1.4.12　缀板的标注方法

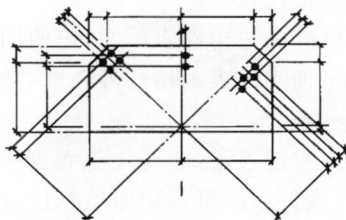

图 1.4.13　非焊接节点板尺寸的标注方法

（7）非焊接的节点板，应注明节点板的尺寸和螺栓孔中心与几何中心线交点的距离，如图 1.4.13 所示。

5. 复杂节点详图的分解索引

（1）从结构平面图或立面图引出的节点详图较为复杂时，可按图 1.4.14（b）的规定，将图 1.4.14（a）的复杂节点分解成多个简化的节点详图进行索引。

（2）由复杂节点详图分解的多个简化节点详图有部分或全部相同时，可按图 1.4.15 的规定简化标注索引。

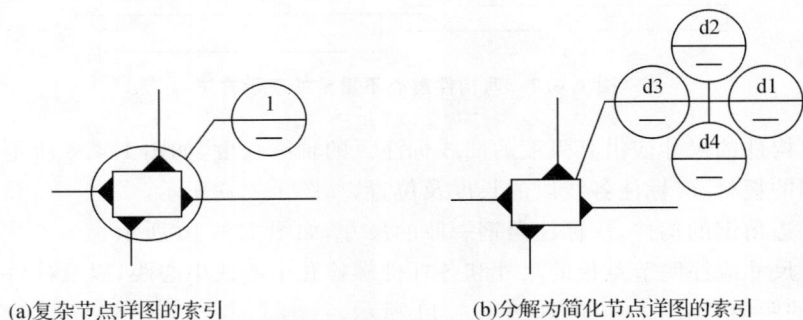

(a)复杂节点详图的索引   (b)分解为简化节点详图的索引

图 1.4.14 节点详图较复杂的索引

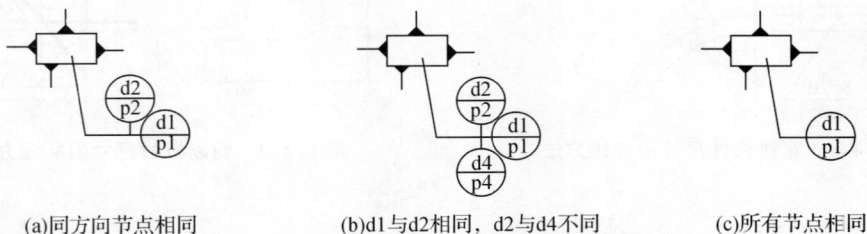

(a)同方向节点相同   (b)d1与d2相同，d2与d4不同   (c)所有节点相同

图 1.4.15 节点详图分解索引的简化标注

6. 钢结构制图的一般要求

(1)钢结构布置图可采用单线表示法、复线表示法及单线加短构件表示法,并符合以下规定:

①单线表示时,应使用构件重心线(细点画线)定位,构件采用中实线表示;非对称截面应在图中注明截面摆放方式。

②复线表示时,应使用构件重心线(细点画线)定位,构件采用细实线表示外轮廓,细虚线表示腹板或肢板。

③单线加短构件表示时,应使用构件重心线(细点画线)定位,构件采用中实线表示;短构件使用细实线表示构件外轮廓,细虚线表示腹板或肢板;短构件长度一般为构件实际长度的 $1/3 \sim 1/2$。

④为方便表示,非对称截面可采用外轮廓线定位。

(2)构件断面可采用原位标注或编号后集中标注,并符合下列规定:

①平面图中主要标注内容为梁、水平支撑、栏杆、铺板等平面构件。

②剖、立面图中主要标注内容为柱、支撑等竖向构件。

(3)构件连接应根据设计深度的不同要求,采用如下表示方法:

①制造图的索引表示方法,要求有构件详图及节点详图。

②索引图加节点详图的表示方法。

③标准图集的方法。

1.4.3 钢结构施工图的阅读技法及注意事项

1. 钢结构施工图的阅读技法

钢结构的结构形式多种多样,施工图所包含的的内容也不相同,但是在图纸的看图技法上还有一定的共性。

钢结构施工图识读步骤可以总结为以下三步:

第一,阅读建筑施工图。通过对建筑施工图的阅读,可以对建筑物的功能及空间划分有个整体了解,掌握建筑物的一些主要关键尺寸。

第二,阅读结构施工图。

第三,阅读设备施工图。在看图过程中根据需要结合设备施工图来看,可以达到更好的看图效果。

施工图的看图技法及看图时需要注意的问题归纳如下。

(1)由整体往局部看。在看图过程中,首先对整个工程的概括以及结构特点在头脑里有个大致的概念,然后再针对局部位置进行细看。

(2)从上往下看,从左往右看。在施工图的某页图纸上,往往左边或上边是构件的正面图、立面图或平面图,而这些构件的背面或某些节点的具体做法往往是不能表达清楚的,这就需要通过一些剖面图或节点详图来表示,这些剖面图和节点详图一般是在构件图的下方或右方,所以就需要从上往下,从左往右结合起来进行识读。

(3)从外向内看。有些设计图纸应建设方或工程需要可能在主体建筑物内部设有其他小型建筑或满足功能需要的结构设置。例如有可能在建筑物内部设有办公室或楼梯灯,这就需要在看图过程中,对整个建筑物的外部结构有所了解后,对内部结构图纸进一步识读。

(4)图样说明对照看。在施工图中除了设计总说明外,在其他图纸上的下方也可能会出现一些简单的说明,这些说明一般是针对本页图纸中的一些共性问题,可以通过这些说明表示清楚,避免同一问题一一标注的麻烦,也方便图纸的识读。

(5)有联系的看。初学者在读图时,很容易孤立地看某一张图纸,往往忽视这张图纸与其他图纸的联系。一般建筑施工图与结构施工图要结合起来看,必要时还要结合设备施工图看,结构体系的布置图和构件详图往往不会出现在同一种图纸上,这时就要根据索引符号将图纸联系起来,这样才能准确理解图纸表达的意思。

(6)理论与实际结合看。图纸的绘制一般是按照施工过程不同的工种和工序进行的,看图时应与生产和安装的实际情况结合起来。

2. 识读钢结构施工图的注意事项

识读钢结构施工图时除了要掌握上述的一些方法和步骤外,还应注意以下几个问题:

(1)注意每张图纸上的说明。在施工图中除了有一个设计总说明外,在其他图纸上的下方也可能会出现一些简单的说明。在读图时应先阅读说明,这些说明一般是针对本页图纸中的一些共性问题,在采用文字说明后,图中往往不再体现。

(2)注意图纸之间的联系与对照。初学者在读图时,很容易孤立地看某一张图纸,往往忽视这张图纸与其他图纸的联系。在读详图时更要注意这个问题。

(3)注意构件总类的汇总。钢结构施工图的图样对于一个初学者来讲十分繁杂,一时不知该如何下手,而且看完后不容易记住,所以这就需要边看图边记笔记,把图纸上复杂的东西进行归类,尤其是没有采用钢量表的图纸,这一点显得尤为重要。若图纸上有用钢量统计表,可以借助钢量统计表来汇总构件的种类,或者对其再进行进一步的细分。

(4)注意考虑其施工方法的可行性和难易程度。在建筑工程施工前,往往都有一个图纸会审的会议,需要设计方、施工方、建设单位、监理方共同对图纸进行会审,共同来解决图纸上存在的问题。作为施工方不仅要找出图纸上存在的错误和有歧义的地方,还需要考虑到后续施工中的可行性和难易程度。对于初学者做到这一点还比较困难,但这的确是在识图过程中需要特别注意的地方,需要不断地积累经验。

1.4.4 钢结构节点详图

1. 梁柱节点详图识读

钢结构是由若干构件连接而成,钢构件又是由若干型钢或零件连接而成。钢结构的连接有焊缝连接、铆钉连接、普通螺栓连接和高强度螺栓连接,连接部位统称为节点。连接设计是否合理,直接影响到结构的使用安全、施工工艺和工程造价,所以钢结构节点设计同构件或结构本身的设计一样重要。钢结构节点设计的原则是安全可靠、构造简单、施工方便和经济合理。

(1)柱拼接连接详图

柱的拼接有多种形式,以连接方法分为螺栓和焊缝拼接,以构件截面分为等截面拼接和变截面拼接,以构件位置分为中心和偏心拼接。图1.4.16为柱拼接连接详图。

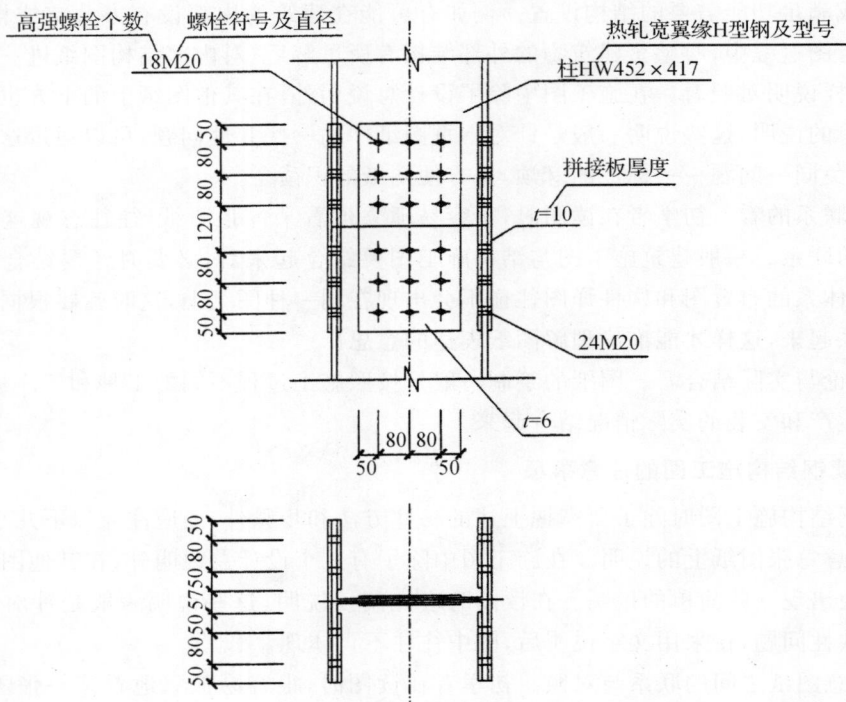

图 1.4.16　柱拼接连接详图(双盖板拼接)

在此详图中,可知此钢柱为等截面拼接,HW452×417 表示立柱构件为热轧宽翼缘 H 型钢,高为 452 mm,宽为 417 mm,截面特性可查型钢表 GB/T 11263-1998;采用螺栓连接,18M20 表示腹板上排列 18 个直径为 20 mm 的螺栓,24M20 表示每块翼板上排列 24 个直径为 20 mm 的螺栓,由螺栓的图例,可知为高强度螺栓,从立面图可知腹板上螺栓的排列,从立面图和平面图可知翼缘上螺栓的排列,栓距为 80 mm,边距为 50 mm;拼接板均采用双盖板连接,腹板上盖板长为 540 mm,宽为 260 mm,厚为 6 mm,翼缘上外盖板长为 540 mm,宽与柱翼宽相同,为 417 mm,厚为 10 mm,内盖板宽为 180 mm。作为钢柱构件,在节点连接处要能传递弯矩、扭矩、剪力和轴力,柱的连接必须为刚性连接。

图 1.4.17 为变截面柱偏心拼接连接详图。在此详图中,知此柱上段为 HW400×300 热轧宽翼缘 H 型钢,截面高、宽为 400 mm 和 300 mm;下段为 HW450×300 热轧宽翼缘 H 型钢,截面高、宽分别为 400 mm 和 300 mm,柱的左翼缘对齐,右翼缘错开;过渡段长 200 mm,使腹板高度达 1:4 的斜度变化,过渡段翼缘宽度与上、下段相同,此构造可减轻截面突变造成的应力集中,过渡段翼缘厚为 26 mm,腹板厚为 14 mm。采用对接焊缝连接,从焊缝标注可知为带坡口的对接焊缝,焊缝标注无数字时,表示焊缝按构造要求开口。

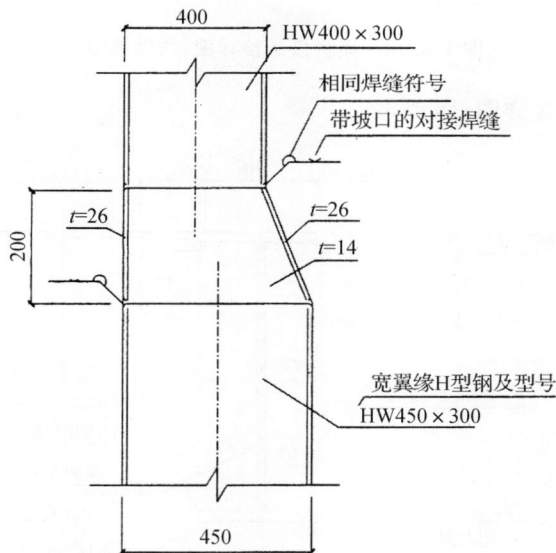

图 1.4.17 变截面柱偏心拼接连接详图

(2)梁拼接连接详图

梁的拼接形式与柱类同。

图 1.4.18 为梁拼接连接详图。在此详图中,可知此钢梁为等截面拼接,HN500×200 表示梁为热轧窄翼缘 H 型钢,截面高、宽为 500 mm 和 200 mm,采用螺栓和焊缝混合连接。其中梁翼缘为对接焊缝连接,小三角旗表示焊缝为现场施焊,从焊缝标注可知为带坡口有垫块的对接焊缝,焊缝标注无数字时,表示焊缝按构造要求开口,从螺栓图例可知为高强度螺栓,个数有 10 个,直径为 20 mm,栓距为 80 mm,边距为 50 mm。腹板上拼接板为双盖板,长 420 mm,宽为 250 mm,厚为 6 mm,此连接可使梁在节点处能传递弯矩,为刚性连接。

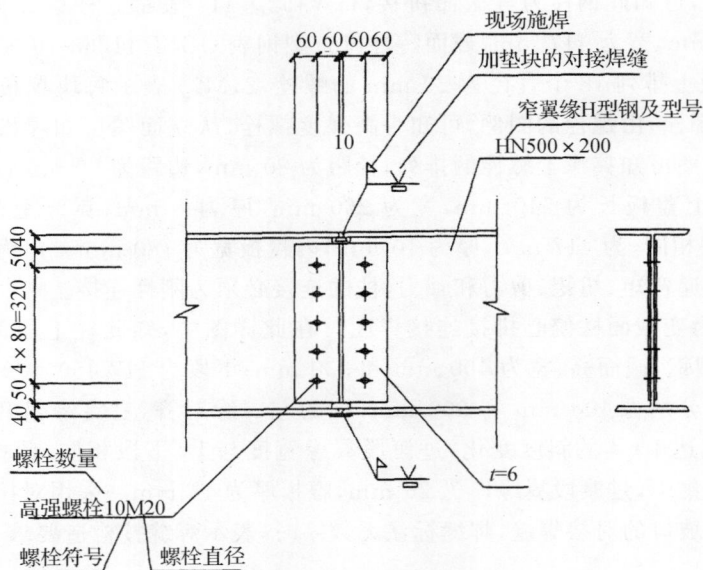

图 1.4.18　梁拼接连接详图（刚性连接）

（3）主次梁侧向连接详图（图 1.4.19）

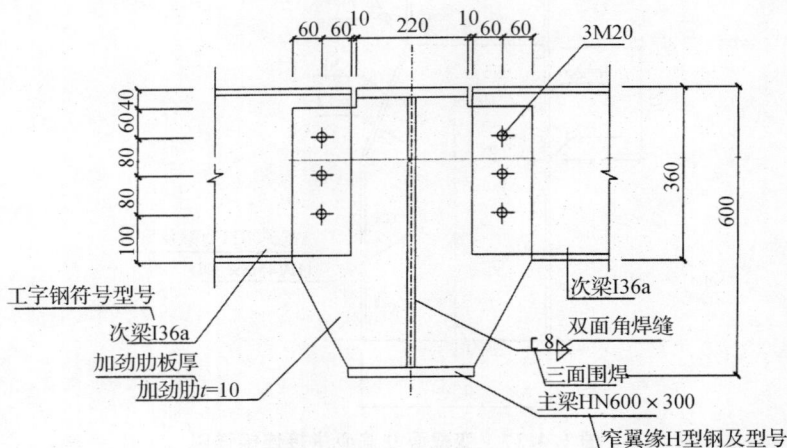

图 1.4.19　主次梁侧向连接详图

（4）梁柱刚性连接详图（图 1.4.20）

2. 屋架支座节点详图

屋架支座有梯形支座和三角形支座之分。

（1）梯形屋架支座节点详图

图 1.4.21 为一梯形屋架支座节点详图。在此详图中，将屋架上、下弦杆和斜腹杆与边柱螺栓连接，边柱为 HW400×300，表示柱为热轧宽翼缘 H 型钢，截面高、翼缘宽为 400 mm 和 300 mm。在与屋架上、下弦节点处，柱腹板成对设置构造加劲肋，长与柱腹板相等，宽为

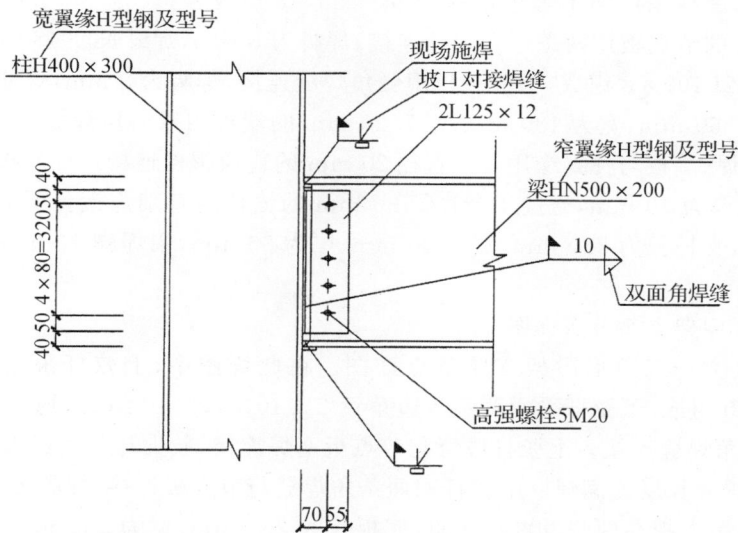

图 1.4.20 梁柱刚性连接详图

100 mm,厚为 12 mm。

在上节点,上弦杆采用两不等边角钢 2L 110×70×8 组成,通过长为 220 mm、宽为 240 mm 和厚为 14 mm 的节点板与柱连接,上弦杆与节点板用两条侧角焊缝连接,焊脚 8 mm,焊缝长度 150 mm,节点板与长为 220 mm、宽为 180 mm 和厚为 20 mm 的端板用双面角焊缝连接,焊脚 8 mm,焊缝长度为满焊,端板与柱翼缘用 4 个直径 20 mm 的普通螺栓连接。

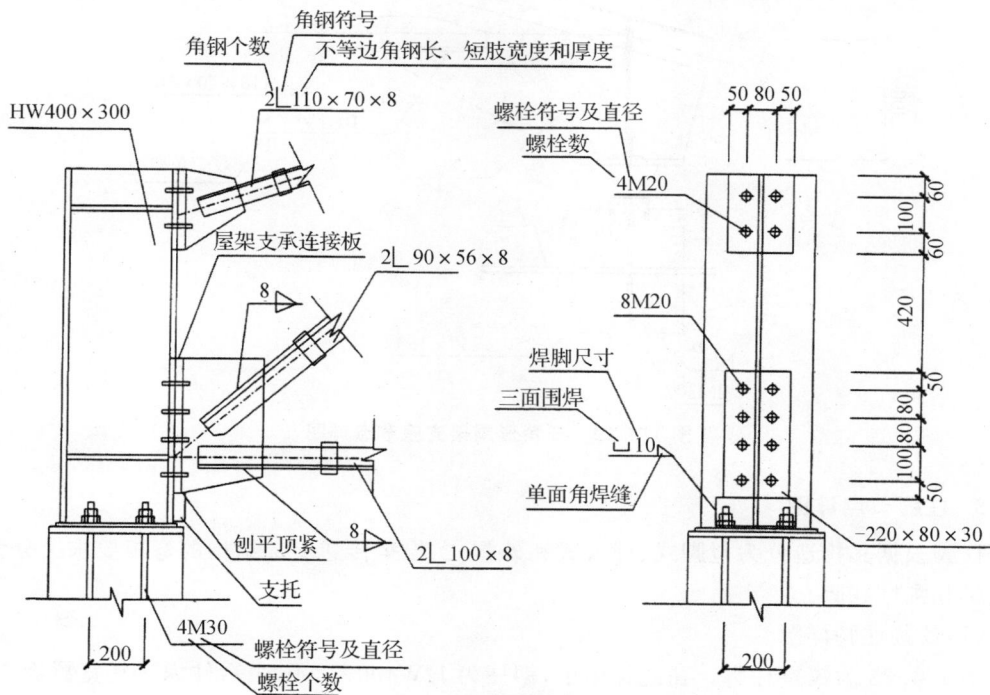

图 1.4.21 梯形屋架支座节点详图

在下节点,腹杆采用两不等边角钢 2L90×56×8 组成,与长为 360 mm、宽为 240 mm 和厚为 14 mm 的节点板用两条侧角焊缝连接,焊脚为 8 mm,焊缝长度 180 mm。下弦杆采用两等边角钢 2L100×8 组成,与节点板用侧角焊缝连接,焊脚为 8 mm,焊缝长度 160 mm。节点板与长为 360 mm、宽为 180 mm、厚为 20 mm 的端板用双面角焊缝连接,焊脚 8 mm,焊缝长度为满焊,端板与柱翼缘用 8 个直径 20 mm 的普通螺栓连接。柱底板长为 500 mm、宽为 400 mm、厚为 20 mm,通过 4 个直径 30 mm 的锚栓与基础连接。下节点端板刨平顶紧置于支托上,支托长为 220 mm、宽为 80 mm、厚为 30 mm,用焊脚 10 mm 的角焊缝三面围焊。

(2)三角形屋架支座节点详图

图 1.4.22 为一三角形屋架支座节点详图。在此详图中,上弦杆采用两不等边角钢 2L125×80×10 组成,下弦杆采用两不等边角钢 2L110×70×10 组成,均与厚为 12 mm 的节点板用两条角焊缝连接。上弦杆肢背与节点板塞焊连接,肢尖与节点板用角焊缝连接,焊脚为 10 mm,焊缝长度为满焊。下弦杆用两条角焊缝与节点板连接,焊脚为 10 mm,焊缝长度为 180 mm,节点板在两侧设置加劲肋,底板长为 250 mm、宽为 250 mm、厚为 160 mm,锚栓安装后再加垫片用焊脚 8 mm 的角焊缝四面围焊。

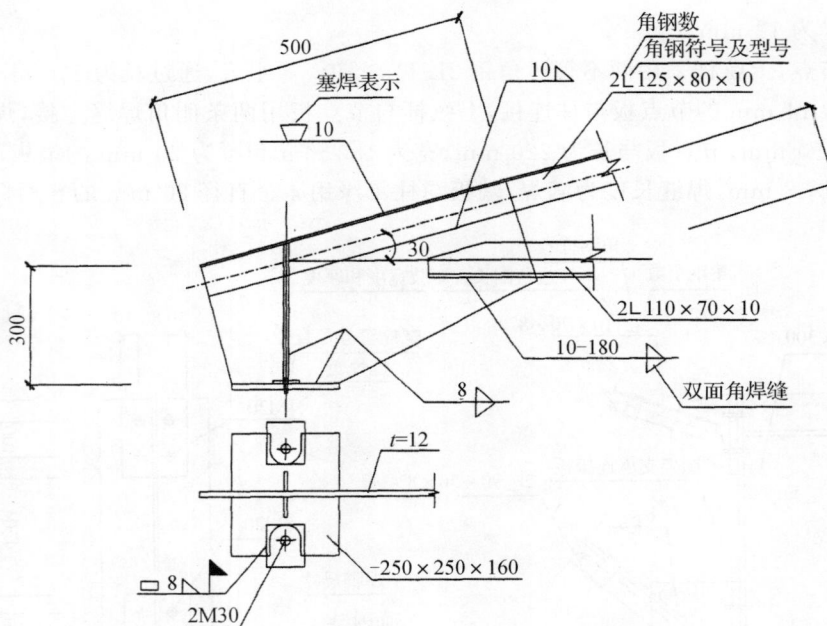

图 1.4.22 三角形屋架支座节点详图

3. 柱脚节点详图

柱脚根据其构造分为包脚式、埋入式和外露式,根据传递上部结构的弯矩要求又分为铰接柱脚和刚性柱脚。

(1)铰接柱脚详图

图 1.4.23 为铰接柱脚。在此详图中,钢柱为 HW400×300,表示柱为热轧宽翼缘 H 型钢,截面高、宽为 400 mm 和 300 mm,底板长为 500 mm、宽为 400 mm、厚为 26 mm,采用 2

根直径为 30 mm 的锚栓,其位置从平面图中可确定。安装螺母前加垫厚为 10 mm 的垫片,柱与底板用焊脚为 8 mm 的角焊缝四面围焊连接。此柱脚连接几乎不能传递弯矩,为铰接柱脚。

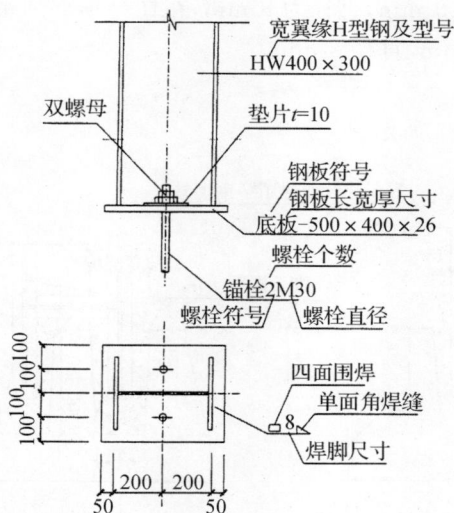

图 1.4.23　铰接柱脚详图

(2)包脚式柱脚详图

图 1.4.24 为包脚式柱脚详图。在此详图中,钢柱为 HW452×417,表示柱为热轧宽翼

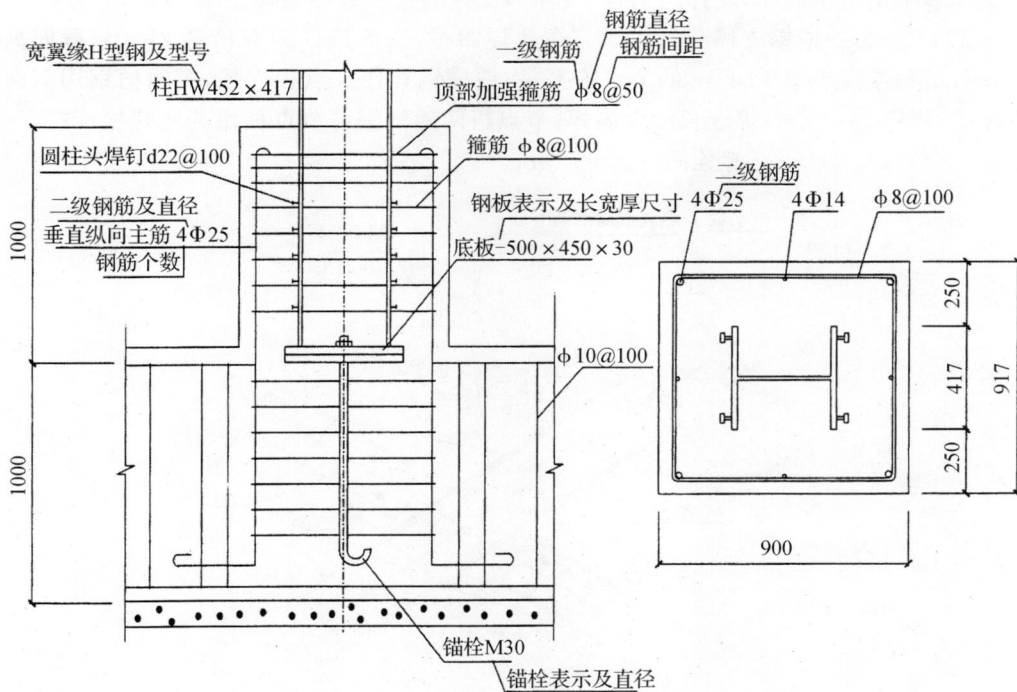

图 1.4.24　包脚式柱脚详图

缘 H 型钢,截面高、宽为 452 mm 和 417 mm,柱底进入深度为 1000 mm,柱底板长为 500 mm、宽为 450 mm、厚为 30 mm,锚栓埋入深为 1000 mm 厚的基础内,混凝土柱台截面为 917×900 mm,设置四根直径 25 mm 的纵向主筋(二级)和四根直径 14 mm(二级)的纵向构造筋,箍筋(一级)间距为 100 mm,直径为 8 mm,在柱台顶部加密区间距为 50 mm,混凝土基础箍筋(二级)间距 100 mm,直径 8 mm。

(3)埋入式柱脚详图

埋入式柱脚如图 1.4.25 所示。

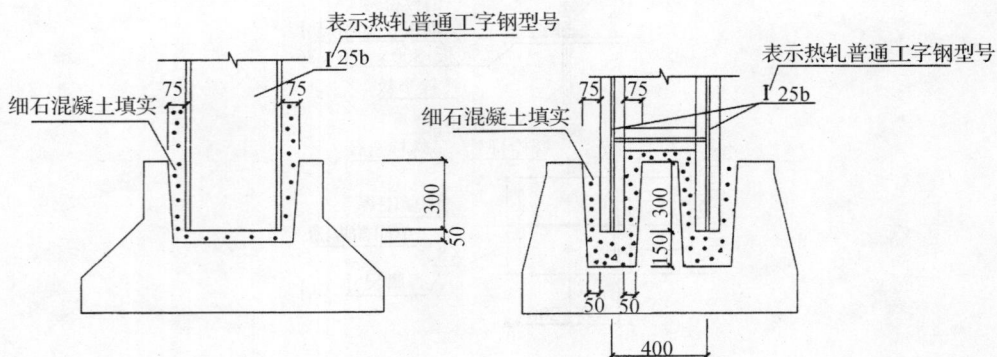

图 1.4.25　包脚式柱脚详图

4. 支撑节点详图

支撑多采用型钢制作,支撑与构件、支撑与支撑的连接处称支撑连接节点。

图 1.4.26 为一槽钢支撑节点详图。在此详图中,支撑构件为双槽钢 2[20a,截面高为 200 mm,槽钢连接于厚 12 mm 的节点板上,构件槽钢夹住节点板连接,贯通槽钢用双面角焊缝连接,焊脚为 6 mm,焊缝长度为满焊;节点板两侧槽钢与节点板用普通螺栓连接,每边螺栓有 6 个,直径 14 mm,螺栓间距为 80 mm。

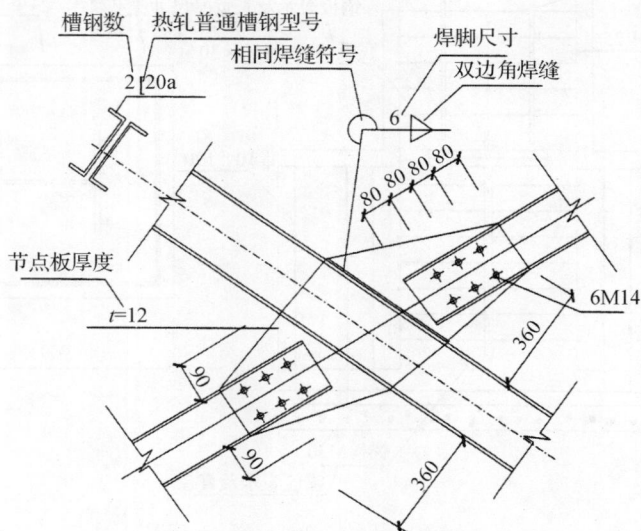

图 1.4.26　槽钢支撑节点详图

角钢支撑节点见图 1.4.27 所示。

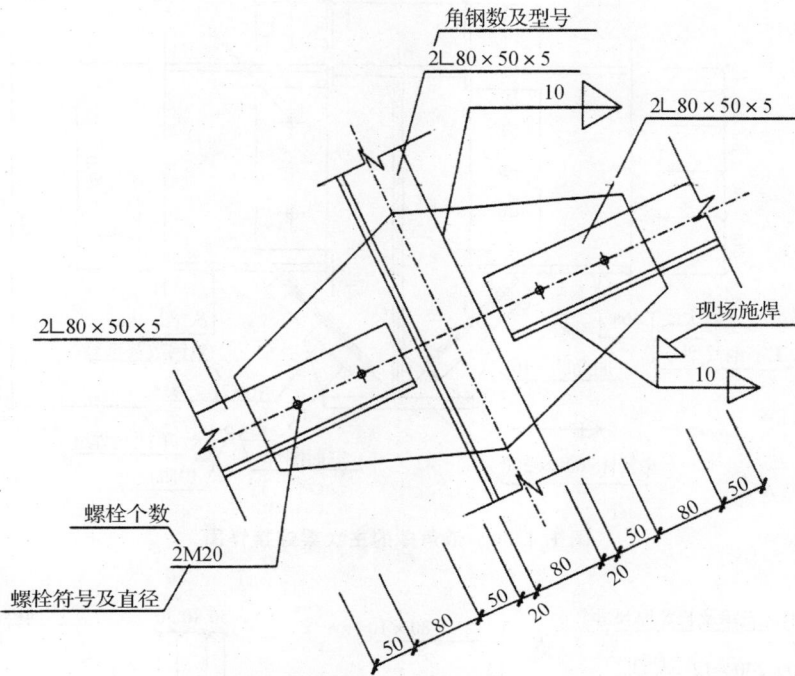

图 1.4.27　角钢支撑节点详图

5. 节点详图图例

本节简单介绍节点连接详图的识读，要求达到快速识读施工图的程度。

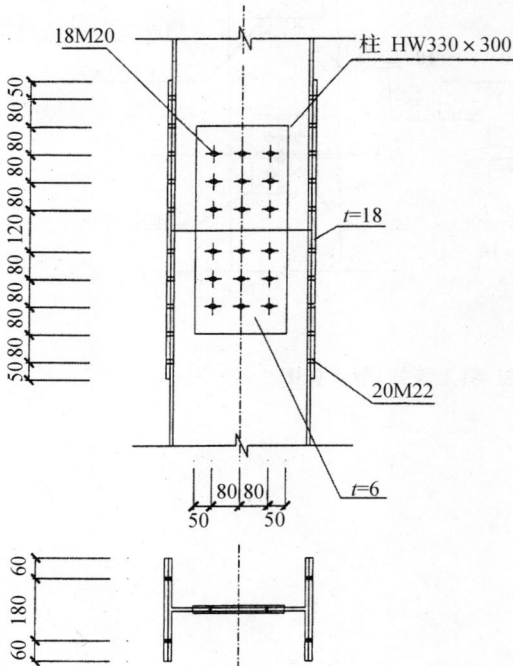

图 1.4.28　钢柱拼接连接详图(单盖板拼接)

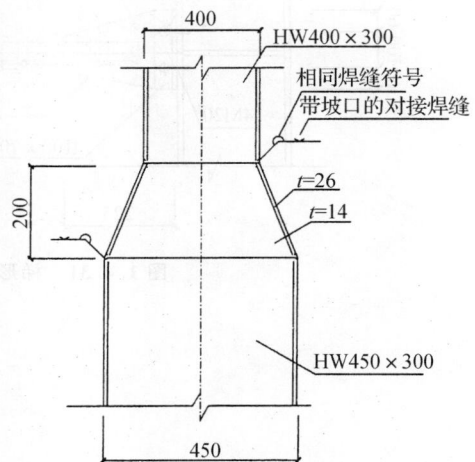

图 1.4.29　变截面柱轴心拼接详图

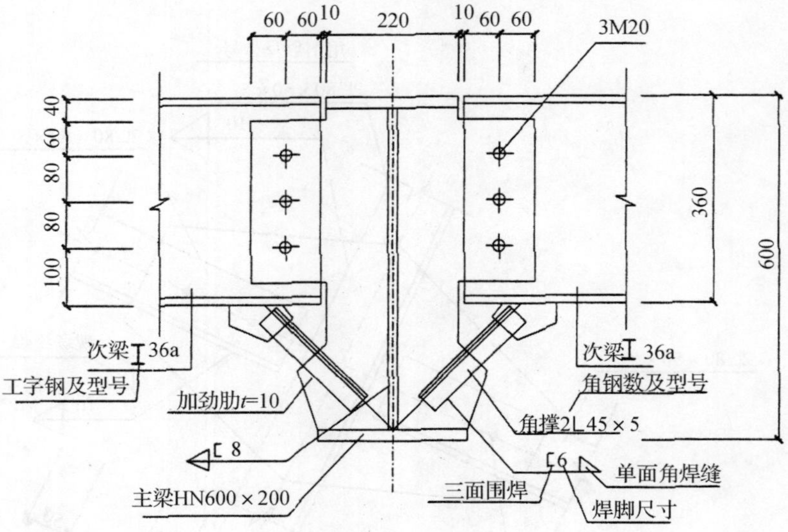

图 1.4.30　带角撑的主次梁连接详图

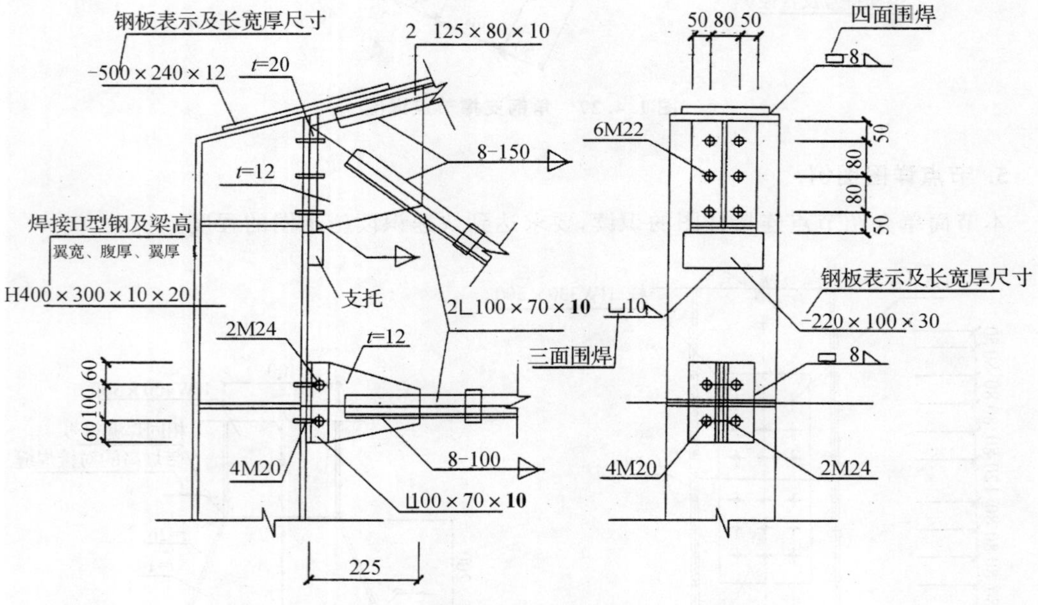

图 1.4.31　梯形屋架(上腹杆)节点详图

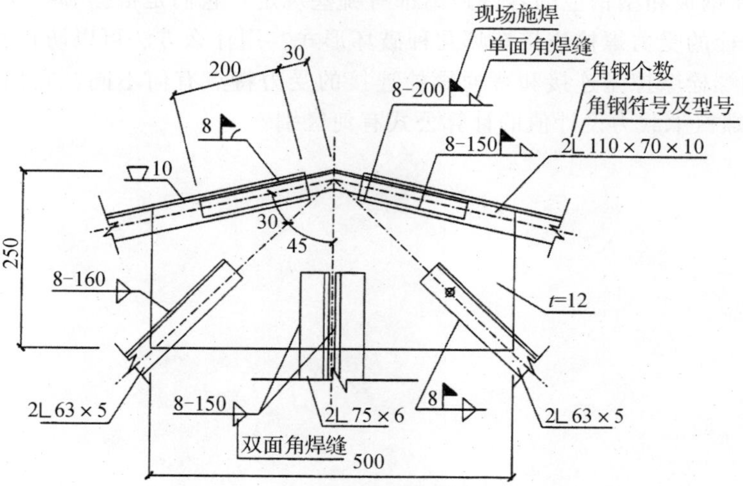

图 1.4.32　屋脊节点详图

思考题

1.钢结构对钢材性能有哪些要求？这些要求用哪些指标来衡量？

2.碳、锰、硫、磷对碳素结构钢的机械性能分别有哪些影响？

3.钢结构中常用的钢材有哪几种？钢材牌号的表示方法是什么？

4.钢材选用应考虑哪些因素？怎样选择才能保证经济合理？

5.钢材的机械性能为什么要按厚度或直径进行划分？试比较 Q235 钢中不同厚度钢材的屈服点。

6.Q235 钢中 4 个质量等级的钢材在脱氧方法和机械性能上有何不同？

7.钢材在复杂应力作用下是否仅产生脆性破坏？为什么？

8.低合金高强度结构钢牌号中的符号分别表示什么意义？

9.应力集中对钢材的机械性能有哪些影响？为什么？

10.承重结构的钢材应保证哪几项机械性能和化学成分？

11.钢结构常用的连接方法有哪几种？它们各在哪些范围应用较合适？

12.说明常用焊缝符号表示的意义。

13.手工焊条型号应根据什么选择？焊接 Q235-B 钢和 Q345 钢的一般结构须分别采用哪种焊条型号？

14.对接接头采用对接焊缝和采用加盖板的角焊缝各有何特点？

15.焊缝的质量分几个等级？与钢材等强的受拉对接焊缝须采用几级？

16.对接焊缝在哪种情况下才需进行计算？

17.角焊缝的尺寸都有哪些要求？

18.角焊缝计算公式中增大系数在什么情况下不考虑？

19.角钢用角焊缝连接受轴心力作用时,角钢肢背和肢尖焊缝的内力分配系数为何不同？

20. 螺栓在钢板和型钢上的容许距离都有哪些规定？它们是根据哪些要求制定的？

21.普通螺栓的受剪螺栓连接有哪几种破坏形式？用什么方法可以防止？

22.高强度螺栓摩擦型连接和普通螺栓连接的受力特点有何不同？它们在传递剪力和拉力时的单个螺栓承载力设计值的计算公式有何区别？

单元 2
轻钢门式刚架结构工程施工

【学习内容】

　　本单元主要讲述轻钢门式刚架结构基本知识与图纸识读;轻钢门式刚架的加工与制作;轻钢门式刚架的安装;轻钢门式刚架的验收等内容。

【学习目标】

　　熟悉轻钢门式刚架结构的组成、特点、形式、布置及结构构造;

　　正确识读轻钢门式刚架结构施工图;

　　了解轻钢门式刚架结构加工制作方法;

　　掌握轻钢门式刚架结构的安装方法;

　　熟悉轻钢门式刚架结构的验收要点。

2.1 轻钢门式刚架基本知识与图纸识读

2.1.1 结构组成

　　轻钢门式刚架结构是指以轻型焊接 H 型钢(等截面或变截面)、热轧 H 型钢(等截面)或冷弯薄壁型钢等构成的实腹式门式刚架或格构式门式刚架作为主要承重骨架,用冷弯薄壁型钢(槽型、卷边槽型、Z 型等)做檩条、墙梁;以压型金属板(压型钢板、压型铝板)做屋面、墙面;采用聚苯乙烯泡沫塑料、硬质聚氨酯泡沫塑料、岩棉、矿棉、玻璃棉等作为保温隔热材料并适当设置支撑的一种轻型房屋结构体系。轻钢门式刚架的结构体系包括以下组成部分:

　　(1)主结构,如横向刚架、楼面梁、托梁、支撑体系等;

　　(2)次结构,如屋面檩条和墙梁等;

　　(3)围护结构,如屋面板和墙面板;

　　(4)辅助结构,如楼梯、平台、扶栏等;

　　(5)基础。

　　图 2.1.1 给出了轻钢门式刚架组成的图示说明。

　　在目前的工程实践中,门式刚架的梁、柱构件多采用焊接变截面的 H 形截面,单跨刚架的梁—柱节点采用刚接、多跨则大多刚接和铰接并用。柱脚可与基础刚接或铰接。维护结构采用压型钢板居多,玻璃棉则由于其具有自重轻、保温隔热性能好及安装方便等特点,用

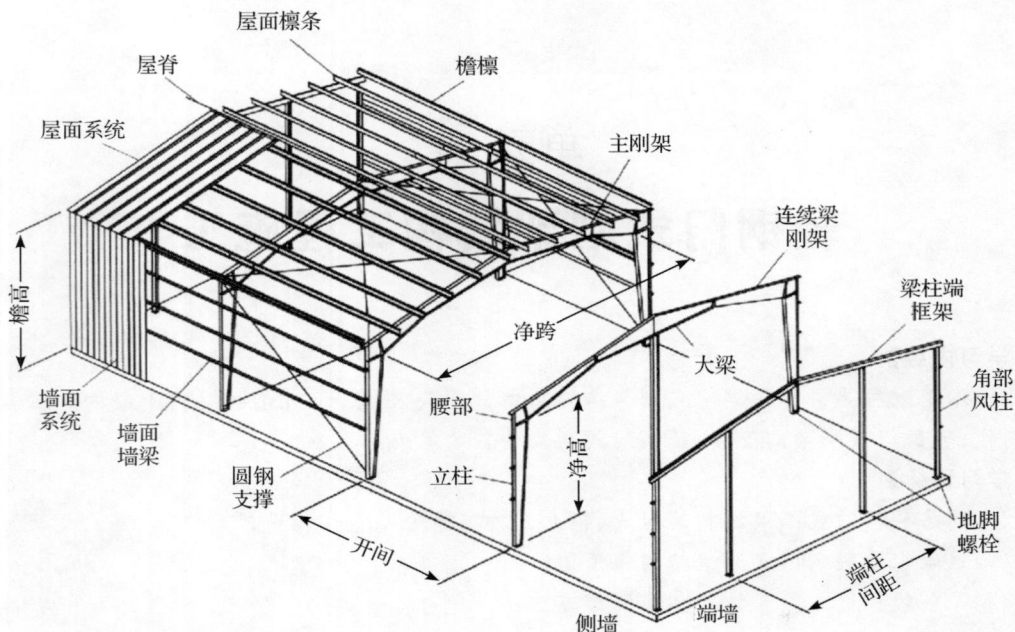

图 2.1.1　单层门式刚架结构组成

作保温隔热材料最为普遍。

2.1.2 结构特点

轻钢门式刚架结构和钢筋混凝土结构相比具有以下特点。

1. 质量轻

围护结构采用压型金属板、玻璃棉及冷弯薄壁型钢等材料组成,屋面、墙面的质量都很轻,因而支承它们的门式刚架也很轻。根据国内工程实例统计,单层轻钢门式刚架房屋承重结构的用钢量一般为 $10\sim30\ \mathrm{kg/m^2}$,在相同跨度和荷载情况下自重仅约为钢筋混凝土结构的 $1/20\sim1/30$。由于结构质量轻,相应地基础可以做得较小,地基处理费用也较低。同时在相同地震烈度下结构的地震反应小。但当风荷载较大或房屋较高时,风荷载可能成为单层轻钢门式刚架结构的控制荷载。

2. 工业化程度高,施工周期短

门式刚架结构的主要构件和配件多为工厂制作,质量易于保证,工地安装方便;除基础施工外,基本没有湿作业;构件之间的连接多采用高强度螺栓连接,安装迅速。

3. 综合经济效益高

门式刚架结构通常采用计算机辅助设计,设计周期短;原材料种类单一;构件采用先进自动化设备制造;运输方便等。所以门式刚架结构的工程周期短,资金回报快,投资效益相对较高。

4. 柱网布置比较灵活

传统钢筋混凝土结构形式由于受屋面板、墙板尺寸的限制,柱距多为 6 m,当采用 12 m

柱距时,需设置托架及墙架柱。而门式刚架结构的围护体系采用金属压型板,所以柱网布置不受模数限制,柱距大小主要根据使用要求和用钢量最省的原则来确定。

2.1.3 结构形式

在轻钢门式刚架结构体系中,屋盖宜采用压型钢板屋面板和冷弯薄壁型钢檩条,主刚架可采用变截面实腹刚架,外墙宜采用压型钢板墙面板和冷弯薄壁型钢墙梁。主刚架斜梁下翼缘和刚架柱内翼缘出平面的稳定性,由与檩条或墙梁相连接的隅撑来保证。主刚架间的交叉支撑可采用张紧的圆钢。

门式刚架的结构形式分为单跨[图 2.1.2(a)]、双跨[图 2.1.2(b)]、多跨[图 2.1.2(c)]刚架以及带挑檐的[图 2.1.2(d)]和带毗屋的[图 2.1.2(e)]刚架等形式。多跨刚架中间柱与斜梁的连接可采用铰接。多跨刚架宜采用双坡或单坡屋盖[图 2.1.2(f)],必要时也可采用由多个双坡屋盖组成的多跨刚架形式。

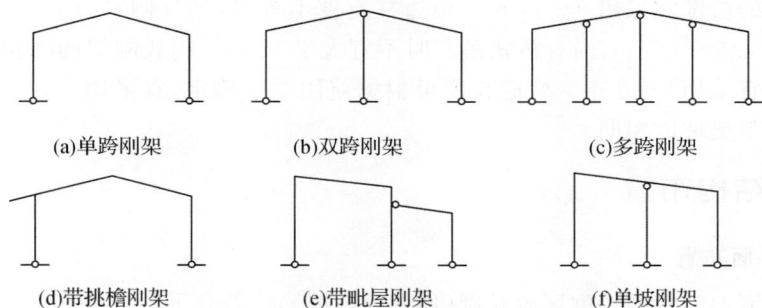

图 2.1.2　单层门式刚架结构形式

根据跨度、高度和荷载的不同,门式刚架的梁、柱可采用变截面或等截面实腹焊接工字形截面或轧制 H 形截面。设有桥式吊车时,柱宜采用等截面构件。变截面构件通常改变腹板的高度做成楔形,必要时也可改变腹板厚度。结构构件在安装单元内一般不改变翼缘截面,当必要时,可改变翼缘厚度;邻接的安装单元可采用不同的翼缘截面,两单元相邻截面高度宜相等。

门式刚架的柱脚多按铰接支承设计,通常为平板支座,设一对或两对地脚螺栓。当用于工业厂房且有 5 t 以上桥式吊车时,宜将柱脚设计成刚接。

门式刚架轻型房屋的屋面坡度宜取 $1/8 \sim 1/20$,在雨水较多的地区宜取其中的较大值。

轻型房屋的外墙,除采用以压型钢板等作围护面的轻质墙体外,尚可采用砌体外墙或底部为砌体、上部为轻质材料的外墙。

门式刚架可由多个梁、柱单元构件组成。柱一般为单独的单元构件,斜梁可根据运输条件划分为若干个单元。单元构件本身采用焊接,单元构件之间可通过端板以高强度螺栓连接。

门式刚架轻型房屋可采用隔热卷材做屋面隔热和保温层,也可采用带隔热层的板材做屋面。

2.1.4 建筑尺寸

轻钢门式刚架结构的尺寸应符合下列规定:

(1)门式刚架的跨度,应取横向刚架柱轴线间的距离。

(2)门式刚架的高度,应取地坪至柱轴线与斜梁轴线交点的高度。高度应根据使用要求的室内净高确定,有吊车的厂房应根据轨顶标高和吊车净空要求确定。

(3)柱的轴线可取通过柱下端(较小端)中心的竖向轴线。工业建筑边柱的定位轴线宜取柱外皮。斜梁的轴线可取通过变截面梁段最小端中心与斜梁上表面平行的轴线。

(4)门式刚架轻型房屋的檐口高度,应取地坪至房屋外侧檩条上缘的高度。门式刚架轻型房屋的最大高度,应取地坪至屋盖顶部檩条上缘的高度。门式刚架轻型房屋的宽度,应取房屋侧墙墙梁外皮之间的距离。门式刚架轻型房屋的长度,应取两端山墙墙梁外皮之间的距离。

门式刚架的跨度宜采用 9~36 m。当边柱宽度不等时,其外侧应对齐。门式刚架的平均高度宜采用 4.5~9.0 m;当有桥式吊车时不宜大于 12 m。门式刚架的间距,即柱网轴线间的纵向距离宜采用 6~9 m。挑檐长度可根据使用要求确定,宜采用 0.5~1.2 m。其上翼缘坡度宜与斜梁坡度相同。

2.1.5 结构布置

1. 结构平面布置

轻钢门式刚架结构的温度区段长度(伸缩缝间距),应符合下列规定:

(1)纵向温度区段不大于 300 m;

(2)横向温度区段不大于 150 m;

(3)当有计算依据时,温度区段长度可适当加大;

(4)当需要设置伸缩缝时,可采用两种做法:在搭接檩条的螺栓连接处采用长圆孔,并使该处屋面板在构造上允许胀缩或设置双柱,如图 2.1.3 所示;

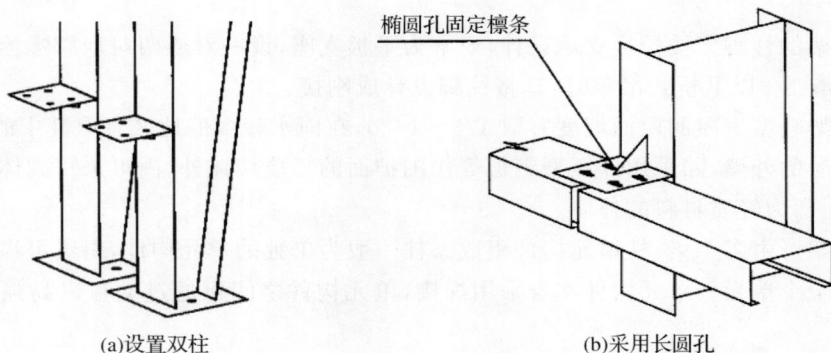

(a)设置双柱   (b)采用长圆孔

图 2.1.3

(5)吊车梁与柱的连接处宜采用长圆孔。

在多跨刚架局部抽掉中间柱或边柱处,可布置托梁或托架,如图 2.1.4 所示。

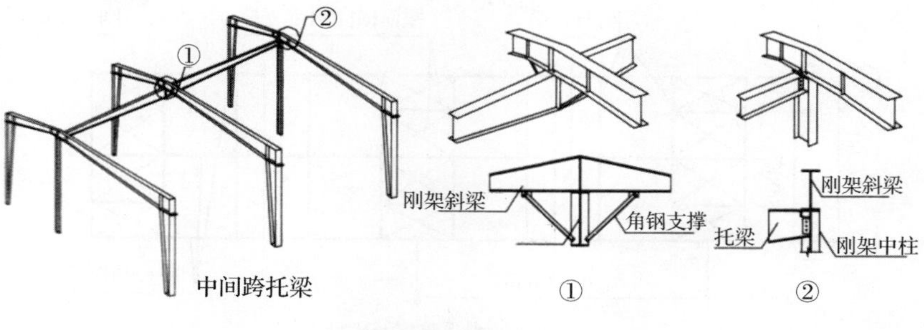

(a)中间跨托梁

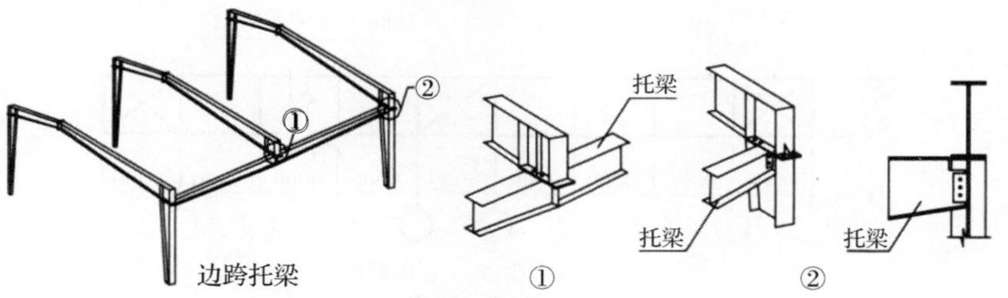

(b)边跨托梁

图 2.1.4   托梁

屋面檩条的布置,应考虑天窗、通风屋脊、采光带、屋面材料、檩条供货规格等因素的影响。屋面压型钢板厚度和檩条间距应按计算确定。

山墙可设置由斜梁、抗风柱、墙梁及其支撑组成的山墙墙架,或采用门式刚架。

2. 墙架布置

轻钢门式刚架结构侧墙墙梁的布置,应考虑设置门窗、挑檐、遮雨篷等构件和围护材料的要求。

轻钢门式刚架结构的侧墙,当采用压型钢板作围护面时,墙梁宜布置在刚架柱的外侧,其间距随墙板板型和规格确定,且不应大于计算要求的值。

轻钢门式刚架的外墙,当抗震设防烈度不高于 6 度时,可采用轻型钢墙板或砌体;当抗震设防烈度为 7 度、8 度时,可采用轻型钢墙板或非嵌砌砌体;当抗震设防烈度为 9 度时,宜采用轻型钢墙板或与柱柔性连接的轻质墙板。

3. 支撑布置

轻钢门式刚架结构的支撑设置应符合下列要求:

(1)在每个温度区段或分期建设区段中,应分别设置能独立构成空间稳定结构的支撑体系;

(2)在设置柱间支撑的开间,宜同时设置屋盖横向支撑,以组成几何不变体系,如图 2.1.5 所示。

支撑和刚性系杆的布置宜符合下列规定:

(1)屋盖横向支撑宜设在温度区间端部的第一个或第二个开间。当端部支撑设在第二个开间时,在第一个开间的相应位置应设置刚性系杆,如图 2.1.6 所示。

(2)柱间支撑的间距应根据房屋纵向柱距、受力情况和安装条件确定。当无吊车时宜取

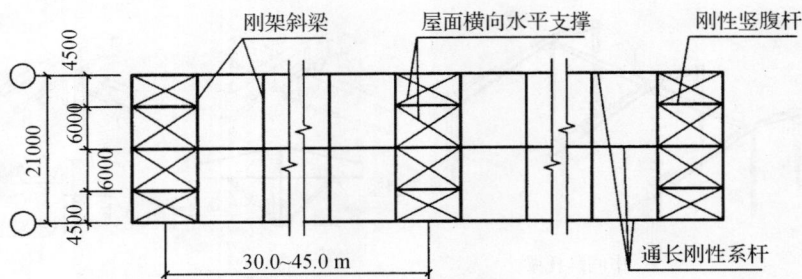

(a)屋面横向水平支撑及刚性系杆

图 2.1.5　支撑

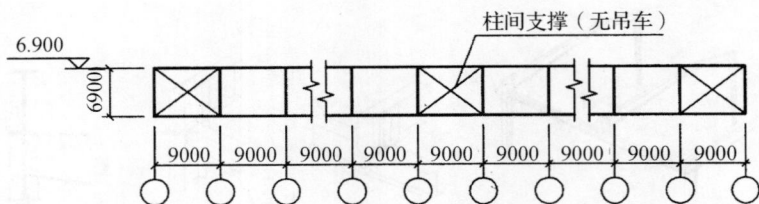

(b)柱间支撑（无吊车）

图 2.1.5　支撑

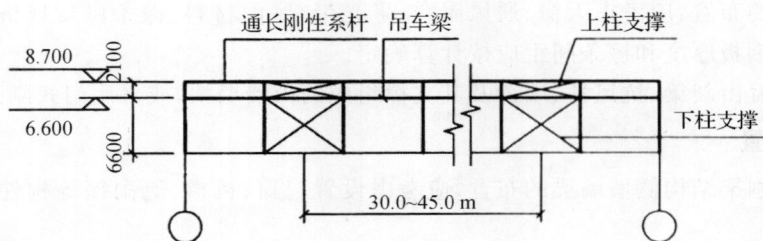

图 2.1.6　支撑

30～45 m,如图 2.1.6 所示;当有吊车时宜设在温度区段中部,或当温度区段较长时宜设在三分点处,且间距不宜大于 60 m,如图 2.1.7 所示。

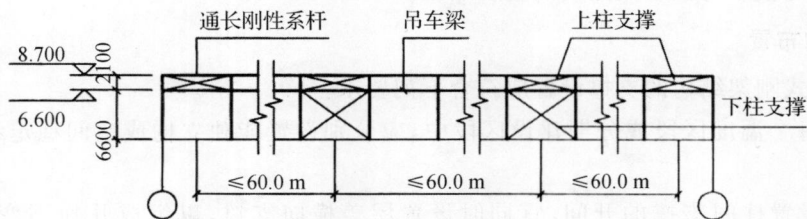

图 2.1.7　支撑

（3）当建筑物宽度大于 60 m 时,在内柱列宜适当增加柱间支撑。

（4）当房屋高度相对于柱间距较大时,柱间支撑宜分层设置,如图 2.1.6 所示。

（5）在刚架转折处（单跨房屋边柱柱顶和屋脊,以及多跨房屋某些中间柱柱顶和屋脊）应沿房屋全长设置刚性系杆。

（6）由支撑斜杆等组成的水平桁架，其直腹杆宜按刚性系杆考虑。

（7）在设有带驾驶室且起重量大于 15 t 桥式吊车的跨间，应在屋盖边缘设置纵向支撑桁架。当桥式吊车起重量较大时，尚应采取措施增加吊车梁的侧向刚度。

刚性系杆可由檩条兼作，此时檩条应满足对压弯杆件的刚度和承载力要求。当不满足时，可在刚架斜梁间设置钢管、H 型钢或其他截面的杆件。轻钢门式刚架结构的支撑，可采用带张紧装置的十字交叉圆钢支撑。圆钢与构件的夹角应在 30°～60°范围内，宜接近 45°。当设有起重量不小于 5 t 的桥式吊车时，柱间宜采用型钢支撑。在温度区段端部吊车梁以下不宜设置柱间刚性支撑。当不允许设置交叉柱间支撑时，可设置其他形式的支撑；当不允许设置任何支撑时，可设置纵向刚架。

2.1.6 结构构造

1. 主刚架

主刚架由边柱、刚架梁、中柱等构件组成。边柱和梁通常根据门式刚架弯矩包络图的形状制作成变截面以达到节约材料的目的；根据门式刚架横向平面承载、纵向支撑提供平面外稳定的特点，要求边柱和梁在横向平面内具有较大的刚度，一般采用焊接工字形截面。中柱以承受轴向压力为主，通常采用强弱轴惯性矩相差不大的宽翼缘工字钢、矩形钢管或圆管截面。刚架的主要构件运输到现场后通过高强度螺栓节点相连。

（1）梁梁节点（如图 2.1.8 所示），门式刚架斜梁拼接时宜使端板与构件外边缘垂直。

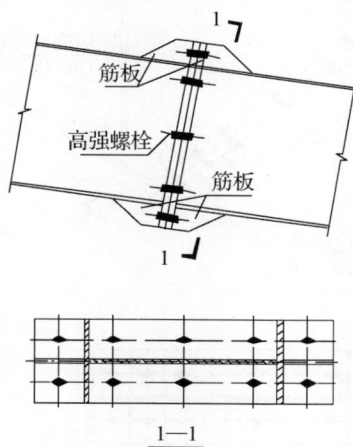

图 2.1.8　斜梁拼接

（2）梁柱节点

①斜梁与边柱的连接（如图 2.1.9 所示）

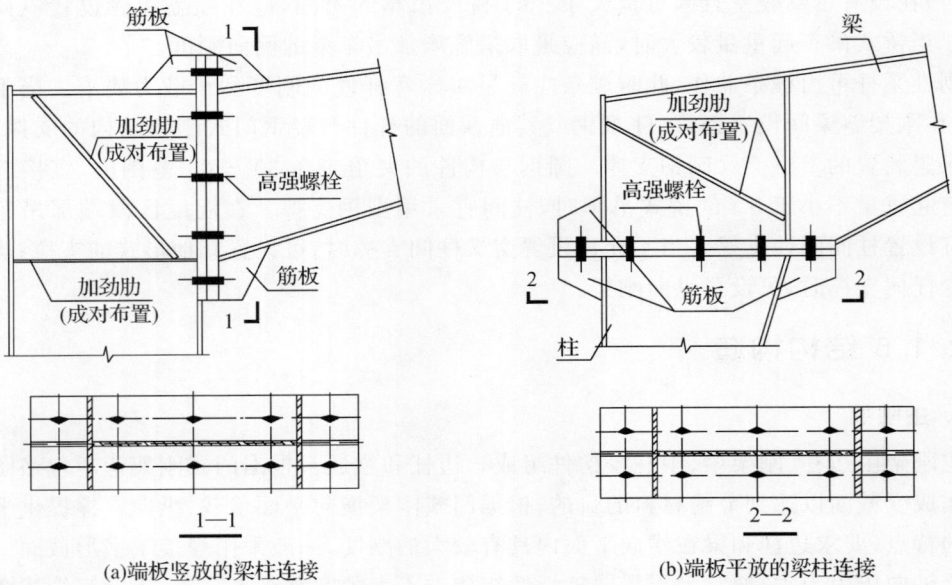

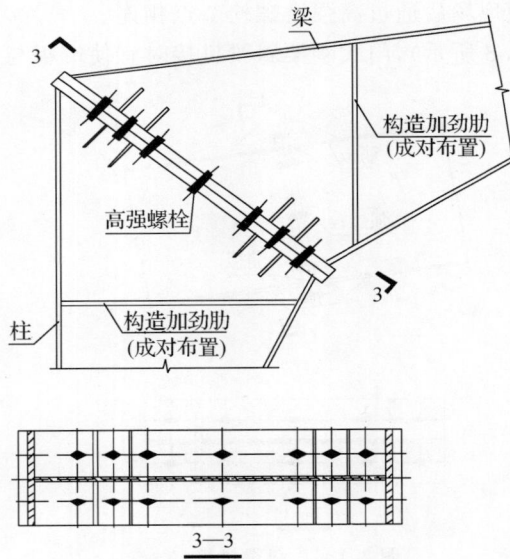

(a)端板竖放的梁柱连接

(b)端板平放的梁柱连接

(c)端板斜放的梁柱连接

图 2.1.9　斜梁与边柱的连接

②斜梁与中柱的连接(如图 2.1.10 所示)

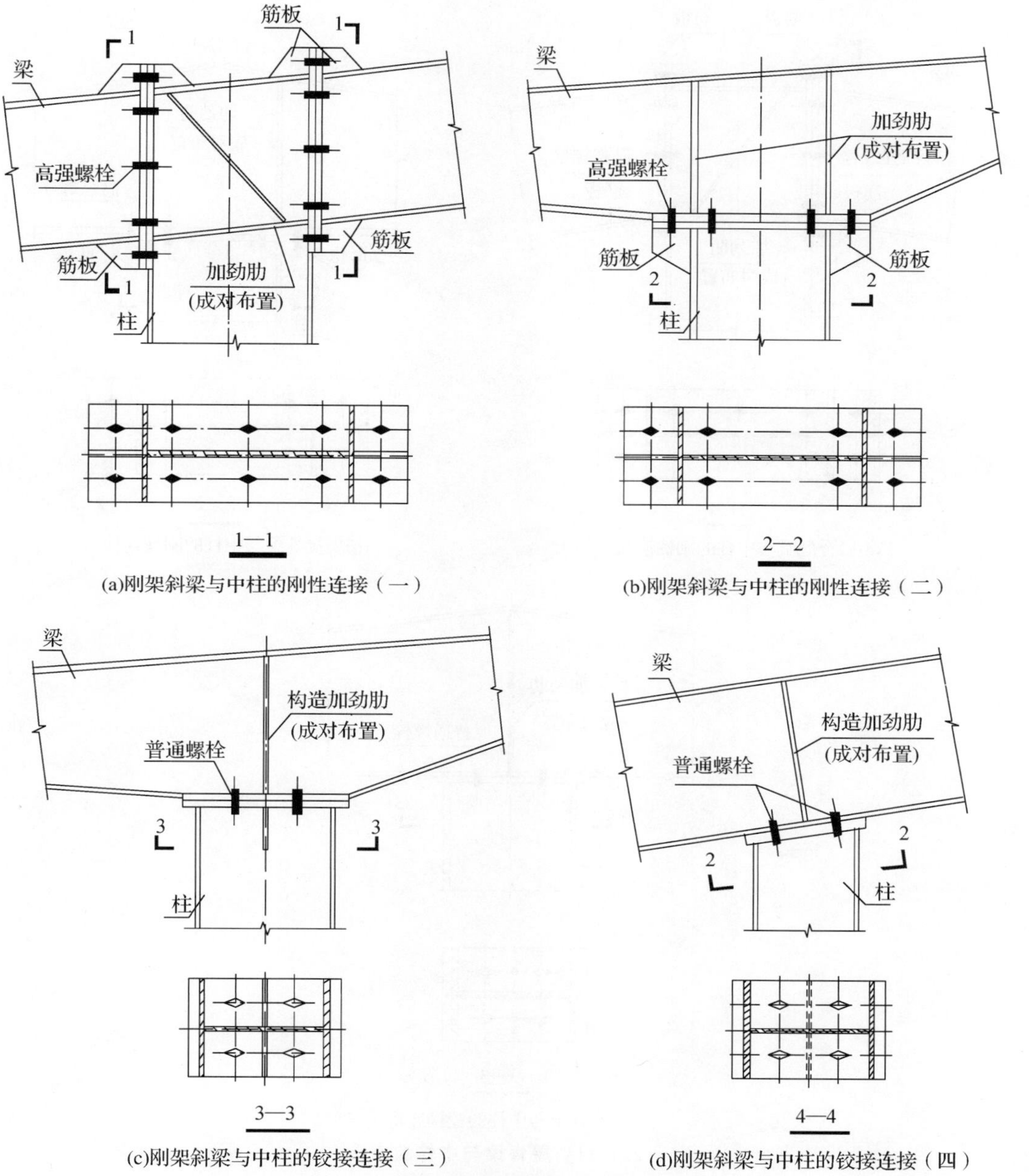

(a)刚架斜梁与中柱的刚性连接（一）

(b)刚架斜梁与中柱的刚性连接（二）

(c)刚架斜梁与中柱的铰接连接（三）

(d)刚架斜梁与中柱的铰接连接（四）

图 2.1.10　斜梁与中柱的连接

③屋脊梁与中柱的连接(如图 2.1.11 所示)

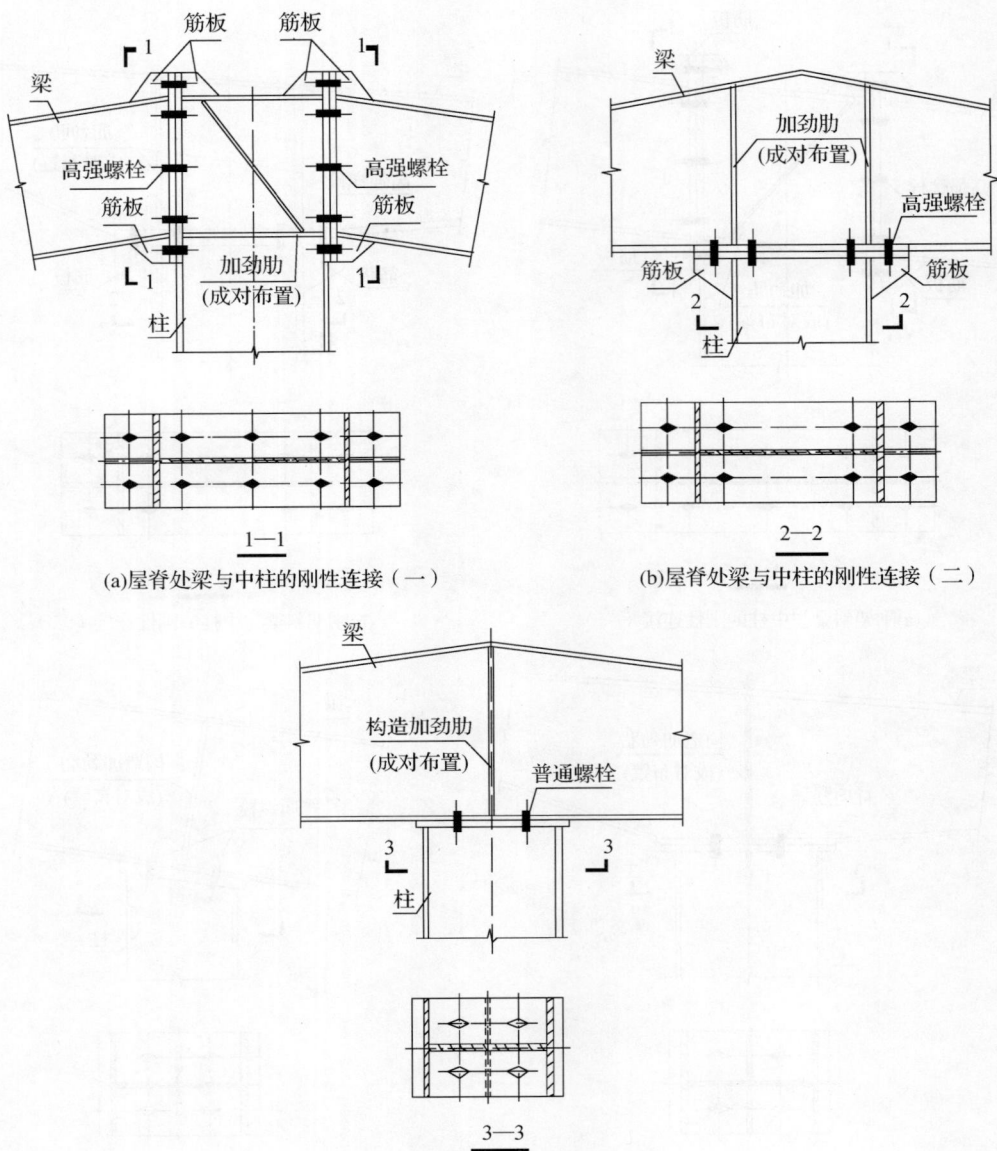

(a)屋脊处梁与中柱的刚性连接（一）

(b)屋脊处梁与中柱的刚性连接（二）

(c)屋脊处梁与中柱的铰接连接（三）

2.1.11　屋脊梁与中柱的连接

④多跨刚架梁柱的连接(如图 2.1.12 所示)

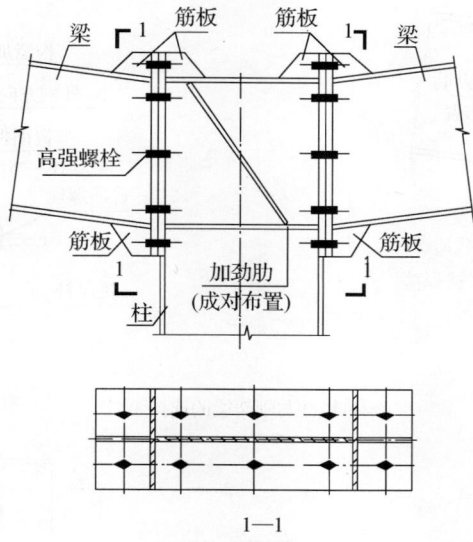

图 2.1.12 多跨刚架梁柱连接

⑤斜梁与抗风柱的连接(如图 2.1.13 所示)

抗风柱与刚架梁的连接有三种连接形式:柱顶端板式、弹簧钢板式、梁底连接板式。此三种连接形式,除柱顶端板式考虑抗风柱同时承受屋面荷载外,其余连接形式均不承受屋面荷载,仅承受墙面荷载。

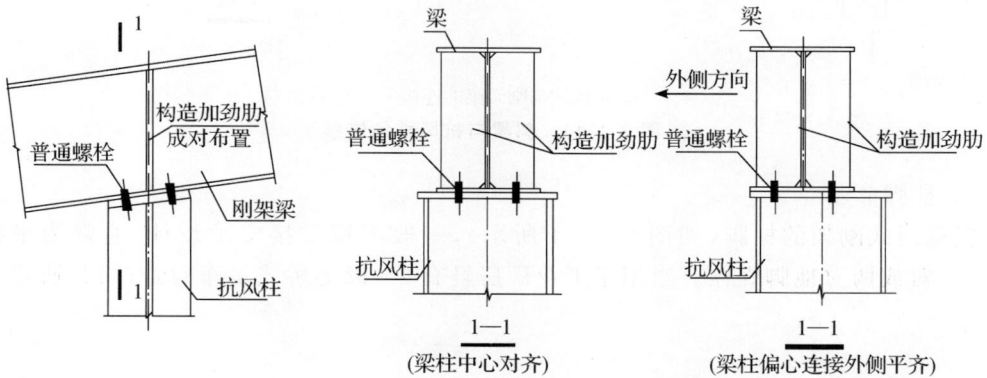

(a)抗风柱与刚架梁的连接(一)

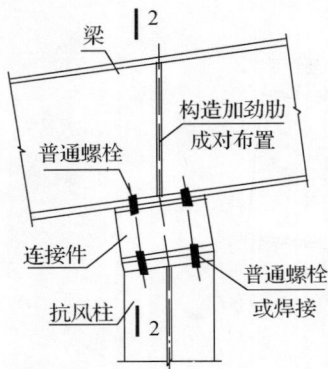

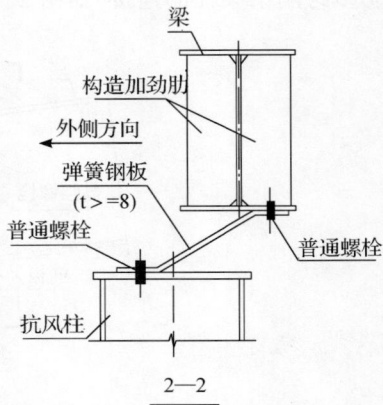

(b)抗风柱与刚架梁的连接（二）

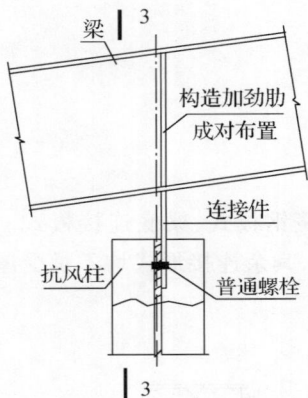

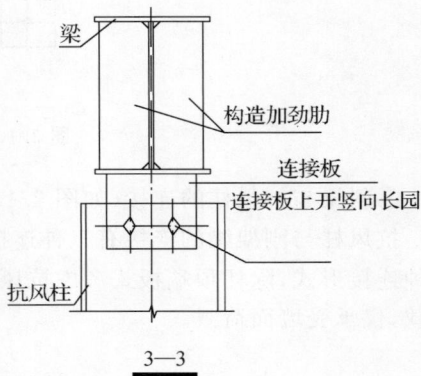

(c)抗风柱与刚架梁的连接（三）

图 2.1.13　斜梁与抗风柱的连接

（3）柱脚节点

　　轻钢门式刚架的柱脚（如图 2.1.14 所示），一般多按铰接支承设计，通常为平板支座，设一对或两对地脚螺栓。当用于工业厂房且有 5 t 以上桥式吊车时，宜将柱脚设计成刚接。

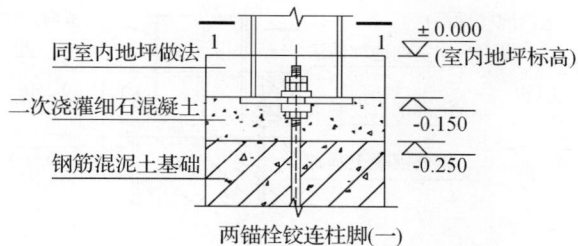

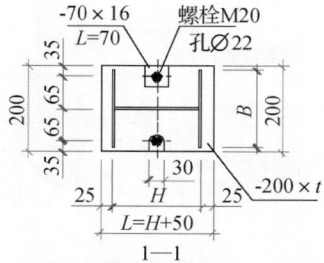

两锚栓铰连柱脚(一)

-70×16
L=70
螺栓M20
孔∅22
1—1
(用于H<=250，B<200的情况)

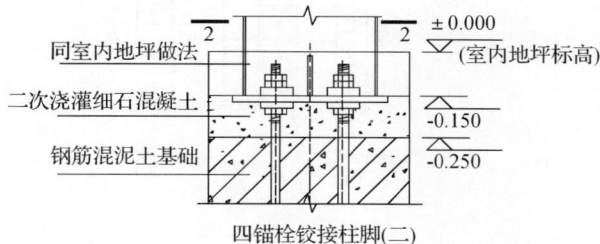

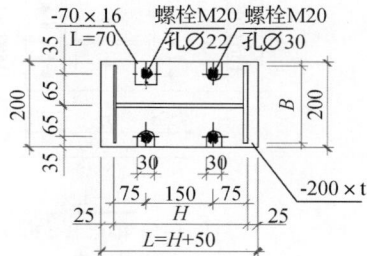

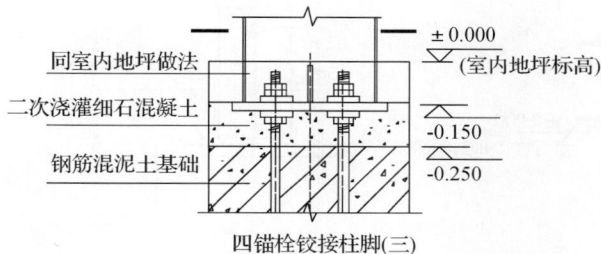

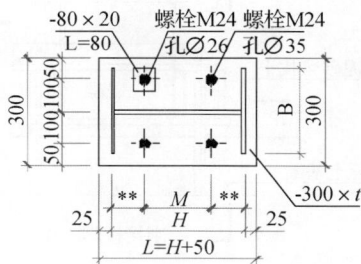

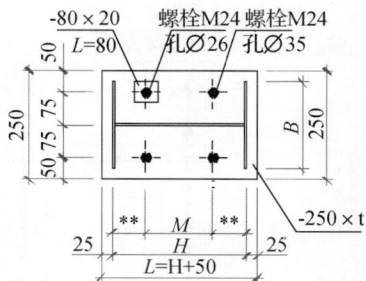

四锚栓铰接柱脚(二)

-70×16
L=70
螺栓M20　螺栓M20
孔∅22　孔∅30
2—2
(用于B<200的情况)

四锚栓铰接柱脚(三)

-80×20
L=80
螺栓M24　螺栓M24
孔∅26　孔∅35
3—3
(用于250<B<200的情况)

-80×20
L=80
螺栓M24　螺栓M24
孔∅26　孔∅35
3—3
(用于200<B<250的情况)

说明：
1.从施工安装的安全考虑，铰接柱脚宜优先设计成四锚栓形式。
2.两锚栓铰接柱脚仅用于钢柱截面高度小于或等于250 mm的情况。
3.四锚栓铰接柱脚底板开孔情况根据钢柱翼缘宽度不同而取不同做法。
4.柱脚底板厚度应根据计算确定，但不宜小于20 mm。

(a)铰接柱脚

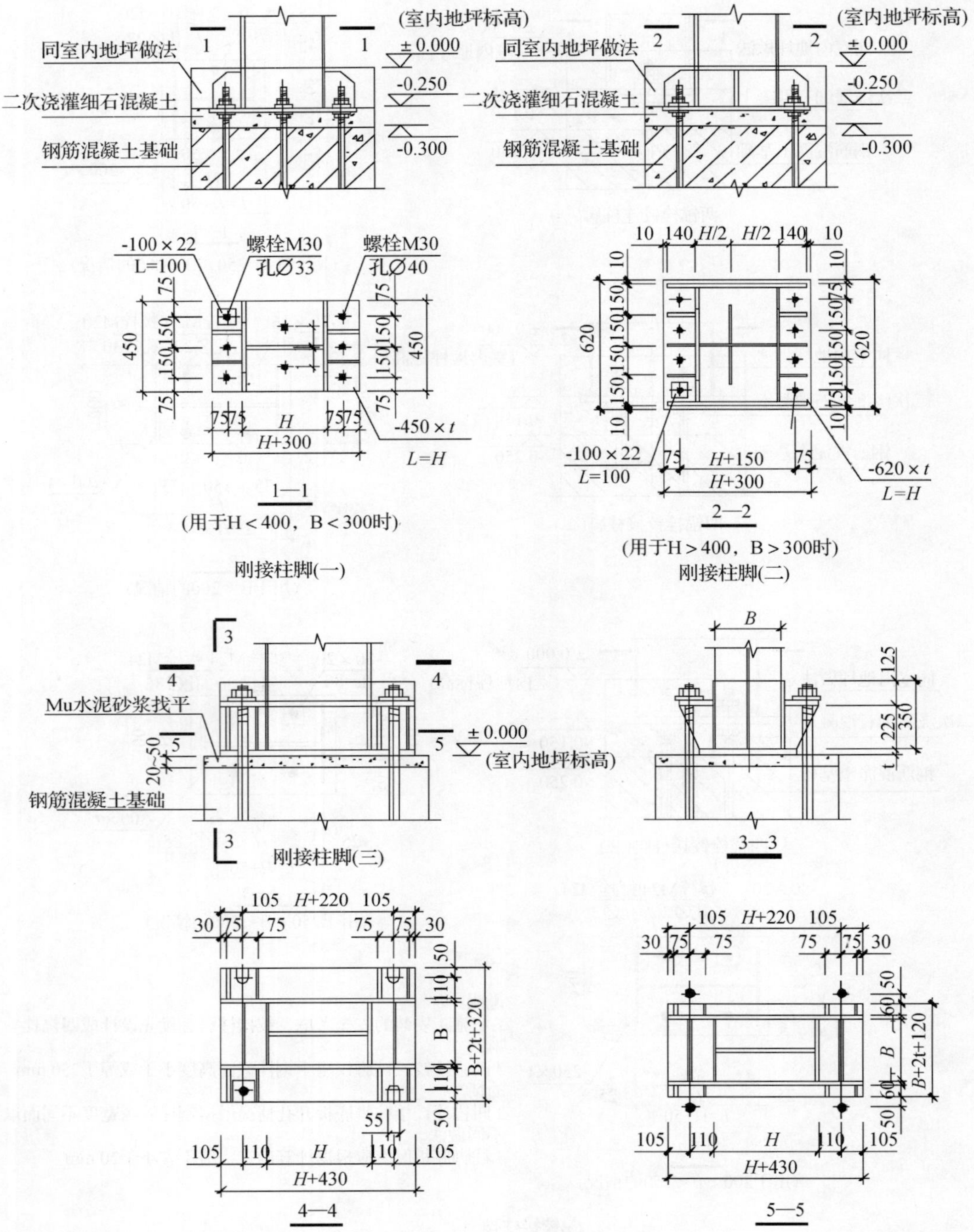

同室内地坪做法
二次浇灌细石混凝土
钢筋混凝土基础
(室内地坪标高)
± 0.000
-0.250
-0.300

同室内地坪做法
二次浇灌细石混凝土
钢筋混凝土基础
(室内地坪标高)
± 0.000
-0.250
-0.300

-100 × 22
L=100
螺栓M30
孔∅33
螺栓M30
孔∅40
-450 × t
L=H

1—1
(用于H < 400，B < 300时)
刚接柱脚(一)

-100 × 22
L=100
-620 × t
L=H

2—2
(用于H > 400，B > 300时)
刚接柱脚(二)

Mu水泥砂浆找平
钢筋混凝土基础
± 0.000
(室内地坪标高)

刚接柱脚(三)

3—3

4—4

5—5

(b)刚接柱脚

图 2.1.14　柱脚

2. 支撑

轻钢门式刚架的横向刚度大,横向稳定性可通过设计适当刚度的刚架来抵抗所承受的横向荷载来保证。而其纵向刚度则较弱,需沿建筑物的纵向设置支撑体系来保证其纵向稳定性。支撑体系的主要作用是:

①将各个平面刚架联结组成具有空间刚度和稳定的整体结构;

②为结构和构件的平面外整体稳定提供侧向支撑点;

③明确、合理、简捷地传递风力、温度应力、地震力以及吊车纵向水平力等纵向荷载;

④简化结构的安装。

纵向支撑体系包括垂直支撑体系和水平支撑体系。按照支撑的工作机理分为拉杆支撑和压杆支撑两类(又称拉力系统和压力系统)。拉杆支撑主要用于抵抗较小的水平力作用和用于水平位移和变形要求不严格的建筑,而压杆支撑则相反。支撑设置的最佳位置应考虑在每个温度单元居中设置,并要求屋面梁间和柱间支撑须设在同一开间,同时支撑间距按规程规定不应大于 60 m。另外,建筑的端部第一或第二开间,以及温度缝两侧开间,考虑空间协同作用的需要,也要同时设置柱间支撑和屋面支撑。支撑的构件截面大小主要决定于纵向水平力作用,须经受力计算来确定。

刚性系杆构件主要选用型钢和钢管,与刚架通过螺栓铰接,截面大小一般按压杆稳定性要求或通过受力计算来决定。设置主要考虑在刚架转角和屋脊连接处(其中屋脊处的刚性系杆,可由用于此处屋脊构造需要的,刚度较大的双檩条所代替)。另外,刚性系杆的间距主要取决于刚架构件的出平面稳定性要求,一般在刚架斜梁上 12～18 m 之间,在刚架柱上约 8 m 左右,否则应考虑在其间增设。强调一点的是,刚度较大的吊车梁等均可作为刚性系杆考虑。

(1)刚性系杆连接(图 2.1.15)

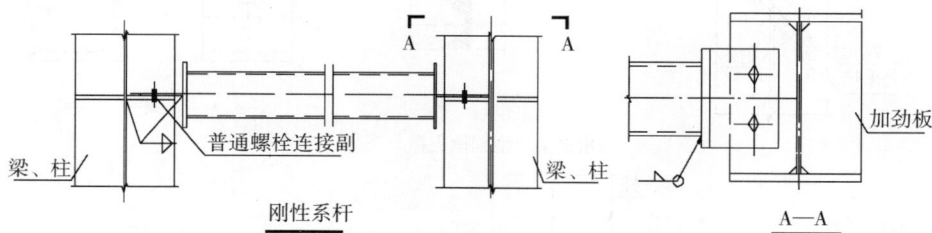

图 2.1.15　刚性系杆连接

(2)角钢支撑连接(图 2.1.16)

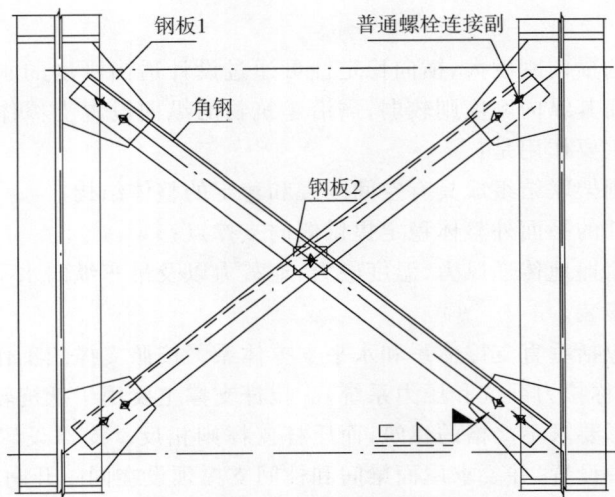

图 2.1.16　角钢支撑连接

（3）圆钢支撑连接（图 2.1.17）

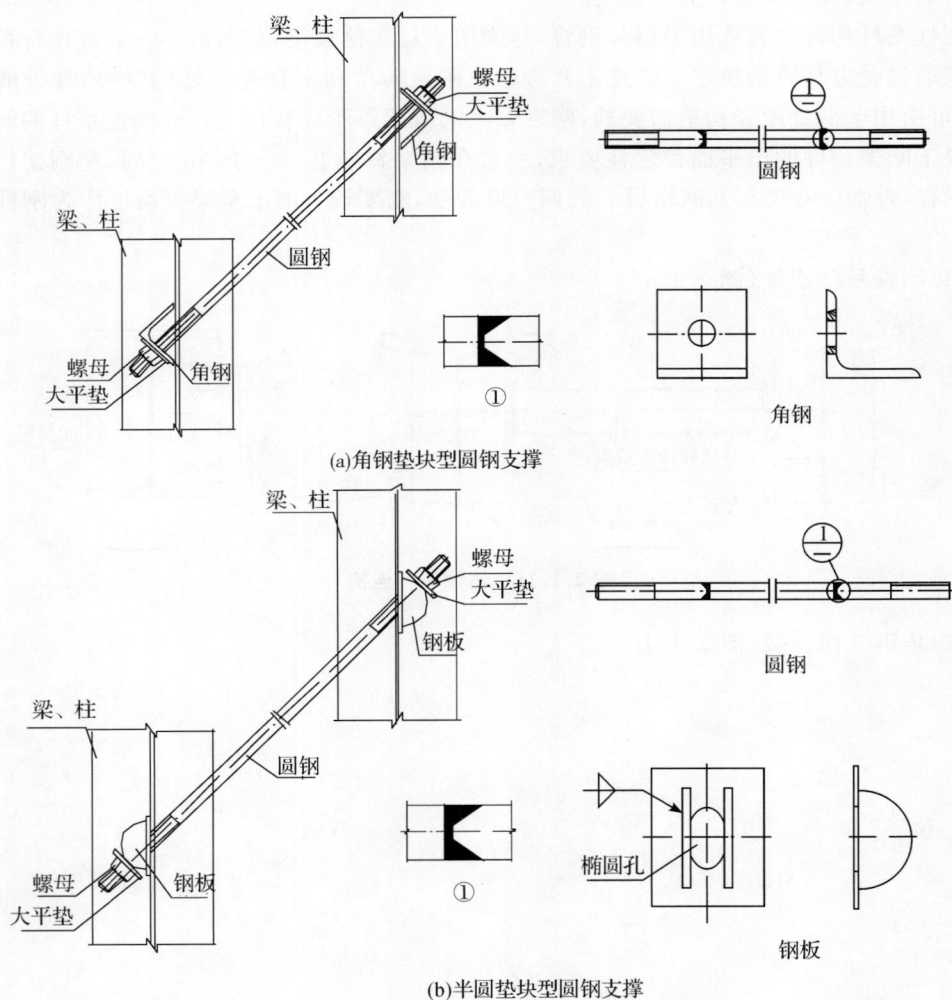

(a)角钢垫块型圆钢支撑

(b)半圆垫块型圆钢支撑

(c)花蓝螺栓型圆钢交叉支撑

图 2.1.17　圆钢支撑连接

3. 檩条和墙梁连接

檩条和墙梁目前主要的构件形式是采用 C 型或 Z 型薄壁型钢,截面大小需通过计算确定。C 型截面与 Z 型截面相比,强弱轴的力学性能差异较大,且与刚架的连接多为螺栓铰接,计算时须按简支考虑。Z 型截面间可通过可靠搭接实现刚接,从而可按连续梁计算。故从受力状态、计算结果以及构造等角度看,采用 Z 型截面更合理一些。所以除门窗洞口以及其他特殊节点处理需要外,应优先选用 Z 型截面。檩条与墙梁的间距,一般决定于压型板的板型和规格,并需通过计算确定,但从构造要求的角度上看,一般不超过 1.5 m。

檩条、墙梁连接节点(图 2.1.18)

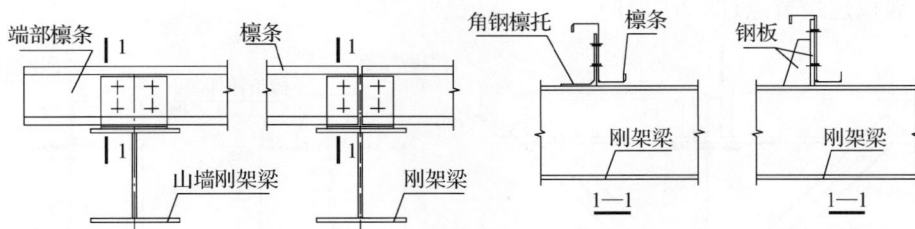

(a)Z型钢檩条与屋面梁连接

(b)C型钢墙梁与刚架柱连接

(c)山墙墙梁与刚架柱连接

图 2.1.18　檩条和墙梁连接

4. 其他连接

隔撑是用来连接工型截面远端翼缘和檩条或墙梁的,起工型截面远端翼缘板的板件约束和平面外支点作用。隔撑设置主要在工型截面远端翼缘板的受压区,间距应符合避免翼缘板板件屈曲的条件和刚架平面外稳定性计算要求,目前主要按构造要求设置,取间距 3 m 左右。隔撑杆件截面形式多选用小型钢,规格大小均需通过计算确定。

拉条作为檩条的侧向支撑点,减小檩条的平面外计算长度。当采用圆钢做拉条时,圆钢直径不宜小于 10 mm,圆钢拉条可设在距檩条上翼缘 1/3 腹板高度的范围内,当在风吸力作用下檩条下翼缘受压时,拉条宜在檩条上下翼缘附近适当布置。当采用扣合式屋面板时,拉条的设置应根据檩条的稳定计算确定。

(1)隔撑连接节点(图 2.1.19)

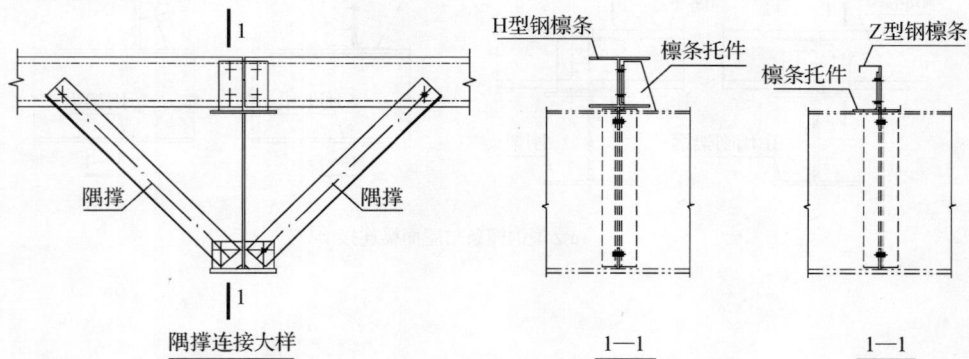

图 2.1.19　隔撑连接节点

（2）拉条连接节点（图 2.1.20）

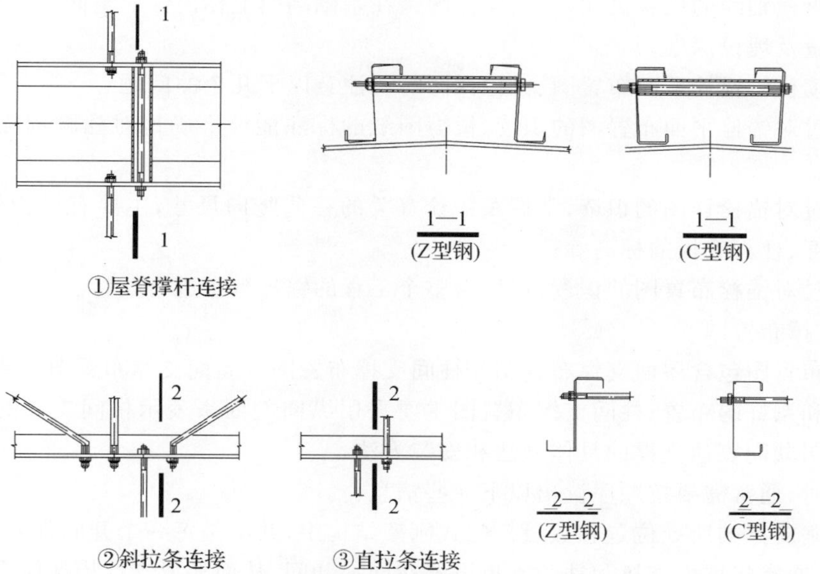

①屋脊撑杆连接

②斜拉条连接　　③直拉条连接

图 2.1.20　拉条连接节点

2.1.7 图纸识读

1. 轻钢门式刚架结构施工图的组成

一套完整的轻钢门式刚架施工图包括：图纸目录，钢结构设计说明，锚栓平面布置图、锚栓详图，支撑布置图，屋面檩条、拉条、隔撑布置图，墙面檩条、拉条、隔撑布置图，刚架图和节点详图等。通常情况下，根据工程的繁简程度，图纸的内容可稍作调整，但必须将设计内容表达准确、完整。

2. 轻钢门式刚架结构施工图

详见本书附图。

3. 轻钢门式刚架结构施工图的识读示例

本套图纸为施工图，主要包括了以下内容：图纸目录，钢结构设计说明，锚栓平面布置图，锚栓详图，支撑布置图，屋面檩条、拉条、隔撑布置图，墙面檩条、拉条、隔撑布置图，刚架图和节点详图等。

（1）钢结构设计说明

钢结构设计说明主要包括：设计依据、主要设计条件、结构概况、设计控制参数、材料、制作与加工、运输、检验、堆放、安装等主要内容。一般可根据工程的特点分别进行详细说明，尤其是对于工程中的一些总体要求和图中不能表达清楚的问题要重点说明。由此可知，为了能够更好地掌握图纸所表达的信息，"钢结构设计说明"在读图时是要重点细读的，这也是大多数初学者所容易忽视的。

（2）柱脚锚栓平面布置图、锚栓详图

柱脚锚栓平面布置图的形成方法是，先按一定比例绘制柱网平面布置图，再在该图上标注出各个钢柱柱脚锚栓的平面位置(或者局部放大柱脚并在上面标出锚栓的相对平面位置，即相对于纵横轴线的位置尺寸)。锚栓详图是在基础剖面上标出锚栓空间位置标高，标明锚栓规格数量及埋设深度。

在识读柱脚锚栓平面布置图、锚栓详图时要注意以下几个的问题：

①通过对锚栓平面布置图的识读，根据图纸的标注能够准确地对柱脚锚栓进行水平定位；

②通过对锚栓详图的识读，掌握跟锚栓有关的一些竖向尺寸，主要有锚栓的直径、锚栓的锚固长度、柱脚底板的标高等；

③通过对锚栓布置图的识读，可以对整个工程的锚栓数量进行统计。

(3)支撑布置图

支撑布置图包含屋面支撑布置图和柱间支撑布置图。屋面支撑布置图主要表示屋面的水平支撑和系杆的布置；柱间支撑布置图主要采用纵向剖面来表示柱间支撑的布置。通常还配合详图共同表达支撑的具体做法和安装方法。

读图时，通常需要按顺序读出以下一些信息：

①明确支撑的所处位置和数量。门式刚架结构中，并不是每一个开间都要设置支撑，设置支撑时，通常将屋面支撑和柱间支撑设置在同一开间，从而形成支撑桁架体系。因此需要明确，支撑系统设置在哪些开间，每个开间设置几道支撑。

②明确支撑的起始位置。对于屋面支撑，需要明确其起始位置与轴线的关系。对于柱间支撑则需要明确支撑底部的起始标高和上部的结束标高。

③明确支撑的选材和构造做法。支撑系统主要分为柔性支撑和刚性支撑两类，柔性支撑主要是圆钢截面，它只能承受拉力；而刚性支撑主要是角钢截面，既可以受拉也可以受压。通常可根据详图来确定支撑截面，以及它与主刚架的连接做法，以及支撑本身的特殊构造。

④明确系杆的位置、截面尺寸及连接做法。

(4)檩条、拉条、隔撑布置图

檩条、拉条、隔撑布置图包括：屋面和墙面檩条、拉条、隔撑布置图。屋面檩条、拉条、隔撑布置图主要表明檩条间距和编号以及檩条之间设置的直拉条、斜拉条布置和编号，另外还有隔撑的布置和编号；墙面檩条、拉条、隔撑布置图，通常按墙面所在轴线分类绘制，每个墙面的檩条布置图的内容与屋面檩条布置图内容相似。

在识读檩条、拉条、隔撑布置图时，首先要清楚各种构件的编号规则；其次要清楚每种檩条的所在位置和截面做法，檩条的位置主要根据檩条布置图上标注的间距尺寸和轴线来判断，尤其要注意墙面檩条布置图，由于门窗的开设使得墙梁的间距很不规则，至于截面可以根据编号到材料表中查询；最后，结合详图弄清檩条与刚架的连接、檩条与拉条连接、隔撑的做法等内容。

(5)刚架图及节点详图

门式刚架通常采用变截面，可利用对称性绘制，主要标注其变截面柱和变截面斜梁的外形和几何尺寸，定位轴线和标高，以及檩托板的位置等。

相同构件拼接处、不同构件连接处、不同结构材料连接处以及需要特殊交待清楚的部位，通常需要有节点详图来进行详细的说明。节点详图应表示清楚各构件间的相互连接关系及其构造做法，节点上应标明在整个结构物的相关位置，即标出轴线编号、相关尺寸、主要控制标高、构件编号或截面规格、节点板厚度及加劲肋做法。构件与节点板焊接连接时,应标明焊脚尺寸及焊缝符号。构件采用螺栓连接时,应标明螺栓的种类、直径、数量。对于一个单层单跨的门式刚架结构,它的主要节点详图包括:梁柱节点详图、梁梁节点详图、屋脊节点详图等。

2.2 轻钢门式刚架的加工与制作

轻钢门式刚架的加工制作工序如图 2.2.1、2.2.2 所示。

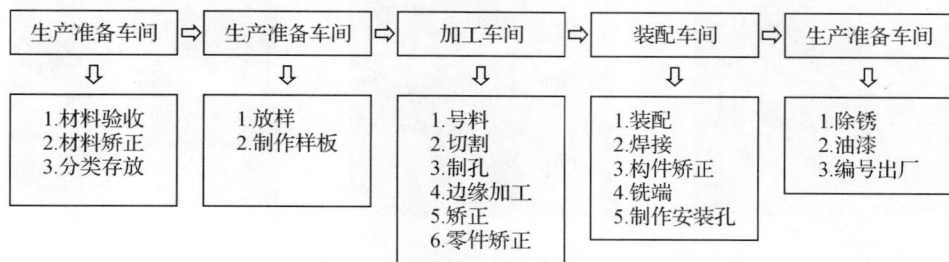

图 2.2.1 加工制作工序

2.2.1 生产准备

钢构件进行加工前,应做好前期准备工作,包含图纸审查、材料的采购与核对、材料检验与工艺规程的编制、其他工艺准备,及加工场地的布置。前期工作做得充分与否直接影响后续的加工质量和速度。

1. 图纸审查

一般设计院提供的设计图,不能直接用来加工制作钢结构,而是要考虑加工工艺,如公差配合、加工余量、焊接控制等因素后,在原设计图的基础上绘制加工制作图。加工制作图一般由加工单位负责进行,应根据建设单位的技术设计图纸以及发包文件中所规定的规范、标准和要求进行。加工制作图是最后沟通设计人员及制作人员意图的详图,是实际尺寸、画线、剪切、坡口加工、制孔、弯制、拼装、焊接、涂装、产品检查、堆放、发送等各项作业的指示书。

图纸审核的主要内容包括以下项目:
(1)设计文件是否齐全,设计文件包括设计图、施工图、图纸说明和设计变更通知单等。
(2)构件的几何尺寸是否标注齐全。
(3)相关构件的尺寸是否正确。
(4)节点是否清楚,是否符合国家标准。
(5)标题栏内构件的数量是否符合工程总数量。
(6)构件之间的连接形式是否合理。
(7)加工符号、焊接符号是否齐全。
(8)结合本单位的设备和技术条件考虑,能否满足图纸上的技术要求。

1. 数控下料工序

2. 剪板工序

3. 数控钻孔工序

4. H型组立工序

5. 龙门焊工序

6. H型钢机械矫正

7. 构件拼装

8. 构件焊接

9. 构件火焰校正

10. 构件抛丸

11. 构件底漆喷涂

12. 构件面漆喷涂

图 2.2.2　加工制作工序

(9)图纸的标准化是否符合国家规定等。

图纸审查后要做技术交底准备,其内容主要有:

(1)根据构件尺寸考虑原材料对接方案和接头位置。

(2)考虑总体的加工工艺方案及重要的工装方案。

(3)对构件的结构不合理处或施工有困难的地方,要与需方或者设计单位做好变更签证的手续。

（4）列出图纸中的关键部位或者有特殊要求的地方，加以重点说明。

图纸审查的目的，首先是检查图纸设计的深度能否满足施工的要求，如检查构件之间有无矛盾，尺寸是否全面等；其次是对工艺进行审核，如审查技术上是否合理，是否满足技术要求等。如果是加工单位自己设计加工详图，又经过审批就可简化审图程序。

图纸审核过程中发现问题应报原设计单位处理，需要修改设计的应有书面设计变更文件。

2. 采购和核对

（1）采购

为了尽快采购钢材，一般应在详图设计的同时进行采购，这样就可避免因材料原因耽误加工。应根据图纸材料表计算出各种材质、规格的材料净用量，再加上一定数量的损耗，提出材料需用量计划。工程预算一般可按实际用量所需数值增加 10％进行提料。

（2）核对

加工前应核对来料的规格、尺寸和重量，并仔细核对材质。如进行材料代用，必须经设计部门同意，同时应按下列原则进行：

①当钢号满足设计要求，而生产厂商提供的材质保证书中缺少设计提出的部分性能要求时，应做补充试验，合格后方可使用。每炉钢材，每种型号规格一般不宜少于 3 个试件。

②当钢材性能满足设计要求，而钢号的质量优于设计提出的要求时，应注意节约，避免以优代劣。

③当钢材性能满足设计要求，而钢号的质量低于设计提出的要求时，一般不允许代用，如代用必须经设计单位同意。

④当钢材的钢号和技术性能都与设计提出的要求不符时，首先检查钢材，然后按设计重新计算，改变结构截面、焊缝尺寸和节点构造。

⑤对于成批混合的钢材，如用于主要承重结构时，必须逐根进行化学成分和机械性能试验。

⑥当钢材的化学成分允许偏差在规定的范围内可以使用。

⑦当采用进口钢材时，应验证其化学成分和机械性能是否满足相应钢号的标准

⑧当钢材规格与设计要求不符时，不能随意以大代小，须经计算后才能代用。

⑨当钢材规格、品种供应不全时，可根据钢材选用原则灵活调整。建筑结构对材质要求一般是：受拉高于受压构件；焊接高于螺栓或铆接连接的结构；厚钢板高于薄钢板结构；低温高于高温结构；受动力荷载高于受静力荷载的结构。

⑩能保证所需项目仅有一项不合格时，当冷弯合格时，抗拉强度的上限值可不受限制；伸长率比规定的数值低 1％时允许使用，但不宜用于塑性变形构件；冲击功值一组三个试样，允许其中一个单值低于规定值，但不得低于规定值的 70％。

3. 材料检验与工艺规程的编制

（1）材料检验

①钢材复验

当钢材属于下列情况之一时，加工下料前应进行复验：

a. 国外进口钢材；

b. 钢材混批；

c. 板厚等于或大于 40 mm，且设计有 Z 向性能要求的厚板；

d. 建筑结构安全等级为一级，大跨度钢结构中主要受力构件所采用的钢材；

e. 设计有复验要求的钢材；

f. 对质量有疑义的钢材。

②连接材料的复验

a. 焊接材料：重要钢结构采用的焊接材料应进行抽样复验，复验结果应符合现行国家标准和设计要求。

b. 高强度大六角头螺栓连接副应按《验收规范》附录 B 的规定检验其扭矩系数，其检验结果应符合《验收规范》附录 B 的规定。

c. 扭剪型高强度螺栓连接副应按《验收规范》附录 B 的规定检验预拉力，其检验结果应符合《验收规范》附录 B 的规定。

③工艺试验

a. 焊接试验

钢材可焊性试验、焊接工艺性试验、焊接工艺评定试验等均属于焊接性试验，而焊接工艺评定试验是各工程制作时最常遇到的试验。焊接工艺评定是焊接工艺的验证，是衡量制造单位是否具备生产能力的一个重要的基础技术资料，未经焊接工艺评定的焊接方法、技术系数不能用于工程施工。

b. 摩擦面的抗滑移系数试验

当钢结构构件的连接采用摩擦型高强螺栓连接时，应对连接面进行处理，使其连接面的抗滑移系数能达到设计规定的数值。连接面的技术处理方法：喷砂或喷丸、酸洗、砂轮打磨、综合处理等。

c. 工艺性试验

对构造复杂的构件，必要时应在正式投产前进行工艺性试验。工艺性试验可以是单工序，也可以是几个工序或全部工序；可以是个别零件，也可以是整个构件，甚至是一个安装单元或全部安装构件。

（2）工艺规程编制

施工前，制作单位应按施工图纸和技术文件的要求编制完整、正确、合理的工艺流程，用于指导、控制施工过程。流程一旦制定就必须严格执行，不得随意更改。

①编制依据

a. 工程设计图纸及施工详图。

b. 图纸设计总说明和相关技术文件。

c. 图纸和合同中规定的国家标准、技术规范等。

d. 制作单位实际能力情况等。

②编制原则

在一定的生产条件下，操作时能以最快的速度、最少的劳动量和最低的费用，可靠地加工出符合图纸设计要求的产品，其要体现出技术上的先进、经济的、合理和良好的劳动条件及安全性。

③编制内容

a. 根据执行的标准编写成品技术要求。

b. 为保证成品达到规定的标准而制订的措施:关键零件的精度要求,检查方法和检查工具;主要构件的工艺流程、工序质量标准、工艺措施;采用的加工设备和工艺装备。

(3)技术交底。

上岗操作人员应进行培训和考核,特殊工种应进行资格确认,充分做好各项工序的技术交底工作。技术交底按工程的实施阶段可分为两个层次。

第一个层次是开工前的技术交底会,参加的人员主要有:工程图纸的设计单位,工程建设单位,工程监理单位及制作单位的有关部门和有关人员。交底内容有:①工程概况;②工程结构件的类型和数量;③图纸中关键部位的说明和要求;④设计图纸的节点情况介绍;⑤对钢材、辅料的要求和原材料对接的质量要求;⑥工程验收的技术标准说明;⑦交货期限、交货方式的说明;⑧构件包装和运输要求;⑨涂层质量要求;⑩其他需要说明的技术要求。

第二个层次是在投料加工前进行的本工厂施工人员交底会,参加的人员主要有:制作单位的技术、质量负责人,技术部门和质检部门的技术人员、质检人员,生产部门的负责人、施工员及相关工序的代表人员等。交底主要内容除第一层次技术交底 10 点外,还应增加工艺方案、工艺规程、施工要点、主要工序的控制方法、检查方法等与实际施工相关的内容。

4. 其他工艺准备

除了上述准备工作外,还有工号划分、编制工艺流程表、工艺卡和流水卡、配料与材料拼接、确定余量、工艺装备、加工工具准备等工艺准备工作。

(1)工号划分

根据产品特点、工程量的大小和安装施工速度,将整个工程划分成若干个生产工号(生产单元),以便分批投料,配套加工,配套出成品。

生产工号(生产单元)的划分应注意以下几点:

①条件允许情况下,同一张图纸上的构件宜安排在同一生产工号中加工;

②相同构件或加工方法相同的构件宜放在同一生产工号中加工;

③工程量较大工程划分生产工号时要考虑施工顺序,先安装的构件要优先安排加工;

④同一生产工号中的构件数量不要过多。

(2)编制工艺流程表

从施工详图中摘出零件,编制工艺流程表(或工艺过程卡)。工艺流程表的内容包括零件名称、件号、材料编号、规格、工序顺序号、工序名称和内容、所用设备和工艺装备名称及编号、工时定额等,关键零件还需标注加工尺寸和公差,重要工序还需要画出工序图等。

(3)零件流水卡

根据工程设计图纸和技术文件提出的成品要求,确定各工序的精度和质量要求,结合制作单位的设备和实际加工能力,确定各个零件下料、加工的流水程序,即编制出零件流水卡。

(4)配料与材料拼接位置

根据来料尺寸和用料要求,统筹安排合理配料。当零件尺寸过长或过大无法运输、现场材料的拼接,都需确定材料拼接位置。

材料拼接应注意以下几点:

①拼接位置应避开安装孔和复杂部位;

②双角钢断面的构件,两角钢应在同一处拼接;

③一般接头属于等强度连接,应尽量布置在受力较小的部位;

④焊接 H 型钢的翼缘、腹板拼接缝应尽量避免在同一断面处,上下翼缘板拼接位置应与腹板错开 200 mm 以上。

(5)确定焊接收缩量和加工余量

焊接收缩量由于受焊流大小、气候条件、施焊工艺和结构断面等因素影响,其值变化较大。由于铣刨加工时常常成叠进行操作,尤其长度较大时,材料不易对齐,在编制加工工艺时要对加工边预留加工余量,一般为 5 mm 为宜。

(6)工艺装备

钢结构制作工程中的工艺装备一般分两类,即原材料加工过程中所需的工艺装备和拼装焊接所需的工艺装备。前者主要能保证构件符合图纸的尺寸要求,如定位靠山、模具等;后者主要保证构件的整体几何尺寸和减少变形量,如夹紧器、拼装胎等。因为工艺装备的生产周期较长,要根据工艺要求提前准备,争取先行安排加工。

(7)设备和工具

根据产品加工需要来确定加工设备和操作工具,有时还需要调拨或添置必要的设备和工具,这些都应提前做好准备工作。

(8)钢结构制作的安全工作

钢结构生产效率很高,工件在空间大量、频繁地移动,各个工序中大量采用的机械设备都须作必要的防护和保护。因此,生产过程中的安全措施极为重要,特别是在制作大型、超大型钢结构时,更必须十分重视安全事故的防范。

5. 生产场地布置

要根据产品的品种、特点和批量、工艺流程、产品的进度要求,每班的工作量、生产面积、现有生产设备和起重运输能力等来布置生产场地。

生产场地布置的原则:

(1)根据流水顺序安排生产场地,尽量减少运输量,避免倒流水;

(2)根据生产需要合理安排操作面积,以保证操作安全并要保证材料和零件的堆放场地;

(3)保证成品能顺利运出;

(4)有利供电、供气、照明线路的布置;

(5)加工设备布置要考虑留有一定间距,以便操作和堆放材料等。

2.2.2 放样、画线(号料)

1. 放样

放样是整个钢结构制作工艺中的第一道工序,也是至关重要的一道工序。放样工作包括如下内容:核对图纸的安装尺寸和孔距,以 1:1 的大样放出节点,核对各部分的尺寸,制作样板和样杆作为下料、弯制、铣、刨、制孔等加工的依据。

放样号料用的工具及设备有:划针、冲子、手锤、粉线、弯尺、直尺、钢卷尺、大钢卷尺、剪子、小型剪板机、折弯机。钢卷尺必须经过计量部门的校验复核,合格的方能使用。

放样时以 1:1 的比例在样板台上弹出大样。当大样尺寸过大时,可分段弹出。对一些三角形的构件,如果只对其节点有要求,则可以缩小比例弹出样子,但应注意其精度。放样弹出的十字标准线,二线必须垂直。然后据此十字线逐一画出其他各个点及线,并在节点旁注上尺寸,以备复查及检验。

样板一般用 0.50～0.75 mm 的铁皮或塑料板制作。样杆一般用钢皮或扁铁制作,当长度较短时可用木尺杆。

用作计量长度依据的钢盘尺,特别注意应经授权的计量单位计量,且附有偏差卡片,使用时按偏差卡片的记录数值校对其误差数。钢结构制作、安装、验收及土建施工用的量具,必须用同一标准进行鉴定,应具有相同的精度等级。

样板、样杆上应注明工号、图号、零件号、数量及加工边、坡口部位、弯折线和弯折方向、孔径和滚圆半径等。由于生产的需要,通常须制作适应于各种形状和尺寸的样板和样杆。样板一般分为四种类型:

(1)号孔样板。是专用于号孔的样板。

(2)卡型样板。是用于煨曲或检查构件弯曲形状的样板。卡型样板分为内卡型样板外卡型样板两种。

(3)成型样板。是用于煨曲或检查弯曲件平面形状的样板。此种样板不仅用于检查各部分的弧度,同时又可以作为端部各豁口的号料样板。

(4)号料样板。是供号料或号料同时号孔的样板。

对不需要展开的平面形零件的号料样板有如下两种制作方法:

(1)画样法。即按零件图的尺寸直接在样板本上作出样板。

(2)过样法。这种方法又叫移出法,分为不覆盖过样和覆盖过样两种方法。不覆盖过样法是通过作垂线或平行线,将实样图中的零件形状过到样板料上;而覆盖过样法,则是把样板料覆盖在实样图上,再根据事前作出的延长线,画出样板。为了保存实样图,一般采用覆盖过样法,而当不需要保存实样时,则可采用画样法制作样板。

上述样板的制作方法,同样适用于号孔、卡型和成型等样板的制作。当构件较大时,样板的制作可采用板条拼接成花架,以减轻样板的重量,便于使用。样板和样杆应妥善保存,直至工程结束以后方可销毁。放样所画的石笔线条粗细不得超过 0.5 mm,粉线在弹线时的粗细不得超过 1 mm。剪切后的样板不应有锐口,直线与同弧剪切时应保持平直和圆顺光滑。样板的精度要求见表 2.2.1。放样时,铣、刨的工件要考虑加工余量,所有加工边一般要留加工余量 5 mm。焊接构件要按工艺要求放出焊接收缩量。

表 2.2.1　放样和样板(样杆)的允许偏差

项目	允许偏差
平行线距离和分段尺寸	±0.5 mm
对角线差	1.0 mm
宽度、长度	±0.5 mm
孔距	±0.5 mm
加工样板的角度	±20′

2. 画线(号料)

画线也称号料,即利用样板、样杆或根据图纸,在板料上画出构件的实样,并打上各种加工记号。一般包括检查核对材料,在材料上画出切割、铣、刨、弯曲、钻孔等加工位置;打冲孔;标出零件的编号等。

(1)号料的步骤

①根据料单检查清点样板和样杆,点清号料数量。号料应使用经过检查合格的样板与样杆,不得直接使用钢尺。

②准备号料的工具,包括石笔、样冲、圆规、划针、凿子等。

③检查号料的钢材规格和质量。

④不同规格、不同钢号的零件应分别号料,并依据先大后小的原则依次号料。对于需要拼接的同一构件,必须同时号料,以便拼接。

⑤号料时,同时画出检查线、中心线、弯曲线,并注明接头处的字母、焊缝代号。

⑥号孔应使用与孔径相等的圆规规孔,并打上样冲作出标记,便于钻孔后检查孔位是否正确。

⑦弯曲构件号料时,应标出检查线,用于检查构件在加工、装焊后的曲率是否正确。

⑧在号料过程中,应随时在样板、样杆上记录下已号料的数量,号料完毕,则应在样板、样杆上注明并记下实际数量。

(2)号料要点

①号料前,钢板或型钢应进行预处理,矫正需符合下列技术要求:

钢板:板厚为5~8 mm者,每米长度内允许不平度为2.5 mm;板厚大于或等于9 mm者,每米长度内允许不平度2 mm。型钢:每米长度内不平直度不大于2 mm,全长范围内的不平直度不大于8 mm。钢材如有较大弯曲等问题时应先矫正,根据配料表和样板进行套裁,尽可能节约材料。

②号料前,应验明来料规格(长、宽、厚度)与钢种牌号是否符合设计要求,以免造成返工浪费。

③号料时,应将样板或草图上所有的线条及符号都画到钢材上,要求简明清晰,不得遗漏,特别是装配定位的对合线,还有加放的施工余量线,并且敲出印痕记号,再用色漆标明

④不同规格、不同材质的零件应分别号料,并依据先大后小的原则依次号料。

⑤下料数量较多的板条,因原材料长度不足需拼焊时,宜先拼焊接长,纠正变形后再下料开板。

⑥主要受力构件和需要弯曲的构件,当工艺有规定时,按规定的方向进行取料,号料应有利于切割和保证零件质量。下料时,要考虑剪切或气割方便,应将零件边线排在一条直线上,便于进行剪切或自动气割。

⑦号料时,为了充分利用钢材,必须合理排料。凡是要求钢材规格牌号相同的零件,应尽可能在同一张钢材上套料。套料时,不仅要考虑钢材的合理利用,还应熟悉加工设备的能力,尺度及加工方法,从而考虑套料后进行加工的可能性;否则,套料后无法进行加工。

⑧号料与样板(样杆)的允许偏差应符合相关要求。

⑨号料时,需气割的,应留有气割间隙。

⑩号料时,需在龙门剪板机上剪切厚板的,因为会存在冷作硬化现象,受到荷载的构件,

必须将剪切边缘冷作硬化清除（刨边），所以应在下料时放余量。

⑪钢板割缝线取值一般为：板厚≤25 mm 时，割缝线取 3 mm 为宜；板厚＞25 mm 时，割缝线则取 4～5 mm。此外，钢板边缘并非平直，所以号料时需留 5 mm 作为板边拉直用。对于需刨边余量应不小于 3 mm。草图和样板上注明加放余量的地方，号料时需画出余量线，不得遗漏。

⑫凡左右对称的两块构件号料时，通常只做一块样板，号料时需注意正面号一块料后，将样板翻一个面后再号另一块料；草图号料时同样号一块正面的料后，把坐标轴中的任意一根反向后再号另一块料。需要进行冷弯或热弯加工的复杂曲型构件，号料时仅作初步画线并留有充足的余量，又称号毛料；待制成构件后再进行精确画线，即二次号料。

⑬号料结束后，必须认真地进行检查，注意零件尺寸、开孔位置及数量、对称性、加工线、装配线、检验线等是否正确，如有遗漏或错误，应及时补画或改正，以免造成返工或报废。

⑭本次号料后的剩余材料应进行余料标识，包括余料编号、规格、材质及炉批号等，以便于余料的再次使用。

2.2.3 切割

切割是针对被切割钢材结构而言的，一般是指工业燃气和氧气混合燃烧并达到切割要求的温度，对钢材结构进行熔化、吹渣和分割的过程。也有使用剪切、切削、摩擦生热等机械力进行分割的过程。目前所用的技术有火焰切割、机械切割、等离子切割、数控切割等。

1. 火焰切割（图 2.2.3）

（1）概述

目前所用的切割技术中最常用的是火焰切割，它具有成本低、操作简便、技术成熟、使用广泛等特点，是目前工业中使用最广泛的切割技术。火焰切割指利用工业燃气与氧气混合燃烧的火焰将被切割的金属加热到钢材的熔点，再释放出高压氧气流，使金属进一步剧烈氧化，将各燃烧产生的熔渣吹掉形成切口的过程。

图 2.2.3　火焰切割

（2）注意事项

①操作火焰切割机工作前

a. 检查各气路、阀门、是否有无泄漏，气体安全装置是否有效。

b. 检查所提供气体入口压力是否符合规定要求。

②操作火焰切割机工作中

a. 调整被切割的钢板，尽量与轨道保持平行。

b. 根据板厚和材质，选择适当割嘴。使割嘴与钢板垂直。

c. 根据不同板厚和材质，重新设定机器中的切割速度和预热时间，设定预热氧、切割氧合理压力。

d. 在点火后，不得接触火焰区域。操作人员应该尽量采取飞溅小的切割方法，保护割嘴。

e. 检查加热火焰，以及切割氧射流，如发现割嘴有损坏，应及时更换、清理。清理割嘴应用专用工具清理。

f. 切割过程中发生回火,应及时切断电源、停机并关掉气体阀门,回火阀片若被烧化,应停止使用,等厂家或专业人员进行更换。

g. 火焰操作工操作切割机时,要时刻注意设备运行状况,如发现有异常情况,应拉下紧停开关,及时退出工作位,严禁开机脱离现场。

h. 操作员应注意,切割完一个工件后,应将割炬提升回原位,运行到下一个工位时,再进行切割。

i. 操作员应按给定切割要素的规定选择切割速度。不允许单纯为了提高工效而增加设备负荷,处理好设备寿命与效率和环保之间的关系。

2. 机械切割(图2.2.4)

(1)概述

机械切割是对板材粗加工的一种常用方式,属于冷切割。其实质是被加工的金属受剪刀挤压而发生剪切变形并剪裂分离的工艺过程。有带锯机床(锯切)、砂轮锯切割、无齿锯切割、剪板机切割、型钢冲剪机切割。

(2)适用范围

①带锯机床(锯切)适用于切断型钢及型钢构件,其效率高,切割精度高。

②砂轮锯适用于切割薄壁型钢及小型钢管,其切口光滑、生刺较薄易清除,噪声大、粉尘多。

③无齿锯是依靠高速摩擦而使工件熔化,形成切口,适用于精度要求低的构件。其切割速度快,噪声大。

图 2.2.4　机械切割

④剪板机、型钢冲剪机适用于薄钢板、压型钢板等,其具有切割速度快、切口整齐、效率高等特点,剪刀必须锋利,剪切时调整刀片间隙。

3. 等离子切割(2.2.5)

(1)概述

等离子切割配合不同的工作气体可以切割各种氧气切割难以切割的金属,尤其是对于有色金属(不锈钢、铝、铜、钛、镍)切割效果更佳;其主要优点在于切割厚度不大的金属时,等离子切割速度快,尤其在切割普通碳素钢薄板时,速度可达氧气切割法的5～6倍,切割面光洁,热变形小,几乎没有热影响区。

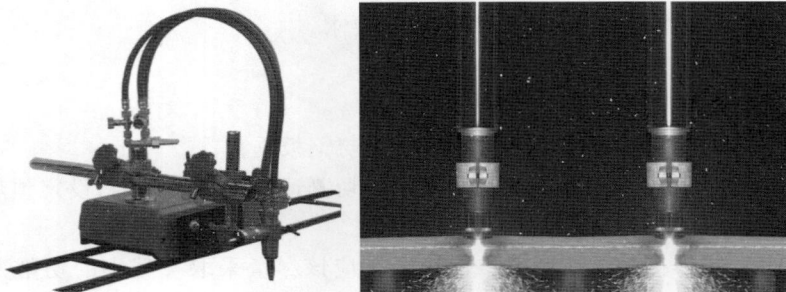

图 2.2.5　等离子切割

（2）注意事项

①等离子切割下部应设置水槽,在切割过程中切割部分应放在水下切割,避免产生的烟气对人体的毒害。

②在等离子弧切割过程中避免直接目视等离子弧,需佩戴专业防护眼镜及面部罩,避免弧光对眼睛及皮肤的灼伤。

③在等离子弧切割过程中会产生大量毒害气体,需要通风并佩戴多层过滤的防尘口罩。

④在等离子弧切割过程中需佩戴毛巾、手套、脚护套等劳护用具,防止四溅的火星对皮肤的灼伤。

⑤在等离子弧切割过程中高频振荡器产生的高频以及电磁辐射,会对身体造成损伤;部分长期从业者甚至出现不孕的症状,虽然医学界和业界暂时尚无定论,但仍需做好防护工作。

4. 数控切割(图 2.2.6)

（1）概述

钢板数控切割加工件主要用于机械制造、造船、钢结构和模具加工等行业,可根据用户需要提供成品以及半成品加工。实现从产品图纸—钢板采购—钢板切割—钢板加工—钢板运输配送一站式服务,从而最大限度为客户节省人力物力,实现原料零库存,减少资金积压,减少设备投入的目的。

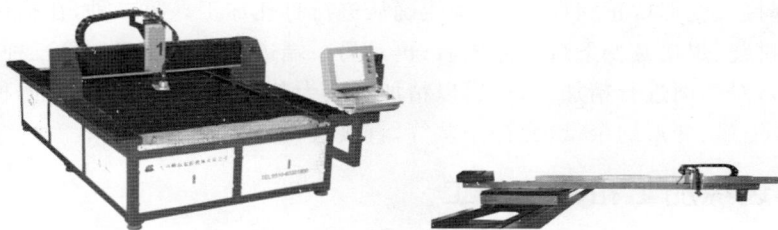

图 2.2.6 数控切割

（2）注意事项

①电击能致死,请不要触摸工作时的电器部件。

②使用火焰切割时,如气源或气路系统漏气会产生失火,严重危害人员及设备的安全。

③等离子切割时有火花及热熔渣飞溅,需保证割嘴远离操作者和其他人,保证工作区域内无易燃品,否则可能造成失火或烧伤。

④切割弧会造成烧伤,当按下按钮时,需保证割嘴远离操作者和其他人。

⑤强光能损坏眼睛、灼伤皮肤,请戴上防护镜,穿戴防护衣。

⑥穿戴绝缘手套、衣服和鞋,使人体和工件及大地绝缘。

⑦保证工作区内人员的手套、鞋和衣服的干燥,以及工作区域、割炬和机器的干燥。

⑧提供排气抽气装置以保证在操作人员吸收区域无烟尘。

⑨切割时,不要在靠近易燃品处切割。不要切割装有易燃品的容器。操作者身上不要带有易燃器,如丁烷打火机或火柴。

2.2.4 制孔

门式刚架结构的连接节点多采用高强螺栓,因此孔加工在钢结构制造中有一定的比重。制孔通常有钻孔和冲孔两种方法。钻孔是钢结构制造中普遍采用的方法,几乎能用于任何规格的钢板、型钢的孔加工。钻孔的精度高,对孔壁损伤较小。冲孔一般只用于较薄钢板和非圆孔的加工且孔径不小于钢材厚度的加工。冲孔生产效率虽高,但由于孔的周围产生冷作硬化,孔壁质量差等原因,通常只用于檩条、墙梁端部长圆孔的制备。

(1)制孔的质量

①精制螺栓孔。精制螺栓孔(A、B级螺栓孔-Ⅰ类孔)的直径应与螺栓公称直径相等,孔应具有 H12 的精度,孔壁表面粗糙度 $R_a \leqslant 12.5 \ \mu m$。其孔径允许偏差应符合规定。

②普通螺栓孔。普通螺栓孔(C级螺栓孔-Ⅱ类孔)包括高强度螺栓(大六角头螺栓、扭剪型螺栓等)、普通螺钉孔、半圆头铆钉等的孔。孔的允许偏差应符合规定。

③孔距。螺栓孔孔距的允许偏差应符合规定。

(2)制孔方法

在焊接结构中,不可避免地将会产生焊接收缩和变形,因此在制作过程中,把握好什么时候开孔将在很大程度上影响产品精度,特别是对于柱及梁的工程现场连接部位的孔群的尺寸精度直接影响钢结构安装的精度。一般有四种情况:第一种,在构件加工时预先画上孔位,待拼装、焊接及变形矫正完成后,再画线确认进行打孔加工。第二种,在构件一端先进行打孔加工,待拼装、焊接及变形矫正完成后,再对另一端进行打孔加工。第三种,待构件焊接及变形矫正后,对端面进行精加工,然后以精加工面为基准,画线、打孔。第四种,在画线时,考虑了焊接收缩量、变形的余量、允许公差等,直接进行打孔。

2.2.5 边缘加工和端部加工

当对零件外形尺寸有较高要求或对其边缘有特殊要求时可采用机械刨边或铣边对零件边缘进行机械加工。

钢吊车梁翼缘板的边缘、钢柱脚和肩梁承压支承面以及其他图纸要求的加工面,焊接对接口、坡口的边缘,尺寸要求严格的加劲肋、隔板、腹板和有孔眼的节点板,以及由于切割方法产生硬化等缺陷的边缘,一般需要边缘加工,采用精密切割就可代替刨铣加工。

常用的端部加工方法有:铲边、刨边、铣边、碳弧气刨、坡口加工。

(1)铲边:有手工铲边和机械铲边两种。铲边后的棱角垂直误差不得超过弦长的 $L/3000$,且不得大于 2 mm。

(2)刨边:使用的设备是刨边机。刨边加工有刨直边和刨斜边两种。一般的刨边加工余量 2～4 mm。

(3)铣边:使用的设备是铣边机,工效高,能耗少。

(4)碳弧气刨:使用的设备是气刨枪。效率高,无噪音,灵活方便。

(5)坡口加工:一般可用气体加工和机械加工,在特殊的情况下(如坡口角度大于 50°时)采用手动气体切割的方法,但必须进行事后处理,如打磨等。采用火焰切割加工坡口时,建议坡口底部留有不小于 1 mm 的钝边。

2.2.6 组装

组装,也称拼装、装配、组立,是按照施工图的要求,把已加工完成的各零件和半成品构件装配成独立的成品。钢结构组装的方法包括地样法、仿形复制装配法、立装法、卧装法、胎模装配法。

地样法:用 1:1 的比例在装配平台上放出构件实样,然后根据零件在实样上的位置,分别组装起来成为构件。此装配方法适用于桁架、构架等小批量结构的组装。

仿形复制装配法:先用地样法组装成单面(单片)的结构,然后定位点焊牢固,将其翻身,作为复制胎模,在其上面装配另一单面结构,往返两次组装。此种装配方法适用于横断面互为对称的桁架结构。

立装法:根据构件的特点及其零件的稳定位置,选择自上而下或自下而上的顺序装配。此装配方法适用于放置平稳,高度不大的结构或者大直径的圆筒。

卧装法:将构件放置于卧的位置进行的装配。适用于断面不大,但长度较大的细长构件。

胎模装配法:将构件的零件用胎模定位在其装配位置上的组装方法。此种装配方法适用于制造构件批量大、精度高的产品。

组装要求:

(1)必须按工艺要求的次序进行,当有隐蔽焊缝时,必须先予施焊,经检验合格方可覆盖。为减少变形,尽量采用小件组焊,经矫正后再大件组装。

(2)组装的零件、部件应经检查合格,零件、部件连接接触面和沿焊缝边缘约 30～50 mm 范围内的铁锈、毛刺、污垢、冰雪、油迹等应清除干净。

(3)布置拼装胎具时,其定位必须考虑预放出焊接收缩量及加工余量。

(4)为减少大件组装焊接的变形,一般应先采取小件组焊,经矫正后,再组装大部件。胎具及组装的首件必须经过检验方可大批进行组装。

(5)板材、型材的拼接应在组装前进行;构件的组装应在部件组装、焊接、矫正后进行,以便减少构件的残余应力,保证产品的制作质量。构件的隐蔽部位应提前进行涂装。

(6)组装时要求磨光顶紧的部位,其顶紧接触面应有 75% 以上的面积紧贴。

(7)组装好的构件应立即用油漆在明显部位编号,写明图号、构件号、件数等,以便查找。

钢构件组装的允许偏差见 GB 50205-2001 有关规定。

2.2.7 焊接

门式刚架梁、柱结构一般由 H 型钢组成,适于采用自动埋弧焊接、船形焊接,优点是生产效率高、焊接过程稳定、焊缝质量好、成型美观。H 型钢在组立焊接之前,先要对原材料(钢板)进行矫正、整平。常用的机械设备有板条矫平机(见图 2.2.7)。矫平的钢板(翼缘板、腹板)进入 H 型钢自动组立机,在组立生产线上,将未焊接的翼缘板和腹板先用组立器具定位好,进行头部定位焊。此类设备一般都采用 PLC 可编程序控制器,对型钢的夹紧、对中、定位点焊及翻转实行全过程自动控制,速度快、效率高(见图 2.2.8)。H 型钢翼缘板只允许在长度方向拼接,腹板则长度、宽度均可拼接,拼接缝可为"+"字形或"T"字形,上下翼缘板和腹板的拼装缝应错开 200 mm 以上,拼接焊接应于 H 型钢组装前进行。轻型钢结构构件的翼缘、腹板通常采用较薄的钢板,焊接容易产生比较大的焊接变形,且翼缘板与腹板

的垂直度也有偏差,这时需要通过矫正机对焊接后的 H 型钢进行矫正。(见图 2.2.9)

图 2.2.7 W43-24X1000 板条矫平机

图 2.2.8 HG-1500 组立焊

图 2.2.9 精工—Ⅲ型矫正机

2.2.8 摩擦面的处理

摩擦面的处理可采用喷砂、喷丸、酸洗、砂轮打磨等方法,一般应按设计要求进行,设计无要求时施工单位可采用适当的方法进行施工。高强度螺栓的摩擦连接面不得涂装,应于高强螺栓安装完后将连接板周围封闭,再进行涂装。

喷砂(丸)法:利用压缩空气为动力,将砂(丸)直接喷射到钢材表面,使钢材表面达到一定的粗糙度,铁锈除掉,经喷砂(丸)后的钢材表面呈铁灰色。

酸洗法:一般将加工完的构件浸入酸洗槽中,停留一段时间,然后放入石灰槽中,中和及清水清洗,酸洗后钢板表面应无轧制铁皮,呈银灰色。

砂轮打磨法:对于小型工程或已有建筑物加固改造工程,常常采用手工方法进行摩擦面处理,砂轮打磨是最直接、最简便的方法。在用砂轮机打磨钢材表面时,砂轮打磨方向垂直于受力方向,打磨范围应为 4 倍螺栓直径。打磨时应注意钢材表面不能有明显的打磨凹坑。

钢丝刷人工除锈:用钢丝刷将摩擦面处的铁磷、浮锈、尘埃、油污等污物刷掉,使钢材表面露出金属光泽,保留原轧制表面,此方法一般用在不重要的结构或受力不大的连接处。

处理好的摩擦面严禁有飞边、毛刺、焊疤和污损等,不得涂油漆,在运输过程中防止摩擦面受损,出厂前应按批检验抗滑移系数。

2.2.9 校正

当零件或构件加工制作后其变形量大于允许偏差值时,可采用机械矫正、火焰加热矫正或机械矫正和火焰加热矫正同时进行的方法进行矫正。机械矫正后的钢材表面不应有明显的压痕和损伤,划痕深度不得大于 0.5 mm,且不大于该钢材厚度负偏差的 1/2。

厚板 H 型、T 型构件的翼板的焊接角焊缝,建议焊前对翼缘板采取反变形措施。部分构件的单向焊接变形建议用后续焊接工作中的变形对其进行矫正。

2.2.10 涂装、编号

1. 涂装

钢结构工程所处的工作环境不同,自然界中酸雨介质或温度、湿度的作用可能使钢结构产生不同的物理和化学作用而受到腐蚀破坏,严重的将影响其强度、安全性和使用年限,为了减轻并防止钢结构的腐蚀,目前国内外主要采用涂装方法进行防腐。

(1)钢结构构件除锈的工艺、操作方法及质量控制

从钢结构的零、部件到结构整体的防腐和涂膜的质量,主要决定于基层的除锈质量。钢结构的防腐与除锈采用的工艺、技术要求及质量控制,均应符合以下要求:

①钢结构的除锈是构件在施涂之前的一道关键工序,除锈干净可提高底防锈涂料的附着力,确保构件的防腐质量。

a.除锈及施涂工序要协调一致。金属表面经除锈处理后应及时施涂防锈涂料,一般应在 6 h 以内施涂完毕。如金属表面经磷化处理,须经确认钢材表面生成稳定的磷化膜后,方可施涂防腐涂料。

b.施工现场拼装的零部件,在下料、切割及矫正之后,均可进行除锈;并应严格控制施涂防锈涂料的涂层。对于拼装的组合(包括拼合和箱合空间构件)零件,在组装前应对其内面进行除锈并施涂防腐涂料。

c.拼装后的钢结构构件,经质量检查合格后,除安装连接部位不准涂刷涂料外,其余部位均可进行除锈和施涂。

②除锈的工艺和技术应符合以下要求:

手工和动力工具除锈。用钢丝刷或风动、电动等设备配以砂轮片、圆形钢丝刷头,将零部件表面锈蚀全部除去。

a.酸洗除锈。将构件放入酸洗槽内除去构件上的油污和铁锈,并应将酸洗液清洗干净。酸洗后应进行磷化处理,使其金属表面产生一层具有不溶性的磷酸铁和磷酸锰保护膜,增加涂膜的附着力。

b.喷射或抛射除锈。用喷砂机将砂(石英砂、铁砂或铁丸)喷击在从属表面除去铁锈并将表面清除干净;喷砂过程中的机械粉尘应有自动处理的装置,防止粉末飞扬,确保环境卫生。

③钢结构防腐的除锈等级应符合设计要求。

(2)施涂的工艺、操作方法及质量控制要点

涂装工艺流程:基面处理→表面除锈→底漆涂装→面漆涂装→检查验收。

①施涂方法及顺序

a.施涂方法,主要根据涂料的性质和结构形状等特点确定,一般采用刷涂法和喷涂法。刷涂法适用于油性基料的涂料,喷涂法适用于快干性和挥发性强的涂料。

b.施涂顺序一般是先上后下、先难后易、先左后右、先内后外,以保持涂层的厚度均匀一致,不漏涂、不流坠为准。在第一道防锈涂料涂膜干燥后应进行打磨、刮腻子、再打磨并除去表面浮粉,然后施涂第一道防腐底涂料。施涂饰面涂料,应按设计要求的品种、颜色施涂,面层涂层的施涂方法与防锈涂料施涂方法相同。

②施涂的环境与温度湿度

a.施涂作业宜在晴天和通风良好的环境下进行,环境温度规定宜为 $15 \sim 30$ ℃,还应按涂料的产品说明书的规定执行;

b.涂料施工环境的湿度一般宜在相对湿度小于80%的条件下进行;

c.钢材表面的温度必须高于空气露点温度3℃以上,方能进行施工;

d.在有雨、雾、雪和较大灰尘的环境下,涂层可能受到油污、腐蚀介质、盐分等污染的环境下,没有安全措施和防火、防爆工具条件下均需有可靠的防护措施。

施工前应对涂料型号、名称、颜色进行校对,同时检查制造日期,如超过储存期,重新取样检验,质量合格后才能使用,否则禁止使用。涂料及辅助材料不允许露天存放,严禁用敞口容器储存和运输。

③涂膜的遍数及厚度、验收要求

涂料、涂装遍数、涂层厚度均应符合设计要求。当设计对涂层厚度无要求时,涂层干漆膜总厚度,室外应为 $150\ \mu m$,室内应为 $125\ \mu m$;其允许偏差为 $25\ \mu m$。每遍涂层干漆膜厚度的合格质量偏差为 $5\ \mu m$,抽查数量按构件数抽查10%,且同类构件不应少于3件。构件表面不应误涂、漏涂,涂层不应脱皮和返锈等。涂层应均匀、无明显皱皮、流坠、针眼和气泡等。

④钢结构防火涂料涂装要求

a.防火涂料涂装前钢材表面除锈及防锈底漆涂装应符合设计要求和国家现行有关标准的规定。

b.钢结构防火涂料的黏结强度、抗压强度应符合国家现行标准《钢结构防火涂料应用技术规程》CECS24:90 的规定。

c.薄涂型防火涂料的涂层厚度应符合有关耐火等级的设计要求。厚涂防火涂料涂层的厚度,80%及以上面积应符合有关耐火等级的设计要求,且最薄处厚度不应低于设计要求的85%。

d.涂料涂装基层不应有油污、灰尘和泥沙等污垢;防火涂料不应有误涂、漏涂,涂层应闭合无脱层、空鼓、明显凹陷、粉化松散和浮浆等外观缺陷,乳突已剔除。

2. 构件编号

构件涂装后,应按设计图纸进行编号,编号必须遵循如下原则:

(1)构件编号唯一性原则。所有构件必须编号,每一个构件只能有一个编号,所有构件编号不允许有重复。

(2)醒目性原则。构件的编号必须醒目且编在观察者易于观察的位置,编号大小应适中。

(3)编号不易擦除性原则。编号时采用的颜色笔必须是不易擦除的,以防在运输过程中失去编号。

对于大型或重要的构件还应标注重量、重心、吊装位置和定位标记等记号。编号的汇总资料与运输文件、施工组织设计的文件、质检文件等统一起来，编号可在竣工验收后加以复涂。

2.2.11　堆放

构件一般要堆放在工厂的堆放场和现场的堆放场。构件堆放场地应平整坚实，无水坑、冰层，地面平整干燥，并应排水通畅，有较好的排水设施，同时有车辆进出的回路。

构件应按种类、型号、安装顺序划分区域，插竖标志牌。构件底层垫块要有足够的支承面，不允许垫块有大的沉降量，堆放的高度应有计算依据，以最下面的构件不产生永久变形为准，不得随意堆高。钢结构产品不得直接置于地上，要垫高 200 mm。不同类型的钢构件一般不堆放在一起，同一工程的钢构件应分类堆放在同一地区，便于装车发运。

在堆放中，发现有变形不合格的构件，则严格检查，进行矫正，然后再堆放。不得把不合格的变形构件堆放在合格的构件中，否则会大大地影响安装进度。对于已堆放好的构件，要派专人汇总资料，建立完善的进出厂的动态管理，严禁乱翻、乱移。同时对已堆放好的构件进行适当保护，避免风吹雨打、日晒夜露。

2.2.12　运输

发运的构件、单件超过 3 t 的，宜在易见部位用油漆标上重量及重心位置的标志，以免在装、卸车和起吊过程中损坏构件；节点板、高强度螺栓连接面等重要部分要有适当的保护措施，零星的部件等都要按同一类别用螺栓和铁丝紧固成束或包装发运。

大型或重型构件的运输应根据行车路线、运输车辆的性能、码头状况、运输船只来编制运输方案。在运输方案中要着重考虑吊装工程的堆放条件、工期要求来编制构件的运输顺序。

运输构件时，应根据构件的长度、重量断面形状选用车辆；构件在运输车辆上的支点、两端伸长的长度及绑扎方法均应保证构件不产生永久变形、不损伤涂层。构件起吊必须按设计吊点起吊，不得随意。

公路运输装运的高度极限 4.5 m，如需通过隧道时，则高度极限 4 m，构件长出车身不得超过 2 m。

2.3　轻钢门式刚架的安装

2.3.1　施工准备

1. 基本工作

(1)刚架安装应具备钢结构设计图、钢结构(即翻样图)施工详图及其他有关必需的图纸和技术文件。

(2)刚架安装前应进行图纸交底。设计方对设计意图进行说明并提出安装要求和注意事项;安装方介绍施工程序和主要方法,并对设计提出具体要求和建议,协调设计、安装之间的关系。

(3)刚架安装应编制施工组织设计。其内容应包括:

①工程概况及重点、难点;

②总平面布置,临时用房、用水、用电;

③主要起重机械的布置及吊装方案;

④构件运输方法、堆放及场地管理;

⑤施工网络计划;

⑥劳动组织及用工计划;

⑦主要机具、材料计划;

⑧技术质量标准;技术措施降低成本计划;

⑨质量、安全保证措施。

2. 锚栓埋设

(1)锚栓应由专业人员按照施工图进行埋设。所有锚栓应由固定架或相似的方法固定以保证其正确的位置。在砼浇注后,钢结构安装前,均应测量锚栓的位置。

(2)锚栓埋设位置的复核由项目部人员或安装队负责做。

(3)要求基础砼强度达到设计强度的75%以上,基础周围回填完毕,地脚锚栓完好,测量资料齐全的条件下进行刚架的安装。二次浇灌处的基础表面应凿毛。

(4)测量用的轴线标板和标高基准点应符合设计或国家现行标准规定要求。

锚栓的测量控制可参照以下方法:

①除测量直角边长外,尚应测量对角线长度。

②采用经纬仪或水准仪并使用同一个测量标尺来测量所有锚栓的标高。

③用以下措施确定锚栓的正确位置(见图2.3.1)。

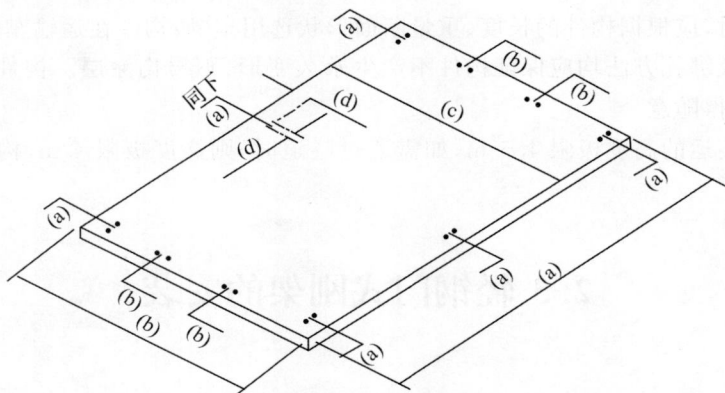

图 2.3.1

从基础的一端开始测量至每个刚架中线的距离及基础两侧间的尺寸。从基础的一端开始测量到每个端墙柱中线的距离,基础一端至另一端的尺寸——在两端及内隔墙处。测量刚架柱的间距(沿短向)。测量从基础外侧及从每个柱中线至地脚锚栓的距离。

(5)锚栓位置的允许偏差见表2.3.1。

表 2.3.1

项　目	允许偏差（mm）
螺栓中心偏移	5.0
螺栓露出长度	+10.0 0.0
螺纹长度	+20.0 0.0

3. 材料卸货、堆放及校验

卸货和堆放构件是安装程序中一个重要的组成部分。当堆放场地受到限制时，要对现场作出详细的规划。构件的搬运、堆放、拼装应由有经验的人员负责，应尽可能减少材料在现场的搬运次数。

卸货时货车应停在能将不同构件卸在它们的使用位置的地方来尽量减少安装过程中的起吊、运输和二次倒运，卡车或吊车驶入或驶出的砼地面的边缘要填以厚铁板或木板避免地面边缘区砼的破坏，构件起吊时应防止发生屈曲。一般卸货操作过程是在卡车上由两个工人捆好吊索，同时地坪上的两个工人可以放好垫木，松扣并取掉吊索。一个工人打开装着螺栓和螺母的小五金盒，在地上作尽可能多的拼装。在卸货操作中应采取防止构件和砼地面碰撞损伤的措施。

构件堆放场地应平整坚实，无水坑、冰层，并应有排水设施。构件应按种类、型号、安装顺序分区堆放；构件底层垫块要有足够的支承面。相同型号的构件叠放时，每层构件的支点要在同一垂直线上。柱一般堆放在垫木上，底板靠近柱所对应的锚固螺栓。梁单元一般堆放在易于拼装成整体梁单元的地方，在地坪上垫枕木，把卸下的梁段叠放，中间隔以垫木，每个梁单元卸下以后就开始拼装，也可以把每个梁单元按所用位置放在地坪上。堆放构件时要为工人留出足够的操作空间，让他们不至于在构件上行走，在构件上留下印记或损害构件或伤害工人。在房屋中心应为吊装机械留出通道，墙梁、柱间支撑、系杆等构件一般放在场地两端外边。小件要集中堆放，一般卸在建筑物一个侧面的中间位置，这会尽量减少到场地其他位置行走的距离。屋檩和墙梁根据包装箱的数量，一般卸在靠近侧墙处并且不影响其他包装箱或构件。零配件一般卸在场地的角落处，靠近建筑物的一端，可以在场地内或场地外，这样在安装过程中它们就不会占用经常使用的区域，吊车梁一般卸在其吊装位置的柱列附近，跨内跨外均可，天窗架一般卸在安装位置的梁附近。重心高的构件放置时，应设置临时支撑，并绑扎牢固。在堆放已上油漆的构件时，应有一定的斜度，以便排出构件内的积水，并保证空气流通使构件表面保持干燥，避免由于积水使油漆对钢板的附着力降低而使颜料褪色。

由专人负责核对验收货物，到货时要对照装车清单和构件清单核对验收货物，如发现缺少或损坏，请货运司机在构件清单和装车清单上注明缺少或损坏，货运司机要在两份文件上签字。每一工程的构件清单列出了运到的所有构件，每一工程的构件总清单由分项目构件清单组成，诸如主结构、次结构、附件等。对清单的全面理解极为重要，它能正确放置构件而节省安装时间，并能对照构件清单核对装运单上的构件。

2.3.2 安装的基本知识

1. 安装机械

结构吊装宜首先考虑采用自行杆式起重机吊装就位,吊车的型号和大小由建筑构件的尺寸和现场条件决定,吊车的臂长、起重能力和灵活性决定它在卸货和安装时的位置。自行杆式起重机有履带式起重机、轮胎式起重机和汽车式起重机三类。

(1)履带式起重机

履带式起重机对地面的压强较低,行走时一般不超过 0.2 MPa,起重时也不超过 0.40 MPa。因此,它可以在较为坎坷不平的松软地面行驶和工作,必要时可垫以路基箱;车身可以原地作 360°回转;起重时不需设支腿,可以负载行驶;工作又可更换,起重能力强,在门式钢架轻钢结构安装中得到了广泛的应用。但其稳定性较差,使用时必须严格遵守操作规程,若需超负荷或加长起重杆时,必须先对稳定性进行验算。国产履带式起重机的起升载荷有 50～750 kN,起重臂长度有 10～40 m,国外新型的履带式起重机采用全液压式驱动,起升载荷已达 1500 kN,起重臂长达 100 m。常用的国产履带式起重机主要技术性能见表 2.3.2。

表 2.3.2 履带式起重机主要技术性能表

项目		单位	型号								
			W1－50			W1－100			W1－200		
行走速度		km/h	1.5～3.0			1.5			1.43		
最大爬坡度		度	25			20			20		
起重机总数		kN	213.2			394			791.4		
起重臂长度		m	10	18	18+2	13	23	30	15	30	40
工作幅度(R)	最大	m	10	17	10	12.5	17	14	15.5	22.5	30
	最小	m	3.7	4.3	6	4.5	6.5	8.5	4.5	8	10
起升荷载(Q)	最大工作幅度时	kN	26	10	10	35	17	15	82	43	15
	最小工作幅度时	kN	100	75	20	150	80	40	500	200	80
起升高度(H)	最大工作幅度时	m	3.7	7.16	14	5.8	16	24	3	19	25
	最小工作幅度时	m	9.2	17	17.2	11	19	26	32	26.5	36

注:18+2 表示在 18 m 长的起重臂上加 2 m 外伸距的"鸟嘴",鸟嘴的起重量为 20 kN,自重为 4.5 kN。

(2)汽车式起重机

汽车式起重机转移迅速,对路面破坏性小。但它起吊时,必须将支腿落地,不能负载行走,故使用上不及履带起重机灵活,轻型汽车式起重机主要适用于装卸作业。大型汽车式起重机可用于门式刚架轻钢结构的吊装。使用汽车式起重机时,因它自重较大,对工作场地要求较高,起吊前必须将场地平整、压实,以保证操作平稳、安全。此外,起重机工作时的稳定性主要依靠支腿,故支腿落地必须严格按操作规程进行。国产汽车式起重机的主要技术性能见表 2.3.3。

表 2.3.3 汽车式起重机主要技术性能表

项目		单位	型号									
			Q$_2$-12			Q$_2$-16			Q$_2$-32			
行走速度		km/h	60			60			55			
起重机总重		kN	173			215			320			
起重臂长度		M	8.5	10.8	13.2	8.2	14.1	20	9.5	16.5	23.5	30
工作幅度（R）	最大	M	6.4	7.8	10.4	7	12	18	9	14	18	26
	最小	M	3.6	4.6	5.5	3.5	3.5	4.3	3.5	4	5.2	7.2
起升载荷（Q）	R$_{max}$时	kN	40	30	20	50	19	8	7	26	15	6
	R$_{min}$时	kN	120	70	50	160	80	60	320	220	130	80
起身高度（H）	R$_{max}$时	M	5.8	7.8	8.6	4.4	7.7	9				
	R$_{min}$时	M	8.4	10.4	12.8	7.9	14.2	20				

（3）轮胎式起重机

轮胎式起重机重心低，起重平衡，轮距与轴距宽，在硬质平整路面上可使用短吊臂吊着75%的额定起升载荷行驶，轮胎式起重机底盘上装有可伸缩的支腿，起重时可使用支腿以增加机身的稳定性，并保护轮胎，必要时支腿下面可加垫块，以增加支承面。其机构安全可靠，使用成本也较低。是轻钢门式刚架结构安装工程中使用十分广泛的起重机械。轮胎式起重机主要技术性能见表 2.3.4。

表 2.3.4 轮胎式起重机主要技术性能表

项目		单位	型号												
			QL$_1$-16			QL$_3$-25					QL$_3$-40				
行走速度		km/h	18			18					15				
行升速度		m/min	6.3			7					9				
起重机总重		kN	230			280					537				
起重臂长度		M	10	15	20	12	17	22	27	32	15	21	30	36	42
工作幅度（R）	最大	M	11	15.5	20	11.5	14.5	19	21	21	13	16	21	23	25
	最小	M	4	4.7	5.5	4.5	6	7	8.5	10	5	6	9	11.5	11.5
起升载荷（Q）	R$_{max}$时	kN	28	15	8	46	28	14	8	6	92	62	35	24	15
	R$_{min}$时	kN	160	110	80	250	145	106	72	50	400	320	161	103	100
起升高度（H）	R$_{max}$时	M	5.3	4.6	6.9						8.8	14.2	21.8	27.8	33.8
	R$_{min}$时	M	8.3	13.2	18						10.4	15.6	25.4	31.6	37.2

2. 高强度大六角螺栓的摩擦连接的施工

螺栓的存放应防潮、防雨、防粉尘,并按类型和规格分类存放;螺栓应轻拿轻放,防止撞击、损坏包装和损伤螺纹;螺栓应在使用时方可打开包装箱,并按当天使用的数量领取。使用剩余的螺栓应当天回收,并应按批号和规格保管;对长期保管或保管不善而造成的螺栓生锈及沾染脏物等可能改变螺栓的扭矩系数或性能的螺栓,应视情况进行清洗、除锈和润滑处理,并对螺栓进行扭矩系数或预拉力检验,合格后方可使用;螺栓摩擦面应平整、干燥、表面不得有氧化铁皮、毛刺、焊疤、油漆和油污等;螺栓摩擦面应平整、干燥,表面不得有氧化铁皮、毛刺、焊疤、油漆和油污等;采用表面处理后生锈工艺的摩擦面,应用细钢丝刷除表面的浮锈;螺栓穿入方向应力求一致,并便于操作;螺栓连接副安装时,螺母凸台一侧应与垫圈有倒角的一面接触,大六角头螺栓的第二个垫圈有倒角一面应朝向螺栓头;螺栓应自由穿入螺栓孔,对不能自由穿入的螺栓孔应用铰刀或锉刀进行修整,不得将螺栓强行装入或用火焰切割螺栓孔。修整后的螺栓孔最大直径不得大于 $1.2D$(D 为螺栓孔的公称直径),修孔时应将周围螺栓全部拧紧,使板叠密贴,防止切屑落入板叠间;不得在雨中安装高强螺栓;焊接和高强度螺栓连接并用,当设计无要求时,应按先栓后焊原则施工;螺栓紧固用的扭矩扳手,班前和班后应进行校核,对误差大于 5% 的扭矩扳手要更换后重新标定;螺栓的紧固应分初拧和终拧两次进行,初拧扭矩值宜为终拧扭矩值的 50%;螺栓应在螺母上施加扭矩,其紧固顺序一般应由接头中心顺序向外侧进行(三个方向)。初拧和终拧后螺栓应用不同颜色的涂料在螺母上作出标记。

3. 构件矫正

构件矫正可采用施加压力或火焰加热进行,采用手工锤击矫正时应加锤垫,防止凹痕和损伤。碳素结构钢在环境温度低于 $-16\ ℃$、低合金钢在环境温度低于 $-12\ ℃$ 时,不得冷矫正。矫正后的钢材表面不应有明显的凹痕和损伤,表面划痕深度不得大于 0.5 mm。钢材矫正后的允许偏差应符合表 2.3.5 的规定。

表 2.3.5　钢材矫正后的允许偏差

项目	示意图	允许偏差(m)
钢板的局部平面度(△) $t<14$ $t>14$	1000	(在 1 m 范围内) 1.5 1.0
型钢弯曲矢高 (f)		1/1000 5.0

续表

项目	示意图	允许偏差(m)
角钢肢的 垂直度 (△)	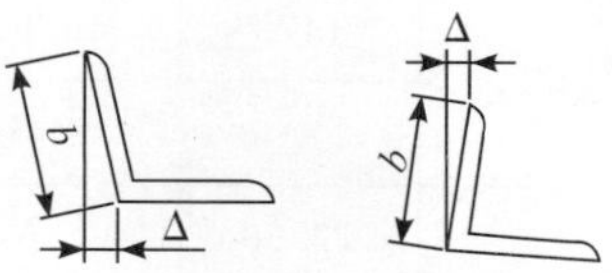	$b/1000$ 双肢栓接角钢 的角度不得大于 90°
工字钢、H 型钢翼缘 的倾斜度 (△)	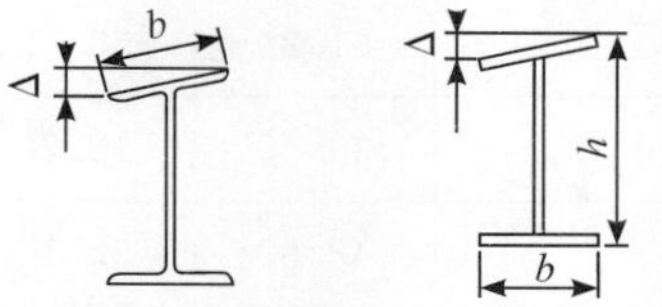	$b/100$ 2.0

4. 构件吊装基本知识

在构件吊装中,常用 6 股的钢丝绳,每股由 19 和 37 根钢丝绳组成。在相同直径时,每股钢丝越多则其柔软性越好。上述两种钢丝绳可分别适用于缆风绳、滑轮组和起重机械。钢丝绳的容许拉力计算:

$$[P] \leqslant \frac{\alpha p}{K}$$

式中,P—钢丝绳容许拉力(kN);

　　　K—钢丝绳安全系数,见表 2.3.6;

　　　α—钢丝绳破断力换算系数,见表 2.3.7。

　　　p—钢丝绳的钢丝破断拉力总和(kN),见表 2.4.8、2.3.9。

表 2.3.6　钢丝绳安全系数

用途	K
作揽风绳	3.5
作吊索(无弯曲时)	6～7
作捆绑吊索	8～10

表 2.3.7　破断拉力换算系数

钢丝绳规格	a
6×19	0.85
6×37	0.82

应定期对钢丝绳加油润滑,以减少磨损和腐蚀,使用旧钢丝绳时,应事先进行检查核定。

吊具主要包括卡环、吊索、横吊梁等。卡环(卸甲)用于吊索之间或吊索与构件吊环之间的连接。吊索(千斤绳)用于绑扎和起吊构件的工具,分为环状吊索和开口吊索两种类型。横吊梁(铁扁担)用于承受吊索对构件的轴向压力和减少起吊高度,分为钢板横吊梁和铁扁担两种类型。

表 2.3.8　6×19 钢丝绳

丝绳公称直径 (mm)	丝绳近似重量 (kg/100 m)	钢丝绳公称抗拉强度(MPa)				
		1470	1570	1670	1770	1870
		钢丝绳最小破断拉力(kN)				
6	13.70	17.50	18.70	19.90	21.10	22.30
7	18.70	23.90	25.50	27.10	28.70	30.40
8	24.40	31.20	33.30	35.40	37.60	39.70
9	30.90	39.50	42.20	44.90	47.50	50.20
10	38.10	48.80	52.10	55.40	58.70	62.00
11	46.10	59.00	63.00	67.00	71.10	75.10
12	54.90	70.20	75.00	79.80	84.60	89.40
13	64.40	82.40	88.00	93.70	99.30	104.00
14	74.70	95.60	102.00	108.00	115.00	121.00
16	97.50	124.00	133.00	141.00	150.00	158.00
18	123.00	158.00	168.00	179.00	190.00	201.00
20	152.00	195.00	208.00	221.00	235.00	248.00
22	184.00	236.00	252.00	268.00	284.00	300.00
24	219.00	281.00	300.00	319.00	338.00	357.00
26	258.00	329.00	352.00	374.00	397.00	419.00
28	299.00	382.00	408.00	434.00	460.00	486.00
32	390.00	499.00	533.00	567.00	601.00	635.00

表 2.3.9　6×37 钢丝绳

丝绳公称直径 (mm)	丝绳近似重量 (kg/100 m)	钢丝绳公称抗拉强度(MPa)				
		1470	1570	1670	1770	1870
		钢丝绳最小破断拉力(kN)				
6	13.70	16.80	18.00	19.10	20.30	21.40
7	18.70	22.90	24.50	26.10	27.60	29.20
8	24.40	30.00	32.00	34.00	36.10	38.10
9	30.90	37.90	40.50	43.10	45.70	48.30

续表

丝绳公称直径（mm）	丝绳近似重量（kg/100 m）	钢丝绳公称抗拉强度（MPa）				
		1470	1570	1670	1770	1870
		钢丝绳最小破断拉力（kN）				
10	38.10	46.80	50.00	53.20	56.40	59.60
11	46.10	56.70	60.60	64.40	68.30	72.10
12	54.90	67.50	72.10	76.70	81.30	85.90
13	64.40	79.20	84.60	90.00	95.40	100.00
14	74.70	91.90	98.10	104.00	110.00	116.00
16	97.50	120.00	128.00	136.00	144.00	152.00
18	123.00	151.00	162.00	172.00	182.00	193.00
20	152.00	187.00	200.00	213.00	225.00	238.00
22	184.00	226.00	242.00	257.00	273.00	288.00
24	219.00	270.00	288.00	306.00	325.00	343.00
26	258.00	316.00	338.00	360.00	381.00	403.00
28	299.00	367.00	392.00	417.00	442.00	467.00
32	390.00	480.00	512.00	545.00	578.00	610.00

使用吊车时要特别小心,避免碰到电线。结构构件吊装的吊点布置,应遵循使构件产生的内力和变形最小的原则,吊装构件的重量不应大于起重设备的负荷能力。当采用履带或汽车式起重机吊装时其动力系数可取 1.1～1.25。在吊索与构件之间要垫以麻袋或木板,以防吊索磨损。

2.3.3　主体钢结构安装

1. 钢柱安装

柱子安装顺序为:基础放线→绑扎→吊升→校正→固定。钢柱安装前,先将基础清理干净,并通过调节调整螺母调整基础标高,用木工墨斗弹好基础平面的纵横轴向基准线作为柱底板安装定位线,然后安装柱子。

柱子安装前应设置标高观测点和中心线标志,同一工程的观测点和标志设置位置应一致。有牛腿(肩梁)柱,标高观测点的设置应以牛腿(肩梁)支承面为基准,设在柱的便于观测处;无牛腿(肩梁)柱,应以柱顶端与钢梁连接的最上一个安装孔中心为基准。中心线标志在柱底板上表面行线方向设置一个,列线方向两侧各设一个,在柱身表面上行线和列线方向各设一个中心线,每条中心线在柱底部、中部(牛腿或肩梁部)和顶部各设一处中心标志;双牛腿(肩梁)柱在行线方向两个柱身表面分别设中心标志。

根据柱子的种类和高度确定绑扎位置和绑扎方法。柱子常用绑扎方法有:斜吊绑扎法、直吊绑扎法和两点绑扎法。当柱平放起吊的受弯承载力满足要求时,可采用斜吊绑扎法,柱起吊后柱身呈倾斜状态,由于吊索歪在柱的一侧边,起重钩可低于柱面,故起重臂可较短,但就位困难;当柱平放起吊的受弯承载力不足,需将柱由平放转为侧立后起吊(习惯上称为柱翻身),可采用直吊法,该法是用吊索绑穿柱身,从柱面两侧分别扎住卡环,再与铁扁担相连。起吊后柱顶在吊钩之下,需要较大的起吊高度,但柱身呈直立状态,便于就位;当柱较长,一点绑扎受弯承载力不足时,可用两点绑扎起吊,此时,绑扎点位置,应使下绑扎点距柱重心距离小于上绑扎点至柱重心距离,柱吊起后即可自行回转为直立状态。

柱子绑扎完毕,首先进行试吊,吊起高度为 $100\sim200$ mm 时停吊,检查索具牢固和吊车稳定。一般采用旋转法吊装钢柱,见图 2.3.2,柱脚宜靠近基础。柱的绑扎点、柱脚与柱基三者中心,宜位于起重机的同一工作幅度的圆弧上。起吊时,起重机的起重臂边升钩、边回转,柱顶随起重机的运动,也边升起,边回转,而柱脚的位置在柱的旋转过程中是不移动的。当柱由水平转为直立后,起重机将柱吊离地面,旋转至基础上方,柱插入锚栓后,并不立即下降,而是停在离底面 $30\sim80$ mm 处进行对位,使柱的吊装准线对准基础上的准线,然后指挥吊车下降就位,并使柱基本保持垂直状态,拧紧全部基础锚栓螺母,临时将柱子固定,起重机可完全放钩,拆除绑扎索具。

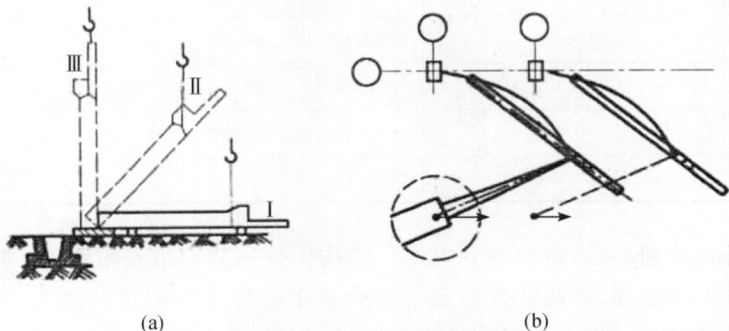

(a)   (b)

图 2.3.2 用旋转法吊柱

钢柱的校正工作一般包括平面位置、标高及垂直度三个内容。钢柱的校正工作主要是校正垂直度和复查标高,钢柱的平面位置在钢柱吊装时已基本校正完毕。

钢柱标高校正,可根据钢柱实际长度、柱底平整度、钢牛腿顶部距柱底部距离确定。对于采用地脚螺栓连接方式的钢柱,首层钢柱安装时,可在柱子底板下的地脚螺栓上加一个调整螺母,螺母上表面标高调整到与柱底板标高相同,安装柱子后,通过调整螺母来控制柱子的标高。柱子底板下预留的空隙,用无收缩砂浆填实。基础标高调整数值主要保证钢牛腿顶面标高偏差在允许范围内。如安装后还有超差,则在安装吊车梁时予以纠正。如偏差过大,则将柱拔出重新安装。

垂直度校正,钢柱垂直度校正可以采用两台经纬仪或吊线坠测量的方式进行观测,见图2.3.3。校正方法,可以采用不断调整柱底板下的螺母进行校正,直至校正完毕,将底板下的螺母拧紧。

钢柱校正的其他方法还有千斤顶校正法、撑杆校正法、缆风绳校正法。千斤顶校正法可以对钢柱平面位置、标高及垂直度进行校正,该法工具简单、工效高,适用于大、中型各种形式柱的校正,被广泛采用,见图 2.3.4;撑杆校正法可以对钢柱垂直度进行校正,该法工具较

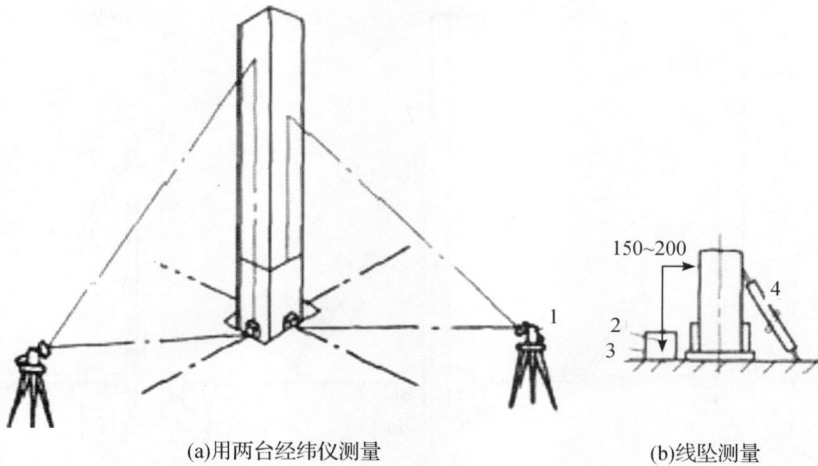

(a)用两台经纬仪测量　　　　　　　(b)线坠测量

1—经纬仪;2—线坠;3—水桶;4—调整螺杆千斤顶

图 2.3.3　柱子校正示意图

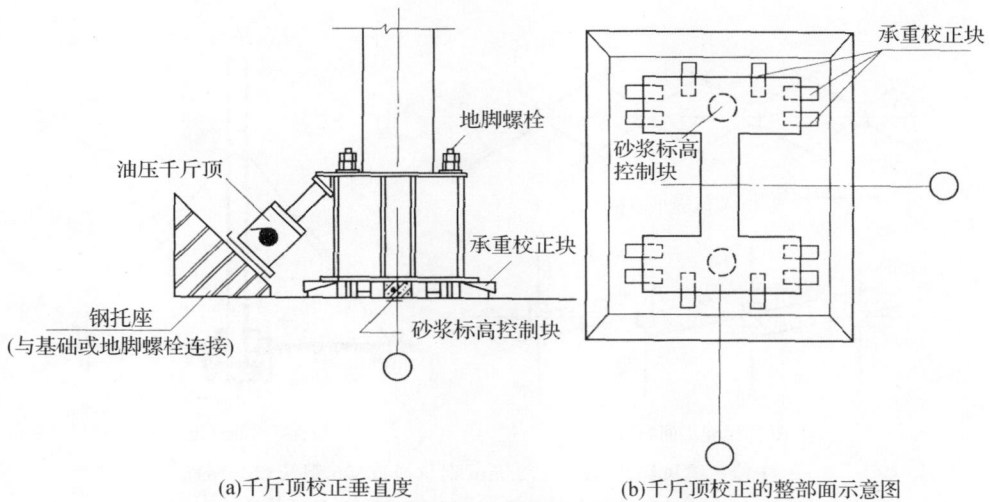

(a)千斤顶校正垂直度　　　　　(b)千斤顶校正的整部面示意图

图 2.3.4　用千斤顶校正垂直度

简单,适用于 10 m 以下的矩形或工字形中、小型柱的校正,见图 2.3.5;缆风绳校正法可以对钢柱垂直度进行校正,该法需要较多缆风绳,操作麻烦,占用场地大,常影响其他作业进行,同时校正后回弹影响精度,仅适用于校正长度不大、稳定性差的中、小型柱子,见图2.3.6。

　　钢柱最后校正完毕后,应立即进行最后固定。

　　对无垫板安装钢柱的固定方法是在柱子与杯口的空隙内灌注细石混凝土。灌注前,先清理并湿润杯口,灌注分两次进行,第一次灌注至楔子底面,待混凝土强度等级达到 25%后,拔出楔子;第二次灌注混凝土至杯口。对采用缆风绳校正法校正的柱子,需待第二次灌注混凝土达到 70%时,方可拆除缆风绳。

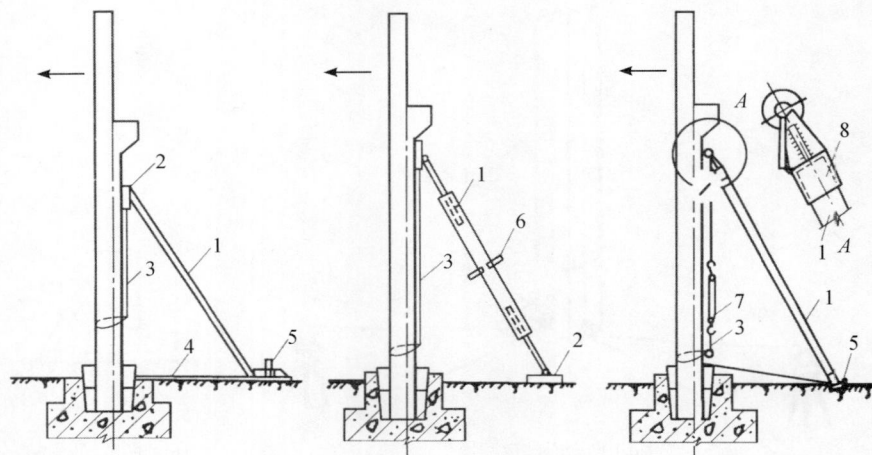

1—木杆或钢管撑杆;2—摩擦板;3—钢线绳;4—槽钢撑头;
5—木楔或撬杠;6—转动手柄;7—倒链;8—钢套

图 2.3.5 木杆或钢管撑杆校正柱垂直度

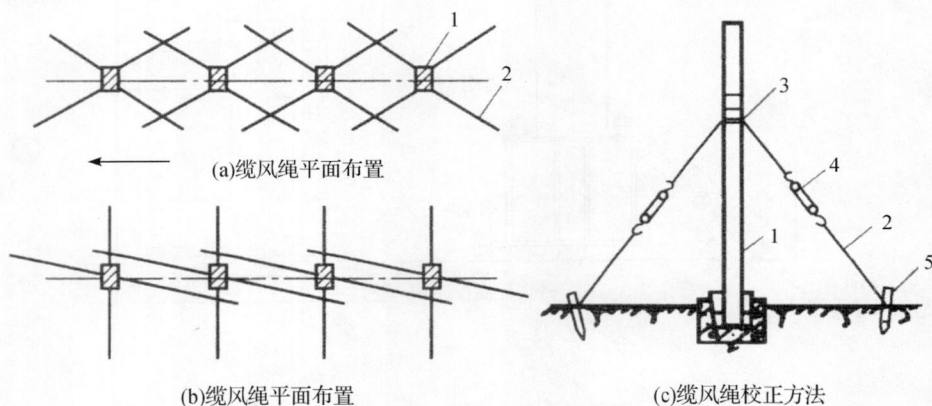

(a)缆风绳平面布置

(b)缆风绳平面布置

(c)缆风绳校正方法

1—柱;2—缆风绳用 3Φ9—12 mm 钢丝绳或 Φ6 钢筋;3—钢箍;
4—花篮螺栓或 5 kN 倒链;5—木桩或固定在建筑物上

图 2.3.6 缆风绳校正法

对有垫板安装钢柱的二次灌注方法,通常采用赶浆法或压浆法。赶浆法是在杯口一侧灌强度等级高一级的无收缩砂浆(掺水泥用量 0.03%～0.05% 的铝粉)或细豆石混凝土,用细振动棒振捣使砂浆从柱底另一侧挤出,待填满柱底周围约 10 cm 高,接着在杯口四周均匀地灌细石混凝土至与杯口平,见图 2.3.7(a);压浆法是于杯口空隙内插入压浆管与排气管,先灌 20 cm 高混凝土,并插捣密实,然后开始压浆,待混凝土被挤压上拱,停止顶压;再灌 20 cm 高混凝土顶压一次即可拔出压浆管和排气管,继续灌注混凝土至与杯口平,见图 2.3.7(b)。本法适于截面很大、垫板高度较薄的杯底灌浆。

对采用地脚螺栓方式连接的钢柱,当钢柱安装校正后拧紧螺母进行最后固定,见图2.3.8。

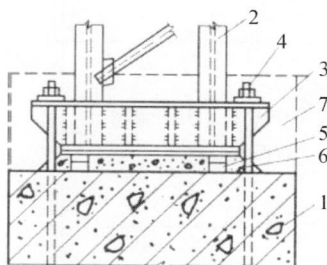

(a)用赶浆法二次灌浆　　(b)用压浆法二次灌浆

1—钢垫板;2—细石混凝土;3—插入式振动器;
4—压浆管;5—排气管;6—水泥砂浆;
7—柱;8—钢楔

图 2.3.7　有垫板安装柱子灌浆方法

1—柱基础;2—钢柱;3—钢柱脚;
4—地脚螺栓;5—钢垫板;
6—二次灌浆细石混凝土;
7—柱脚外包混凝土

图 2.3.8　用预埋地脚螺栓固定

钢柱安装的注意事项:

(1)柱垂直度校正时,两个方向偏差值相近时,应先校正小面,后校正大面;若两个方向偏差值较大时,则应先校正大面、后校正小面。

(2)钢柱在两个方向垂直度校正好后,应再复查一次平面轴线和标高,如符合要求,则打紧柱四周八个楔子,使其松紧一致,以免在风力作用下向松的一面倾斜。

(3)钢柱垂直度校正须用两台精密经纬仪观测,观测的上测点应设在柱顶,仪器架设位置应使其望远镜的旋转面与观测面尽量垂直(夹角应大于 $75°$),以避免产生测量误差。

(4)钢柱插入杯口后应迅速对准纵横轴线,并在杯底处用钢楔把柱脚卡牢,在柱子倾斜一面敲打楔子,对面楔子只能松动,不得拔出,以防柱子倾倒。

(5)风力影响。风力对柱面产生压力,柱面的宽度越宽,柱子高度越高,受风力影响也就越大,影响柱子的侧向弯曲也就越大。因此,柱子校正操作时,当柱子高度在 8 m 以上,风力超过 5 级时不能进行。

(6)柱子安装的允许偏差应符合表 2.3.10 的规定,吊车梁、钢梁安装和吊车梁调整、固定连接后,柱子尚应进行复测,超差的应进行调整。

2. 钢梁安装

钢梁安装顺序为:钢梁组装→扶直→绑扎→吊升→校正→固定。钢梁安装应在柱子校正符合规定后进行。将钢梁运至现场组装时,拼装平台应平整,现场组装的平台支承点高度差不应大于 $L/1000$(L 为支点间距离)。构件组装应按制作单位的编号和顺序进行,不得随意调换。组拼时应保证钢梁总长及起拱尺寸的要求。组装后经验收方允许吊装。

门式刚架的钢梁侧向刚度较差,当屋面坡度较大时,组装成整体的人字形钢梁在扶直过程中由于自重影响可能发生扭曲。因此,在人字形钢梁扶直时必须采取一定措施。扶直钢梁时,起重机的吊钩应对准钢梁中心,吊索应左右对称受力均匀,吊索与水平面的夹角不小于 $45°$,在刚梁接近扶直时,吊钩应对准钢梁两落地端支承点连线的中点,防止钢梁摆动。

表 2.3.10　钢柱安装的允许偏差

项　目		允许偏差	图　例	检验方法
柱脚底座中心线对定位轴线的偏移(Δ)		5.0		用吊线和钢尺检查
柱基准点标高（Δ）	有吊车梁的柱	$+3.0$ -5.0		用水准仪检查
	无吊车梁的柱	$+5.0$ -8.0		
柱的挠曲矢高		$H/1000$ 15.0		用经纬仪或拉线和钢尺检查
柱轴线垂直度（Δ）	$H \leqslant 10$ m	10		用经纬仪或吊线和钢尺检查
	$H > 10$ m	20		
柱顶标高（Δ）		$\leqslant \pm 10.0$		用经纬仪或拉线和钢尺检查

　　钢梁的绑扎点应左右对称,并高于钢梁重心,使钢梁起吊后基本保持水平,不晃动,不倾翻。在钢梁两端应加绳,以控制钢梁转动。一般来说,钢梁跨度小于或等于 27 m 时绑扎两点;当跨度大于 27 m 时需绑扎 4 点,并考虑采用横吊梁以减小绑扎高度。绑扎时吊索与水平线的夹角不宜小于 45°,以免钢梁承受过大的横向压力。当夹角小于 45°时,为了减少钢梁的起吊高度及所受的横向力,可采用横吊梁。横吊梁的选用应经过计算确定,以确保施工安全。

　　钢梁吊升是先将钢梁吊离地面约 300 mm,并将钢梁转运至吊装位置下方,然后再起钩,将钢梁提升到超过安装位置 100 mm,最后利用钢梁端头的溜绳,将钢梁调整对准柱头,并缓缓降至安装点,用撬棍配合进行对位。钢梁对位应以建筑物的定位轴线为准。因此,在钢梁吊装前,应当用经纬仪或其他工具,在柱顶放出建筑物的定位轴线。如柱顶截面中线与定位轴线偏差过大时,可逐间调整纠正。钢梁对位后,立即进行临时固定。临时固定稳妥后,起重机才可摘钩离去。第一榀钢梁的临时固定必须十分可靠,因为这时它只是单片结构,而且第二榀钢梁的临时固定,还要以第一榀钢梁作支撑。第一榀钢梁的临时固定方法,通常是用 4 根缆风绳,从两边将钢梁拉牢,也可将钢梁与抗风柱连接作为临时固定。第二榀钢梁的临时固定,是用工具式支撑或屋顶系杆撑牢在第一榀钢梁上,以后各榀钢梁的临时固定,也都是用工具式支撑或屋顶系杆撑牢在前一榀钢梁上。工具式支撑是用 $\phi 50$ 钢管制成,两端各装有两只撑脚,其上有可调节松紧的螺栓,供使用时调紧螺栓,即可将钢梁可靠地固定。撑脚上的这对螺栓,既可夹紧钢梁上翼缘,又能使钢梁平移位置,故也是校正机具。每榀钢梁至少要用两个工具式支撑,才能把钢梁撑稳。当钢梁经校正,最后固定并安装了系杆、檩条、水平支撑以后,才可将支撑取下。为节省时间,刚架隔撑可用螺栓固定在钢梁上(不要拧紧)一起吊升。吊装小坡度多跨门式刚架结构时要特别小心,在有内柱的情况下,由于有中间支撑,构件截面比较薄弱,它们在吊装中比单跨结构更容易屈曲,因此需要格外的谨慎。对多跨结构、两跨框架中的半榀框架,不可在无支撑、无拉索的情况下,留到第二日施工。

钢梁的竖向偏差可用垂球或经纬仪检查。用经纬仪检查竖向偏差的方法,是在钢梁上安装三个卡尺,一个安装在上弦中点附近,另两个分别安装在钢梁的两侧,自钢梁几何中线向外量出一定距离(一般可取 500 mm),在卡尺上作出标志。然后在距钢梁中线同样距离(500 mm)处设置经纬仪,观测三个卡尺上的标志是否在同一垂面上。用经纬仪检查钢梁竖向偏差,虽然减少了高空作业,但经纬仪设置比较麻烦,所以工地上仍广泛采用垂球检查钢梁竖向偏差。用垂球检查钢梁竖向偏差法,与上述"经纬仪检查法"的步骤基本相同,但标志至钢梁几何中线的距离可短些(一般可取 300 mm),在两端头卡尺的标志处向下挂垂线球,检查三个卡尺标志是否在同一垂面上。若发现卡尺上的标志不在同一垂面上,即表示钢梁存在竖向偏差,可通过转动工具式支撑撑脚上的螺栓加以调整。刚架斜梁安装的允许偏差见表 2.3.11。

表 2.3.11　刚架斜梁安装的允许偏差见表

项目		允许偏差(mm)
梁跨中垂直度		$H/500$
梁挠曲	侧向	$L/1000$
	垂直方向	$+10.0, -5.0$
相邻梁接头部位	中心错位	3.0
	顶面高差	2.0
相邻梁顶面高差	支撑处	10.0
	其他处	$L/500$

3. 吊车梁安装

吊车梁的安装应在柱第一次校正和柱间支撑安装后进行,其安装顺序为:绑扎→吊升→校正→固定。

吊车梁吊起后应基本保持水平。因此,采用两点绑扎,其绑扎点应对称地设在梁的两端,吊钩应对准梁的重心。在梁的两端应绑扎溜绳,以控制梁的左右转动,避免悬空时碰撞柱子。吊车梁的安装应从有柱间支撑的跨间开始。吊车梁对位时应缓慢降钩,使吊车梁端与柱牛腿面的横轴线对准。在吊车梁安装过程中,应用经纬仪或线锤校正柱子的垂直度,若产生了竖向偏移,应将吊车梁吊起重新进行对位,以消除柱的竖向偏移。对位后拧紧螺栓临时固定吊车梁。吊车梁与辅助桁架的安装宜采用拼装后整体吊装。吊车梁结构拼装,应校正各部尺寸,其侧向弯曲、扭曲和垂直度应符合规定。当制动板与吊车梁为高强度螺栓连接、与辅助桁架为焊接连接时,安装或拼装时制动板与吊车梁应用冲钉和临时安装螺栓连接,制动板与辅助桁架用点焊临时固定。

吊车梁吊装后,需校正标高、平面位置和垂直度。吊车梁的标高通过调节柱底板下调节螺母或调整吊车梁与柱牛腿支承间垫板厚度矫正,调整后垫板应焊接牢固。吊车梁的平面位置和垂直度的校正在刚斜梁安装校正后进行。但较重的吊车梁,由于摘钩扣校正困难,则可边吊边校。平面位置的校正,主要是检查吊车梁的纵轴线以及两列吊车梁之间的跨距 (L)是否符合要求。在屋面板吊装前校正时,L 不得有正偏差,以防屋盖吊装后柱顶向外偏移,使 L 的偏差过大。

检查吊车梁吊装中心线偏差常用通线法和平移轴线法。通线法是根据柱的定位轴线,在车间两端地面定出吊车梁定位轴线的位置,打下木桩,并设置经纬仪。用经纬仪先将车间两端的四根吊车梁位置校正准确。并检查两列吊车梁之间的跨距是否符合要求。然后在四根已校正的吊车梁端部设置支架(或垫块),约高 200 mm,并根据吊车梁的定位轴线拉钢丝通线。最后根据通线来逐根拨正(用撬棍)吊车梁的吊装中心线。平移轴线法是在柱列边设置经纬仪,逐根将杯口上柱的吊装中心线投影到吊车梁顶面处的柱身上,并作出标志。若柱安装中心线到定位轴线的距离为 a,则标志距吊车梁定位轴线应为 $\lambda-a$(λ 为柱定位轴线到吊车梁定位轴线之间的距离)。可据此来逐根拨正吊车梁的吊装中心线,并检查两列吊车梁之间的跨距 L 是否符合要求。在检查及拨正吊车梁中心线的同时,可用靠尺线垂球检查吊车梁的垂直度。若发现有偏差,可在吊车梁两端的支座面上加斜垫铁纠正。设计要求顶紧的节点,接触面不应少于 70% 紧贴,且边缘最大间隙不应大于 0.8 mm。

吊车梁校正之后,立即按设计图纸作最后固定。制动力靠制动桁架传给柱子的简支梁(梁的两端留有空隙,下翼缘的一端为长螺栓连接孔)吊车梁下翼缘与柱牛腿连接螺栓不应拧紧,所留间隙应符合设计要求,并应将螺母与螺栓焊固。纵向制动由吊车梁和辅助桁架共同传给柱的吊车梁下翼缘与柱牛腿连接螺栓应拧紧后将螺母焊固。焊接制动板与辅助桁架的连接焊缝,安装或组装吊车梁时,中部宜弯向辅助桁架,并应采取防止产生变形的焊接工艺措施施焊。吊车梁的允许偏差应符合表 2.3.12 的规定。

表 2.3.12　吊车梁安装的允许偏差

项目	允许偏差 a(mm)	图例
轨距	10	
直线度	3	

续表

项目	允许偏差 a(mm)		图例
竖向偏差	10,梁跨的 1/1500		
上承时梁顶高差	支座处	10	
	其他处	15	
下挂时梁底高差	10		
相邻梁高差	1		
梁的跨中垂直度 Δ	$H/500$		
两端支座中心位移 Δ	安装在钢柱上时,对牛腿中心的偏移	5.0	
	安装在混凝土柱上时,对定位轴线的偏移	5.0	
吊车梁支座加劲板中心与柱子承压加劲板中心的位移 Δ	$t/2$		
同列相邻两柱间吊车梁顶面高差 Δ	$L/1500$,且不应大于 10.0		
相邻吊车梁接头部位中心错位 Δ	3.0		
侧向弯曲矢高	$L/1500$,且不应大于 10.0		
垂直上拱矢高	10		

4. 其他构件安装

天窗架可以单独吊装,也可以在地面上先与钢梁拼装成整体后,同时吊装。后者虽然减少了高空作业,但对起重机的起重量及起重高度要求较高。天窗架单独吊装时,吊装过程与钢梁基本相同。

跨度不超过 15 m 的端墙架立柱和梁可用螺栓连接成一个整体直接吊装到位。所有梁、柱、围梁(与侧墙围梁相连接的端墙梁除外)、门楣、门柱、连接板、支撑等应在地面组装并用螺栓固定。在组装端墙结构时应使用加固撑杆,由于柱和梁结构的变形性能,在设定绑扎点,及吊装结构时,应特别注意避免出现平面弯曲变形过大。如果跨度大于 18 m,通常先安装柱子,再装端墙刚架斜梁,然后在两端柱之间加上墙梁,门楣、门柱和支撑,在此期间,结构应在吊装绳索解开前用缆风绳或其他支撑临时固定。

当刚架主结构安装定位之后,再将屋檩、墙梁、门楣、门柱、隔撑等从建筑的一端安装到另一端。每跨间所需要的檩条成捆吊装至每跨间柱端,这样就无需将檩条一根一根来吊装。所有用于连接檩条,墙梁和系杆的螺栓不要拧紧以便于最后调整结构。屋檩和墙檩安装后应用拉杆螺栓调整平直度。安装屋面天沟应保证排水坡度。当天沟侧壁设计为屋面板的支承点时,侧壁板顶面应与屋面板其他支承点标高相配合。柱间支撑的安装应在柱子找正后进行,应在保证柱垂直度的情况下安装柱间支撑,支撑不得弯曲。墙架、檩条等次要构件安装的允许偏差见表 2.3.13。

表 2.3.13　墙架、檩条等次要构件安装的允许偏差(mm)

项　目		允许偏差	检验方法
墙架立柱	中心线对定位轴线的偏移	100	用钢尺检查
	垂直度	$H/1000$,且不应大于 10.0	用经纬仪或吊线和钢尺检查
	弯曲矢高	$H/1000$,且不应大于 15.0	
檩条、墙架的间距		±5.0	用钢尺检查
檩条的弯曲矢高		$L/750$,且不应大于 12.0	用拉线和钢尺检查
墙梁的弯曲矢高		$L/750$,且不应大于 10.0	

注:1. H 为墙架立柱的高度;2. h 为抗风桁架的高度;3. L 为檩条或墙架的长度。

2.4 轻钢门式刚架的验收

分部工程——是单位工程的组成部分,分部工程一般是按单位工程的结构形式、工程部位、构件性质、使用材料、设备种类等的不同而划分的工程项目。例如一般土建工程可划分为地基与基础工程、主体结构工程、建筑装饰装修工程、屋面工程等。

分项工程——是分部工程的组成部分,是施工图预算中最基本的计算单位。它是按照不同的施工方法、不同材料的不同规格等,将分部工程进一步划分的。

检验批——是指按同一生产条件或按规定的方式汇总起来供检验用的,由一定数量样本组成的检验体。

2.4.1 基本规定

(1)钢结构工程施工单位应具备相应的钢结构工程施工资质,施工现场质量管理应有相应的施工技术标准、质量管理体系、质量控制及检验制度,施工现场应有经项目技术负责人审批的施工组织设计、施工方案等技术文件。

(2)钢结构工程施工质量的验收,必须采用经计量检定、校准合格的计量器具。

(3)钢结构工程应按下列规定进行施工质量控制:

①采用的原材料及成品应进行进场验收。凡涉及安全、功能的原材料及成品应按《验收规范》规定进行复验,并应经监理工程师(建设单位技术负责人)见证取样、送样。

②各工序应按施工技术标准进行质量控制,每道工序完成后,应进行检查。

③相关各专业工种之间,应进行交接检验,并经监理工程师(建设单位技术负责人)检查认可。

(4)钢结构工程施工质量验收应在施工单位自检基础上,按照检验批、分项工程、分部(子分部)工程进行。钢结构分部(子分部)工程中分项工程划分应按照现行国家标准《建筑工程施工质量验收统一标准》的规定执行。钢结构分项工程应有一个或若干检验批组成,各分项工程检验批应按《钢结构工程施工质量验收规范》(后面简称《验收规范》)的规定进行划分。

(5)分项工程检验批合格质量标准应符合下列要求:

①主控项目必须符合《验收规范》合格质量标准的要求。

②一般项目其检验结果应有 80% 及以上的检查点(值)符合《验收规范》合格质量标准的要求,且最大值不应超过其允许偏差值的 1.2 倍。

③质量检查记录、质量证明文件等资料应完整。

(6)当钢结构工程施工质量不符合《验收规范》要求时,应按下列规定进行处理:

①经返工重做或更换构(配)件的检验批,应重新进行验收;

②经有资质的检测单位检测鉴定能够达到设计要求的检验批,应予以验收;

③经有资质的检测单位检测鉴定达不到设计要求,但经原设计单位核算认可能够满足结构安全和使用功能的检验批,可予以验收;

④经返修或加固处理的分项、分部工程,虽然改变外形尺寸但能满足安全使用要求,可按处理技术方案和协商文件进行验收。

(7)通过返修或加固处理仍不能满足安全使用要求的钢结构分部工程,严禁验收。

2.4.2 原材料及成品进场

进场验收的检验批原则上应与各分项工程检验批一致,也可以根据工程规模及进料实际情况划分检验批。

1. 钢材

(1)主控项目

①钢材、钢铸件的品种、规格、性能等应符合现行国家产品标准和设计要求。进口钢材

产品的质量应符合设计和合同规定标准的要求。

②对属于下列情况之一的钢材,应进行抽样复验,其复验结果应符合现行国家产品标准和设计要求。

a.国外进口钢材;

b.钢材混批;

c.板厚等于或大于 40 mm,且设计有 Z 向性能要求的厚板;

d.建筑结构安全等级为一级,大跨度钢结构中主要受力构件所采用的钢材;

e.设计有复验要求的钢材;

f.对质量有疑义的钢材。

(2)一般项目

钢材的表面外观质量除应符合国家现行有关标准的规定处,尚应符合下列规定:

①当钢材的表面有锈蚀、麻点或划痕等缺陷时,其深度不得大于该钢材厚度负允许偏差值的 1/2;

②钢材表面的锈蚀等级应符合现行国家标准《涂装前钢材表面锈蚀等级和除锈等级》GB 8923规定的 C 级及 C 级以上;

③钢材端边或断口处不应有分层、夹渣等缺陷。

2. 焊接材料

(1)主控项目

①焊接材料的品种、规格、性能等应符合现行国家产品标准和设计要求。

②重要钢结构采用的焊接材料应进行抽样复验,复验结果应符合现行国家标准和设计要求。

(2)一般项目

焊条外观不应有药皮脱落、焊芯生锈等缺陷;焊剂不应受潮结块。

3. 连接用紧固标准件

(1)主控项目

①钢结构连接用高强度大六角头螺栓连接副、扭剪型高强度螺栓连接副、钢网架用高强度螺栓、普通螺栓、铆钉、自攻钉、拉铆钉、射钉、锚栓(机械型和化学试剂型)、地脚锚栓等紧固标准件及螺母、垫圈等标准配件,其品种、规格、性能等应符合现行国家产品标准和设计要求。高强度大六角头螺栓连接副和扭剪型高强度螺栓连接副出厂时应分别随箱带有扭矩系数和紧固轴力(预拉力)的检验报告。

②高强度大六角头螺栓连接副应按《验收规范》附录 B 的规定检验其扭矩系数,其检验结果应符合《验收规范》附录 B 的规定。

③扭剪型高强度螺栓连接副应按《验收规范》附录 B 的规定检验预拉力,其检验结果应符合《验收规范》附录 B 的规定。

(2)一般项目

高强度螺栓连接副,应按包装箱配套供货,包装箱上应标明批号、规格、数量及生产日期。螺栓、螺母、垫圈外观表面应涂油保护,不应现生锈和沾染脏物,螺纹不应损伤。

4. 涂装材料

(1)主控项目

①钢结构防腐涂料、稀释剂和固化剂等材料的品种、规格、性能等应符合现行国家产品标准和设计要求。

②钢结构防火涂料的品种和技术性能应符合设计要求,并应经过有资质的检测机构检测符合国家现行有关标准的规定。

(2)一般项目

防腐涂料和防火涂料的型号、名称、颜色及有效期应与其质量证明文件相符。开启后,不应存在结皮、结块、凝胶等现象。

2.4.3 焊接工程

焊缝施焊后应在工艺规定的焊缝及部位打上焊工钢印。

1. 钢构件焊接工程

(1)主控项目

①焊条、焊丝、焊剂、电渣焊熔嘴等焊接材料与母材的匹配应符合设计要求及国家现行行业标准《建筑钢结构焊接技术规程》JGJ 81 的规定。焊条、焊剂、药芯焊丝、熔嘴等在使用前,应按其产品说明及焊接工艺文件的规定进行烘焙和存放。

②焊工必须经考试合格并取得合格证书。持证焊工必须在其考试合格项目及其认可范围内施焊。

③施工单位对其首次采用的钢材、焊接材料、焊接方法、焊后热处理等,应进行焊接工艺评定,并应根据评定报告确定焊接工艺。

④设计要求全焊透的一、二级焊缝应采用超声波探伤进行内部缺陷的检验,超声波探伤不能对缺陷作判断时,应采用射线探伤,其内部缺陷分级及探伤方法应符合现行国家标准《钢焊缝手工超声波探伤方法和探伤结果分级法》GB 11345 或《钢熔化焊对接接头射线照相和质量分级》GB 3323 的规定。

一级、二级焊缝的质量等级及缺陷分级应符合表 2.4.1 的规定。

表 2.4.1　一、二级焊缝质量等级及缺陷分级

焊缝质量等级		一级	二级
内部缺陷 超声波探伤	评定等级	Ⅱ	Ⅲ
	检验等级	B 级	B 级
	探伤比例	100%	20%
内部缺陷 射线探伤	评定等级	Ⅱ	Ⅲ
	检验等级	AB 级	AB 级
	探伤比例	100%	20%

注:探伤比例的记数方法应按以下原则确定:(1)对工厂制作焊缝,应按每条焊缝计算百分比,且探伤长度应不小于 200 mm,当焊缝长度不足 200 mm 时,应对整条焊缝进行探伤;(2)对现场安装焊缝,应按照同一类型、同一施焊条件的焊缝条数计算百分比,探伤长度应不小于 200 mm,且应不少于 1 条焊缝。

⑤T形接头、十字接头、角接接头等要求熔透的对接和角对接组合焊缝,其焊脚尺寸不应小于$T/4$;设计有疲劳验算要求的吊车梁或类似构件的腹板与上翼缘连接焊缝的焊脚尺寸为$T/2$,且不应大于10 mm。焊脚尺寸的允许偏差为0～4 mm。

⑥焊缝表面不得有裂纹、焊瘤等缺陷。一、二级焊缝不得有表面气孔、夹渣、弧坑裂纹、电弧擦伤等缺陷。且一级焊缝不得有咬边、未焊满、根部收缩等缺陷。

(2)一般项目

①对需要进行焊前预热或焊后热处理的焊缝,其预热温度或后热温度应符合国家现行有关标准的规定或通过工艺试验确定.预热区在焊道两侧,每侧宽度均应大于焊件厚度的1.5倍以上,且不应小于100 mm;后热处理应在焊后立即进行,保温时间应根据板厚按每25 mm板厚1 h确定。

②二级、三级焊缝外观质量标准应符合《验收规范》附录A中表A.0.1的规定。三级对接焊缝应按二级焊缝标准进行外观质量检验。

③焊缝尺寸允许偏差应符合《验收规范》附录A中表A.0.2的规定。

④焊成凹形的角焊缝,焊缝金属与母材间应平缓过渡;加工成凹形的角焊缝,不得在其表面留下切痕。

⑤焊缝感观应达到:外形均匀、成型较好,焊道与焊道、焊道与基本金属间过渡较滑,焊渣和飞溅物基本清除干净。

2.4.4 紧固件连接工程

1. 普通紧固件连接

(1)主控项目

①普通螺栓作为永久性连接螺栓时,当设计有要求或对其质量有疑义时,应进行螺栓实物最小拉力载复验,其结果应符合现行国家标准《紧固件机械性能螺栓、螺钉和螺柱》GB 3098的规定。

②连接薄钢板采用的自攻钉、拉铆钉、射钉等,其规格尺寸应与被连接钢板相匹配,其间距、边距等应符合设计要求。

(2)一般项目

①永久性普通螺栓紧固应牢固、可靠,外露丝扣不应少于2扣。

②自攻螺钉、钢拉铆钉、射钉等与连接钢板应紧固密贴,外观排列整齐。

2. 高强度螺栓连接

(1)主控项目

①钢结构制作和安装单位应按《验收规范》附录B的规定分别进行高强度螺栓连接摩擦面的抗滑移系数试验和复验,现场处理的构件摩擦面应单独进行摩擦面抗滑移系数试验,其结果应符合设计要求。

②高强度大六角头螺栓连接副终拧完成1～48 h内应进行终拧扭矩检查,检查结果应符合《验收规范》的规定。

③扭剪型高强度螺栓连接副终拧后,除因构造原因无法使用专用扳手终拧梅花头者外,未在终拧中拧掉梅花头的螺栓数不应大于该节点螺栓数的5%。对所有梅花头未拧掉的扭

剪型高强度螺栓连接副应采用扭矩法或转角法进行终拧并作标记,且终拧完成 1～48 h 内应进行终拧扭矩检查,检查结果应符合《验收规范》的规定。

(2)一般项目

①高强度螺栓连连接副的施拧顺序和初拧、复拧扭矩应符合设计要求和国家现行行业标准《钢结构高强度螺栓连接的设计施工及验收规程》JGJ 82 的规定。

②高强度螺栓连接副终拧后,螺栓丝扣外露应为 2～3 扣,其中允许有 10% 的螺栓丝扣外露 1 扣或 4 扣。

③高强度螺栓连接摩擦面应保持干燥、整洁,不应有飞边、毛刺、焊接飞溅物、焊疤、氧化铁皮、污垢等,除设计要求外摩擦面不应涂装。

④高强度螺栓应自由穿入螺栓孔。高强度螺栓不应采用气割扩孔,扩孔数量应征得设计同意,扩孔后的孔径不应超过 $1.2d$(d 为螺栓直径)。

2.4.5 钢零件及钢部件加工工程

1. 制孔

(1)主控项目

A、B 级螺栓孔应具有 H12 的精度,孔壁表面粗糙度 R_a 不应大于 12.5 um。其孔径的允许偏差应符合表 2.4.2 的规定。

表 2.4.2　A、B 级螺栓孔径的允许偏差(mm)

序　号	螺栓公称直径、螺栓孔直径	螺栓公称直径允许偏差	螺栓孔直径允许偏差
1	10～18	0.00 −0.21	+0.18 0.00
2	18～30	0.00 −0.21	+0.21 0.00
3	30～50	0.00 −0.25	+0.25 0.00

(2)一般项目

①螺栓孔孔距的允许偏差应符合规定。

②螺栓孔孔距的允许偏差超过表 2.4.3 规定的允许偏差时,应采用与母材材质相匹配的焊条补焊后重新制孔。

表 2.4.3　螺栓孔孔距允许偏差(mm)

螺栓孔孔距范围	≤500	501～1200	1201～3000	>3000
同一组内任意两孔间距离	±1.0	±1.5	—	—
相邻两组的端孔间距离	±1.5	±2.0	±2.5	±3.0

注:1. 在节点中连接板与一根杆件相连的所有螺栓孔为一组;
　　2. 对接接头在拼接板一侧的螺栓孔为一组;
　　3. 在两相邻节点或接头间的螺栓孔为一组,但不包括上述两款所规定的螺栓孔;
　　4. 受弯构件翼缘上的连接螺栓孔,每米长度范围内的螺栓为一组。

2.4.6 钢构件组装工程

1. 焊接 H 型钢

焊接 H 型钢的翼缘板拼接缝和腹板拼接缝的间距不应小于 200 mm。翼缘板拼接长度不应小于 2 倍板宽；腹板拼接宽度不应小于 300 mm，长度不应小于 600 mm。焊接 H 型钢的允许偏差应符合表 2.4.4。

表 2.4.4　焊接 H 型钢的允许偏差(mm)

项　目		允许偏差	图　例
截面高度 h	$h<500$	±2.0	
	$500<h<1000$	±3.0	
	$H>1000$	±4.0	
截面宽度 b		±3.0	
腹板中心偏移		2.0	
翼缘板垂直度 Δ		$b/1000$ 且不应大于 3.0	
弯曲矢高(受压构件除外)		$L/1000$，且不应大于 3.0	
扭曲		$b/250$，且不应大于 5.0	
腹板局部平面度 f	$t<14$	3.0	
	$t\geq14$	2.0	

2. 组装

(1)主控项目

吊车梁和吊车桁架不应下挠。

(2)一般项目

①焊接连接组装的允许偏差应符合表 2.4.5 有关规定。

表 2.4.5 焊接连接组装的允许偏差(mm)

项　　目		允许偏差	图　　例
对口错边 Δ		$t/10$,且不应大于 3.0	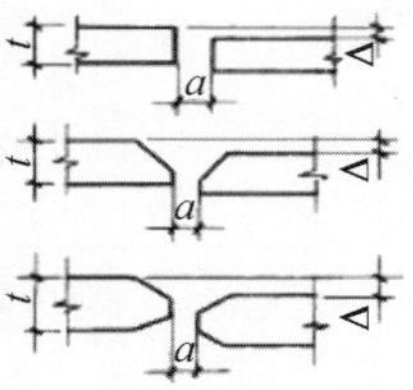
间隙 a		± 1.0	
搭界长度 a		± 5.0	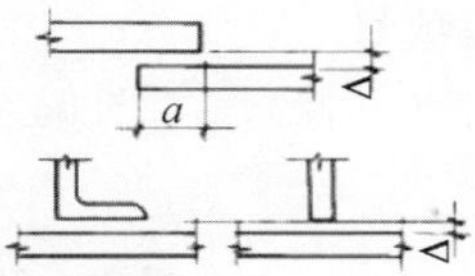
缝隙 Δ		1.5	
高度 h		± 2.0	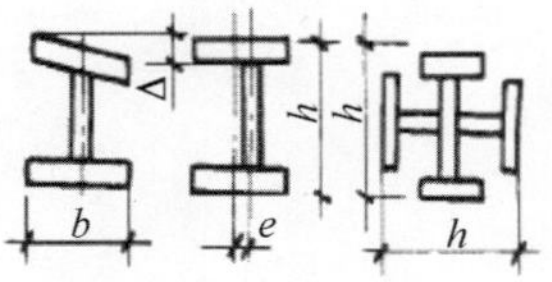
垂直度 Δ		$b/100$,且不应大于 3.0	
中心偏移 e		± 2.0	
型钢错位	连接处	1.0	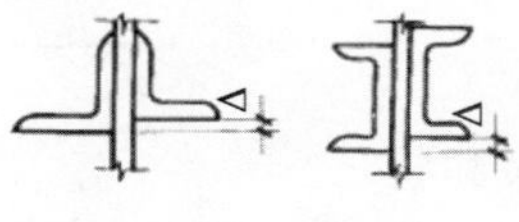
	其他处		
箱形截面高度 h		± 2.0	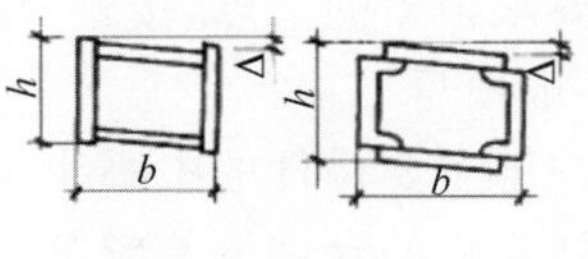
宽度 b		± 2.0	
垂直度 Δ		$b/200$,且不应大于 3.0	

②顶紧接触面应有 75% 以上的面积紧贴。

2.4.7 安装工程

钢结构安装检验批应在进场验收和焊接连接、紧固件连接、制作等分项工程验收合格的基础上进行验收。在形成空间刚度单元后,应及时对柱底板和基础顶面的空隙进行细石砼、灌浆料等二次浇灌。吊车梁或直接承受动力荷载的梁其受拉翼缘、吊车桁架或直接承受动力荷载的桁架其受拉弦杆上不得焊接悬挂物和卡具等。

1. 基础和支承面

（1）主控项目

①建筑物的定位轴线、基础轴线和标高、地脚螺栓的规格及其紧固应符合设计要求。

②基础顶面直接作为柱的支承面和基础顶面预埋钢板或支座作为柱的支承面时，其支承面、地脚螺栓（锚栓）位置的允许偏差应符合表 2.4.6 的规定。

表 2.4.6 支撑面、地脚螺栓（锚栓）位置的允许偏差（mm）

项　　目		允许偏差
支承面	标高	±3.0
	水平度	$l/1000$
地脚螺栓	螺栓中心偏移	5.0
	预留孔中心偏移	10.0

（2）一般项目

地脚螺栓（锚栓）尺寸的偏差应符合表 2.4.7 的规定。地脚螺栓（锚栓）的螺纹应受到保护。

表 2.4.7 地脚螺栓（锚栓）尺寸的允许偏差（mm）

项目	允许偏差
螺栓（锚栓）露出长度	+30.0 0.0
螺纹长度	+30.0 0.0

2. 安装和校正

（1）主控项目

设计要求顶紧的节点，接触面不应少于 70% 紧贴，且边缘最大间隙不应大于 0.8 mm。

（2）一般项目

①钢柱等主要构件的中心线及标高基准点等标记应齐全；

②钢柱安装的允许偏差应符合《验收规范》附录 E 中表 E.0.1 的规定；

③钢吊车梁或直接承受动力荷载的类似构件，其安装的允许偏差应符合《验收规范》附录 E 中表 E.0.2 的规定；

④檩条、墙架等次要构件安装的允许偏差应符合《验收规范》附录 E 中表 E.0.3 的规定。

2.4.8 钢结构涂装工程

1. 钢结构防腐涂料涂装

（1）主控项目

①涂装前钢材表面除锈应符合设计要求和国家现行有关标准的规定。处理后的钢材表面不应有焊渣、焊疤、灰尘、油污、水和毛刺等。当设计无要求时，钢材表面除锈等级应符合表 2.4.8 的规定。

表 2.4.8　各种底漆或防锈漆要求最低的除锈等级

涂料品种	除锈等级
油性酚醛、醇酸等底漆或防锈漆	St2
高氯化聚乙烯、氯化橡胶、氯磺化聚乙烯、环氧树脂、聚氨酯等底漆或防锈漆	Sa2
无机富锌、有机硅、过氯乙烯等底漆	Sa2 1/2

②涂料、涂装遍数、涂层厚度均应符合设计要求。当设计对涂层厚度无要求时，涂层干漆膜厚总厚度：室外应为 150 μm，室内应为 125 μm，其允许偏差为 -25 μm。每遍涂层干漆膜厚度的允许偏差为 -5 μm。

（2）一般项目

构件表面不应误涂、漏涂，涂层不应脱皮和返锈等，涂层应均匀、无明显皱皮、流坠、针眼和气泡等。涂装完成后，构件的标志、标记和编号应清晰完整。

当钢结构处在有腐蚀介质环境或外露且设计有要求时，应进行涂层附着力测试，在检测处范围内，当涂层完整程度达到 70% 以上时，涂层附着力达到合格质量标准的要求。

2. 钢结构防火涂料涂装

（1）主控项目

薄涂型防火涂料涂层表面裂纹宽度不应大于 0.5 mm；厚涂型防火涂料涂层表面裂纹宽度不应大于 1 mm。

（2）一般项目

防火涂料不应有误涂、漏涂，涂层应闭合无脱层、空鼓、明显凹陷、粉化松散和浮浆等外观缺陷，乳突已剔除。

2.4.9 钢结构分部工程竣工验收

（1）钢结构分部工程合格质量标准应符合下列规定：

①各分项工程质量均应符合合格质量标准；

②质量控制资料和文件应完整；

③有关安全及功能的检验和见证检测结果应符合《验收规范》相应合格质量标准的要求；

④有关观感质量应符合《验收规范》相应合格质量标准的要求。

（2）钢结构分部工程竣工验收时，应提供下列文件和记录：

①钢结构工程竣工图纸及相关设计文件；

②施工现场质量管理检查记录；

③有关安全及功能的检验和见证检测项目检查记录；

④有关观感质量检验项目检查记录；

⑤分部工程所含各分项工程质量验收记录；

⑥分项工程所含各检验批质量验收记录；

⑦强制性条文检验项目检查记录及证明文件；

⑧隐蔽工程检验项目检查验收记录；

⑨原材料、成品质量合格证明文件、中文标志及性能检测报告；

⑩不合格项的处理记录及验收记录；

⑪重大质量、技术问题实施方案及验收记录；

⑫其他有关文件和记录。

(3)钢结构工程质量验收记录应符合下列规定：

①施工现场质量管理检查记录可按现行国家标准《建筑工程施工质量验收统一标准》GB 50300中附录 A 进行；

②分项工程检验批验收记录可按《验收规范》附录 J 中表 J.0.1～表 J.0.13 进行；

③分项工程验收记录可按现行国家标准《建筑工程施工质量验收统一标准》GB 50300中附录 E 进行；

④分部(子分部)工程验收记录可按现行国家标准《建筑工程施工质量验收统一标准》GB 50300中附录 F 进行。

思考题

1. 轻钢门式刚架结构由哪些部分组成,各起什么作用？

2. 轻钢门式刚架结构安装方法一般有哪几种？各有什么特点？

3. 轻钢门式刚架主要类型有哪些？它们的适用范围是什么？

4. 轻钢门式刚架加工制作技术交底包含几个层次？参加人员有哪些？交底的内容有哪些？

5. 轻钢门式刚架图纸审核的主要内容有哪些？

6. 轻钢门式刚架结构可否采用现场整榀拼装后进行整榀吊装？为什么？

单元 3

钢框架结构工程施工

【学习内容】

　　本单元主要讲述钢框架结构基本知识、组成与图纸识读；钢框架结构构件的加工、制作、构件拼装；钢框架结构的安装方法；钢框架结构的验收要点等内容。

【学习目标】

　　熟悉钢框架结构分类、力学特点；

　　明确钢框架结构结构组成；理解钢框架结构施工图的图示符号及其含义；

　　正确识读钢框架结构施工图、加工图；

　　了解钢框架结构加工及安装设备性能；

　　掌握钢框架结构的安装方法；

　　熟悉钢框架结构的验收要点。

3.1 钢框架结构基本知识与图纸识读

　　多层钢框架结构是钢结构民用建筑和多层厂房最常用的结构形式，也是将来建筑钢结构产业发展的一个重点。框架结构体系横向刚度较好，横梁高度也较小，是比较经济的结构形式。钢结构体系具有自重轻、安装容易、施工周期短、抗震性能好、投资回收快、环境污染少等综合优势，从目前来看，钢结构建筑是对城市环境影响最小的一种结构之一，在西方已被广泛采用，所以也被称为绿色建筑。与钢筋混凝土结构相比，更具有在"高、大、轻"三方面发展的独特优势。因此，两者相结合以至达到更好的使用功能效果。

　　目前，我国绝大部分框架结构均为钢筋混凝土框架，但已出现了不少的钢框架建筑。随着我国钢材产量的迅速增加、品种增多，钢结构设计和施工技术的不断提高使钢框架的运用有良好的前景。

3.1.1 钢框架结构基本知识

　　钢框架是由钢梁和钢柱组成的能承受垂直和水平荷载的结构。钢框架一般布置在建筑物的横向，以承受屋面或楼板的恒载、雪荷载、使用荷载、水平方向的风荷载及地震荷载等。纵向之间以系梁、纵向支撑吊车梁或墙板与框架柱连接，承受纵向的水平风荷载和地震荷载，并保证柱的纵向稳定。其优点是：抗震性能良好，由于钢材延性好，使得钢结构具有抵抗地震作用的变形能力；自重轻，可以显著减轻结构传至基础的竖向荷载和地震作用；充分利用建筑空间,由于柱截面较小,可增加建筑使用面积 2%~4%;平面布置灵活,结构各部分刚度较均匀,构造简单,施工周期短,建造速度快。但也存在一定的缺点:耐火性能差,钢结构中的梁、柱、支撑及作承重用的压型钢板等要求用喷涂防火涂料,后期维护费用高,造价高于混凝土框架。

随着层数及高度的增加,除承受较大的竖向荷载外,抗侧力(风荷载、地震作用等)要求也成为框架结构的主要承载特点。当钢框架结构层数及高度较大时,水平作用成为影响柱截面的主要因素,一般在框架柱之间要布置柱间支撑,来抵抗水平作用。也可降低框架柱的计算长度,减少框架柱的计算截面。

在实际设计中,由于使用功能的要求,钢框架结构在层数和高度较小时,常常不设置柱间支撑,即为纯框架体系,只能够通过加大框架柱的截面来抵抗水平地震力和水平风力,减少层间位移。

对于多层及小高层钢框架结构建筑,可结合门窗位置在建筑的外墙布置双向交叉支撑,称为框架—支撑体系,支撑可采用角钢、槽钢或圆钢,其目的主要是为了增加结构的刚度。对于外墙开有门窗时,也可在窗台高度范围内布置,形成类似周边带状桁架的结构形式,对结构整体刚度进行加强。

对高层住宅,可选择山墙和内墙布置中心支撑或偏心支撑,值得注意的是,当采用单斜体系时,应设置不同倾斜方向的两组单斜撑,以抵挡双向地震作用,在节点方面,若支撑足以承受建筑物的全部侧向力作用,则梁柱可做成铰接,如支撑不足以承受建筑物的全部侧向力作用,则梁柱可部分或全部做成刚接。

在高烈度地区,如果柱子比较细长,则大多采用偏心框架体系,这种体系的特点是,在小震或中等烈度地震作用下,刚度足以承受侧向水平力,在强震作用下,又具有很好的延性和耗能能力。

3.1.2 钢框架结构的组成

钢框架结构包括梁、板、柱等主要的结构构件。钢框架结构柱一般可为 H 型钢或焊接箱形,梁一般为 H 型钢截面形式。楼面板主要有压型钢板组合楼板、现浇混凝土楼板等。

1. 钢梁

(1)H 型钢梁

对于柱距较小的钢框架结构,钢梁一般采用 H 型钢,其强轴平行于水平面设置。

(2)焊接箱形截面梁

对于柱距特别大的钢框架结构,钢梁一般采用焊接箱形截面,其强轴平行于水平面设置。

2. 钢柱

(1)H 型钢柱

H 型钢柱(如图 3.1.1 所示)是由三块钢板组成的 H 形截面承重构件,对于房间开间较小的钢框架结构,为降低用钢量和充分发挥截面承重能力,其钢柱一般采用 H 型钢柱,其强轴平行于建筑物纵向设置。

(2)焊接箱形或方钢管截面柱

图 3.1.1　H 型钢柱

焊接箱形截面柱是由四块钢板组成的承重构件,在它与梁连接部位还设有加劲隔板,每节柱子顶部要求平整,如图 3.1.2 所示。

对于房间开间较大的纵横向承重的钢框架结构,为充分发挥截面承重能力,其柱一般采用焊接箱形截面柱。

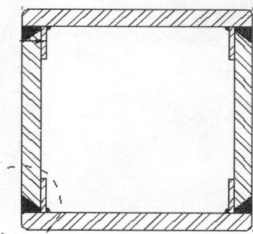

图 3.1.2　方形截面柱

(3)钢管及钢管混凝土柱

钢管柱是由圆钢管或方钢管经切割和加工的钢柱,为提高其承载能力,充分发挥钢材和混凝土材料的性能优势,可在钢管中浇筑混凝土,形成钢管混凝土柱如图 3.1.3 所示。

(4)十字柱

十字柱采用 H 型钢柱与由 H 型钢部分形成的 T 型钢焊接而成,如图 3.1.4 所示。当钢框架结构柱为焊接十字形钢柱时,其整体刚性大,对几何尺寸要求严格,若产生变形校正极为困难,因此在制作过程中要严格控制变形的产生。

3. 楼面

在钢结构住宅中楼板的形式也呈现多样性。近年来,采用较多的楼板形式主要有以下几种。

(1)压型钢板混凝土楼板

压型钢板混凝土组合楼板是将压型钢板铺设在钢梁上,在压型钢板和钢梁翼缘板之间用圆柱头焊钉进行穿透焊接,压型钢板即可作为浇筑混凝土时的永久性模板,也可作为混凝

图 3.1.3　钢管混凝土柱

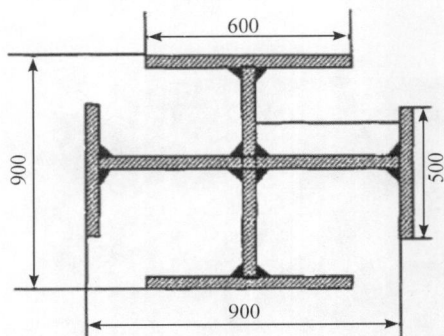

图 3.1.4　十字形钢柱

土板下部受拉钢筋与混凝土一起共同工作，如图 3.1.5 所示。

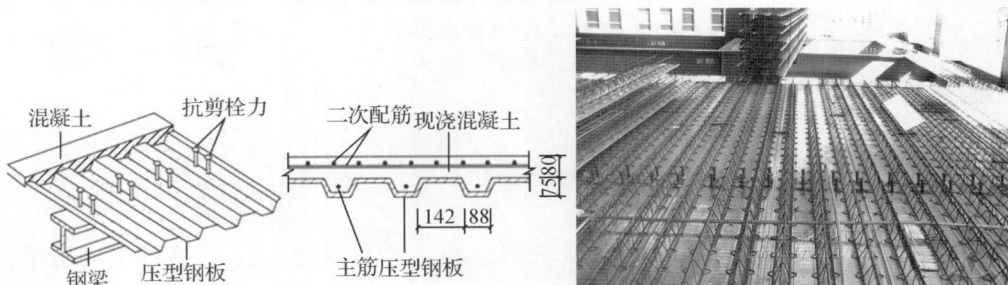

图 3.1.5　压型钢板组合楼板

①压型钢板混凝土楼板特点

在钢结构设计中，采用压型钢板与混凝土组合楼板具有多项优点：

a. 合理的设计后，可不设施工专用的模板系统，实现多层同时施工作业，大大加快施工进度。

b. 压型钢板的凹槽内可铺设通讯、电力、通风、采暖等管线，吊顶方便。

c. 压型钢板便于运输、堆放，安装方便，不需拆卸，火灾危险性小。

d. 施工时可起增强钢梁侧向稳定性作用,在组合楼板中压型钢板可以作受拉钢筋使用。

另一方面,压型钢板组合楼盖对建筑物也有一些不利的因素:

a. 用压型钢板后,增加了材料的费用,尤其是镀锌压型钢板,本身造价较高,需要进行防火处理。

b. 楼板中增加了压型钢板,楼层净高有少量的降低,按每层 75 mm 计,24 层大楼合计为 1.8 m。

c. 压型钢板目前还没有国家标准,每个生产厂商都有各自的一套技术资料,给设计人员带来不便。

②压型钢板混凝土组合板的构造要求

压型钢板混凝土组合楼板根据结构布置方案的不同主要有板肋垂直于主梁、平行于主梁两种形式,如图 3.1.6 所示。

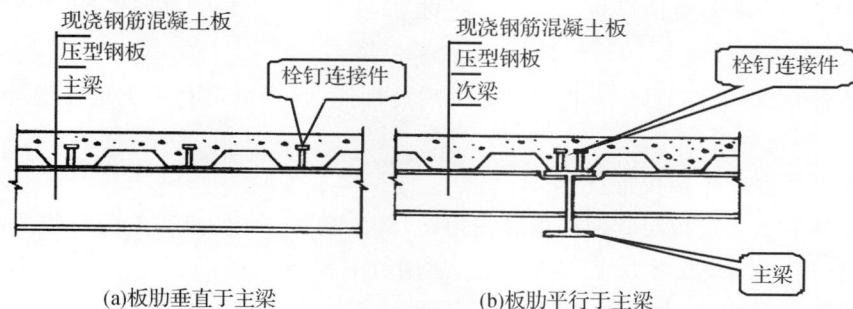

(a)板肋垂直于主梁　　　(b)板肋平行于主梁
图 3.1.6　压型钢板组合楼板

在对压型钢板混凝土组合板进行验算的同时,其截面尺寸及配筋要求还应满足以下的构造要求。

当考虑组合板中压型钢板的受力作用时,压型钢板(不包括镀锌层和饰面层)的净厚度不应小于 0.75 mm,浇筑混凝土的平均槽宽不应小于 50 mm。当在槽内设置栓钉抗剪连接时,压型钢板的总高度(包括压痕)不应大于 80 mm。

组合板的总厚度不应小于 90 mm,压型钢板顶部的混凝土厚度不应小于 50 mm,混凝土强度等级不宜低于 C20。浇筑混凝土的骨料大小不应超过压型钢板顶部的混凝土厚度的 0.4 倍、(平均槽宽)/3 及 30 mm。

组合板在下列情况下,应配置钢筋:

a. 当仅考虑压型钢板时组合板的承载力不满足设计要求,应在板内混凝土中置附加的抗拉钢筋;

b. 在连续组合板或悬臂组合板的负弯矩区应配置连续钢筋;

c. 在集中荷载区段和孔洞周围应配置分布钢筋;

d. 为改善防火效果,增加抗拉钢筋。

连续组合板按简支板设计时,抗裂钢筋截面不应小于混凝土截面的 0.2%;从支撑边缘算起,抗裂筋的长度不应小于跨度的 1/6,且必须与至少 5 根分布筋相交。抗裂钢筋最小直径为 4 mm,最大间距为 150 mm,顺肋方向抗裂钢筋的保护层厚度为 20 mm。与抗裂钢筋垂直的分布筋直径不应小于抗裂钢筋的 2/3,其间距不应大于抗裂钢筋的 1.5 倍。

（2）现浇整体混凝土楼盖

现浇整体混凝土楼盖是结构设计中最常用的一种楼板,也是设计及施工人员最为熟悉的一种结构形式。因此在钢结构工程中也频繁被设计者所采用,并且考虑到现浇整体混凝土板与钢梁的协同工作的整体性,把混凝土板与钢梁之间用剪切连接件连接,使混凝土板作为钢梁的翼缘与钢梁组合在一起,整体共同工作形成组合 T 形梁(图 3.1.7)。组合梁能按各组成部件所处的受力位置和特点,较大限度地发挥出钢与混凝土各自的材料特性,不但满足了结构的功能要求,而且还有较好的经济效益。实践表明,组合梁方案与钢梁方案相比,截面刚度大,梁的挠度可减少 1/3～1/2,可提高梁的自振频率,可减少结构高度,可节省钢材 20%～40%,每平方米造价可降低 10%～30%;组合梁方案由

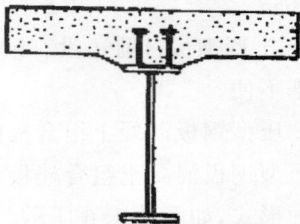

图 3.1.7　现浇整体混凝土楼盖断面

于它的整体性强,抗剪性能好,表现出良好的耐震性能;组合梁可利用钢梁作混凝土楼板的模板支撑,以节约费用。

①现浇整体混凝土楼板特点

现浇整体混凝土楼板与其他楼板形式相比,具备以下一些特点。它的一些主要优势是:

a. 施工工艺简单,取材方便,造价低廉,适用范围广;

b. 平面整体刚度大,抗震性能好;

c. 和钢梁共同工作,形成组合梁,可减小梁截面的高度;

d. 不受房间形状的限制,开洞方便,便于设备和管道的垂直铺设;

e. 取消了压型钢板,减少了用钢量。

尽管它有以上许多优点,但在多高层结构的楼板设计中受到一定的限制,主要是以下几点:

a. 自重较大,现场湿作业多,现场凌乱。

b. 它需要传统的模板支撑系统,阻碍下部交通,支模拆模比较烦琐。

c. 混凝土浇筑完成后,不能及时为后续工作提供条件。

d. 楼板混凝土的硬化需要较长的时间,对工期的影响较大。

②现浇整体混凝土楼板的构造要求

现浇整体混凝土楼板除了要满足钢筋混凝土楼板自身的构造要求外,还要满足以下一些构造,才能够更好地与钢梁形成组合作用。

组合梁截面高度不宜超过钢梁截面高度的 2.5 倍;混凝土板托高度不宜超过翼板厚度的 1.5 倍;板托的顶面宽度不宜小于钢梁上翼缘宽度与 1.5 倍板托高度之和。

组合梁栓钉连接件的设置,必须与钢梁焊接,且应符合下列规定:

a. 当栓钉焊于钢梁受拉翼缘时,其直径不得大于翼缘板厚度的 1.5 倍;当栓钉焊于无拉应力部位时,其直径不得大于翼缘板厚度的 2.5 倍。

b. 栓钉沿梁轴线方向布置,其间距不得小于 $5d$(d 为栓钉直径);栓钉垂直于轴线布

置,其间距不得小于 $4d$,边距不得小于 35 mm。

c. 当栓钉穿透钢板焊接于钢梁时,其直径不得大于 19 mm,焊后栓钉高度应大于压型钢板波高加 30 mm。

d. 栓钉顶面的混凝土保护层厚度不应小于 15 mm。

连续组合梁或组合板在中间支座负弯矩区的上部纵向钢筋,应伸过梁的反弯点,并应留出锚固长度和弯钩。下部纵向钢筋在支座处应连续配置,不得中断。

(3)混凝土叠合板楼盖

混凝土叠合板是将预制钢筋混凝土板支撑在工厂制作的焊有栓钉剪力连接件的钢梁上,在铺设完现浇层中的钢筋之后浇灌混凝土,当现浇混凝土达到一定的强度时,栓钉连接件使槽口混凝土、现浇层及预制板与钢梁连成整体共同工作,形成钢—混凝土叠合板组合梁,预制板和现浇层相结合形成叠合板。预制板按照设计荷载配置了承受正弯矩的受力钢筋,并伸出板端,现浇层中在垂直梁轴线方向配置了负弯矩钢筋。负钢筋和伸出板端的钢筋(也称胡子筋)还同时兼作组合梁的横向钢筋抵抗纵向剪力。预制板既作为底模承受现浇混凝土自重和施工荷载,又作为楼面板的一部分承受竖向荷载,同时还作为组合梁翼缘的一部分参与组合梁的受力。其中比较有优势的是自承式钢筋桁架压型钢板组合楼面。

自承式钢筋桁架压型钢板组合楼面,利用混凝土楼板的上下层纵向钢筋,与弯折成形的钢筋焊接,组成能够承受荷载的小桁架,组成一个在施工阶段无须模板的能够承受湿混凝土及施工荷载的结构体系。在使用阶段,钢筋桁架成为混凝土土楼板的配筋,能够承受使用荷载。如图 3.1.8 所示。

腹杆钢筋
上弦钢筋
支座竖向钢筋
支座水平钢筋
下弦钢筋
底模
支座水平钢筋
支座竖向钢筋

(a)自承式钢筋桁架压型钢板组合楼面的组成

(b)钢筋绑扎前　　　　　　　(c)钢筋绑扎后

图 3.1.8　自承式钢筋桁架压型钢板组合楼面

钢筋桁架压型钢板组合楼面作为一种合理的楼板形式,在国外工程中已广泛应用。其又具有自身的特点及优势:

①使用范围广

适用于工业建筑和公共建筑以及住宅,满足抗震规范对不大于 9 度地震区楼板的要求。

②提高工程质量,改善楼板的使用性能。钢筋间距均匀,混凝土保护层厚度容易控制;由于腹杆钢筋的存在,与普通混凝土叠合板相比,钢筋桁架混凝土叠合板具有更好的整体工作性能。

③楼板下表面平整,便于作饰面处理,符合用户对室内顶板的感观要求。

④缩短工期。施工阶段,钢筋桁架压型钢板可作为施工操作平台和现浇混凝土的底模,取消了烦琐的模板工程。

(4)SP 预应力空心板楼盖。

SP 板是引进美国 SPANCERETE 公司的生产设备和技术生产的大跨度预应力混凝土空心板。SP 板既可用作楼板,又可用作墙板,能很好地满足房屋的建筑和结构的要求。如图 3.1.9 所示。

图 3.1.9 SP 预应力空心板楼盖

①SP 空心板作为楼盖有以下一些优点:

a. 跨度大、承载力高。SP 板通过板和板之间的共同作用可以承受较大的集中荷载。另外,SP 板采用预应力钢绞线作为受力主筋,其最大跨度可达 18 米,可满足各种结构的需要。

b. 任意切割,不受建筑模数限制。建筑上布局灵活,造型美观,设计多样化。

c. 外观尺寸准确,平整度好。由于该板材为机械成形,表面平整,外形美观。其表面平整度误差能控制在 2 毫米以内,长宽误差也都均能控制 3 毫米以内。

d. 施工安装快捷,缩短施工期。

e. 抗震性能强;在地面加速度、场地等其他条件相同的情况下,SP 板建筑物的延性较好,抗震性能接近于钢筋混凝土剪力墙。日本神户大地震后,曾对 SP 板房屋建筑做了调查,结果表明其抗震性能好,震害较轻。

f. 用钢量低。该板采用预应力钢绞线,无分布筋和其他构造筋,与相同规格和承载力的标准圆孔板相比,其用钢量减少近一半。

②SP 预应力空心板楼盖也有一些不足之处:

a. 跨度大,运输和吊装的难度也较普通的预应力圆孔板大,如果不加以注意,容易造成

04

SP 板意外的损坏。

b. 现浇混凝土楼板相比,平面内的整体刚度较差,SP 板之间是用细石混凝土或砂浆灌板缝的方式来连为一体的,质量不易保证。

c. SP 空心板在使用过程中板与板之间易出现纵向裂缝,影响美观。

(5)密肋 OSB 板

其楼盖由 C 形的轻钢龙骨与铺于龙骨上的薄板组成。楼面结构板材一般采用 OSB 板(定向刨花板)。龙骨在腹板上开有大孔,这样对于管线的穿越与布置极为方便。

(6)双向轻钢密肋组合楼盖

由钢筋或小型钢焊接的单品桁架正交成的平板网架,并在网架内嵌入五面体无机玻璃钢模壳而形成双向轻钢密肋组合楼盖。施工时利用平板网架自身的强度、刚度,并配 1～2 点临时支撑即可完成无模板浇筑混凝土作业。钢框架梁和轻钢桁架被现规浇混凝土包裹形成双向组合楼盖,增加了楼板的刚度。无机玻璃钢模壳高度约 250 mm,500～600 mm 见方,混凝土现浇层厚度 50～70 mm,楼板总厚度较大(密肋模壳可供设备管线穿过),需要架设吊顶。

除了以上几种形式外,在钢结构住宅建设中还采用过钢骨架轻质保温隔声复合楼板、密排托架一现浇混凝土组合楼板、双向轻钢密肋组合楼盖、轻骨料或加气混凝土楼板(ALC 板)、现浇钢骨混凝土大跨度空心楼盖(有两种形式:①梁式钢骨混凝土空心楼盖,框架梁为钢骨混凝土明梁。②暗梁钢骨混凝土空心楼盖。楼板中埋设 GBF 轻质高强复合薄壁空心管。)等楼板形式。

3.1.3 钢框架结构施工图识读

一套完整的钢框架结构施工图,通常情况下包括结构设计说明、基础平面布置图及其详图、柱平面布置置图、各层结构平面布置图、各横轴竖向支撑立面布置图、各纵轴竖向支撑立面布置图、梁柱截面选用表、梁柱节点详图、梁节点详图、柱脚节点详图和支撑节点详图等。另外,在钢框架结构的施工详图中,往往还需要有各层梁构件的详图、各种支撑的构件详图、各种柱的构件详图以及某些构件的现场拼装图等。

在实际工程中,可以根据工程的繁简程度,将某几项内容合并在一张图纸上或将某一项内容拆分成几张图纸。例如,对于基础类型较多的工程,其基础详图往往单列一张图纸,却不与基础平面布置图合在一张图纸上;在构件截面类型较少时,梁柱截面选用表可在各层结构平面布置图中一并标出;对于小型工程,则可将各构件的节点详图合并在一张图纸上表达。

在高层钢架结构施工图中,由于其柱往往采用组合柱,构造较为复杂,故需单独的一张"柱设计图"来详细表达其构造做法。对于有结构转换层的高层钢框架结构,还需结构转换层图纸清楚表达相关信息。

对于钢框架施工图的识读,可以按照图 3.1.10 所示的流程进行,以便能对整个工程从整体到细节都有较清晰的认识。

1. 结构设计说明

钢框架结构的结构设计说明,往往根据工程的繁简情况不同,说明中的条文也不尽相

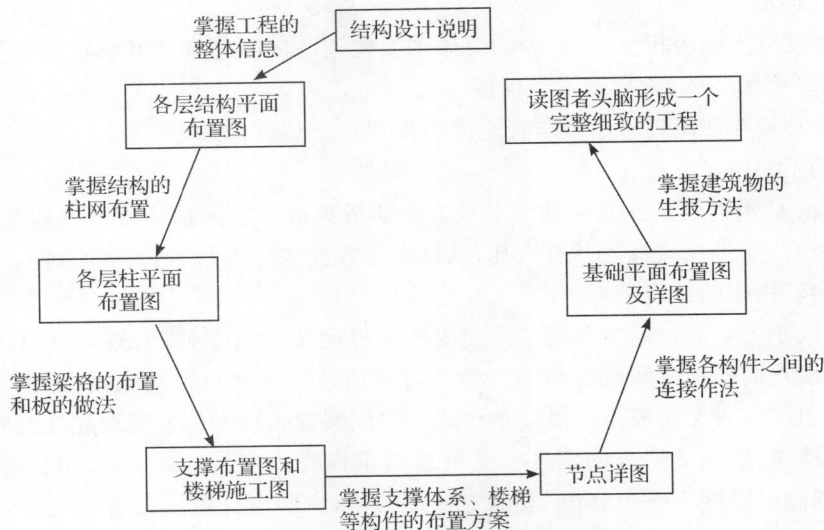

图 3.1.10 钢框架施工图识读步骤

同,工程设计说明中所列条文都是钢框架结构工程中所必须涉及的内容,主要包括设计依据、设计荷载、材料要求、构件制作、运输、安装要求、施工验收、后续图中相关图例的规定,主要构件材料表等。

图 3.1.11 是某两层钢框架别墅的设计说明。从中不难发现,本工程较为简单,因此结构设计说明的内容也比较简单。

2. 底层柱平面布置图

柱平面布置图反映了结构柱在建筑平面中的位置,用粗实线反映柱子的截面形式,根据柱子断面尺寸的不同,给柱进行不同的编号,并且标出柱子断面中心线与轴线的关系尺寸,以便给柱子定位。对于柱截面中板件尺寸的选用往往另外用列表方式表示。图 3.1.12 示意了某三层钢框架别墅的底层柱网布置图,其对应的设计说明是图 3.1.11。图 3.1.12 主要表达了本工程底层柱的布置情况,读此图需分两步完成。

(1)明确图中柱的截面类型和数量。

本图中共有两种类型的柱,即未在图 3.1.12 中注明的柱 C1 和图中注明的柱 C2;对照设计说明中的材料表可知,柱 C1 的截面为 HI00×100×6×8 的焊接 H 型钢,柱 C2 的截面为 2 个 H100×100×4.5×8 的焊接 H 型钢将翼缘对接焊接组合而成,且从图 3.1.12 中可知本层柱 C1 共 29 个、柱 C2 共有 14 个。

(2)确定每一根柱的具体位置、摆放方向以及它与定位轴线之间的关系。

钢框架结构的安装尺寸要求必须精确,否则将会影响其后相关构件的安装就位,因此在识读时必须要准确掌握柱的准确位置;另外,由于柱的摆放方向与柱的受力以及整个结构体系的稳定性都有直接的关系,所以柱的摆放方向也需要明确。如图 3.1.12 中最西南角上的柱 C2,它位于①轴线和⑥轴线相交的位置,柱的边长沿着①轴线放置,且柱中心线与①轴线重合;柱的短边沿⑧轴线布置,且柱的南侧外边缘在 B 轴线以南 30 mm。

钢结构设计总说明

六、图例

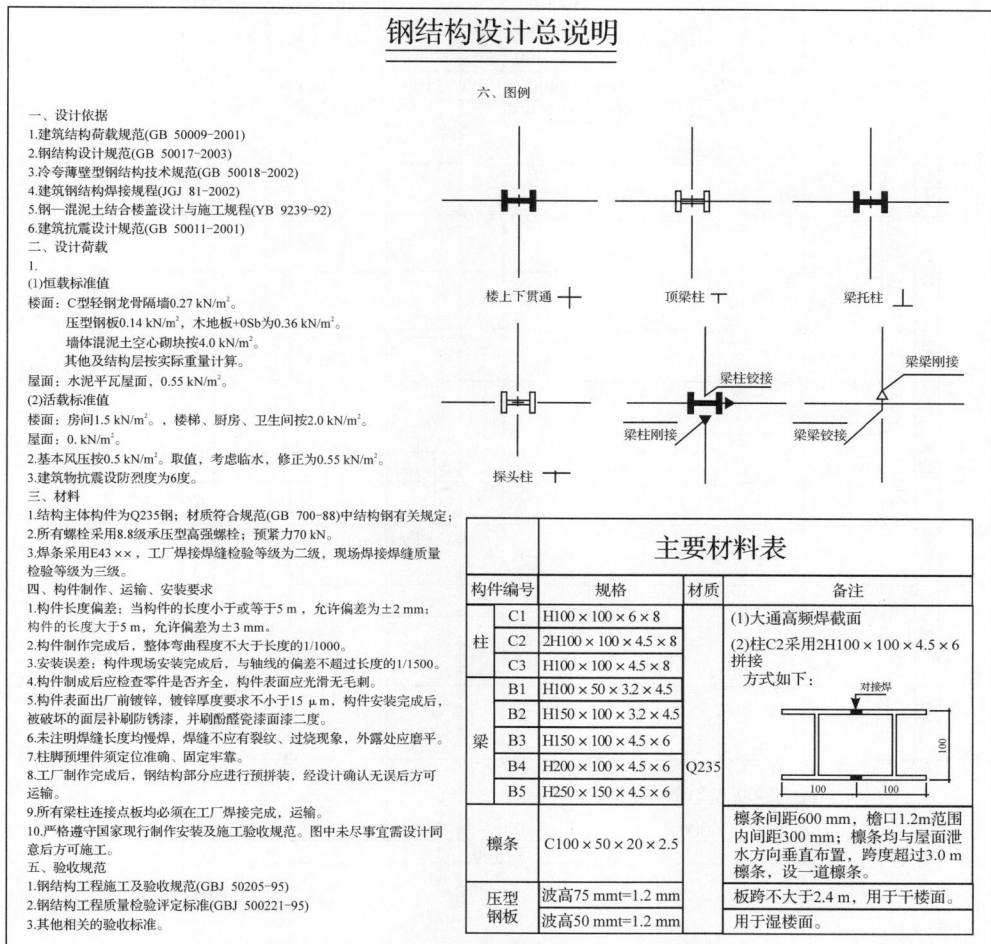

楼上下贯通　　　顶梁柱　　　梁托柱

梁柱铰接　　　　　　　梁梁刚接

梁柱刚接　　　梁梁铰接

探头柱

一、设计依据
1. 建筑结构荷载规范(GB 50009-2001)
2. 钢结构设计规范(GB 50017-2003)
3. 冷弯薄壁型钢结构技术规范(GB 50018-2002)
4. 建筑钢结构焊接规程(JGJ 81-2002)
5. 钢—混凝土结合楼盖设计与施工规程(YB 9239-92)
6. 建筑抗震设计规范(GB 50011-2001)

二、设计荷载
1.
(1)恒载标准值
楼面: C 型轻钢龙骨隔墙 0.27 kN/m²。
　　　压型钢板 0.14 kN/m²，木地板+0Sb 为 0.36 kN/m²。
　　　墙体混凝土空心砌块按 4.0 kN/m²。
　　　其他及结构层按实际重量计算。
屋面: 水泥平瓦屋面，0.55 kN/m²。
(2)活载标准值
楼面: 房间 1.5 kN/m²，楼梯、厨房、卫生间按 2.0 kN/m²。
屋面: 0. kN/m²。
2. 基本风压按 0.5 kN/m²。取值，考虑临水，修正为 0.55 kN/m²。
3. 建筑物抗震设防烈度为 6 度。

三、材料
1. 结构主体构件为 Q235 钢; 材质符合规范(GB 700-88)中结构钢有关规定;
2. 所有螺栓采用 8.8 级承压型高强螺栓; 预紧力 70 kN。
3. 焊条采用 E43××，工厂焊接焊缝检验等级为二级，现场焊接焊缝质量检验等级为三级。

四、构件制作、运输、安装要求
1. 构件长度偏差: 当构件的长度小于或等于 5 m 时，允许偏差为±2 mm; 构件的长度大于 5 m 时，允许偏差为±3 mm。
2. 构件制作完成后，整体弯曲程度不大于长度的 1/1000。
3. 安装误差: 构件现场安装完成后，与轴线的偏差不超过长度的 1/1500。
4. 构件制成后应检查零件是否齐全，构件表面应光滑无毛刺。
5. 构件表面出厂前应镀锌，镀锌厚度要求不小于 15 μm，构件安装完成后，被破坏的面层补刷防锈漆，并刷酚醛瓷漆面漆二度。
6. 未注明焊缝长度均慢焊，焊缝不应有裂纹、过烧等现象，外露处应磨平。
7. 柱脚预埋件预定位准确、固定牢靠。
8. 工厂制作完成后，钢结构部分应进行预拼装，经设计确认无误后方可运输。
9. 所有梁板连接点板均必须在工厂焊接完成，运输。
10. 严格遵守国家现行制作安装及施工验收规范。图中未尽事宜需要设计同意后方可施工。

五、验收规范
1. 钢结构工程施工及验收规范(GBJ 50205-95)
2. 钢结构工程质量检验评定标准(GBJ 500221-95)
3. 其他相关的验收标准。

主要材料表

构件编号		规格	材质	备注
柱	C1	H100×100×6×8		(1)大通高频焊截面
	C2	2H100×100×4.5×8		(2)柱 C2 采用 2H100×100×4.5×6 拼接方式如下:
	C3	H100×100×4.5×8		
梁	B1	H100×50×3.2×4.5		
	B2	H150×100×3.2×4.5	Q235	
	B3	H150×100×4.5×6		
	B4	H200×100×4.5×6		
	B5	H250×150×4.5×6		
檩条		C100×50×20×2.5		檩条间距 600 mm; 檐口 1.2m 范围内间距 300 mm; 檩条均与屋面泄水方向垂直布置，跨度超过 3.0 m 檩条，设一道檩条。
压型钢板		波高 75 mmt=1.2 mm		板跨不大于 2.4 m，用于干楼面。
		波高 50 mmt=1.2 mm		用于湿楼面。

对接焊
100
100　100

图 3.1.11　某两层钢框架别墅的设计说明

3. 结构布置图

钢框架结构布置图是表明各类钢框架结构的布置情况，包括框架平面布置图和立面布置图。各层楼面、屋面结构平面布置图注明了定位关系、标高、构件(可用单线绘制)的位置及编号、节点详图索引号等，必要时应绘制檩条、墙梁布置图和关键剖面图。

当多层框架结构形状不规则或类型较多时，倘若仅用框架布置图仍不易表达，则一般借助主构件平面布置图来示意，包括各楼层主要构件(柱、主梁、次梁等)的平面布置图，它可反映出不同规格型号的主要构件在平面位置上的布置情况，并用不同的编号来区分这些钢构件。

(1)立面布置图

钢结构立面布置图是取出结构在横向和纵向轴线上的各榀框架，用各榀框架立面图来表达结构在立面上的布置情况，并在图中标注构件的截面形状、尺寸以及构件之间的连接节点。

当房屋钢结构比较高大或平面布置比较复杂以及柱网不太规则，或立面高低错落，为表

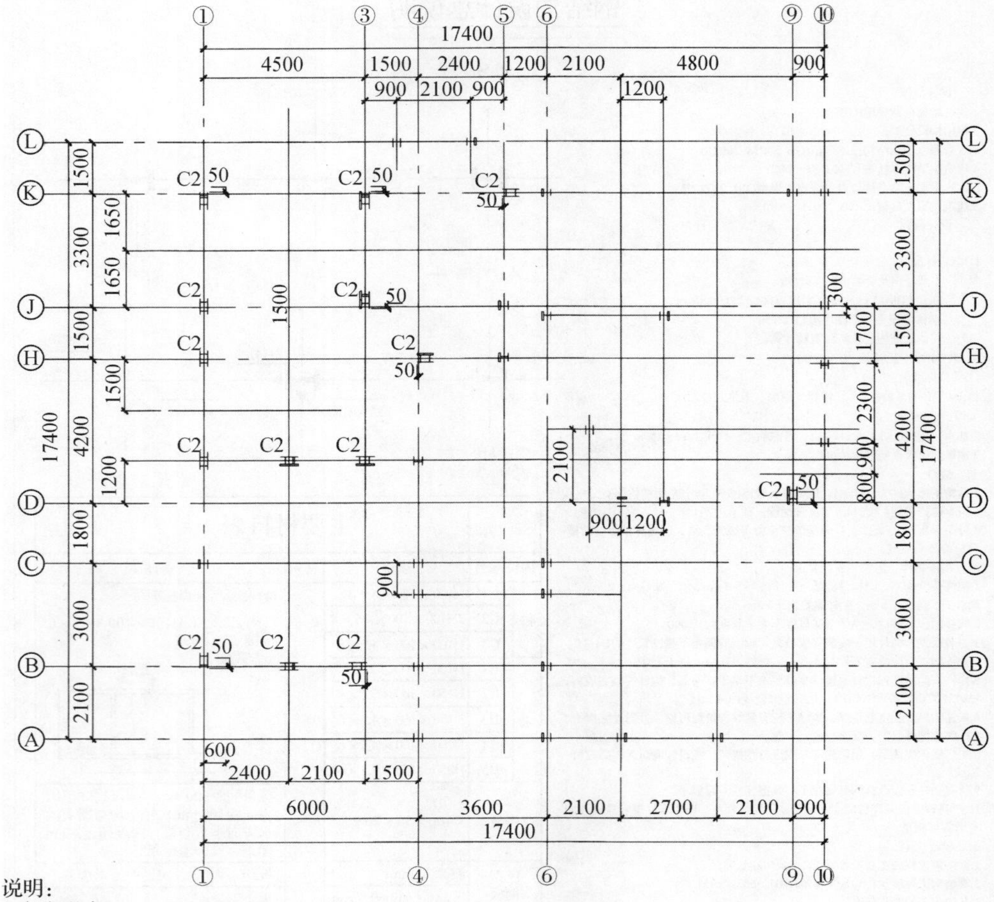

说明:
1. 未注明为C1。
2. 除注明外,梁柱中的线均为轴线对中。

图 3.1.12　某三层钢框架别墅底层柱网布置

达清楚整个结构体系的全貌,宜绘制纵、横、立面图,主要表达结构的外形轮廓、相关尺寸和标高、纵横轴线编号及跨度尺寸和高度尺寸,而有代表性的或需要特殊表示清楚的地方。某多层框架立面图如图 3.1.13 所示。

　　观察图 3.1.13 可以知道,这是栋四层的钢框架结构,底层层高为 4.3 m,二、三层均为 3.3 m,顶层层高为 3.950 m。房屋的单榀框架是两跨(跨度分别为 5.7 m 和 7.2 m)结构,由框架柱(GZ)和框架梁(GL)构成,其中框架柱采用了 400×400 的箱型截面(壁厚 16 mm),框架梁采用了中等翼缘的 H 型钢(400×200×8×13),二层楼面梁在 D 轴线外有一根长度为 2.3 m 的悬臂梁。梁柱相交处采用的是柱贯通式,底层柱高度从柱脚底板上表面开始起算,柱高 4.900 m。

　　(2)平面布置图
　　结构平面(包括各层楼面、屋面)布置图是确定建筑物各构件在建筑平面上的位置图,应注明定位关系、标高、构件的位置、构件编号及截面形式和尺寸、节点详图索引号等,必要时

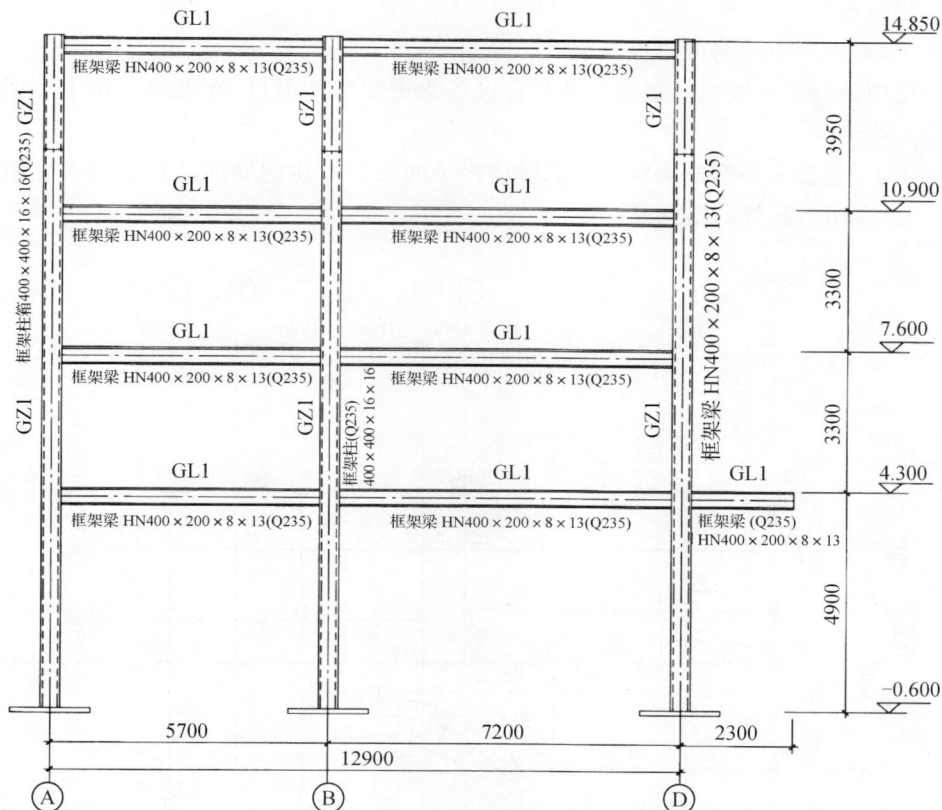

图 3.1.13　钢框架立面图

应绘制檩条、墙梁布置图和关键剖面图。由柱网平面图可以读出,建筑物的宽度和长度,以及用粗实线绘制的柱、梁及各构件的平面位置和构件定位尺寸;在平面图的某位置处所标注的剖面是用来反映结构楼板、梁等不同构件的竖向标高关系;楼梯间、结构留洞等的位置也能够识别出来。

结构平面布置图的数量与确定绘制建筑平面图的数量原则相似。当各层结构平面布置图相同,则往往只有某一层的平面布置图来表达相同各层的结构平面布置图。

在识读各层结构平面布置图时,先详细识读某一层结构平面图,然后对于其他各层,重点查找与之的差异,这样可确保各层之间的信息清晰准确。详细识读某一层结构平面布置图的基本步骤是:

第一步,明确本层梁的信息。

结构平面布置图是在柱网平面上绘制出来的,所以在识读结构平面布置图之前,已经识读了柱平面布置图,故识读结构平面布置图的重点部件是梁,梁的信息主要包括梁的类型数、各类梁的截面形式、梁的跨度、梁的标高以及梁柱的连接形式等。

第二步,掌握其他构件的布置情况。

其他构件主要是指梁间水平支撑、隅撑以及楼板层的布置。虽然水平支撑和隅撑并不是所有工程中必需的构件,但如果有的话也会在结构平面布置图中示意的;楼板层的布置主要是指采用钢筋混凝土楼板时,在平面图中会表示钢筋的布置方案,有时板的布置方案是单列在另一张图纸上。

第三步,查找图中的洞口位置。

楼板层中的洞口主要包括楼梯间和配合设备管道安装的洞口,在平面图中主要明确位置和尺寸大小。

图 3.1.14 是某三层钢框架别墅的二层结构平面布置对应的底层结构平面布置图是图 3.1.12,识读本图可获知的信息是:

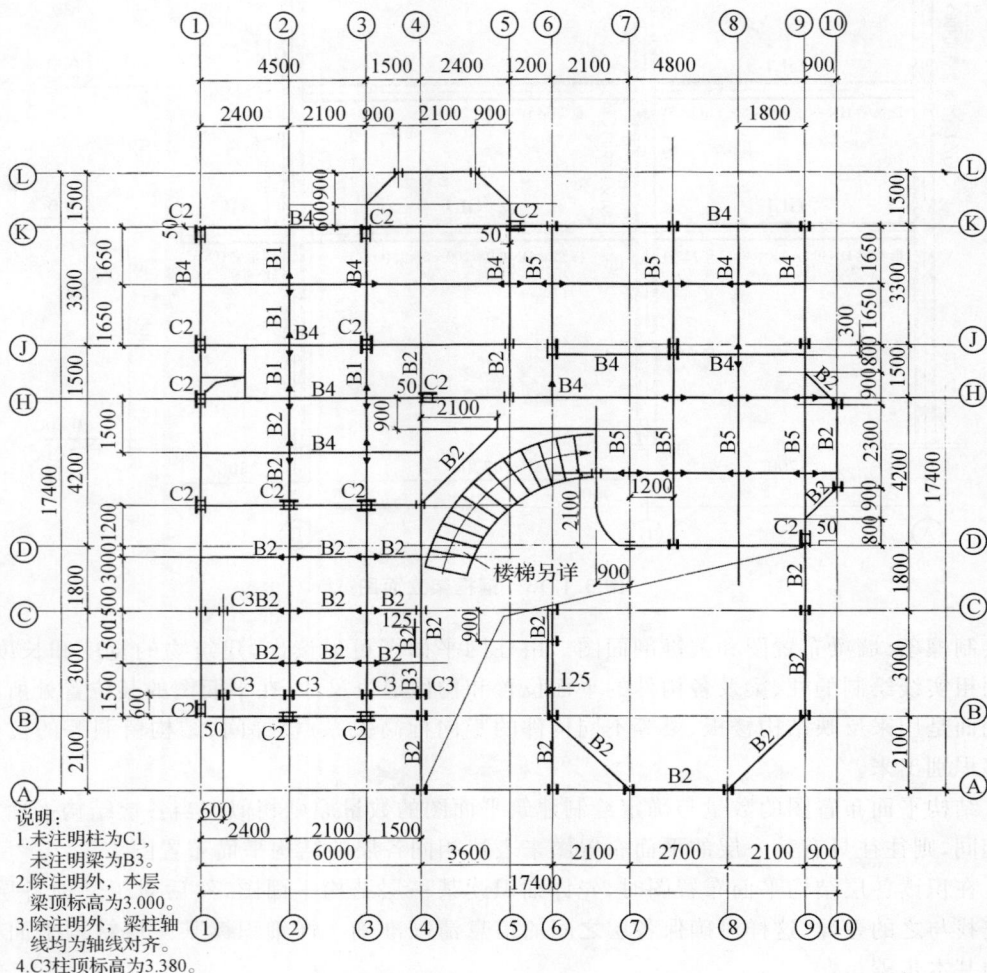

图 3.1.14　某两层钢框架别墅二层结构平面

①本图中一共给出了五种型号的梁,编号为 B1～B5,每种梁的截面尺寸可由结构设计说明中的主要材料表查询,与查询柱截面类似。

②从图上看,二层楼面所有梁的标高相等(均为 3.000 m)。

③梁端部有刚接和铰接两种连接形式,符号"——▶"表示梁端与其他构件连接形式为刚接(可以抵抗弯矩的连接,常见于主梁的端部);符号"——"表示梁端与其他构件的连接方式为铰接(只能承受剪力的连接方式,常见于次梁和部分主梁的端部)。

对照参照图例可以知道,梁与柱的连接节点绝大多数均为刚性连接,只有边梁(①轴线、⑨轴线梁)以及阳台挑梁(⑨轴线外侧和 K 轴线外侧挑梁)与柱的连接采用了铰接方式。

④绝大部分的柱是上下贯通式。B 轴略偏向 D 轴线的四根柱 C3 以及 H 轴线略偏向 J 轴线的四根柱 C1 是属于顶梁柱,也就是梁柱相交的位置梁是贯通的。

⑤对于其他构件的布置情况,由于本工程梁的跨度(跨度最大的梁是处于 H 轴线上、①～④轴线间的梁 B4)和梁的间距均不大,因此无水平支撑和隔撑的布置图。

⑥楼板。本图的洞口主要有两处,一处是④～⑨轴与 A～D 轴四条轴线围合的区域另加楼梯间,另一处则位于①～②轴与 H～J 轴围合的区域。

对于三层结构平面布置图依据屋面结构平面图的识读,则可以于二层结构平面布置图对比识读,重点识读二者有差异的地方。

(3)组合楼板结构图

多层轻钢建筑楼板必须有足够的刚度、强度和整体稳定性,同时应尽量采用技术和构造措施减轻楼板自重,并提高施工速度,组合楼盖是常用的楼盖之一。

在组合楼板的应用中,为使楼层厚度减到最小,以提供更大的无柱空间,未来的趋势是把楼板和钢梁合为一体,形成组合扁梁楼盖。压型钢板组合楼板如图 3.1.15 所示。

在压型钢板组合楼板中,栓钉焊接是个重要的环节。一般应符合的要求是焊接前应将构件焊接面上的水、锈、油等有害杂质清除干净,并按规定烘焙瓷环;栓钉焊电源应与其他电源分开,工作区应远离磁场或采取措施避免磁场对焊接的影响;施焊构件应水平放置。同时还需对栓钉焊进行质量检验,其控制内容是:

①目测检查栓钉焊接部位的外观,四周的熔化金属以形成一均匀小圈而无缺陷为合格。

②焊接后,自钉头表面算起的栓钉高度 L 的允许偏差为 ±2 mm,栓钉偏离竖直方向的倾斜角度 $\theta \leqslant 5°$。

③目测检查合格后,对栓钉进行冲力弯曲试验,弯曲角度为 15°。在焊接面上不得有任何缺陷。经冲力弯曲试验合格的栓钉可在弯曲状态下使用,不合格的栓钉应更换,并经弯曲试验检验。

4. 屋面檩条平面布置图

屋面檩条平面布置图主要表达檩条的平面布置位置、檩条的间距以及檩条的标高,其识读方法可以借鉴轻钢门式刚架的屋面檩条图的识读方法。

对于坡屋顶,往往会有屋面檩条平面布置图,它主要绘制了坡屋面中支撑檩条的斜梁的屋脊梁的布置方案,对这类图的识读可以仿照楼层的结构平面布置图识读方法,但由于坡屋屋顶是一个三维空间结构,因此更需要参考相关的剖面和节点详图一同来理解和比较。如图 3.1.16 是屋面檩条布置图。

(1)依据图 3.1.16 中、轴线示意的标高可知,它是一个单向坡屋面,坡度是 1:10。屋面由 4 根梁 B(规格是 H200×100×5×8)和彩钢压型板形成一个封闭平面,梁 B 与柱 C1(规格是 H250×250×9×10)的侧面相连。

(2)通过节点详图可知,屋面檩条采用 4M12 粗制螺栓与 LTB 板相连,LTB 板与梁 B 之间则采用现场双面角焊缝焊接的方式连接(⌐6,表示现场焊、角焊缝、h_f=6 mm、双面焊)。

SECTION "D"
次主梁与钢承板节点图

SECTION "G"
次主梁与钢承板节点图

DETAIL "4"
主梁与钢承板节点图

SECTION "C"
次主梁与钢承板节点图

次梁剪力钉位置示意图

DETAIL "3"
主梁与钢承板节点图

SECTION "B"
次主梁与钢承板节点图

SECTION "F"
次主梁与钢承板节点图

DETAIL "2"
主梁与钢承板节点图

SECTION "A"
主梁与钢承板节点图

SECTION "E"
主梁与钢承板节点图

DETAIL "1"
主梁与钢承板节点图

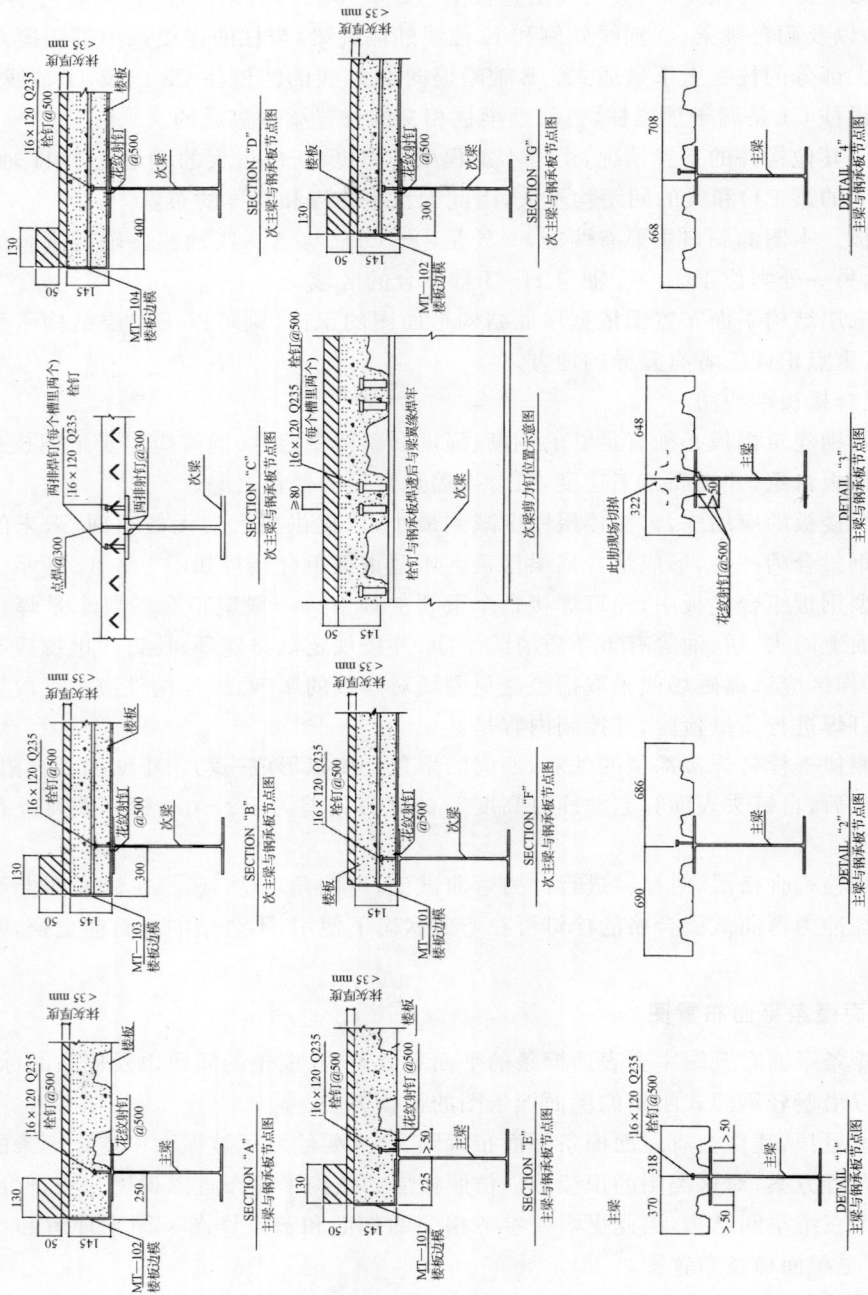

图3.1.15 压型钢板组合楼板

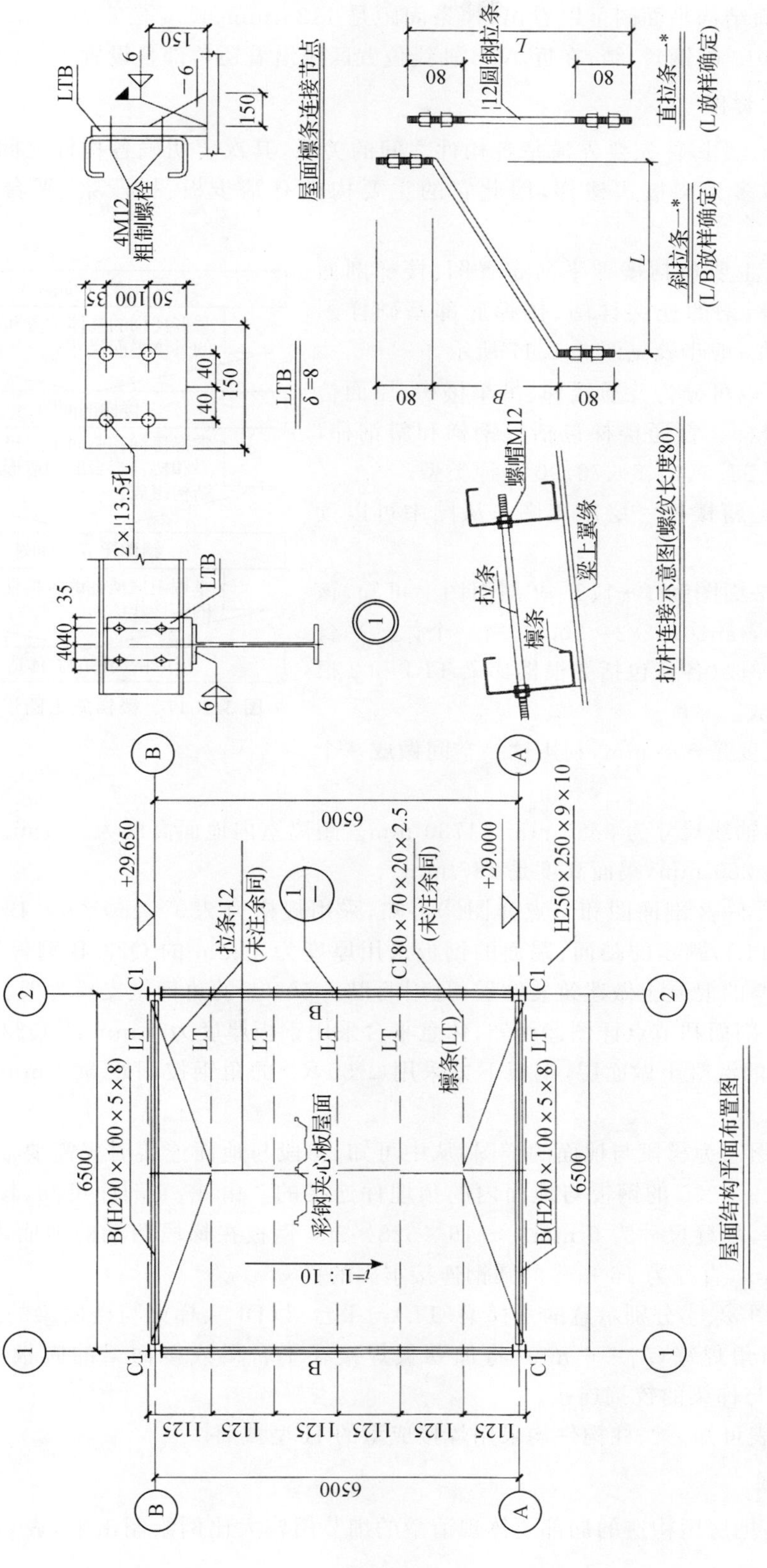

图3.1.16　屋面檩条平面布置图

(3)观察屋面结构平面图可以看出,檩条间距是 1125 mm、长度是 6500 mm,檩条间设置一道直拉条(Φ12 圆钢)拉结,在近 A、B 轴线位置区域沿着还角部各设置了 2 根斜拉条。

5. 楼梯施工详图

对于楼梯施工图,首先要弄清楚各构件之间的关系,其次要明确各构件之间的连接问题。钢结构楼梯多为梁板式楼梯,因此它的主要构件有踏步板、梯段梁、平台梁和平台柱等。

楼梯施工图主要包括楼梯平面布置图、楼梯剖面图、平台梁与梯斜梁的连接详图、楼梯底部基础详图等。楼梯图识读一般步骤见图 3.1.17 所示。

钢梯一般可以可分为普通楼梯、吊车楼梯、屋面检修楼梯和螺旋楼梯。普通楼梯包括直钢梯和斜钢梯,按常用坡度分为 35.5、45、59、73、90 五种类型。

图 3.1.18 是斜楼梯一层施工图。从图中可以读出:

(1)从结构平面图和 1—1、2—2 剖面图上可知,该斜钢梯坡度为 arctan167/282＝30.8°,由一个休息平台和两个 14 级的梯段(各自包括 2 根楼梯梁 TL1 和 2 根楼梯梁 TL2)组成。

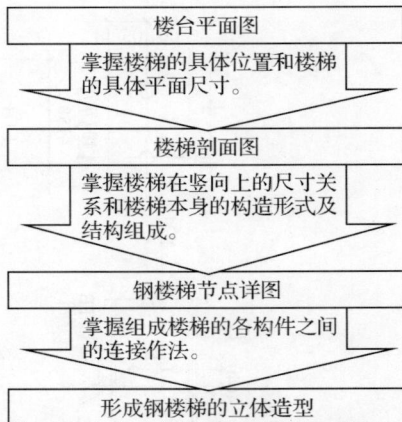

图 3.1.17 楼梯施工图识读步骤

楼梯井的宽度是 550 mm,利用这一空间做成一个杂物间。

休息平台的轴线尺寸为 3685 mm×1730 mm。距离室内地面高度为 2.5 m。

踏步宽度是 280 mm,踢面高度是 167 mm。

(2)从 1—1、2—2 剖面图和节点详图②可知,采用规格为 250×160×6×12 的焊接 H 型钢做楼梯梁(TL),踏步的踏面、踢面的钢板采用厚度为 4 mm 的 Q235B 钢板做面层,其上浇筑 40 mm 厚的混凝土做建筑装饰层,且用两根∟50×5 的角钢做支撑骨架。

(3)从 3—3 剖面和节点详图②可知,休息平台采用钢板厚度为 4 mm 的 Q235B 钢板做底层,40 mm 厚的混凝土做面层,钢板下方采用∟50×5 的角钢按间距 500 mm 做休息平台的支撑骨架。

(4)节点详图①为梯段与地面的详图,从中可知,梯段与地面连接时先需要 30.8°切角,再通过－16×528×200 的钢板与地面内的预埋件连接的。由 a—a 剖面可知,梯段与钢板采用单面围焊缝,焊缝尺寸为 6 mm。－16×528×200 钢板在梯段两端的地面内是借助 4 根长度为 350 mm、直径为 16 mm 的圆钢连接牢固的。

(5)节点详图③、④分别示意的是梯梁(TL)与平台梁(DL)、梯梁与楼面梁的连接节点。它们均采用双面角焊缝($h_f＝6$ mm)将加劲板焊接在平台梁或楼面梁的腹板上,再通过 2M24 螺栓实现与梯梁的铰接连接。

(6)从材料表可知,梁、柱构件均采用焊接成型的 H 型截面。

6. 节点详图

节点详图是把房屋构造的局部要体现清楚的细节用较大比例绘制出来,表达出构造做

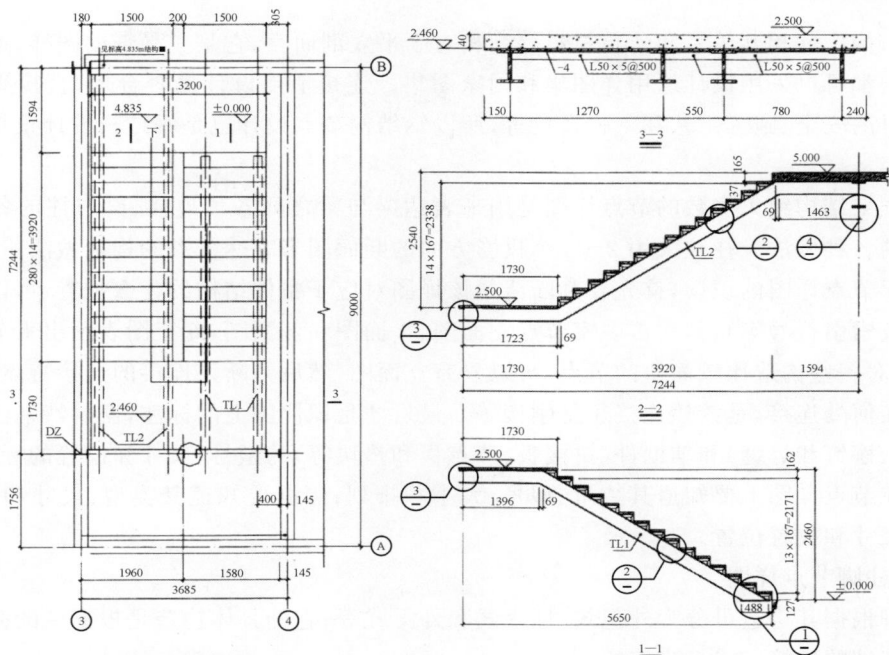

楼梯结构平面图

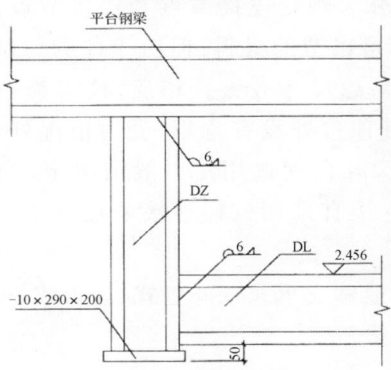

DL、DZ平台梁连接详图

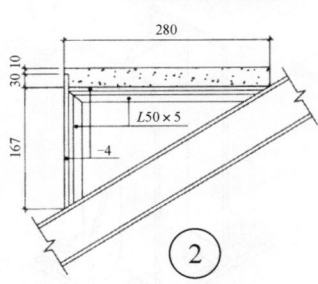

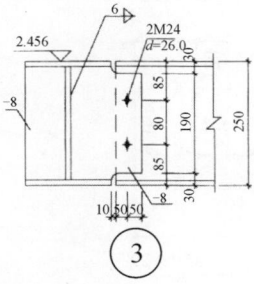

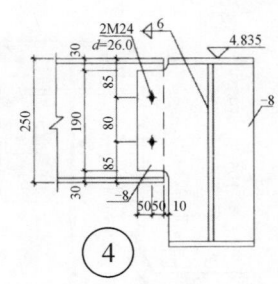

说明：1.楼梯钢梁及钢柱材料为Q345B。
　　　2.踏步及休息平台钢板材料为Q235。
　　　3.梯梁基础混泥土等级C30。
　　　4.未标注焊脚尺寸厚度为最薄构件厚
　　　　度。
　　　5.楼梯踏步做法详见建筑做法。
　　　6.各构件尺寸以实际放样为准。

材料明细表						
构件编号	简图	H	B	t1	t2	备注
DL						
DZ		250	160	6	12	焊接
TL1						H型钢
TL2						

图 3.1.18　楼梯结构平面图

法、尺寸、构配件相互关系和建筑材料等。相对于平立剖而言,它是一种辅助图样,通常很多标准做法都可以采用设计通用详图集和国家图集。连接节点设计是否合理,直接影响到结构使用时的安全、施工工艺和工程造价等,所以钢结构节点设计也是钢结构设计很重要的一部分内容。

钢框架结构绝大多数的节点详图是用来表达梁与梁之间各种连接、梁与柱的各种连接和柱脚的各种做法。往往采用 2～3 个投影方向的断面图来表达节点的构造做法。

对于节点详图的识读,首先要判断清楚该详图对应于整体结构的什么位置(可以利用定位轴线或索引符号等),其次再观察节点立面图、平面图和侧面图,此三图表示出来节点位置的构造,对一些构造比较简单的节点,可以只有立面图,然后判断该连接的连接特点(即两构件之间在何处连接,是铰接连接还是刚接等),最后才是识读图上的标注,需要特别注意连接件(螺栓、铆钉和焊缝)和辅助件(拼接板、节点板和垫块等)的型号、尺寸和位置的标注,螺栓或铆钉在节点详图上要知道其数量、型号、大小和排列;焊缝要知道其类型、尺寸和位置;拼接板的尺寸和放置位置。

(1)柱脚节点详图

柱脚根据其构造可分为外包式、埋入式和外露式等,它的具体构造是根据柱的截面形式及柱与基础的连接方式来决定的。

柱与基础的连接方式按其受力特点的不同,分为刚接连接节点和铰接节点两大类。柱脚为刚接的刚架,其柱顶的横向水平变位较小,可以节约材料;但由于柱脚与基础连接处需要承受较大的弯矩,柱脚构造较复杂,所需基础尺寸较大。相反,柱脚为铰链的刚架,虽其柱顶的横向水平位移较大,但柱脚与基础连接处没有弯矩,受力情况好,柱脚构造简单,所需基础尺寸较小。两者各有其优缺点,应合理选用。一般情况下,当荷载较小,对横向水平位移控制要求不严时,柱脚锚固连接宜采用铰接连接节点;反之,宜采用刚接连接节点。

刚接柱脚与混凝土基础的连接方式有外露式(或称支承式)、外包式、埋入式三种,铰接柱脚一般采用外露式。图 3.1.19 是外露式柱脚详图。

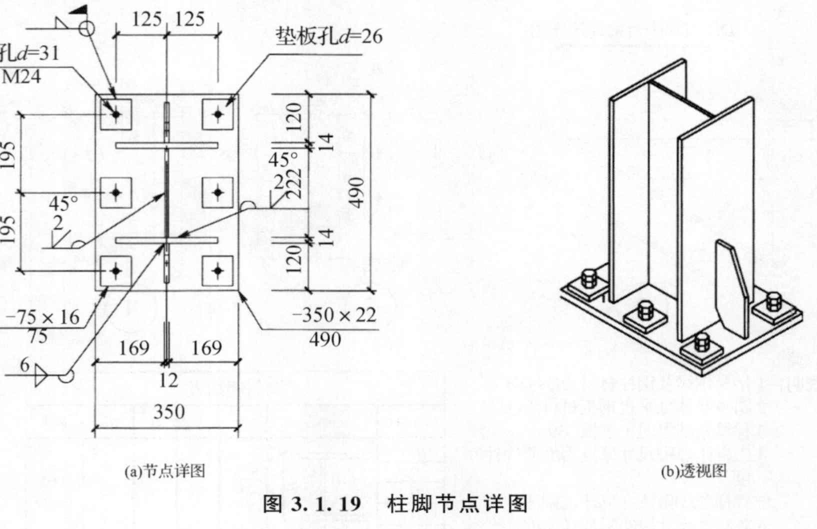

(a)节点详图 (b)透视图

图 3.1.19 柱脚节点详图

从图 3.1.19(a)中可以读出：

①柱脚节点共需直径为 24 mm 的螺栓 6 个，每个螺栓下放置 1 块垫板，垫板居中开一个孔，孔径为 26 mm。可见采用的螺栓公差等级比较大，属 C 级螺栓。

②柱翼缘板和腹板需开单边 V 型 45°坡口，与底板间拼焊时留 2 mm 拼接缝。

③加劲板与翼缘板和柱底板的角焊缝采用双面焊，焊缝尺寸均为 6 mm。

④柱垫板采用单面现场围焊。

图 3.1.19(b)为该节点详图的透视图，通过它可以很直观地看出该柱脚的构造。

埋入式柱脚是将钢柱低端直接埋入混凝土基础(梁)或地下室墙体内的一种柱脚，图 3.1.20 埋入式刚性柱脚详图(侧面图)。从图 3.1.20 中可以读出：

①该图的钢柱为热轧宽翼缘 H 型钢(用"HW"表示)，规格为 500×450(截面高度为 500 mm，宽度为 450 mm)。

②柱底直接埋入基础中，并在埋入部分柱翼缘上设置直径为 22 mm 的圆柱头焊钉(或栓钉)，间距为 100 mm。

③柱底板规格为－500×450×30，即长度为 500 mm，宽度为 450 mm，厚度为 30 mm。锚栓埋入深度为 1000 mm，钢柱柱脚外围埋入部分的外围配置 20 根竖向 HRB335 钢筋，直径为 22 mm。箍筋为 HPB235，直径为 12 mm，间距为 100 mm。

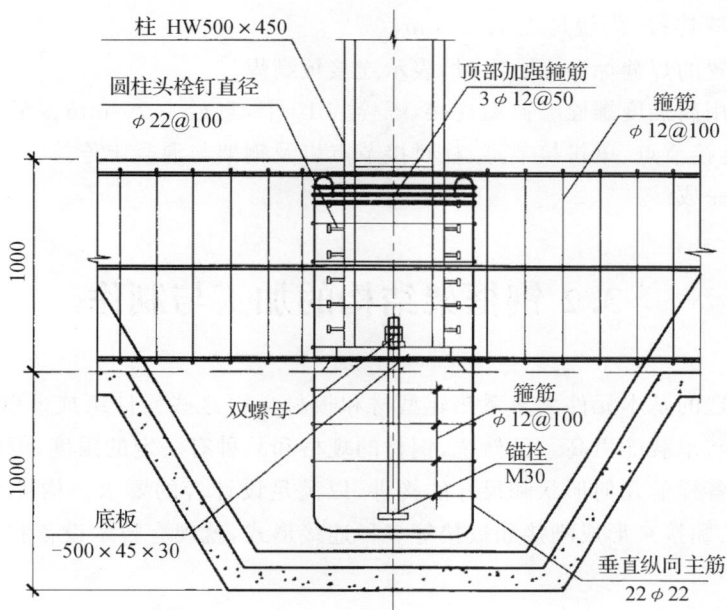

图 3.1.20   埋入式刚性柱脚详图

(2)梁柱连接节点详图

梁柱节点形式按连接方法分类可分为全焊接连接、全螺栓连接和栓—焊结合连接三种，按传递弯矩可分为刚性、半刚性和铰链连接三种。在梁柱节点处，为了构造简单、方便施工、提高节点的抗震能力，通常采用柱构件贯通而梁构件断开的连接形式。图 3.1.21 示意的是梁柱刚性连接节点。

从图 3.1.21 中可以读出：

①节点采用栓焊结合连接，节点处传递弯矩，为刚性连接。

②钢柱为热轧中翼缘 H 型钢（用"HM"表示），规格为 400×300（截面高度为 400 mm，宽度为 300 mm）.截面特性可查阅 GB/T11263-2005。

③钢梁为热轧窄翼缘 H 型钢（用"HN"表示），规格为 500×200（截面高度为 500 mm，宽度为 200 mm），截面特性可查阅 GB/T11263-2005。

④梁翼缘与柱翼缘为对接焊缝连接，焊缝为带坡口有垫块的对接焊缝。

⑤"2—12"表示梁腹板与柱翼缘是通过两块 12 mm 厚的连接板连接起来的，连接板分别位于梁腹板两侧。连接板与柱翼缘为双面角焊缝连接，焊缝厚度为 8 mm，连接板其他位置的焊缝标注无数字时，表示连接板满焊。

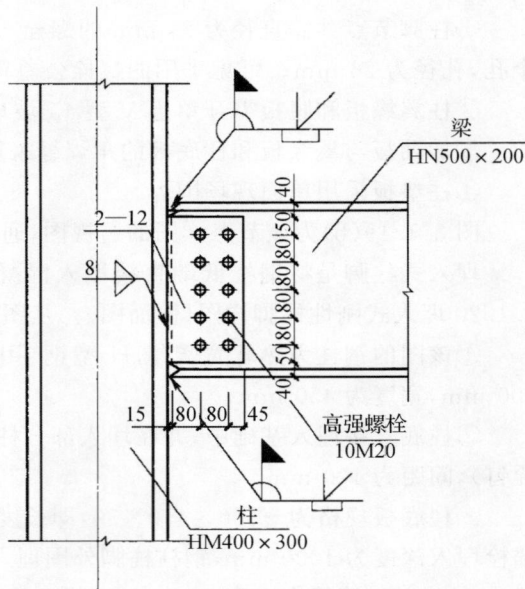

图 3.1.21　梁柱刚性连接详图

⑥节点采用高强度螺栓摩擦型连接，螺栓共 10 个，直径为 20 mm。至于主次梁连接节点、牛腿与柱连接节点、梁拼接节点、柱拼接节点以及钢架与混凝土连接节点，请读者依据上述的方法自行完成。

3.2 钢框架结构的加工与制作

钢结构制造的基本元件大多系热轧型材和板材。用这些元件组成薄壁细长构件，外部尺寸小，重量轻，承载能力高。虽然说，钢材的规格和品种有一定的限度，但我们可以把这些元件组成各种各样的几何形状和尺寸的构件，以满足设计者的要求。构件的连接可以用焊接、栓接、铆接、黏接来形成刚接和铰接等多种连接形式，就现有技术设备和手段来说是非常容易的。

3.2.1 钢框架结构加工制造前的准备工作

1. 详图设计与审查图纸

（1）详图设计

在国际上，钢结构工程的详图设计一般由加工单位负责进行。目前，国内一些大型工程亦逐步采用这种做法。为适应这种新的要求，一项钢结构工程的加工制作，一般应遵循图 3.2.1 的工作顺序：

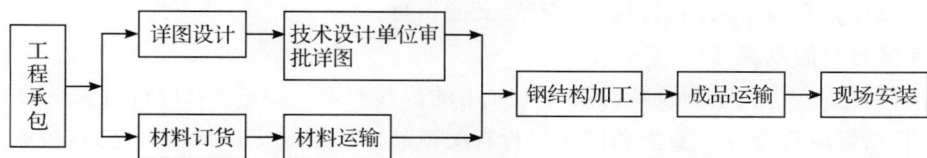

图 3.2.1　钢结构工程工作顺序

在加工厂进行详图设计，其优点是能够结合工厂条件和施工习惯，便于采用先进的技术，经济效益较高。

详图设计应根据建设单位的技术设计图纸以及发包文件中所规定采用的规范、标注和要求进行。这就要求施工单位自己具有足够水平的详图设计能力。

为了尽快采购钢材，一般应在详图设计的同时定购钢材。这样，在详图审批完成时钢材即可到达，立即开工生产。

（2）审查图纸

审查图纸的目的是：一方面是检查图纸的设计深度能否满足施工的要求，核对图纸上构件的数量和安装尺寸，检查构件之间有无矛盾等；另一方面是对图纸进行工艺审核，即审查在技术上是否合理，构造上是否便于施工，图纸上的技术要求按加工单位的施工水平能否实现等。

如果是由加工单位自己设计施工详图，在制图期间又已经过审查，则审图的程序可以相应的简化。图纸审查后要做技术交底准备。

2. 材料核对与复验

（1）对料

①提料

根据施工图纸材料表算出的各种材质、规格的材料净用量，再加一定数量的损耗，编制材料预算计划。

提出材料预算计划，需根据使用尺寸合理订货，以减少不必要的拼接和损耗。如钢材不能按使用尺寸或倍数订货，则损耗必然增加。工程预算一般可按实际用量所需的数值在增加 10% 进行提料和备料。

②核对

核对来料的规格、尺寸和重量，仔细核对材质。如进行材料代用，必须经过设计部门同意，并将图纸上所有的相应规格和有关尺寸全部修改。

（2）材料复验

①钢材复验

当钢材属于下列情况之一时，加工下料前应按国家现行有关标准的规定进行抽样检验，其化学成分、力学性能及设计要求的其他指标应符合国家现行标准的规定。进口钢材应符合供货国相应标准的规定。

国外进口钢材；钢材混批；板厚等于或大于 40 mm，并承受沿板厚方向拉力作用的厚板，且设计有 Z 向性能要求；建筑结构安全等级为一级，大跨度钢架结构和钢桁架结构中的主要受力构件所采用的钢材；现行同家标准《钢结构设计规范》(GB 50017-2003)中未含的钢材品种及设计有复验要求的钢材;质量有疑义的钢材。

②连接材料的复验

焊接材料:在大型、重型及特殊结构上采用的焊接材料,应按国家现行有关标准进行抽样检验,其结果应符合设计要求和国家现行有关产品标准的规定。预拉力复验:扭剪型高强度螺栓连接副应按规定检验预拉力。扭矩系数复验:高强度大六角头螺栓连接副应按规定检验其扭矩系数。复验用的螺栓应在施工现场待安装的螺栓批中随机抽取,每批取 8 套连接副进行复验。每套连接副只应做一次实验,不得重复使用。每组 8 套连接副扭矩系数的平均值应为 0.11～0.15,标准差小于或等于 0.01。

3. 工艺准备

(1)工艺试验

①焊接试验

钢材可焊性试验、焊材工艺性试验、焊接工艺评定试验等均属于焊接性试验,而焊接工艺评定试验是各工程制作时最常遇到的试验。

焊接工艺评定是焊接工艺的验证,是衡量制造单位是否具备生产能力的一个重要的基础技术资料。焊接工艺评定对提高劳动生产率、降低制造成本,提高生产质量,搞好焊工技能培训必不可少的。未经焊接工艺评定的焊接方法、技术参数不能用于施工。

焊接接头的力学性能试验以拉伸和冷弯为主,冲击试验按设计要求确定。冷弯以面弯和背弯为主,有特殊要求时应做侧弯试验。每个焊接位置的试件数量一般为:拉伸、面弯、背弯及侧弯各 2 件;冲击试验 9 件(焊缝、熔合线、热影响区各 3 件)。

②摩擦面抗滑移系数试验

当钢结构构件的连接采用高强度螺栓摩擦型连接时,应对接触面进行喷砂、喷丸等方法进行处理,使其接触面的滑移系数达到设计规定的数值。经过技术处理的摩擦面是否能达到设计规定的抗滑移系数值,需对摩擦面进行必要的检验性试验,以求得对摩擦面处理方法是否正确的可靠验证。

抗滑移系数试验可按工程量每 2000 t 为一批,不足 2000 t 的可视为一批,每批 3 组试件,由制作厂进行试验,另备三组试件供安装单位在吊装前进行复验。

③工艺性试验

对构造复杂的构件,必要时应在正式投产前进行工艺性试验。工艺性试验可以是单工序,也可以是几个或全部工序;可以是个别零部件,也可以是整个构件,甚至是一个安装单元或全部安装构件。

通过工艺性试验获得的技术资料和数据是编制技术文件的重要依据,同时用以指导工程的施工。

(2)制作工艺编制

钢结构制作前,制作单位应根据设计文件、施工详图的要求及制作单位的条件,编制制作工艺,用于指导、控制加工制作的全过程。

制作工艺主要包括:施工中依据的标准,制作单位的质量保障体系,成品质量保证和为保证成品达到规定要求而制定的措施;生产场地的布置及采用的加工、焊接设备和工艺设备；焊工和检查人员的资质证明；各类检查项目表格和生产进度计划表。

制作工艺应作为技术文件经发包单位代表或监理工程师批准。

4. 加工环境的要求

为保证钢结构零部件在加工中钢材原材质不变，零件冷、热加工和焊接时，应按照施工规范规定的环境温度和工艺要求进行施工。

(1)冷加工温度要求

①当零部件为普通碳素结构钢，操作地点环境温度低于−20 ℃，或者零件为低合金结构钢，操作地点环境温度低于−15 ℃时，均不得进行剪切和冲孔。否则，在外力作用下容易发生裂纹。

②当零件为普通碳素结构钢，操作地点环境温度低于−16 ℃，或者零件为低合金结构钢，操作地点环境温度低于−12 ℃时，均不得进行矫正和冷弯曲以防在低温条件下和外力作用下发生裂纹。

③冷矫正和冷弯曲不但严格要求在规定的温度下进行，还要求弯曲半径不宜过小，以免钢材丧失塑性产生裂纹。

(2)热加工温度要求

①零件热加工时，其加热温度为1000～1100 ℃，此时钢材表面呈现淡黄色；当碳素结构钢的温度下降到500～550 ℃之前(钢材表面呈现蓝色)和低合金结构钢的温度下降到800～850 ℃前(钢材表面呈红色)均应结束加工，应使加工件缓慢冷却，必要时采用绝热材料加以围护，延长冷却时间使其内部组织得到充分的恢复。

②为使普通碳素结构钢和低合金结构钢的机械性能不发生改变，加热矫正时的加热温度严禁超过正火温度(900 ℃)，其中低合金结构钢加热矫正后必须缓慢冷却，更不允许在热矫正时用浇冷水法急冷，以免产生淬硬组织，导致脆性裂纹。

③普通碳素结构钢、低合金结构钢的零件在热弯曲加工时，其加热温度在900 ℃左右进行。否则温度过高会使零件外侧在弯曲外力作用下被过多的拉伸而减薄；内侧在弯曲压力作用下厚度增厚；温度过低不但成型较困难，更重要的是钢材在蓝脆状态下弯曲受力时，塑性降低，易产生裂纹。

(3)焊接环境的要求

在低温环境下焊接不同钢种、厚度较厚的钢材时，为使加热与散热的速度按正比关系变化，避免散热速度过快，导致焊接的热影响区产生金属组织硬化，形成焊接残余应力，在焊接金属熔合线交界边缘或受热区域内的母材金属处局部产生裂纹，在焊接前应按《钢结构工程施工质量验收规范》(GB 50205-2001)标准规定的温度进行预热和保证良好的焊接环境。

5. 材料的要求

(1)钢材的质量要求见表3.2.1

表 3.2.1　钢材的质量要求

项　目	说　明
基本要求	(1)钢材应具有质量保证书,并应符合设计要求 (2)当对钢材的质量有疑义时,应按国家现行有关标准的规定进行抽样检查,其结果应符合国家标准的规定和设计文件的要求方可使用
高层建筑钢结构用钢材	高层建筑钢结构的钢材,宜采用 Q235 等级的 B、C、D 的碳素结构钢,以及 Q345 等级的 B、C、D、E 的低合金高强度结构钢。当有可靠根据时,可采用其他牌号的钢材,但应符合相应有关规定和要求
承重结构用钢材	(1)承重结构的钢材应宜采用 Q235、Q345、Q390、Q420 钢,其质量应分别符合现行国家标准《碳素结构钢》(GB/T 700-2006)和《低合金高强度结构钢》(GB/T 1591-2008)的规定。当采用其他牌号的钢材时,尚应符合相应有关规定和要求 (2)下列情况的承重结构和重要结构不应采用 Q235 沸腾钢: ①焊接结构: 直接承受动力荷载或振动荷载且需要验算疲劳的结构。②工作温度低于－20 ℃时,直接承受动力荷载或振动荷载但可不验算疲劳的结构以及承受静力荷载的受弯及受拉的重要承重结构。③温度等于或低于 30 ℃的所有承重结构 ②非焊接结构:工作温度等于或低于 20 ℃直接承受动力荷载且需验算疲劳的结构 (3)承重结构的钢材应具有抗拉强度、伸长率、屈服强度和硫、磷含量的合格保证,对焊接结构尚应具有碳含量的合格保证。焊接承重结构以及重要的非焊接承重结构的钢材还应具有冷弯试验的合格证 (4)当焊接承重结构为防止钢材的层状撕裂而采用 Z 向钢材时,其材质应符合现行国家标准《厚度方向性能钢板》(GB/T 5313-2010)的规定 (5)对处于外露环境,且对大气腐蚀有特殊要求的或在腐蚀性气态和固态介质作用下的承重结构,宜采用耐候钢,其质量要求应符合现行国家标准《焊接结构用耐候钢》(GB/T 4172-2000)的规定
铸钢材质	钢铸件采用的铸钢材质应符合现行国家标准《一般工程用铸造碳钢件》(GB/T 11352-2009)的规定
外观质量	钢材的表面外观质量除应符合国家现行有关标准的规定外,尚应符合下列规定: (1)当钢材表面有锈蚀、麻点或划痕等缺陷时,其深度不得大于该钢材的厚度允许负偏差值的 1/2 (2)钢材表面的锈蚀等级应符合现行国家标准《涂装前钢材表面锈蚀等级和除锈等级》(GB 8923)规定的 C 级及 C 级以上 (3)钢材端边或端口处不应有分层、夹渣等缺陷 上述要求做全部观察检查
钢材几何尺寸检查	钢板的厚度、型钢的规格尺寸及允许偏差应符合其产品标准的要求,每一品种、规格抽查 5 处
钢材堆放保管	(1)钢材应按种类、材质、炉号(批号)、规格等分类平整堆放,并做好标记,堆放场地应有排水设施 (2)钢材入库和发放应有专人负责,并及时记录验收和发放情况 (3)钢结构制作的余料,应按种类、钢号和规格分别堆放,做好标记,计入台账,妥善保管

(2)焊接材料的质量要求见表 3.2.2

表 3.2.2 焊接材料的质量要求

项目	说　　明
焊条、焊剂、焊丝	(1)焊条应符合现行国家标准《碳钢焊条》(GB/T 117-1995)、《低合金钢焊条》(GB/T 5118-1995) (2)焊丝应符合现行国家标准《熔化焊用钢丝》(GB/T 14957-1994)、《气体保护电弧焊用碳钢、低合金钢焊丝》(GB/T 8110-1995)及《碳钢药芯焊丝》(GB/T 10045-2001)、《低合金钢药芯焊丝》(GB/T 17493-1998)的规定 (3)埋弧焊用焊丝、焊剂应符合现行国家标准《埋弧焊用碳钢焊丝和焊剂》(GB/T 5293-1999)、《埋弧焊用低合金钢焊丝和焊剂》(GB/T 12470-2003)的规定
保护气体	(1)气体保护焊使用的氩气应符合现行国家标准《氩》(GB/T4842-2006)的规定,其纯度不应低于 99.95% (2)气体保护焊使用的二氧化碳气体应符合现行国家标准《焊接用二氧化碳》(HG/T 2537-1993)的规定,大型、重型及特殊钢结构工程中主要构件的重要焊接节点采用的二氧化碳气体质量应符合该标准中优等品的要求,即其二氧化碳含量(体积分数)不得低于 99.9%,水蒸气与乙醇总含量(质量分数)不得高于 0.005%,并不得检出液态水
填充材料复检	大型、重型及特殊钢结构的主要焊缝采用的焊接填充材料应按生产批号进行复验。复验应由国家技术质量监督部门认可的质量监督检测机构进行
钢材与焊接材料的配合	钢结构工程中选用的新钢材必须经过新产品鉴定。钢材应由生产厂家提供焊接性资料、指导性焊接工艺、热加工和热处理工艺参数、相应钢材的焊接接头性能数据等资料;焊接材料应由生产厂家提供贮存焊前烘焙参数规定、熔敷金属成分、性能鉴定资料及指导性施焊参数,经专家论证、评审和焊接工艺评定合格后,方可在工程中采用
焊接接头	(1)焊接 T 形、十字形、角接接头,当其翼缘板厚度等于或大于 40 mm 时,设计宜采用抗层状撕裂的钢板。钢板的厚度方向性能级别应根据工程的结构类型、节点形式及板厚和受力状态的不同情况选择 (2)钢板厚度方向的性能级别 Z15、Z25、Z35 相应的含硫量、断面收缩率应符合下表规定。 **钢板厚度方向性能级别及其含硫量、断面收缩率值(%)**

级别	含硫量(%) (小于等于)	断面收缩率	
		三个试样平均值不小于	单个试样值不小于
Z15	0.01	15	10
Z25	0.007	25	15

（3）紧固件与组合件的质量要求见表2.2.3

表 3.2.3　紧固件与组合件质量要求

项目	说明
紧固件	（1）钢结构工程所用的紧固件（普通螺栓、高强度螺栓、焊钉）.应有出厂质量证明书,其质量应符合设计要求和国家现行有关标准的规定 （2）普通螺栓可采用现行国家标准《碳素结构钢》（GB/T 700-2006）中规定的 Q235 钢制成 （3）高强度大六角头螺栓连接副包括一个螺栓、一个螺母和两个垫圈。对于性能等级为 8.8 级、10.9 级的高强度大六角头螺栓连接副,应符合现行国家标准《钢结构用高强度大六角头螺栓》（GB/T 1228-2006）、《钢结构用高强度大六角螺母》（GB/T 1229-2006）、《钢结构用高强度垫圈》（GB/T 1230-2006）、《钢结构用高强度大六角头螺栓、大六角头螺母、垫圈技术条件》（GB/T 1231-2006）的规定 （4）扭剪型高强度螺栓连接副包括一个螺栓、一个螺母和一个垫圈。对于性能等级为 8.8 级、10.9 级的扭剪型高强度螺栓连接副,应符合现行国家标准《钢结构用扭剪型高强度螺栓连接副》的规定 （5）焊钉应符合现行国家标准《电弧螺栓焊用圆柱头焊钉》（GB/T 10433-2002）的规定
组合件	（1）钢网架结构采用的焊接球、螺栓球、封板锥头、套筒等组合件应符合现行产品标准《钢网架螺栓球节点》（JG 10-2009）的规定 （2）钢结构及其围护体系中用金属压型板应符合现行国家标准《建筑用压型板》（GB/T 12755-2008）、《铝及铝合金压型板》（GB/T 6891-2006）的规定

6. 组织技术交底

（1）钢结构工程是一个综合性的加工生产过程,构件或产品的生产从投料到成品经过许多道加工工序和装配连接等一系列的工作。根据构件或产品的特性和技术要求,为确保工程质量,对制作的工艺规程以及装配、焊接等生产技术问题,必须进行组织技术交底的专题讨论,这是施工前为贯彻执行工程项目技术要求,保证质量工作的专业会议。

（2）技术交底会应有下列部门和人员参加:工程图纸的设计单位,工程建设单位以及制作单位有关部门和有关人员。

（3）技术交底的主要内容由以下几个方面组成:工程概况;工程结构构件数量;图纸中关键部件的说明;节点情况介绍;原材料对接和堆放的要求;验收标准的说明;交货期限,交货方式的说明;构件包装和运输要求;油漆质量要求;其他需要说明的技术要求。

（4）技术交底会的目的是对某一项钢结构工程中的技术要求进行全面的交底,确保工程质量。同时亦可对制作中的难题,进行研究讨论,以达到意见统一,解决生产上的问题。

3.2.2 零件加工

1. 工艺流程

一般钢结构的制作工艺流程如图 3.2.2。

2. 放样、号料

(1)放样

①放样的要求

放样是整个钢结构制作工艺中的第一道工序，也是至关重要的一道工序。只有放样尺寸精确，才能避免以后各道工序的累积误差，才能保证工程的质量。

放样工作包括如下内容：核对图纸的安装尺寸和孔距；按照施工图上几何尺寸以 1∶1 的大样放出节点；核对各部分的尺寸；制作样板和样杆作为下料、弯制、铣、刨、制孔等加工的依据。

放样号料用的工具及设备有：划针、冲子、手锤、粉线、弯尺、直尺、钢卷尺、大钢卷尺、剪子、小型剪板机、折弯机。钢卷尺必须经过计量部门的校核，合格的方能使用。

放样时以 1∶1 的比例在样板台上弹出大样。当大样尺寸过大时，可分段弹出。对一些三角形的构件，如果只对节点有要求，则可以缩小比例弹出样子，但应注意其精度。放样弹出的十字基准线，二线必须垂直。然后根据十字线逐一划出其他各点、线，并在节点旁注上尺寸。以备复查及检验。

②样本、样杆

样板一般用 0.5～0.75 mm 厚的铁皮或塑料板制作。样杆一般用钢皮或扁铁制作，当长度较短时可采用木尺杆。

用作计量长度依据的钢卷尺，特别注意应经授权的计量单位去计量，且附有偏差卡片，使用时按偏差卡片的记录数值校对其误差数。钢结构制作、安装、验收及土建施工用的量具，必须在同一标准进行鉴定，应具有相同的精度等级。

样板、样杆上应注明工号、图号、零件号、数量及加工边、坡口部位、弯折线和弯折方向、孔径和滚圆半径等。

由于生产的需要，通常制作适应于各种形状和尺寸的样板和样杆。样板和样杆应妥为保存，直至工程完工后方可销毁。

放样时，铣、刨的工件要考虑加工余量，所有加工边一般要留加工余量 5 mm。焊接构件要按工艺要求放出焊接收缩量。高层钢结构框架柱尚应预留弹性压缩量。高层钢框架柱的弹性压缩量应按结构自重（包括钢结构、楼板、幕墙等的重量）和实际作用的活荷载产生的柱压力计算。相邻柱的弹性压缩量相差不超过 5 mm 时，允许采用相同的增长。柱压缩量应由设计者提出，由制作厂和设计者协商确定其数值。

(2)画线

画线也称号料，即利用样板、样杆或根据图纸，在板料及型钢上画出孔的位置和零件形状的加工界线。号料的一般工作内容包括：检查核对材料；在材料画出切割、铣、刨、弯曲、钻

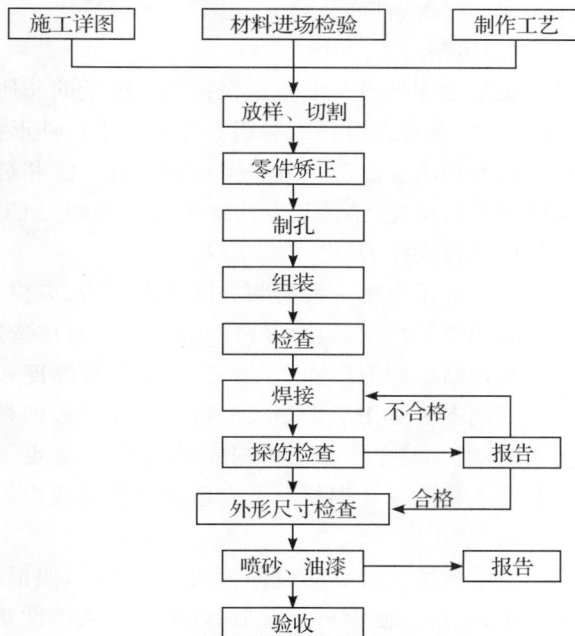

施工详图　材料进场检验　制作工艺 → 放样、切割 → 零件矫正 → 制孔 → 组装 → 检查 → 焊接 → 探伤检查（不合格→报告）→ 外形尺寸检查（合格）→ 喷砂、油漆 → 报告 → 验收

图 3.2.2　钢结构制作工艺流程

孔等加工位置;打冲孔;标注出零件的编号等。

（3）切割

切割也称下料。下料是根据施工图纸的几何尺寸、形状制成样板,利用样板或计算出的下料尺寸,直接在板料或型钢表面画出零构件形状的加工界线,采用剪切、冲裁、锯切、气割、摩擦切割和高温热源切割等操作的过程。刨和铣加工是对切割的零件边缘加工,以便提高零件尺寸的精度,消除切割边缘的有害影响,加工焊接坡口,提高截面光洁度,保证截面能良好的传递较大压力。

施工中采用哪一种切割方法比较合适,应根据各种切割方法的设备能力、切割精度、切割表面的质量情况,以及经济性等因素来具体选定。

在钢结构制造厂中,一般情况下,钢板厚度在 12 mm 以下的直线性切割,常采用剪切下料。气割多少是用于带曲线的零件或厚钢板的切割。各类型钢,以及钢管等的下料通常采用锯割,但一些中小型的角钢或网钢等,常常也采用剪切或气割的方法。等离子切割主要用于不易氧化的不锈钢材料及有色金属如铜或铝等的切割。

（4）矫正

钢结构矫正就是通过外力或加热作用,使钢材较短部分的纤维伸长;或使较长部分的纤维缩短,最后迫使钢材反变形,以使材料或构件达到平直及一定几何形状要求,并符合技术标准的工艺方法。

①矫正的主要形式有:

矫直:消除材料或构件的弯曲。

矫平:消除材料或构件的翘曲或凹凸不平。

矫形:对构件的一定几何形状进行整形。

②矫正原理:利用钢材的塑性、热胀冷缩的特性,以外力或内应力作用迫使钢材反变形,消除钢材的弯曲、翘曲、凹凸不平等缺点,以达到矫正的目的。

③矫正的分类:

按加工工序分有:原材料矫正、成型矫正、焊后矫正等。

按矫正时外因来源分有:机械矫正、火焰矫正、高频热点矫正、手工矫正、热矫正等。

按矫正时温度分有:冷矫正、热矫正等。

碳素结构钢在环境温度低于 −16 ℃ 时,低合金结构钢在环境温度低于 −12 ℃ 时,为避免钢材冷脆断裂不得进行冷矫正和冷弯曲,矫正后的钢材表面不应有明显的凹痕和损伤,表面划痕深度不得大于 0.5 mm。

当采用火焰矫正时,加热温度应根据钢材性能选定。但不得超过 900 ℃,低合金钢在热矫正后应慢慢冷却。

型钢矫正前,先要确定弯曲点的位置(又称找弯)这是矫正工作不可缺少的步骤,在现场确定型钢变形位置,常用平尺靠量,拉直粉线来检验,但多数是用目测,如图 3.2.3 所示。确定型钢弯曲点时,应注意型钢自重下沉而产生的弯曲,影响准确查看弯曲度。因此对较长型的型钢测弯要放在水平面上或放在矫架上测量。

目测型钢弯曲点时,应以全长(L)中间(O)点为界,A、B 两人分别站在型钢的各端,并翻转各面找出所测的界面弯曲点(A 视 E 段长度、B 视 F 段长度)然后用粉笔标注。目测的方法始于有经验的工人,缺少经验者目测的误差就大,因此对长度较短的型钢测弯点时应采

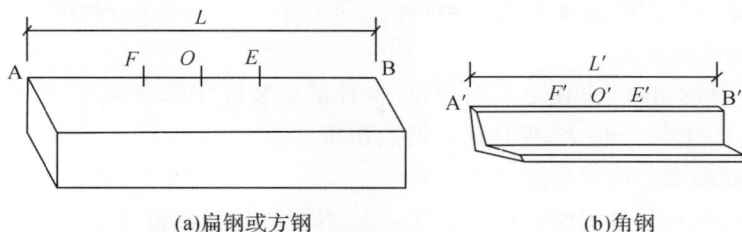

(a)扁钢或方钢　　　　　　　　　　(b)角钢

图 3.2.3　型钢目测弯曲点

用直尺量,较长的应采用拉线法测量。

(5)边缘加工和端部加工

在钢结构制作中,经过剪切或气割过的钢板边缘,其内部结构会硬化和变态。所以,如桥梁或重型吊车梁的重型构件,须将下料后的边缘刨去 2～4 mm,以保证质量。此外,为了保证焊缝质量和工艺性以及装配的准确性,前者要将钢板边缘刨成或铲成坡口,后者要将边缘刨直或铣平。

一般需要作边缘加工的部位:吊车梁翼缘板、支座支承面等具有工艺性要求的加工面;设计图纸中有技术要求的焊接坡口;尺寸精度要求严格的加劲板、隔板、腹板及有孔眼的节点板等。

常用的边缘加工主要方法有:铲边、刨边、铣边和碳弧气刨边四种。

(6)制孔

孔加工在钢结构制造中占有一定的比重,尤其是高强螺栓的采用,使孔加工不仅在数量上,而且在精度要求上都有了很大的提高。

制孔通常有钻孔和冲孔两种方法。钻孔是钢结构制造中普遍采用的方法,能用于几乎任何规格的钢板、型钢的孔加工。钻孔的原理是切割,孔的精度高,对孔壁损伤较小。冲孔一般只用于较薄钢板和非圆孔的加工,而且要求孔径一般不小于钢材的厚度。冲孔生产率虽高,但由于孔的周围产生冷作硬化,孔壁质量差等原因,在钢结构制造中已较少采用。

(7)组装

组装,亦可称拼装、装配、组立。组装工序是把制备完成的半成品和零件按图纸规定的运输单元。装配成构件或者部件,然后将其连接成为整体的过程。

①组装工序的一般规定:

a. 产品图纸和工艺规程是整个装配准备工作的主要依据,因此,首先要了解以下问题:了解产品的用途及结构特点,以便提出装配的支承与夹紧等措施;了解各零件的相互配合关系,使用材料及其特性,以便确定装配方法;了解装配工艺规程和技术要求,以便确定控制程序、控制基准及主要控制数值。

b. 拼装必须按工艺要求的次序进行,当有隐蔽焊缝时,必须先预施焊,经检验合格方可覆盖。当复杂部位不易施工焊接时,亦须按工艺规定分别先后拼装和施工焊接。

c. 布置拼装胎具时,其定位必须考虑预放出焊接收缩量及齐头、加工的余量。

d. 为减少变形,尽量采取小件组焊,经矫正后再大件组装。胎具及装出的首件必须经过严格检验,方可大批进行装配工作。

e. 组装时的点固焊缝长度宜大于 40 mm,间距宜为 500～600 mm,点固焊缝高度不宜超过设计焊缝高度的 2/3。

f. 板材、型材的拼接,应在组装前进行;构件的组装应在部件组装、焊接、矫正后进行,以便减少构件的焊接残余应力,保证产品的制作质量。

g. 构件的隐蔽部位应提前进行涂装。

h. 桁架结构的杆件装配时要控制轴线交点,其允许偏差不得大于 3 mm。

i. 装配时端板要求磨光顶紧或喷砂处理的部位,其顶紧接触面应有 75% 以上的面积紧贴,用 0.3 mm 的塞尺检查,其塞入面积应小于 25%,边缘间隙不应大于 0.8 mm。

j. 拼装好的构件应立即用油漆在明显部位编号,写明图号、构件号和件数,以便查找。

②钢构件组装方法。

钢结构构件组装方法的选择,必须根据构件的结构特性和技术要求,结合制造厂的加工能力、机械设备等情况,选择能有效控制组装精度、耗工少、效益高的方法进行。

a. 钢板拼接。钢板拼接在装配台上进行。将钢板零件摆列在平台板上,调整粉线,用撬杠等工具将钢板平面对接缝对齐,用定位焊固定。在对接焊缝的两端设引弧板,尺寸不小于 100 mm×100 mm。重要构件的钢板需用埋弧焊自动焊接。焊后进行变形矫正,并需要进行无损检测。

b. 桁架拼接。桁架是在装配平台上方实样拼装,应预防焊接收缩量(一般经验,放至规范公差上限值可满足收缩需要)。设计有起拱要求的桁架应预防出起拱线,无起拱要求的,也应起拱 10 mm 左右,防止下挠。桁架拼装多用仿形装配法,即先在平台上放实样,据此装配出第一单面桁架,并施工定位焊,之后用它做胎膜,在它上面进行复制,装配出第二个单面桁架,在定位焊完了之后,将第二个桁架翻面 180°下胎,再在第二个桁架上,以下面角钢为准,装完对称的单面桁架,即完成一个桁架的拼装。同样以第一个单面桁架为底样(样板),依此方法逐个装配其他桁架。

c. H 型钢拼接。一般是在胎具上平装。先将腹板平放于装配胎上,再将两块翼缘板立放两侧,三块钢板对齐一端,用弯尺找正垂直角,用"H"形夹具配以楔形铁块(或螺栓千斤顶)自工件的一端向另一端逐步将翼缘和腹板之间的间隙夹紧(或顶紧),并在对准装配线后进行定位焊。为防止焊接和吊运时变形,装配完成后,再在腹板翼缘板之间焊点上数个邻近斜支撑杆拉住翼板,使其保持垂直,对不允许点焊的工件应采用专用的夹具固定。

(8)成品的表面化处理、油漆、包装、堆放及运输

①高强度螺栓摩擦面的处理

摩擦面的加工是使用高强度螺栓作连接节点处的钢材表面加工,高强度螺栓摩擦面处理后的抗滑移系数值必须符合设计文件的要求(一般为 0.45～0.55)。

②钢构件的表面处理

钢结构件在涂层之前应进行除锈处理,锈除得干净则可提高底漆的附着力,直接关系到涂层的好坏。

构件表面的除锈方法分为喷射、抛射除锈和手工或动力工具除锈两大类。构件的除锈方法与除锈等级应与设计文件采用的涂料相适应。

③成品检验

成品是指工厂制作的结构产品,如钢柱、钢梁、钢支撑、钢檩条、吊车梁等。成品可根据起重能力、运输工具、道路状况、结构刚性等因素选择最大重量和最大外廓尺寸出厂。

④钢结构包装。

钢结构的包装方法应视运输形式而定,并应满足工程合同提出的包装要求。

a.钢结构包装的原则:

(a)在涂层干燥后进行,并应注意保护构件涂层不受损伤,包装方式应符合运输的有关规定。(b)每个包装的重量一般不超过 3~5 t,包装的外形尺寸则根据货运能力而定。如汽车运输,一般长度不超过 12 m,个别不超过 18 m,宽度不超过 2.5 m,高度不超过 3.5 m,超长、超宽、超高时要做特殊处理。(c)包装和捆扎均应注意密实和紧凑,以减少运输时的失散、变形,而且还可以降低运输的费用。(d)钢结构的加工面、轴孔和螺纹,均应涂以润滑脂和贴上油纸,或用塑料布包裹,螺孔应用木楔塞住。(e)一些不装箱的小件和零配件可直接捆扎或用螺栓扎在钢构件主体的需要部位上,但要捆扎、固定牢固,且不影响运输和安装。(f)包装时要注意外伸的连接板等物要尽量置于内侧,以防造成钩刮事故,不得不外露时要做好明显标记;(g)经过油漆的构件,在包装时应该用木材、塑料等垫衬加以隔离保护,包装时应填写包装清单,并核实数量。

b.构件重心和吊点的标注

构件重心的标注。重量在 5 t 以上的复杂构件,一般要标出重心,重心的标注用鲜红色油漆标出,再加上一个向下箭头。如图 3.2.4 所示。

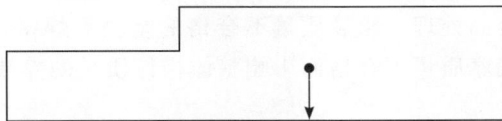

图 3.2.4　构件的重心标志

吊点的标注。在通常情况下,吊点的标注是由吊耳来实现的。吊耳,也称眼板,在制作厂内加工、安装好。眼板及其连接焊缝要做无损探伤,以保证吊运构件时的安全性。

c.钢结构构件的标记

钢结构构件包装完毕,要对其进行标记。标记一般由承包商在制作厂成品库装运时标明。

对于国内的钢结构用户,其标记可用标签方式带在构件上,也可以用油漆直接写在钢结构产品包装箱上。对于出口的钢结构产品,必须按海运要求和国际通用标准标明标记。

标记通常包括下列内容:工程名称、构件编号、外廓尺寸(长、宽、高,以 m 为单位)、净重、毛重、始发地点、到达港口、构件收货单位、制造厂商、发运口期等,必要时要标明重心和吊点位置。

⑤钢结构成品堆放

成品验收后,在装运或包装以前堆放在成品仓库。日前,国内钢结构产品的主件大部分露天堆放,部分小件一般可用捆扎或装箱的方式放置于室内。由于成品堆放的条件一般较差,所以堆放时更应注意防止失散和变形。

a.成品堆放地的地基要坚实,地面平整干燥,排水良好。b. 堆放场地内备有足够的垫木、垫块，使构件得以放平、放稳，以防构件因堆放方法不正确而产生变形。c. 钢结构产品不得直接置于地上，要垫高 200 mm 以上。d. 侧向刚度较大的构件可水平堆放，当多层叠放时，必须使各层垫木在同一垂线上。e. 大型构件的小零件应放存构件的空档内，用螺栓或铁丝固定在构件上。f. 不同类型的钢构件一般不堆放在一起。同工程的构件应分类堆放在同一地区内，以便于装车发运。

⑥钢构件运输

应根据钢构件的长度、重量选用车辆，钢构件在运输车辆上的支点、两端伸出的长度及绑扎方法均应保证钢构件不产生变形、不损伤涂层。

a. 构件或零件按图纸加工完成、通过质量验收后才能运输出厂；b. 运输前必须核对构件编号是否正确；c. 运输前构件必须进行认真包装，应保证构件不变形、不损坏、不散件；d. 连接板等小件应装箱与构件配套运输；e. 构件装车时应大小、轻重拼装，使货车容积、载重力充分利用；f. 构件出厂装车必须有专人管理，仔细清点构件、同时办理出库单；g. 构件在车上必须捆扎牢固、确保运输途中构件不松动；h. 构件运输必须按安装要求配套出厂。

3.2.3 质量检查与验收

1. 质量检查

根据钢结构施工的特点。结合 H 形梁制作质量控制手册，每个工序施工都按班组自检互检，半成品零部件质量、H 形梁组装质量、H 形梁焊接质量、成品质量检查作为质量控制点，安排专职检查员负责检查验收。每个质量控制点实行工序否决，即半成品零件质量不合格的，坚决不予安装，按废品处理。组装质量不合格的坚决不焊接，返修具备焊接条件后才进行焊接。消除以往因工序质量不合格而影响整体构件质量的弊端。

2. H 型钢梁的验收

(1)自查 H 形梁所用材料保证资料是否齐全。

(2)自查主要分项工程施工记录是否完备。

(3)自查各分项工程验评记录是否完备。

(4)将上述材料及申请表上报监理、监造人员，请求检查验收。

(5)对监理和监造提出的问题和不足之处，要及时整改，同时要上报整改方案。

(6)再次申请对整改部分的检查验收。

3.2.4 钢结构制作的安全

钢结构生产的现场环境，不管是室内还是室外，往往均处于一个立体的操作空间之下，这对安全生产应极为重视，尤其在室内流水生产布置条件下，生产效率很高，工件在空间大量、频繁地移动。一般统计，其移动重约为产出量的 4～10 倍。工件多由行车等起吊设备在空间作纵横向及上下向的线性运动，其移动几乎遍及生产场所每一角落的上空。

为便于制作和操作者的操作活动，构件均宜在一定高度上搁置。无论是堆放的搁置架、装配组装胎架、焊接胎架等都应与地面离开 0.4～1.2 mm。因此，操作者实际上出在安全通道外，随时随地都处于重物包围的空间范围内。

在制作大型钢结构，或高度较大、重心不稳的狭长构件和超大构件时，结构和构件更有倾倒和倾斜的可能性,因此必须十分重视安全事故的防范。除操作者自身应有防护意识外,还需各方位都应加以照看,以避免安全事故的发生。

从钢结构生产的各个工序中,很多都要使用剪、冲、压、锯、钻、磨等机械设备,这是一种人与机械直接接触的操作,被机械损伤的事故时有发生。但机械损伤事故的概率次于工件起运中坠落的事故,更须作必要的防护和保护。

安全防护包括:

(1)自身防范:必须按国家规定有关的劳动法规条例,对各类操作人员进行安全学习和安全教育,特别对特殊工种必须持证上岗。对生产场地必须留有安全通道,设备之间间距不得太小。进入现场,无论是操作者或生产管理人员,均应穿戴好劳动防护用品,并应注意观察和检查周围的环境。为安全生产,加工设备之间要留有一定的间距作为工作平台和堆放材料、工件等之用。

(2)他人防范:操作者必须严格遵守各岗位的操作规程,以免损及自身和伤害他人,对危险源应作出相应的标志、信号、警戒等,以免现场人员遭受无意的损害。

(3)所有构件的堆放、搁置应十分稳固,欠稳定的构件应设支撑或同结定位,超过自身高度构件的并列间距底大于自身高度(如吊车梁、屋架、桁架等),以避免多米诺骨牌式的连续塌倒。构件安置要求平稳、整齐,堆垛不得超过二层。

(4)索具、吊具要定时检查,不得超过额定荷载。焊接构件时不得留存、连接起吊索具。被碰甩过的钢绳,一律不得使用。正常磨损股丝应按规定更新。

(5)所有钢结构制作中半成品和成品胎具的制造和安装,应进行强度验算,切不能凭经验自行估算。

(6)钢结构生产过程的每一工序或工步中所使用的乙炔、氧气、丙烷、电源必须有安全防护措施,定期检测泄漏和接地现象。

(7)起吊构件的移动和翻身,只能听从一人指挥,不得两人并列指挥或多人参与指挥。起重物件移动时,不得有人在本区域投影范围内滞留、停立和通过。

(8)所有制作场地的安全通道必须畅通。

3.3 钢框架结构的安装

3.3.1 钢框架结构安装准备

1. 任务描述

某地综合办公楼主体结构为 7 层钢框架结构,楼层层高 1 层为 4.8 m,2~6 层为 3.9 m,7 层为 4.2 m,建筑高度 29.6 m,室内外高差 0.5 m,建筑总高度 29.6 m;建筑长度 49 m、宽度 20.5 m,建筑面积约 7000 m²。框架柱为焊接箱型截面,框架梁为焊接 H 型截面,框架柱与基础连接采用露出式刚接柱脚、柱脚锚栓规格 M30,钢柱拼接、框架梁柱连接全部采用焊接连接,楼板为压型钢板组合楼板,建筑外墙围护材料为加气混凝土砌块,主框架梁柱材质采用 Q345B 级钢,焊条采用 E50 系列。

本工程设计耐火等级为二级,梁、柱、板耐火时限分别为 2.5 h、2.0 h、1.0 h,采用薄涂型(B型)防火涂料。

结构平面布置如图3.3.1。

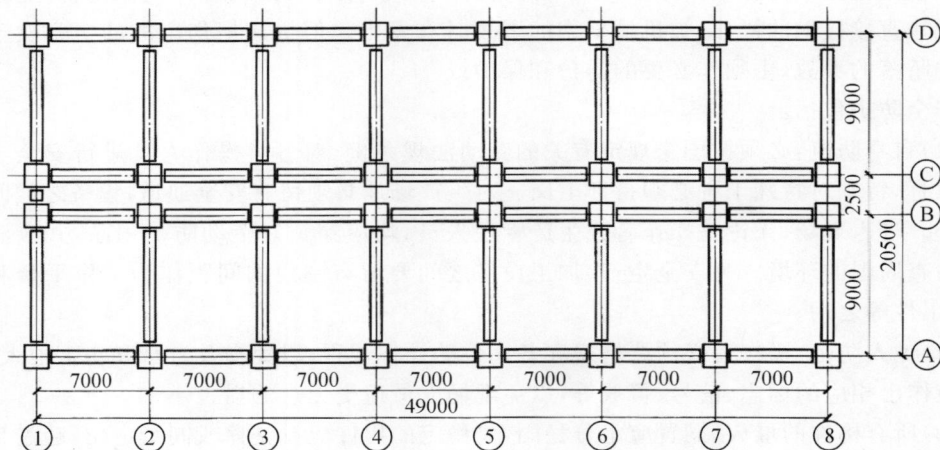

图 3.3.1 结构平面布置图

2. 任务分析

多层钢结构安装工程,一般根据结构平面选择适当的位置,先做样板间成稳定结构,采用"节间综合法":钢柱—柱间支撑(或剪力墙)—钢梁(主、次梁、隔撑)、由样板间向四周发展,或采用"分件流水法"进行安装。多层钢结构安装要点包括以下方面:施工现场总平面布置、起重机选择、测量工艺及控制、钢框架吊装顺序确定、工艺流程确定、现场焊接工艺、高强度螺栓施工工艺、标准节框架柱安装、特殊节框架结构安装等。

本工程主要有下列特点:现场拥挤,几乎没有构件堆放场地,应按照构件的吊装方案制订合理的构件运输计划,为防止现场断料,必要时应选择中转场地堆放构件;施工现场已架设一台FO/23B型塔式起重机,经测算,满足钢结构安装要求;现场连接焊、高强度螺栓施拧、施工过程中的测量放线及构件校正精度是保证本工程安装质量的重要工序。

3.3.2 钢框架结构的安装

1. 安装方案选择

钢结构质量的好坏,除材料合格,制作精度高外,还要依靠合理的安装工艺和方法。钢结构工程安装方法有分件安装法、节间安装法和综合安装法。

(1)分件安装法

分件安装法是指起重机在带间内每开行一次仅安装一种或两种构件。如起重机第一次开行中先吊装全部柱子;并进行校正和最后固定。然后依次吊装地梁、柱间支撑、墙梁、吊车梁、托架(托梁)、屋架、天窗架、屋面支撑和墙板等构件,直至整个建筑物吊装完成。有时屋面板的吊装也可在屋面上单独用桅杆或层面小吊车来进行。

分件吊装法的优点是起重机在每次开行中仅吊装一类构件,吊装内容单一,准备工作简单,校正方便,吊装效率高;有充分时间进行校正;构件可分类在现场顺序预制、排放,场外构件可按先后顺序组织供应;构件预制吊装、运输、排放条件好,易于布置;可选用起重量较小的起重机械,可利用改变起重臂杆长度的方法,分别满足各类构件吊装起重量和起升高度的要求。缺点是起重机开行频繁,机械台班费用增加;起重机开行路线长;起重臂长度改变需一定的时间;不能按节间吊装,不能为后续工程及早提供工作面,阻碍了工序的穿插;相对的吊装工期较长;屋面板吊装有时需要有辅助机械设备。

分件吊装法适用于一般中、小型厂房的吊装。

(2)节间安装法

节间安装法是指起重机在厂房内一次开行中,分节间依次安装所有各类型构件,即先吊装一个节间柱子,并立即加以校正和最后固定,然后接着吊装地梁、柱间支撑、墙梁(连续梁)、吊车梁、走道板、柱头系统、托架(托梁)、屋架、天窗架、屋面支撑系统、屋面板和墙板等构件。一个(或几个)节间的全部构件吊装完毕后,起重机行进至下一个(或几个)节间,再进行下一个(或几个)节间全部构件吊装,直至吊装完成。

适用于采用回转式桅杆进行吊装,或特殊要求的结构(如门式框架)或某种原因局部特殊需要(如急需施工地下设施)时采用。

(3)综合安装法

综合安装法是将全部或一个区段的柱头以下部分的构件用分件吊装法吊装.即柱子吊装完毕并校正固定,再按顺序吊装地梁、柱间支撑、吊车梁、走道板、墙梁、托架(托梁),接着按节间综合吊装屋架、天窗架、屋面支撑系统和屋面板等屋面结构构件。整个吊装过程可按三次流水进行,根据结构特性有时也可采用两次流水,即先吊装柱子,然后分节间吊装其他构件。

吊装时采用 2 台起重机,一台起重量大的起重机用来吊装柱子、吊车梁、托架和屋面结构系统等,另一台用来吊装柱间支撑、走道板、地梁、墙梁等构件并承担构件卸车和就位排放工作。

综合安装法结合了分件安装法和节间安装法的优点,能最大限度地发挥起重机的能和效率,缩短工期,是广泛采用的一种安装方法。

根据本工程的特点,结构吊装采用"节间综合法"+"分件流水法"交替进行,即在结构平面的中部位置先做样板间形成稳定结构,采用"节间综合法",其吊装顺序为钢柱(柱间支撑或剪力墙)→钢梁(主、次梁或隔撑);由样板间向四周安装,采用"分件流水法"。

2. 安装工艺顺序及流水段划分

(1)安装工艺流程

根据本工程的平面形状、结构形式、吊装设备的数量和位置等,安装工艺流程如图3.3.2所示。

(2)安装流水段划分

①平面流水段的划分应考虑钢结构在安装过程中的对称性和整体稳定性。其安装顺序由中央向四周扩展,以利焊接误差的减少和消除。对称结构采用全方位对称方案安装。

②立面流水段的划分以一节钢柱(各节所含层数不一)为单元。每个单元安装顺序以钢柱、主梁、柱间支撑,以安装成框架为原则;其次是安装次梁、楼板及非结构构件。塔式起重机的提升、顶升与锚固,均应满足组成框架的需要。钢结构安装前,应根据安装流水段和构件安装顺序,编制构件安装顺序表。表中应注明每一构件的节点型号、连接件的规格数量、

```
钢构件运至中转仓库
        ↓
构件分类、检查配套 ────┐           ┌──→ 检查吊装设备、工具数量及完好情况
        ↓             │           │
    检修构件 ──────────┤   准备工作 ┼──→ 高强度螺栓及摩擦面复查
        ↓             │           │
按吊装顺序运至现场分类堆放 ┘          ├──→ 特殊工种复试：焊工、超探工、
                                   │    高强度螺栓工、栓钉焊工、测工
                 放线及验线          │
                 (轴线、标高)        └──→ 焊接工艺评定试验
                      ↓
                  钢柱标高处理
                      ↓
                 构件中点及标高
                      ↓
              安装柱、梁标准核心框架 ←── 安装操作吊栏及通道
                      ↓
              高强度螺栓的初拧、终拧
                      ↓
调整标高、位移、垂直       柱与柱焊接 ←──────── 碳弧气刨
度、一台水平仪三台经       ↓                  ↑
纬仪跟踪观测 ──────→  梁与柱、梁与梁焊接 ←── 焊接顺序：上层→下层→中层
                      ↓
                  超声波探伤 ──────→ 提出焊缝超声波探伤报告
                      ↓                    ↓
                每节柱中间焊接          合格    不合格
                      ↓
                 安装压型钢板
                      ↓
                  焊接栓钉
                      ↓
                塔式起重机爬升
                      ↓
              下一节流水段准备工作
```

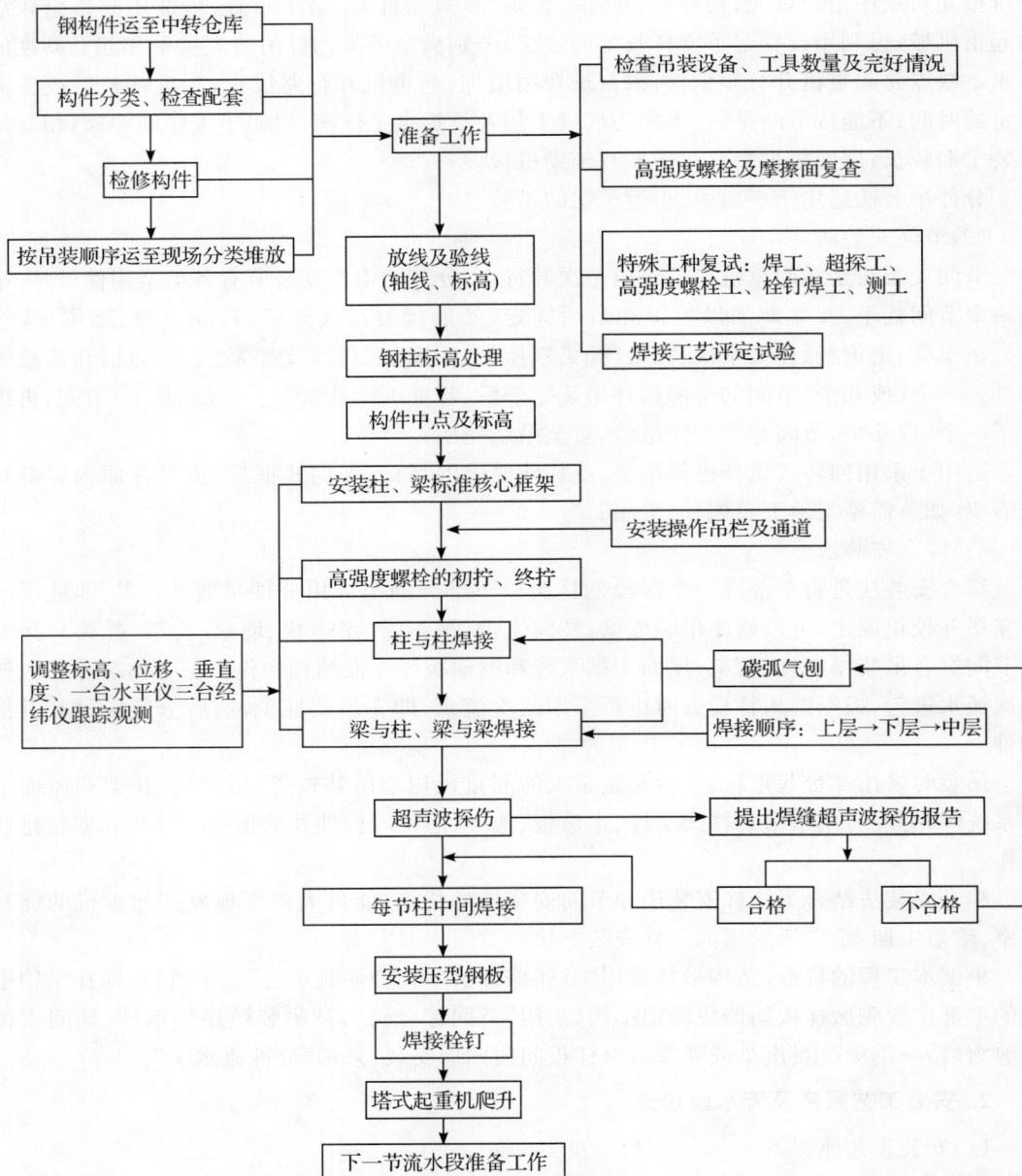

图 3.3.2　钢结构安装工艺流程

高强度螺栓规格数量、栓焊数量及焊接量、焊接形式等。构件从成品检验、运输、现场核对、安装、校正到安装后的质量检查,应统一使用该安装顺序表。

　　③安装顺序:

　　在平面,考虑钢结构安装的整体稳定性和对称性,安装顺序一般由中央向四周扩展,先从中间的一个节间开始,以一个节间的柱网为一个吊装单位,先吊装柱,后吊装梁,然后向四周扩展。一个立面内的安装顺序为:第 N 节钢框架安装准备→安装登高爬梯→安装操作平台、通道→安装柱、梁、支撑等形成钢框架→节点螺栓临时固定→检查垂直度、标高、位移→

拉设校正用缆索→整体校正→中间验收→高强度螺栓终拧紧固→梁焊接→超声波探伤→拆除校正缆索→塔式起重机爬升→第 $N+1$ 节钢框架安装准备。

④构件接头的现场焊接顺序。

梁柱现场拼接和连接节点焊接顺序,应从建筑平面中心向四周扩展,采取结构对称、节点对称和全方位对称焊接。

柱与柱的焊接应由两名焊工在两相对面等温、等速对称施焊;一节柱的竖向焊接顺序是先焊顶部梁柱节点,再焊底部梁柱节点,最后焊接中间部分梁柱节点;梁和柱接头的焊缝,一般先焊梁的上翼缘板,再焊下翼缘板。梁的两端先焊一端,待其冷却至常温后再焊另一端,不宜对一根梁的两端同时进行施焊。一个平面内的构件安装顺序及现场焊接顺序如图 3.3.3 所示。

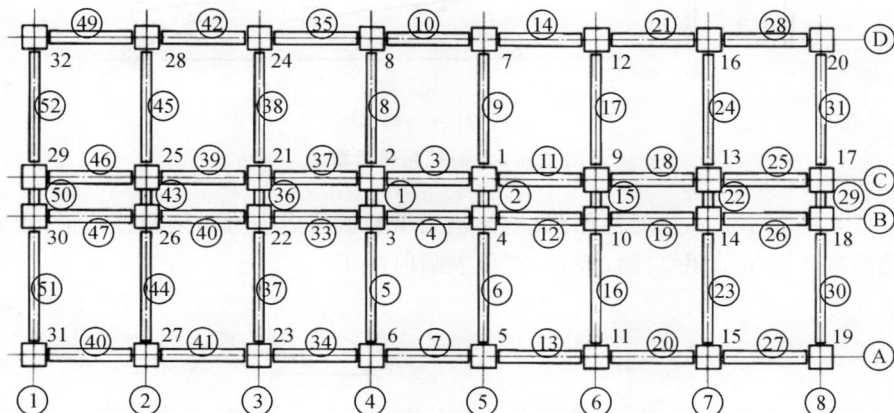

1,2,3…—钢柱安装顺序及现场焊接顺序;A,B,C…—钢梁安装顺序

图 3.3.3　平面上钢柱、主梁安装及现场施焊顺序

本工程为两个吊装作业区域,当一个区域吊装完毕后,即进行测量、校正、高强度螺栓初拧等工序,待两个区域全部安装完毕后,对整体再进行测量、校正、高强度螺栓终拧、焊接。焊后复测完后,接着进行下一节钢柱的吊装。并根据现场情况进行本层压型钢板吊装和铺设工作。

3. 构件吊装

(1)钢柱吊装

本工程钢柱分为 1～2 层、3～5 层、6～7 层共 3 节制造安装,吊装前首先根据钢柱现状、端面、长度和重量确定吊点位置、绑扎方法,吊装时做好防护措施。吊装箱型柱时,可利用其接头耳板作吊环,配以相应的吊索、吊架和销钉。钢柱平运 2 点起吊,安装 1 点立吊。立吊时,需在柱子根部垫上垫木,以回转法起吊,严禁根部拖地。钢柱起吊后,当柱脚距地脚螺栓约 0.3～0.4 m 时扶正,使柱脚的安装孔对准螺栓,缓慢落钩就位。经过初校待垂值偏差在 20 mm 内,拧紧螺栓,临时固定即可脱钩。钢柱起吊如图 3.3.4 所示。

(2)钢梁吊装

钢梁吊装在柱子上复核完成后进行,钢梁吊装时采用两点对称绑扎起吊就位安装。钢梁距梁端 500 mm 处开孔,用特制卡具 2 点平吊,次梁可三层串吊,如图 3.3.5 所示。钢梁

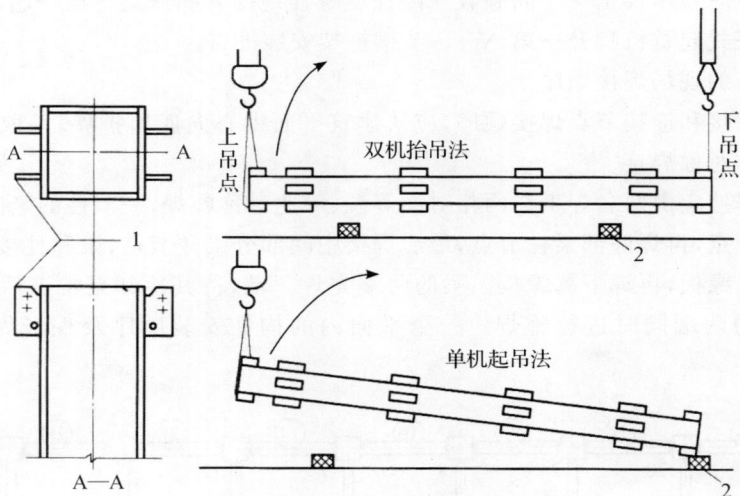

1—吊耳；2—垫木

图 3.3.4　钢柱起吊示意图

起吊后距柱基准面 100 mm 时徐徐就位,待钢梁吊装就位后进行对接调整校正,然后固定连接。钢梁吊装时随吊随用经纬仪校正,有偏差随时纠正。

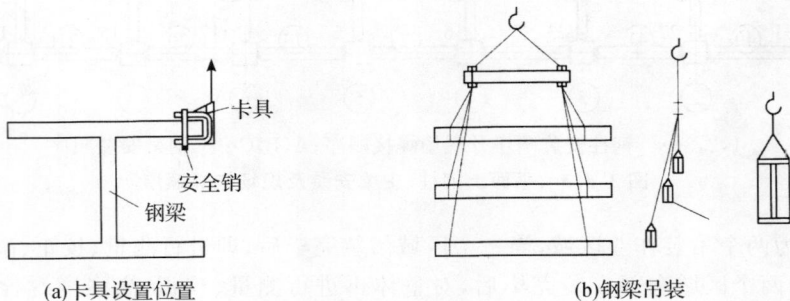

(a)卡具设置位置　　　　　　　　(b)钢梁吊装

图 3.3.5　钢梁吊装示意图

(3)组合件

因组合件形状、尺寸不同,可计算重心确定吊点,采用 2 点吊、3 点吊或 4 点吊。凡不易计算者,可加设倒链协助找重心,构件平衡后起吊。

(4)零件及附件

钢构件的零件及附件应随构件一并起吊。尺寸较大、重量较重的节点板,钢柱上的爬梯、大梁上的轻便走道等,应牢固固定在构件上。

4.构件安装校正

(1)钢柱的安装校正

①首节钢柱的安装校正

安装前,应对建筑物的定位轴线、首节柱的安装位置、基础的标高和基础混凝土强度进行复检,合格后才能进行安装。

柱顶标高调整:根据钢柱实际长度、柱底平整度,利用柱子地板下地脚螺栓上的调整螺母调整柱底标高,以精确控制柱顶标高。

纵横十字线对正:首节钢柱在起重机吊钩不脱钩的情况下,利用制作时在钢柱上划出的中心校与基础顶面十字线对正就位。

垂直度调整:用两台呈 90°的经纬仪投点,采用缆风法校正。在校正过程中不断调整柱底板下螺母,校毕将柱底板上面的 2 个螺母拧上,缆风松开,使柱身呈自由状态,再用经纬仪复核。如有小偏差,微调下螺母,无误后将上螺母拧紧。

柱底灌浆。在第一节框架安装校正、螺栓紧固后,即进行底层钢柱柱底灌浆,灌浆方法是先在柱脚四周立模板,将基础上表面清除干净,然后用高强度无收缩细石混凝土从一侧自由灌入至密实,灌浆后用湿草袋或麻袋或塑料布包裹养护。

②上节柱安装与校正

上节钢柱安装时,利用柱身中心线就位,为使上下柱不出现错口,尽量做到上、下柱定位轴线重合。上节钢柱就位后,按照先调整标高,再调整位移,最后调整垂直度的顺序校正。

校正时,可采用缆风法校正法或无缆风校正法。目前多采用无缆风校正法如图 3.3.6 所示,利用塔吊或吊车、钢楔、垫板、撬棍以及千斤顶等工具,在钢柱呈自由状态下进行校正。此法施工简单、校正速度快、易于吊装就位和确保安装精度。为适应无缆风校正法,应特别注意钢柱节点临时连接耳板的构造。上下耳板的间隙宜为 15～20 mm,以便于插入钢楔。

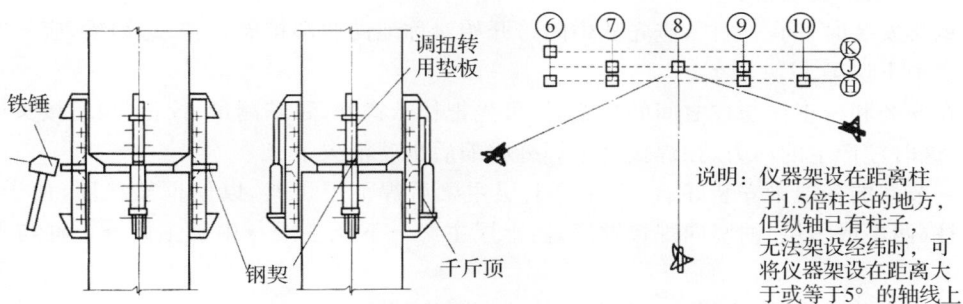

图 3.3.6　无缆风校正法示意图

标高调整:钢柱一般采用相对标高安装,设计标高复核的方法。钢柱吊装就位后,合上连接板,穿入大六角高强度螺栓,但不夹紧,通过吊钩起落与撬棍拨动调节上下柱之间间隙。量取上柱柱根标高线与下柱柱头标高线之间的距离,符合要求后在上下耳板间隙中打入钢楔限制钢柱下落。正常情况下,标高偏差调整至零。若钢柱制造误差超过 5 mm,则应分几次调整。

位移调整:钢柱定位轴线应从地面控制轴线直接引上,不得从下层柱的轴线引上。钢柱轴线偏移时,可在上柱和下柱耳板的不同侧面夹入一定厚度的垫板加以调整,然后微微加紧柱头临时接头的连接板。钢柱的位移每次只能调整 3 mm,若偏差过大只能分次调整。起重机至此可松吊钩。校正位移时应注意防止钢柱扭转。

垂直度调整:用两台经纬仪在相互垂直的位置投点,进行垂直度观测。调整时,在钢柱偏斜方向的同侧锤击钢楔或微微顶升千斤顶,在保证单节柱垂直度符合要求的前提下,将柱顶偏轴线位移校正至零,然后拧紧上下柱临时接头的大六角高强度螺栓至额定扭矩。

③标准柱安装与校正。

为确保钢结构整体安装质量精度,在每层都要选择一个标准框架结构体(或剪力筒),依次向外发展安装。

所谓标准柱即能控制框架平面轮廓的少数柱子,一般是选择平面转角柱为标准柱。正方形框架取 4 根转角柱;长方形框架当长边与短边之比大于 2 时取 6 根柱;多边形框架则取转角柱为标准柱。

标准柱的垂直度校正:采用两台经纬仪对钢柱及钢梁安装跟踪观测。钢柱垂直度校正可分两步。

a. 采用无缆风绳校正。在钢柱偏斜方向的一侧打入钢楔或顶升千斤顶。

注意:临时连接耳板的螺栓孔应比螺栓直径大 4 mm,利用螺栓孔扩大足够余量调节钢柱制作误差$-1\sim+5$ mm。

b. 将标准框架体的梁安装上。先安装上层梁,再安装中下层梁。安装过程会对柱垂直度有影响,可采用钢丝绳缆索(只适宜跨内柱)、千斤顶、钢楔和手拉葫芦进行,其他框架依标准框架体向四周发展,其做法与上同。

注意:为达到调整标高和垂直度的目的,临时接头上的螺栓孔应比螺栓直径大 4.0 mm。由于钢柱制造允许误差一般为$-1\sim+5$ mm,螺栓孔扩大后能有足够的余量将钢柱校正准确。

(2)钢梁的安装校正

钢梁安装时,同一列柱,应先从中间跨开始对称地向两端扩展;同一跨钢梁,应先安上层梁再安中下层梁。

在安装和校正柱与柱之间的主梁时,可先把柱子撑开,跟踪测量、校正,预留接头焊接收缩量,这时柱产生的内力,在焊接完毕焊缝收缩后也就消失了。

一节柱的各层梁安装好后,应先焊上层主梁后焊下层主梁,以使框架稳固,便于施工。一节柱(两层或三层)的竖向焊接顺序是:上层主梁→下层主梁→中层主梁→上柱与下柱焊接。

每天安装的构件,应形成空间稳定体系,确保安装质量和结构安全。

钢梁轴线和垂直度的测量校正,采用千斤顶和倒链进行,校正后立即进行固定。

(3)构件安装质量标准

构件安装质量标准见表 3.3.1。

表 3.3.1 安装质量标准

项目名称	允许偏差	项目名称	允许偏差
垂直度单节柱建筑物总体	$H/100$ 且$\leqslant 10$ mm	柱顶	$\leqslant 5$ mm
标高梁面	$L/1000$ 且$\leqslant 10$ mm	建筑物高度	$\pm n(\Delta n+\Delta n+\Delta w)$

5. 安装阶段的测量放线

(1)建立基准控制点

根据施工现场条件,建筑物测量基准点有两种测设方法。

一种为外控法,即将测量基准点设在建筑物外部,适用于场地开阔的现场。根据建筑物平面形状,在轴线延长线上设立控制点,控制点一般距建筑物 0.8~1.5 倍的建筑物高度处。引出交线形成控制网,并设立控制桩。

另一种为内控法,即将测量基准点设在建筑物内部,适用于现场较小,无法采用外控法的现场。控制点的位置、多少根据建筑物平面形状而定。

(2)平面轴线控制点的竖向传递

地下部分:高层钢结构工程,通常有一定层数的地下部分,对地下部分可采用外控法,建立十字形或井字形控制点,组成一个平面控制网。

地上部分:控制点的竖向传递采用内控法时,投递仪器可采用全站仪或激光准直仪。在控制点架设仪器对中调平。在传递控制点的楼面上预留孔(如 300 mm×300 mm),孔上设置光靶,传递时仪器从 0°、90°、180°、270°四个方向,向光靶投点,定出 4 点,找出 4 点对角线的交点作为传递上来的控制点。

(3)柱顶平面放线

利用传递上来的控制点,用全站仪或经纬仪进行平面控制网放线,把轴线放到柱顶上。

(4)钢柱垂直度测量

钢柱垂直度的测量可采用以下几种方法:

①激光准直仪法。将准直仪架设在控制点上,通过观测接受靶上接收到的激光束,来判断柱子是否垂直。

②铅垂法。是一种较为原始的方法,用锤球吊校柱子,为避免锤线摆动,可加套塑料管,并将锤球放在黏度较大的油中。

③经纬仪法。用两台经纬仪架设在轴线上,对柱子进行校正,是施工中常用的方法。

④建立标准柱法。根据建筑物的平面形状选择标准柱,如正方形框架选 4 根转角柱。

根据测设好的基准点,用激光经纬仪对标准柱的垂直度进行观测,在柱顶设测量目标,激光仪每测一次转动 90°,测得 4 个点,取该 4 点相交点为准量测安装误差。除标准柱外,其他柱子的误差量测采用丈量法,即以标准柱为依据,沿外侧拉钢丝绳组成平面封闭状方格,用钢尺丈量,超过允许偏差则进行调整。

6. 现场连接节点施工

本工程钢柱之间的连接采用坡口焊连接;主梁与钢柱间的连接,上、下翼缘用坡口焊连接,腹板用高强螺栓连接;次梁与主梁的连接大多数采用在腹板处用高强螺栓连接,少量再在上、下翼缘处用坡口焊连接。柱与梁的焊接顺序,先焊接顶部柱、梁节点,再焊接底部柱、梁节点,最后焊接中间部分的柱、梁节点。

坡口焊连接应先做的准备工作包括:焊条烘焙、坡口检查、设置引出板和垫板,并点焊固定,清除焊接坡口周边的防锈漆和杂物,焊接口预热等。柱与柱的对接焊接,采用二人同时对称焊接,柱与梁的焊接亦应在柱的两侧对称同时焊接,以减少焊接变形和残余应力。

对于厚板的坡口焊,打底层焊采用直径 4 mm 焊条焊接,中间层可用 5 mm 或 6 mm 焊条,盖面层采用直径 5 mm 焊条。三层应连续施焊,每一层焊完后及时清渣。焊缝余高不超过对接焊件中较薄钢板厚的 1/10,但也不应大于 3.2 mm。焊后当气温低于 0 ℃时,用石棉布保温使焊缝缓慢冷却。焊缝质量检验均按二级检验。

7. 高强度螺栓施工

(1)高强度螺栓在施工前必须有材质证明书(质量保证书),必须在使用前做复试。

(2)高强度螺栓设专人管理,妥善保管,不得乱扔乱放,在安装过程中,不得碰伤螺纹及污染脏物,以防扭矩系数发生变化。

(3)高强度螺栓的存放要防潮、防腐蚀。

(4)安装螺栓时应用光头撬棍及冲钉对正上下(或前后)连接板的螺孔,使螺栓能自由投入。

(5)对于箱形截面部件的接合部,全部从内向外插入螺栓,在外侧进行紧固。如操作不便,可将螺栓从反方向插入。

(6)若连接板螺孔的误差较大时,应检查分析酌情处理,若属调整螺孔无效或剩下局部螺孔位置不正,可使用电动绞刀或手动绞刀进行打孔。

(7)在同一连接面上,高强螺栓应按同一方向投入,高强螺栓安装后应当天终拧完毕。

8. 楼面承压板安装

楼面承压板施工安装之前,绘制相应的排版图,依据图纸进行施工。压型钢板沿楼面的一端开始铺设,边铺设边调整其位置,边固定。遇有洞口处,先安装压型钢板,然后根据实际洞口位置切割洞口大小尺寸。栓钉是楼面梁同钢筋混凝土楼板抗剪连接的连接件,施工采用拉弧型栓钉焊机和焊枪,并使用去氧弧耐热陶瓷座圈。

焊接方法:接通焊机焊枪电源,柱状栓钉套在焊枪上,防弧座圈,启动焊枪,电流即熔断,座圈则产生弧光,经短时间后柱状栓钉以一定速度顶紧母材端部熔化,切断电源柱状栓钉焊接完成固定在母材上。

栓钉焊接检查:柱状栓钉的质量以锤击为主,外观表面检查为辅,按每天产量取其中的1/500进行弯曲检查,焊缝处无断裂视为合格,如焊缝出现裂缝,该栓钉判为报废,需在附近重焊一只柱状钉作为补充。

9. 防火涂料涂装施工

(1)品种规格

本工程设计采用薄涂型(B型)钢结构防火涂料,涂层厚度要求为 2～7 mm,有一定装饰效果,高温时涂层膨胀增厚,具有耐火隔热作用,耐火极限可达 0.5～2.5 h,又称为钢结构膨胀型防火涂料。

(2)作业条件

防火涂料涂装施工作业应委托经消防部门批准的施工单位负责施工。防火涂料涂装前,钢结构工程应检查验收合格,并符合设计要求;钢构件表面除锈及防锈底漆应符合设计要求和国家现行有关规范规定;应彻底清除钢构件表面的灰尘、油污等杂物;应对钢构件防锈涂层破损或漏涂部位补刷防锈漆且经验收合格后方可进行施工。

钢结构防火涂料涂装应在室内装饰之前和不被后续工程所损坏的条件下进行。施工前,对不需要进行防火保护的墙面、门窗、机械设备和其他构件应采用塑料布遮挡保护。

涂装施工前,环境温度宜保持在 5～38 ℃,相对湿度不宜大于 90%,空气应流动。露天涂装施工作业应选择适当的天气。大风、雷雨、严寒等气候下均不应作业。

(3)钢结构防火涂装工程主要机具见表 3.3.2。

表 3.3.2　钢结构防火涂装工程主要机具

机具名称	型号	单位	数量	备注
便携式搅拌机		台	32	配料
重力式喷枪		台	5	薄涂型涂料喷涂
空气压缩机	0.6~0.9 m³/min	台	2	喷涂
抹灰刀		把	10	手下涂装
砂布		张	500	基层处理

(4)施工工艺

①工艺流程。

施工准备→调配涂料→涂装施工→检查验收。

②操作工艺。

a. 施工准备:

按照上述"作业条件"中规定进行基面处理、检查验收。

按照设计要求,采购防火涂料原材料并验收。

按照工程实际情况配备相应的施工人员和施工工具。

b. 薄涂型钢结构防火涂料涂装工艺及要求。

施工方法及机具。采用喷涂方法涂装,面层装饰涂料可以采用刷涂、喷涂或滚涂等方法,局部补修或小面积构件涂装。不具备喷涂条件时,可采用抹灰刀等工具进行手工抹涂方法。

主要施工机具为重力式喷枪,配备能够自动调压的空压机,喷涂底层及主涂层,喷枪口径为 4~6 mm,空气压力为 0.4~0.6 MPa;喷涂面层时,喷枪口径为 1~2 mm.空气压力为 0.4 MPa 左右。

涂料配制:单组分涂料,现场采用便携式搅拌器搅拌均匀;双组分涂料,按照产品说明书规定的配比混合搅拌。防火涂料的配制搅拌,应边配边用,当天配制的涂料当天必须在说明书规定时间内用完。搅拌和调配涂料应均匀,且稠度适宜,既能在输送管道中流动畅通,喷涂后又不会产生流淌和下坠现象。

底层涂装施工工艺要求:根据设计防火要求,钢柱底涂层应喷涂四遍、钢梁三遍、压型钢板两遍,待前一遍涂层基本干燥后再喷涂后一遍。第一遍喷涂以盖住钢材基面 70% 即可,第二、三遍喷涂每层厚度不超过 2.5 mm。喷涂保护方式、喷涂层数和涂层厚度应根据防火设计要求确定。

喷涂时,操作工手握喷枪要稳定,运行速度保持稳定。喷枪要垂直于被喷涂钢构件表面,喷距为 6~10 mm。

施工过程中,操作者应随时采用测厚针检测涂层厚度,确保各部位涂层达到设计规定的厚度要求。

喷涂后,喷涂形成的涂层是粒状表面,当设计要求涂层表面平整光滑时,待喷涂完最后一遍应采用抹灰刀等工具进行抹平处理,以确保涂层表面均匀平整。

面层涂装工艺及要求:当底涂层厚度符合设计要求,并基本干燥后,方可进行面层涂料涂装。面层涂料所有构件一律涂刷两遍。如果第一遍是从左至右涂刷,第二遍则应从右至左涂刷,以确保全部覆盖住底涂层。面层涂装施工应保证各部分颜色均匀、一致,接槎平整。

10. 钢框架安装要点

(1)安装前,应对建筑物的定位轴线、平面封闭角、底层柱的安装位置线、基础标高和基础混凝土强度进行检查,合格后才能进行安装。

(2)安装顺序应根据事先编制的安装顺序图表进行。

(3)凡在地面组拼的构件,需设置拼装架组拼(立拼),易变形的构件应先进行加固。组拼后的尺寸经校验无误后方可拼装。

(4)各类构件的吊点,宜按规定设置。

(5)钢构件的零辅件一并起吊。尺寸较大、重量较重的节点板,应用铰链固定在构件上。钢柱上爬梯、大梁上的轻便走道应牢固固定在构件上一起起吊。调整柱子垂直度的缆风绳或支撑夹板,应在地面上与柱子绑扎好,同时起吊。

(6)当天安装的构件,应形成空间稳定体系,确保安装质量和结构安全。

(7)一节柱的各层梁安装校正后,即安装本节各层楼梯,铺好各层楼层的压型钢板。

(8)安装时,楼面上的施工荷载不得超过梁和压型钢板的承载力。

(9)预制外墙板应根据建筑物的平面形状对称安装,使建筑物各侧面均匀加载。

(10)叠合楼板的施工,要随着钢结构的安装进度进行。两个工作面相距不宜超过 5 个楼层。

(11)每个流水段一节柱的全部钢构件安装完毕并验收合格后,方能进行下一流水段钢结构的安装。

3.3.3 安装作业要求

1. 高处作业一般要求

(1)高处作业的安全技术措施及其所需料具,必须列入工程的施工组织设计。

(2)单位工程施工负责人应对工程的高处作业安全技术负责,并建立相应的责任制。施工前,应逐级进行安全技术教育及交底,落实所有安全技术措施和人身防护用品,未经落实时不得进行施工。

(3)高处作业中的设施、设备,必须在施工前进行检查,确认其完好,方能投入使用。

(4)攀登和悬空作业人员,必须经过专业技术培训及专业考试合格,持证上岗,并必须定期进行体格检查。

(5)施工中对高处作业的安全技术设施,发现有缺陷和隐患时,必须及时解决;危及人身安全时,必须停止作业。

(6)施工作业场所有坠落可能的物件,应一律先进行撤除或加以固定。高处作业中所用的物料,均应堆放平稳,不妨碍通行和装卸。随手用工具应放在工具袋内。作业中走道内的余料应及时清理干净,不得任意乱掷或向下丢弃。

(7)雨天和雪天进行高处作业时,必须采取可靠的防滑、防寒和防冻措施。有水、冰、霜、雪时均应及时清除。对进行高处作业的高耸建筑物,应事先设计避雷设施,遇有 6 级以上强风、浓雾等恶劣气候,不得进行露天攀登与悬空高处作业。暴风雪及台风暴雨后,应对高处作业安全设施逐一加以检查,发现问题,立即修理完善。

(8)钢结构吊装前,应进行安全防护设施的逐项检查和验收,验收合格后,方可进行高处作业。

2. 临边作业

(1)基坑周边,尚未安装栏杆或栏板的阳台、料台和挑平台周边、雨篷与挑檐边,无外脚手的屋面与楼层周边及水箱与水塔周边、桁架、梁上工作人员行走处,柱顶工作平台,拼装平台等处,都必须设计防护栏杆。

(2)多层、高层及超高层楼梯口和梯段边,必须安装临时护栏。顶层楼梯口应随工程结构进度安装正式防护栏杆。

(3)井架、施工用电梯和脚手架等与建筑物通道的两侧边,必须设防护栏,地面通道上部应装设完全防护棚。

(4)各种垂直运输接料平台,除两侧设防护栏杆外,平台口还应设计安全的或活动防护栏杆,接料平台两侧的栏杆,必须自上而下加挂安全立网。

(5)防护栏杆具体做法及技术要求,应符合《建筑施工高处作业安全技术规范》(JGJ 80-2001)有关规定。

3. 洞口作业

进行洞口作业以及在因工程和工序需要而产生的,当人与物有坠落危险或危及人身安全的其他洞口进行高处作业时,必须设置防护设施。

(1)板与墙的洞口,必须设置牢固的盖板、防护栏杆、安全网或其他防坠落的防护设施。

(2)电梯井口必须设防护栏杆或固定栅门,电梯井内应每隔两层并最多隔 10 m 设一安全网。

(3)施工现场通道附近的各类洞口及坑槽等处,除应设置防护设施与安全标志外,夜间应设置红灯示警。

(4)桁架间安装支撑前应加设安全网。

(5)洞口防护设施具体做法及技术要求,应符合《建筑施工高处作业安全技术规范》(JGJ 80-2011)有关规定。

4. 攀登作业

现场登高应借助建筑结构或脚手架上的登高设施,也可采用载人的垂直运输设备,进行攀登作业时,也可使用梯子或采用其他攀登设施。

(1)柱、梁等构件吊装所需的直爬梯及其他登高用的拉攀件,应在构件施工图或说明内做出规定。攀登用具在结构构造上必须牢固可靠。

(2)梯脚底部应垫实,不得垫高使用,梯子上端应有固定措施。

(3)钢柱安装登高时,应使用钢挂梯或设置在钢柱上的爬梯。钢柱的接柱应使用梯子或操作台。

(4)登高安装钢梁时,应视钢梁高度,在两端设置挂梯或搭设钢管脚手架。

梁面上需行走时,其一侧的临时护栏横杆可采用钢索,当改为扶手绳时,绳的自由下垂度不应大于 $L/20$,并应控制在 100 mm 以内。

(5)登高用的梯子必须安装牢固,梯子与地面夹角以 60°～70°为宜。

5. 悬空作业

悬空作业处应有牢固的立足处,并必须视具体情况,配置防护栏网、栏杆或其他安全设施。

(1)悬空作业所用的索具、脚手架、吊篮、吊笼、平台等设备,均需经过技术鉴定或验证方可使用。

(2)钢结构的吊装,构件应尽可能在地面组装,并搭设进行临时固定、电焊、高强度螺栓连接长远规划顺序的高空安全设施,随构件同时上吊就位。拆卸时的安全措施,亦应一并考虑和落实。高空吊装大型构件前,也应搭设悬空作业中所需的安全设施。

(3)悬空作业人员,必须戴好安全带。

6. 交叉作业

(1)结构安装过程各工程进行上下立体交叉作业时,不得在同一垂直方向上操作,下层作业的位置,必须处于依上层高度确定的可能坠落范围半径以外,不符合以上条件时,应设置安全防护层。

(2)楼梯边口、通道口、脚手架边缘等处,严禁堆放任何拆下构件。

(3)结构施工自二层起,凡人员进出的通道口(包括井架、施工用电梯的进出通道口)均应搭设安全防护棚。高度超出 24 m 的层次上的交叉作业,应设双层防护。

(4)由于上方施工可能坠落物件或处于起重机把杆回转范围之内的通道,在其受影响的范围内,必须搭设顶部能防止穿透的双层防护廊。

7. 防止起重机倾翻

(1)起重机的行驶道路,必须坚实可靠。起重机不得停置在斜坡上操作,也不允许起重机两个履带一高一低。

(2)严禁超载吊装,超载有两种危害,一是断绳重物下坠,二是"倒塔"。

(3)禁止斜吊,斜吊会造成超负荷及钢丝绳出槽,甚至造成拉断绳索和翻车事故;斜吊会使物体在离开地面后发生快速摆动,可能会砸伤人或碰坏其他物体。

(4)要尽量避免满负荷行驶,构件摆动越大,超负荷就越多,越可能发生翻车事故。短距离行驶,只能将构件离地 30 cm 左右,且要慢行,并将构件转至起重机的前方,拉好溜绳,控制构件摆动。

(5)有些起重机的横向与纵向的稳定性相差很大,必须熟悉起重机纵横两个方向的性能,进行吊装工作。

(6)双机抬吊时,要根据起重机的起重能力进行合理的负荷分配(每台起重机的负荷不宜超过其安全负荷量的 80%)并在操作时要统一指挥。两台起重机的驾驶员应互相密切配合,防止一台起重机失重而使另一台起重机超载。在整个抬吊过程中,两台起重机的吊钩滑车组均应基本保持铅垂状态。

(7)绑扎构件的吊索须经过计算,所有起重机工具,应定期进行检查,对损坏者做出鉴定,绑扎方法应正确牢靠,以防吊装中吊索破断或从构件上滑脱,使起重机失重而倾翻。

(8)风载造成"倒塔",工作完毕轨道两端设夹轨钳,遇有大风或台风警报,塔式起重机拉好缆风绳。

(9)机上机下信号不一致造成事故。

（10）由于各种机件失修造成的事故。

（11）轨道与地锚的不合要求而造成的事故。

（12）安全装置失灵而造成事故，塔式起重机应安有起重量限位器、高度限位器、幅度指示器、行程开关等。

（13）下旋式塔式起重机在安装时，必须注意回转平台与建筑物的距离不得小于 0.5 m。

（14）群塔作业，两台起重机之间的最小架设距离，应保证在最不利位置时，任一台的臂架都不会与另一台的塔身、塔顶相撞，并至少有 2 m 的安全距离；处于高位的起重机，吊钩升至最高点时，钩底与低位起重机之间在任何情况下，其垂直方向的间隙不得小于 2 m；两臂架相临近时，要互相避让，水平距离至少保持 5 m。

8. 防止高空坠落和物体落下伤人

（1）为防止高处坠落，操作人员在进行高处作业时，必须正确使用安全带。安全带一般应高挂低用，即将安全带绳端挂在高的地方，而人在较低处操作。

（2）在高处安装构件时，要经常使用撬杠校正构件的位置，这样必须防止因撬杠滑脱而引起的高空坠落。

（3）在雨期、冬期里，构件上常因潮湿或积有冰雪而容易使操作人员滑倒，采取清扫积雪后再安装，高空作业人员必须穿防滑鞋方可操作。

（4）高空操作人员在脚手板上通行时，应该思想集中，防止踏上探头板而从高空坠落。

（5）地面操作人员必须戴安全帽。

（6）高空操作人员使用的工具及安装用的零部件，应放入随身佩带的工具袋内，不可随便向下丢掷。

（7）在高空用气割或电焊切割时，应采取措施防止切割下的金属或火花落下伤人。

（8）地面操作人员，尽量避免在高空作业的正下方停留或通过，也不得在起重机的吊杆和正在吊装的构件下停留或通过。

（9）构件安装后，必须检查连接质量，无误后，才能松钩或拆除临时固定工具，以防构件掉下伤人。

（10）设置吊装禁区，禁止与吊装作业无关的人员入内。

9. 防止触电

（1）电焊机的电源线电压为 380 V，由于电焊机经常移动，为防止电源线磨破，一般长度不超过 5 m，并应架高。手把线的正常电压为 60～80 V，如果电焊机原线圈损坏，手把线电压就会和供电线电压相同，因此手把线质量应该是很好的，如果有破皮情况，必须及时用绝缘胶布严密包扎或更换。此外电焊机的外壳应该接地。

（2）使用塔式起重机或长吊杆的其他类型起重机时，应有避雷防触电设施。轨道式起重机当轨道较长时，每隔 20 m 应加装一组接地装置。

（3）各种起重机严禁在架空输电线路下面工作，在通过架空输电线路时，应将起重臂落下，并确保与架空输电线的垂直距离符合规定。

（4）电气设备不得超负荷运行。

（5）使用手操式电动工具或在雨期施工，操作人员应戴绝缘手套或站在绝缘台上。

（6）严禁带电作业。

(7)一旦发生触电事故,必须尽快使触电者脱离带电体。

10. 防止氧气瓶、乙炔气瓶爆炸

(1)氧气瓶、乙炔气瓶放置安全距离应大于 10 m。

(2)氧气瓶不应该放在太阳光下暴晒,更不可接近火源,要求与火源距离不小于 10 m。

(3)在冬期,如果瓶的阀门发生冻结,应该用干净的热布把阀门烫热,不可用火熏。

(4)氧气遇油也会引起爆炸,因此不能用油手接触氧气瓶,还要防止起重机或其他机械油落到氧气瓶上。

11. 安全管理

(1)安全技术交底应交清以下内容:

①吊装构件的特性特征、重量、重心位置、几何尺寸、吊点位置、安装高度及安装精度等;

②所选用起重机械的主要机械性能和使用注意事项;

③指挥信号及信号传递系统要求;

④吊装方法、吊装顺序及进度计划安排。

(2)各类起重机的操作人员和起重机指挥人员必须是经过专门的操作技术和安全技术培训,并考核合格,取得操作证和指挥合格证者,严禁无证人员操作起重机或指挥起重作业。

(3)起重机具、起重机械各部件、起重机的路基、路轨等定期检查,发现问题立即解决。

3.4 钢框架结构的验收

3.4.1 基本规定

钢结构工程施工单位应具备相应的钢结构工程施工资质,施工现场质量管理应有相应的施工技术标准、质量管理体系、质量控制及检验制度,施工现场应有经项目技术负责人审批的施工组织设计、施工方案等技术文件。

钢结构工程施工质量的验收,必须采用经计量检定、校准合格的计量器具。

钢结构工程应按下列规定进行施工质量控制:

(1)采用的原材料及成品应进行进场验收。凡涉及安全、功能的原材料及成品应按规范规定进行复验,并经监理工程师见证取样、送样。

(2)各工序应按相应施工工艺标准进行质量控制,每道工序完成后,应进行检查。

(3)相关各专业工种之间,应进行交接检验,并经监理工程师检查认可,形成记录。未经监理工程师检查认可,不得进行下道工序施工。

(4)钢结构工程施工质量验收应在施工单位自检的基础上,按照检验批、分项工程、分部(子分部)工程进行。钢结构分部(子分部)工程中分项工程划分应按照现行国家标准的规定执行。钢结构分项工程应由一个或若干检验批组成,各分项工程检验批应按本工艺标准的规定进行划分。

(5)分项工程检验批合格质量标准应符合下列规定:

①主控项目必须符合本工艺标准中的合格质量标准的要求。

②一般项目其检验结果应有 80% 及以上的检查点(值)符合本工艺标准合格质量标准的要求,且最大值不应超过其允许偏差值的 1.2 倍。

③质量检查记录、质量证明文件等资料应完整。

(6)钢结构工程施工质量应按下列要求进行验收:

①钢结构工程施工质量应符合本标准和相关专业验收规范的规定。

②钢结构工程施工质量应符合工程勘察、设计文件的要求。

③参加工程施工质量验收的各方人员应具备规定的资格。

④工程质量的验收均应在施工单位自行检查评定的基础上进行。

⑤隐蔽工程在隐蔽前应由施工单位通知有关单位进行验收,并应形成验收文件。

⑥涉及结构安全的试件以及有关材料,应按规定进行见证取样检测。

⑦检验批的质量应按主控项目和一般项目验收。

⑧对涉及结构安全和使用功能的重要分部工程应进行抽样检测。

⑨承担见证取样检测及有关结构安全检测的单位应具有相应的资质。

⑩工程的观感质量应由验收人员通过现场检查,并应共同确认。

(7)检验批的质量检验,应根据检验项目的特点在下列抽样方案中进行选择:

①计量、计数或计量一计数等抽样方案。

②一次、二次或多次抽样方案。

③根据生产连续性和生产控制稳定性情况,尚可采用调整型抽样方案。

④对重要的检验项目当可采用简易快速的检验方法时,可选用全数检验方案。

⑤经实践检验有效的抽样方案。

(8)在制定检验批的抽样方案时,对生产方风险(或错判概率 α)和使用方风险(或漏判概率 β)按下列规定采取:

①主控项目:对应于合格质量水平的 α 和 β 均不宜超过 5%。

②一般项目:对应于合格质量水平的 α 不宜超过 5%,β 不宜超过 10%。

(9)当钢结构工程施工质量不符合本工艺标准中的质量标准的要求时,应按下列规定进行处理:

①经返工重做或更换构(配)件的检验批,应重新进行验收。

②经有资质的检测单位检测鉴定能够达到设计要求的检验批,应予以验收。

③经有资质的检测单位检测鉴定达不到设计要求,但经原设计单位核算认可能够满足结构安全和施工功能的检验批,可予以验收。

④经返修或加固处理的分项、分部工程,虽然改变外形尺寸但仍能满足安全使用要求,可按技术方案和协商文件进行验收。

(10)通过返修或加固处理仍不能满足安全使用要求的钢结构分部工程,严禁验收。

3.4.2 一般规定

(1)本规定适用于多层与高层钢结构的主体结构、地下钢结构、檩条及墙架等次要构件、钢平台、钢梯、防护栏杆等安装工程的质量验收。

(2)多层与高层钢结构安装工程可按楼层或施工段等划分为一个或若干个检验批。地下钢结构可按不同地下层划分检验批。

(3)钢构件预拼装工程可按钢构件制作工程检验批的划分原则分为一个或若干个检验批。

(4)预拼装所用的支承凳或平台应测量找平,检查时应拆除全部临时固定和拉紧装置。

(5)进行预拼装的钢构件,其质量应符合设计要求和本标准合格质量标准的规定。柱、梁、支撑等构件的长度尺寸应包括焊接收缩余量等变形值。

(6)安装柱时,每节柱定位轴线应从地面控制轴线直接引上,不得从下层柱的轴线引上。

(7)结构的楼层标高可按相对标高或设计标高进行控制。

(8)安装的测量校正、高强度螺栓安装、负温度下施工及焊接工艺等,应在安装前进行工艺试验或评定,并应在此基础上制定相应的施工工艺或方案。

(9)安装偏差的检测,应在结构形成空间刚度单元并连接固定后进行。

(10)安装时,必须控制屋面、楼面、平台等的施工荷载,施工荷载和冰雪荷载等严禁超过梁、桁架、楼面板、屋面板、平台铺板等的承载能力。

(11)在形成空间刚度单元后,应及时对柱底板和基础顶面的空隙进行细石混凝土、灌浆料等二次灌浆。

(12)钢结构安装检验批应在进场验收和焊接连接、紧固件连接、制作等分项工程验收合格的基础上进行验收。

3.4.3 基础和支承面验收

基础验收及预埋锚栓验收应在钢结构施工前进行。

1. 主控项目

(1)建筑物的定位轴线、基础上柱的定位轴线和标高、地脚螺栓(锚栓)的规格和位置、地脚螺栓(锚栓)紧固应符合设计要求。当设计无要求时,应符合表 3.4.1 的规定。

检查数量:按柱基数抽查 10%,且不应少于 3 个。

检验方法:采用全站仪、经纬仪、水准仪和钢尺实测。

表 3.4.1 支承面、地脚螺栓(锚栓)位置的允许偏差(mm)

项目		允许偏差
支承面	标高	±30
	水平度	L/1000
地脚螺栓(锚栓)	螺栓中心偏移	5.0
预留孔中心偏移		10.0

(2)多层建筑以基础顶面直接作为柱的支承面,或以基础顶面预埋钢板或支座作为柱的支承面时,其支承面、地脚螺栓(锚栓)位置的允许偏差应符合表 3.4.1 的规定。

检查数量:按柱基数抽查 10%,且不应少于 3 个。

检验方法:采用全站仪、经纬仪、水准仪和钢尺实测。

(3)多层建筑采用坐浆垫板时,坐浆垫板的允许偏差应符合表 3.4.2 的规定。

检查数量资料全数检查。按柱基数抽查 10%,且不应少于 3 个。

检验方法:采用全站仪、经纬仪、水准仪和钢尺实测。

(4)当采用杯口基础时,杯口尺寸的允许偏差应符合表 3.4.3 的规定。

检查数量:按基础数抽查 10％,且不应少于 4 处。

检验方法:观察及尺量检查。

表 3.4.2　坐浆垫板的允许偏差(mm)

项目	允许偏差	项目	允许偏差
顶面标高	0.0 −0.3	水平度位置	1/1000 20.0

表 3.4.3　杯口尺寸的允许偏差(mm)

项目	允许偏差
底面标高	0.0 −5.0
杯口深度(H)	±5.0
杯口垂直度	$H/1000$,且不大于 10.0
位置	10.0

2. 一般项目

地脚螺栓(锚栓)尺寸的允许偏差应符合表 3.4.4 的规定。

检查数量:按基础数抽查 10％,且不应少于 3 处。

检验方法:用钢尺现场实测。

表 3.4.4　地脚螺栓(锚栓)尺寸的允许偏差(mm)

项目	允许偏差
螺栓(锚栓)露出长度	±3.0 0.0
螺纹长度	+30 0.0

3.4.4　预拼装

1. 主控项目

高强度螺栓和普通螺栓连接的多层板叠,应采用试孔器进行检查,并应符合下列规定:

(1)当采用比孔公称直径小 1.0 mm 的试孔器检查时,每组孔的通过率不应小于 85％。

(2)当采用比螺栓公称直径大 0.3 mm 的试孔器检查时,通过率应为 100％。

检查数量:按预拼装单元全数检查。

检验方法:采用试孔器检查。

2. 一般项目

预拼装的允许偏差应符合表 3.4.5 的规定。

检查数量:按预拼装单元全数检查。

检验方法:见表 3.4.5。

表 3.4.5　钢构件预拼装的允许偏差(mm)

构件类型	项目		允许偏差	检验方法
多节柱	预拼装单元总长		±5.0	用钢尺检查
	预拼装单元弯曲矢高		$L/1500$ 且 ≤ 10.0	用拉线和钢尺检查
	接口错边		2.0	用焊接量规检查
	预拼装单元柱身扭曲		$L/200$ 且 ≤ 5.0	用拉线、吊线和钢尺检查
	顶紧面至任牛腿距离		±20	用焊接量规检查
梁、桁架	跨度最外两端安装孔或两端支承面最外侧距离		±5.0 10.0	用校线和钢尺检查
	接口截面错位		2.0	用焊接量规检查
	拱度	设计要求起拱	$\pm L/5000$	用投线和钢尺检查
		设计未要求起拱	$L/2000$	
	节点处杆件轴线错位		4.0	画线后用钢尺检查
管构件	预拼装单元总长		±5.0	用钢尺检查
	预拼装单元弯曲矢高		$L/1500$ 且 ≤ 10.0	用拉线和钢尺检查
	对口错边		$t/10$ 且 ≤ 3.0	用焊接量规检查
	坡口间隙		$+2.0$ -1.0	
构件平面总体预拼装	各楼层柱距		±4.0	用钢尺检查
	相邻楼层梁与梁距离		±3.0	
	各层间框架两对角线之差		$H/2000$ 且 ≤ 5.0	
	任意两对角线之差		$\sum H/2000$ 且 ≤ 8.0	

3.4.5 安装和校正

1. 主控项目

(1)钢构件应符合设计要求、规范和本工艺标准的规定。运输、堆放和吊装等造成的构件变形及涂层脱落,应进行矫正和修补。

检查数量:按构件数抽查 10%,且不应少于 3 个。

检验方法:用拉线、钢尺现场实测或观测。

（2）柱子安装的允许偏差应符合表 3.4.6 的规定。

检查数量：标准柱全部检查；非标准柱抽查 10%，且不应少于 3 根。

检验方法：采用全站仪、经纬仪、水准仪和钢尺实测。

（3）钢主梁、次梁及受压杆件的垂直度和侧向弯曲矢高的允许偏差应符合表 3.4.6 规定。

检查数量：按同类构件数抽查 10%，且不应少于 3 个。

检验方法：用吊线、拉线、经纬仪和钢尺现场实测。

（4）设计要求顶紧的节点，接触面不应少于 70% 紧贴，且边缘最大间隙不应大于 0.8 mm。

检查数量：按节点数抽查 10%，且不应少于 3 个。

检验方法：用钢尺及 0.3 mm 和 0.8 mm 的塞尺现场实测。

（5）多层与高层钢结构主体结构的整体垂直度和整体平面弯曲的允许偏差应符合表 3.4.6 的规定。

检查数量：对主要立面全部检查。对每个检查的立面，除两列角柱外，还应至少选取一列中间柱。

检验方法：对于整体垂直度，可采用激光经纬仪、全站仪测量，也可根据各节柱的垂直度允许偏差累计（代数和）计算。对于整体平面弯曲，可按产生的允许偏差累计（代数和）计算。

2. 一般项目

（1）钢结构表面应干净，结构主要表面不应有疤痕、泥沙等污垢。

检查数量：按同类构件数抽查 10%，且不应少于 3 件。

检验方法：观察检查。

（2）钢柱等主要构件的中心线及标高基准点等标记应齐全。

检查数量：按同类构件数抽查 10%，且不应少于 3 件。

检验方法：观察检查。

（3）钢构件安装的允许偏差应符合表 3.4.6 的规定。

检查数量：按同类构件或节点数抽查 10%。其中柱和梁各不应少于 3 件，主梁与次梁连接节点不应少于 3 个，支承压型金属板的钢梁长度不应少于 5 m。

检验方法：采用全站仪、水准仪、钢尺实测。

（4）主体结构总高度的允许偏差应符合表 3.4.6 的规定。

检查数量：按标准柱列数抽查 10%，且不应少于 4 列。

检验方法：采用全站仪、水准仪、钢尺实测。

表 3.4.6　多层与高层钢结构安装的允许偏差表

项目	允许偏差（mm）
钢结构定位轴线	$\pm L/2000$ ± 3.0
柱定位轴线	1.0
地脚螺栓位移	2.0
柱底座位移	3.0
上柱和下柱扭转	3.0

续表

项目	允许偏差（mm）
柱底标高	±2.0
单节柱的垂直度	$H/1000$ 10.0
同一层柱的顶标高	±5.0
同一根梁两端的水平度	$(L/1000)+3$ 10.0
压型钢板在钢梁上的相邻列错位	≤15.0
建筑物的平面弯曲	$L/1500≤25.0$
建筑物的整体垂直度	$(H/2500)+10.0≤50.0$
主梁与次梁表面高度	±2.0

建筑物总高度	按相对标高安装	$\pm\sum_{1}^{n}(\Delta_h+\Delta_z+\Delta_w)$
	按设计标高安装	$\pm H/1000$ ±30.0

注：表中 Δ_h 为柱的制造长度误差；Δ_z 为柱经荷载压缩后的缩短值；Δ_w 为柱子接头焊缝的收缩值。

（5）当钢构件安装在混凝土柱上时，其支座中心对定位轴线的偏差不应大于 10 mm；当采用大型混凝土屋面板时，钢梁（或桁架）间距的偏差不应大于 10 mm。

检查数量：按同类构件数抽查 10%，且不应少于 3 榀。

检验方法：用拉线和钢尺现场实测。

（6）多层与高层钢结构中钢平台、钢梯、栏杆安装应符合现行国家标准《固定式钢直梯》（GB 4053.1-2009）、《固定式钢斜梯》（GB 4053.2-2009）、《固定式防护栏杆》（GB 4053.3-2009）、《固定式钢平台》（GB 4053.4-2009）的规定。钢平台、钢梯和防护栏杆安装的允许偏差应符合表 3.4.7 的规定。

表 3.4.7　钢平台、钢梯和防护栏杆安装的允许偏差（mm）

项目	允许偏差	检验方法
平台高度	±15.0	用水准仪检查
平台梁水平度	$L/1000$，且不应大于 20.0	用水准仪检查
平台支柱垂直度	$H/1000$，且不应大于 15.0	用经纬仪或吊线和钢尺检查
承重平台梁侧向弯曲	$L/1000$，且不应大于 10.0	用拉线和钢尺检查
承重平台梁垂直度	$H/250$，且不应大于 15.0	用吊线和钢尺检查
直梯垂直度	$L/1000$，且不应大于 15.0	用吊线和钢尺检查
栏杆高度	±15.0	用钢尺检查
栏杆立柱高度	±15.0	用钢尺检查

检查数量:按钢平台总数抽查 10%,栏杆、钢梯按总长度各抽查 10%,但钢平台不应少于 1 个,栏杆不应少于 5 m,钢梯不应少于 1 跑。

检验方法:用经纬仪、水准仪、吊线和钢尺现场实测。

(7)多层与高层钢结构中现场焊缝组对间隙的允许偏差应符合表 3.4.8 的规定。

表 3.4.8　现场焊缝组对间隙的允许偏差(mm)

项目	允许偏差	检验方法
无垫板间隙	+3.0 0.0	用钢尺检查
有垫板间隙	+3.0 -2.0	用钢尺检查

检查数量:按同类节点数抽查 10%,且不应少于 3 个。

检验方法:用钢尺现场实测。

3.4.6 竣工资料

钢结构工程有分包单位施工时,分包单位对所承包的分部(子分部)工程、分项工程应按上述程序和组织进行相应的验收,总包单位和分包单位同时以施工单位身份,派出相应人员参加验收检验。根据"总承包单位对建设单位负责,分包单位对总承包单位负责;总承包单位和分包单位就分包工程对建设单位承担连带负责"的法律规定,在分包工程进行验收检验时,总包单位相应人员参加是必要的,总包参加人员应对验收内容负责;分包单位对施工质量和验收内容负责,同时在检验合格后,有责任将工程的有关资料交总包单位,待建设单位组织验收时,分包单位负责人应参加验收,体现分包单位除对总包单位负责外,亦应对建设单位负责的精神,尽管双方无合同关系。

竣工资料包括以下内容:设计变更通知,设计交底记录,现场签证,竣工图,钢材材质证明,钢构件加工制作质量验收单,钢索用料材质证明,钢索、索头质保单及索体加工制作质量验收单,吊装、焊接、测量、探伤、抗滑移系数试验,高强度螺栓质保单,栓钉质保单,建设单位要求提供的其他资料。

竣工验收按现行国家标准《钢结构工程施工质量验收规范》(GB 50205-2001)的规定组织验收。

钢结构分部工程竣工验收时应提供下列文件和记录:

钢结构工程竣工图纸及相关设计文件;施工现场质量管理检查记录;有关安全及功能的检验和见证检测项目检查记录;有关观感质量检验项目检查记录;分部工程所含各分项工程质量验收记录;分项工程所含各检验批质量验收记录;强制性条文检验项目检查记录及证明文件;隐蔽工程检验项目检查验收记录;原材料成品质量合格证明文件中标志及性能检测报告;不合格项的处理记录及验收记录;重大质量技术问题实施方案及验收记录;其他有关文件和记录。

钢结构工程质量验收记录应符合相关规定。

思考题

1.钢框架结构与门式刚架结构的节点构造有什么不同？

2.钢框架结构可分为哪几种主要类型？它们的适用范围是什么？

3.钢框架结构墙体施工要注意哪些问题？

4.钢框架结构由哪些部分组成,各起什么作用？

5.钢框架结构安装一般有哪几种方法,各有什么特点？

6.试观察你所能遇到的钢框架结构的工程实例,注意它们的外形尺寸、构件的截面形式、使用的材料,以及建筑物的用途和功能要求？

单元 **4**

网架结构工程施工

【学习内容】

　　本单元主要讲述网架结构基本知识与图纸识读;网架结构的加工与制作;网架结构的安装验收等内容。

【学习目标】

　　熟悉网架结构的组成、特点、形式及结构构造;

　　正确识读网架结构施工图;

　　了解网架结构加工制作工艺;

　　掌握网架结构的安装方法;

　　熟悉网架结构的验收要点。

4.1 网架结构基本知识与图纸识读

4.1.1 网架结构的组成与特点

　　网架结构(图4.1.1)是由很多杆件通过节点,按照一定规律组成的网状空间杆系结构。网架结构根据外形可分为平板网架和曲面网架。通常情况下,平板网架简称为网架;曲面网架简称为网壳。网架、网壳是一种新型的屋盖承重结构,属于多次超静定空间结构体系,它改变了一般平面钢架结构的受力状态,能够承受来自各方面的荷载。这种平板形网架,结构新颖美观,杆件规律性强,网格划一,整体性好,空间刚度大,抗震性能好,杆件之间全部采用焊接或螺栓连接,便于安装,操作简便,受力明确。它广泛用于体育馆、展览厅、餐厅、候车室、仓库及单层多跨工业厂房等屋盖承重结构。

图 4.1.1　网架结构

4.1.2 结构形式

1. 按支承方式分类

（1）周边支承网架

周边支承网架是目前采用较多的一种形式，所有边界节点都搁置在柱或梁上，传力直接，网架受力均匀（如图4.1.2）。当网架周边支承于柱顶时，网格宽度可与柱距一致；当网架支承于圈梁时，网格的划分比较灵活，可不受柱距影响。

（2）点支承网架

一般有四点支承和多点支承两种情形，由于支承点处集中受力较大，宜在周边设置悬挑，以减小网架跨中杆件的内力和挠度（如图4.1.3）。

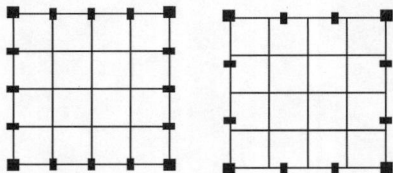

图4.1.2 周边支承网架　　　　　图4.1.3 点支承网架

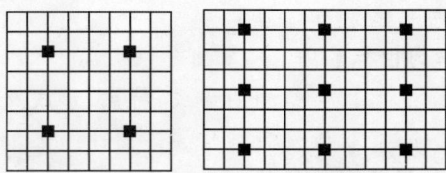

（3）周边与点相结合支承网架

在点支承网架中，当周边没有围护结构和抗风柱时，可采用点支承与周边支承相结合的形式。这种支承方法适用于工业厂房和展览厅等公共建筑（如图4.1.4）。

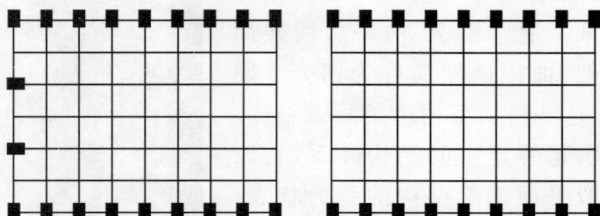

（4）三边支承一边开口或两边支承两边开口网架

在矩形平面的建筑中，由于考虑扩建的可能性或由于建筑功能的要求，需要在一边或两对边上开口，因而使网架仅在三边或两对边上支承，另一边或两对边为自由边（如图4.1.5）。自由边的存在对网架的受力是不利的，为此应对自由边作出特殊处理。一级可在自由边附近增加网架层数或在自由边加设托梁或托架。对中、小型网架，亦可采用增加网架高度或局部加大杆件截面的办法予以加强。

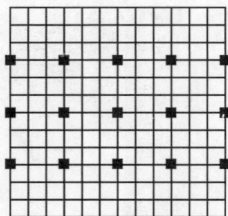

图4.1.4 周边与点相结合支承　　　图4.1.5 三边支承一边开口或两边支承两边开口

（5）悬挑网架

为满足一些特殊的需要，有时候网架结构的支承形式为一边支承、三边自由。为使网架结构的受力合理，也必须在另一方向设置悬挑，以平衡下部支承结构的受力，使之趋于合理，比如体育场看台罩棚（图4.1.6）。

图 4.1.6　体育场看台罩棚

2. 按网格组成分类

这是网架结构分类中最普遍采用的一种分类方式,根据《网架结构设计与施工规程》JGJ 7-91的规定,我们目前经常采用的网架结构分为四个体系十三种网架结构形式图 4.1.7。

(1)交叉平面桁架体系

这个体系的网架结构是由一些相互交叉的平面桁架组成,一般应使斜腹杆受拉,竖杆受压,斜腹杆与弦杆之间夹角宜在 40°～60°之间。该体系网架有以下四种:

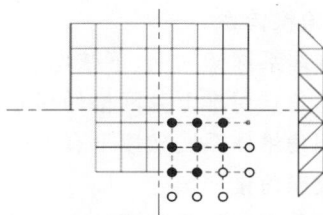

①两向正交正放网架

两向正交正放网架是由两组平面桁架互成 90°交叉而成,弦杆与边界平行或垂直。上、下弦网格尺寸相同,同一方向的各平面桁架长度一致,制作、安装较为简便(图 4.1.8)。由于上、下弦为方形网格,属于几何可变体系,应适当设置上下弦水平支撑,以保证结构的几何不变性,有效地传递水平荷载。两向正交正放网架适用于建筑平面为正方形或接近正方形,且跨度较小的情况。

图 4.1.7　网架结构图示图例　　　　图 4.1.8　两向正交正放网架

②两向正交斜放网架

两向正交斜放网架由两组平面桁架互成 90°交叉而成,弦杆与边界成 45°角。边界可靠时,为几何不变体系(图 4.1.9)。各榀桁架长度不同,靠角部的短桁架刚度较大对与其垂直的长桁架有弹性支撑作用,可以使长桁架中部的正弯矩减小,因而比正交正放网架经济。不过由于长桁架两端有负弯矩,四角支座将产生较大拉力。角部拉力应由两个支座负担。两向正交斜放网架适用于建筑平面为正方形或长方形的情况。

③两向斜交斜放网架

两向斜交斜放网架由两组平面桁架斜向相交而成,弦杆与边界成一斜角(图 4.1.10)。

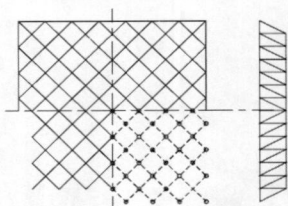

图 4.1.9　两向正交斜放网架　　　图 4.1.10　两向斜交斜放网架

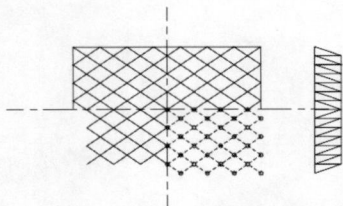

这类网架在网格布置、构造、计算分析和制作安装上都比较复杂,而且受力性能也比较差,除了特殊情况外,一般不宜使用。

④三向网架

三向网架由三组互成 60°交角的平面桁架相交而成(图 4.1.11)。这类网架受力均匀,空间刚度大。但也存在一定的不足,即在构造上汇交于一个节点的杆件数量多,最多可达 13 根,节点构造比较复杂,宜采用圆钢管杆件及球节点。三向网架适用于大跨度($L > 60$ m),而且建筑平面为三角形、六边形、多边形和规则的情况。

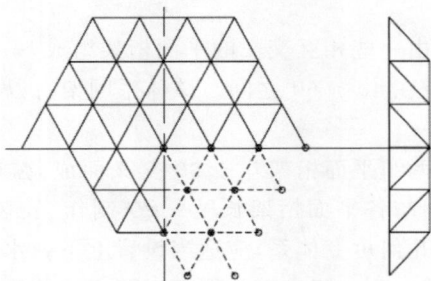

图 4.1.11　三向网架

(2)四角锥体系

四角锥体系网架的上、下弦均呈正方形(或接近正方形的矩形)网格,相互错开半格,使下弦网格的角点对准上弦网格的形心,再在上下弦节点间用腹杆连接起来,即形成四角锥体系网架。四角锥体系网架以下有五种形式:

①正放四角锥网架

正放四角锥网架由倒置的四角锥体组成,锥底的四边为网架的上弦杆,锥棱为腹杆,各锥顶相连即为下弦杆。它的弦杆均与边界正交,故称为正放四角锥网架(图 4.1.12)。这类网架杆件受力均匀,空间刚度比其他类的四角锥网架及两向网架好。屋面板规格单一,便于起拱,屋面排水也较容易处理。但杆件数量较多,用钢量略高。正放四角锥网架适用于建筑平面接近正方形的周边支承情况,也适用于屋面荷载较大、大柱距点支承及设有悬挂吊车的工业厂房情况。

②正放抽空四角锥网架

正放抽空四角锥网架是在正放四角锥网架的基础上,除周边网格不动外,适当抽掉一些四角锥单元中的腹杆和下弦杆,使下弦网格尺寸扩大一倍(图 4.1.13)。其杆件数目较少,降低了用钢量,抽空部分可作采光天窗,下弦内力较正放四角锥约放大一倍,内力均匀性、刚

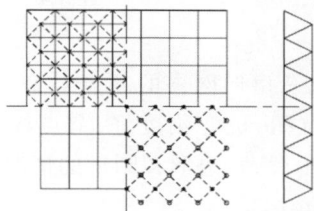

图 4.1.12   正放四角锥网架   图 4.1.13   正放抽空四角锥网架

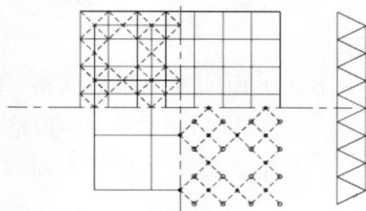

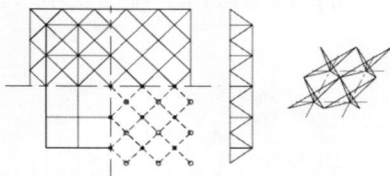

度有所下降,但仍能满足工程要求。正放抽空四角锥网架适用于屋面荷载较轻的中、小跨度网架。

③斜放四角锥网架

斜放四角锥网架的上弦杆与边界成 45°角,下弦正放,腹杆与下弦在同一垂直平面内(图 4.1.14)。上弦杆长度约为下弦杆长度的 0.707 倍。在周边支承情况下,一般为上弦受压,下弦受拉。节点处汇交的杆件较少(上弦节点 6 根,下弦节点 8 根),用钢量较省。但因上弦网格斜放,屋面板种类较多,屋面排水坡的形成也较困难。

斜放四角锥网架当采用周边支承且周边无刚性联系时,会出现四角锥体绕 z 轴旋转的不稳定情况。因此,必须在网架周边布置刚性边梁。当为点支承时,可在周边布置封闭的边桁架。适用于中、小跨度周边支承,或周边支承与点支承相结合的方形或矩形平面情况。

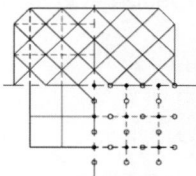

图 4.1.14   斜放四角锥网架   图 4.1.15   星形四角锥网架

④星形四角锥网架

这种网架的单元体形似星体,星体单元由两个倒置的三角形小桁架相互交叉而成(图 4.1.15)。两个小桁架底边构成网架上弦,它们与边界成 45°角。在两个小桁架交汇处设有竖杆,各单元顶点相连即为下弦杆。因此,它的上弦为正交斜放,下弦为正交正放,斜腹杆与上弦杆在同一竖直平面内。上弦杆比下弦杆短,受力合理。但在角部的上弦杆可能受拉。该处支座可能出现拉力。网架的受力情况接近交叉梁系,刚度稍差于正放四角锥网架。星形四角锥网架适用于中、小跨度周边支承的网架。

⑤棋盘形四角锥网架

棋盘形四角锥网架是在斜放四角锥网架的基础上,将整个网架水平旋转 45°角,并加设平行于边界的周边下弦(图 4.1.16)。也具有短压杆、长拉杆的特点,受力合理;由于周边满锥,它的空间作用得到保证,受力均匀。棋盘形四角锥网架的杆件较少,屋面板规格单一,用钢指标良好。适用于小跨度周边支承的网架。

(3)三角锥体系

这类网架的基本单元是一倒置的三角锥体。锥底的正三角形的三边为网架的上弦杆,其棱为网架的腹杆。随着三角锥单元体布置的不同,上下弦网格可为正三角形或六边形,从而构成不同的三角锥网架。

①三角锥网架

三角锥网架上下弦平面均为三角形网格,下弦三角形网格的顶点对着上弦三角形网格的形心(图 4.1.17)。三角锥网架受力均匀,整体抗扭、抗弯刚度好;节点构造复杂,上下弦节点交汇杆件数均为 9 根。适用于建筑平面为三角形、六边形和圆形的情况。

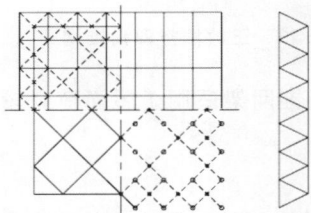

图 4.1.16　棋盘形四角锥网架　　　图 4.1.17　三角锥网架

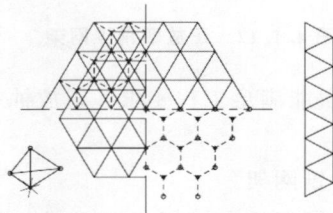

②抽空三角锥网架

抽空三角锥网架是在三角锥网架的基础上,抽去部分三角锥单元的腹杆和下弦而形成的。当下弦由三角形和六边形网格组成时,称为抽空三角锥网架Ⅰ型(图 4.1.18a);当下弦全为六边形网格时,称为抽空三角锥网架Ⅱ型(图 4.1.18b)。这种网架减少了杆件数量,用钢量省,但空间刚度也较三角锥网架小。上弦网格较密,便于铺设屋面板,下弦网格较疏,以节省钢材。抽空三角锥网架适用于荷载较小、跨度较小的三角形、六边形和圆形平面的建筑。

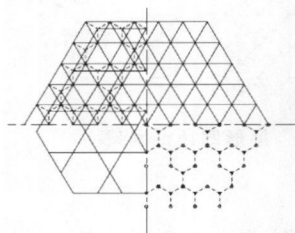

(a)抽空三角锥网架Ⅰ型　　　(b)抽空三角锥网架Ⅱ型

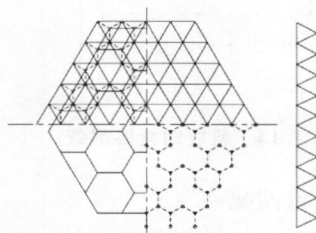

图 4.1.18

③蜂窝形三角锥网架

蜂窝形三角锥网架由一系列的三角锥组成。上弦平面为正三角形和正六边形网格,下弦平面为正六边形网格,腹杆与下弦杆在同一垂直平面内(图 4.1.19)。上弦杆短、下弦杆长,受力合理,每个节点只汇交 6 根杆件。是常用网架中杆件数和节点数最少的一种。但是,上弦平面的六边形网格增加了屋面板布置与屋面找坡的困难。蜂窝形三角锥网架适用于中、小跨度周边支承的情况,可用于六边形、圆形或矩形平面。

(4)折线形网架

折线网架俗称折板网架(图 4.1.20),由正放四角锥网架演变而来的,也可以看作是折板结构的格构化。当建筑平面长宽比大于 2 时,正放四角锥网架单向传力的特点就很明显,此时,网架长跨方向弦杆的内力很小,从强度角度考虑可将长向弦杆(除周边网格外)取消,就得到沿短向支承的折线形网架。折线形网架适用于狭长矩形平面的建筑。

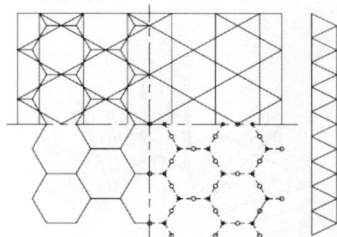

图 4.1.19   蜂窝形三角锥网架   图 4.1.20   折板网架

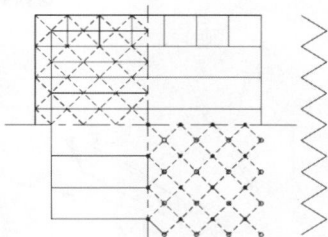

4.1.3 节点构造与杆件

网架节点设计的要求是:受力合理,传力明确,便于制造、安装,省节钢材。从受力性能来看,合理的节点构造,应尽量使杆件轴线交汇于节点中心,以避免在杆件中出现偏心力矩;同时应尽量使节点构造与计算假定相符,以减小和避免网架杆件产生次生应力及引起杆件内力变号。应特别注意支座节点的构造,若同计算假定的条件不符,将造成相当大的计算误差,甚至影响结构的安全。网架的节点形式很多,不同的分类方式可以分出不同的类型。按节点的构造型式可分为焊接钢板节点、焊接空心球节点、螺栓球节点等。

1. 焊接钢板节点

焊接钢板节点是由空间正交的十字形节点板和根据需要而在节点板顶部或底部设置的水平盖板组成,十字形节点板宜用两块带企口的钢板对插焊接而成[图 4.1.21(a)],也可以用一块贯通钢板加两块肋板焊接而成[图 4.1.21(b)]。十字节点板与盖板所用钢材应与网架杆件钢材一致。这种节点主要适用于角钢杆件的两向正交交叉网架[图 4.1.22(a)],也可用于由四角锥体组成的网架[图 4.1.22(b)]。在小跨度网架中,杆件内力不大的受拉节点,可不设置盖板。

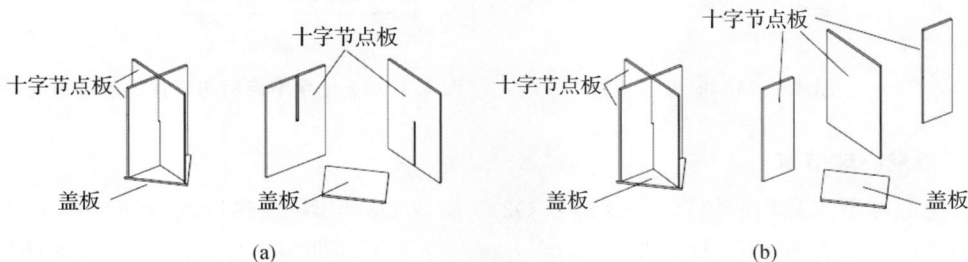

图 4.1.21   焊接钢板节点

焊接钢板节点的构造应符合下列要求:

(1)杆件重心线在节点处宜交于一点,否则应考虑其偏心影响;

(2)杆件与节点连接焊缝的分布,应使焊缝截面的重心与杆件重心相重合,否则应考虑其偏心影响;

(3)便于制作和拼装。

网架弦杆应与盖板和十字节点板共同连接,当网架跨度较小时,弦杆也可直接与十字节

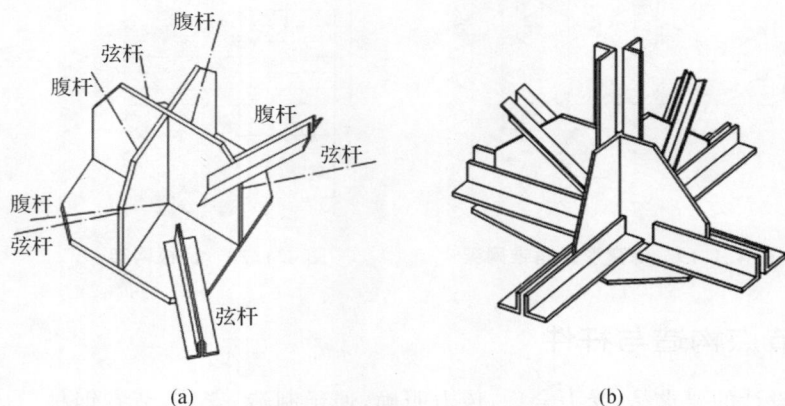

(a)   (b)

图 4.1.22　焊接钢板节点

点板连接。当网架杆件与节点板间采用高强度螺栓或角焊缝连接时,连接计算应根据连接杆件内力确定,且宜减少节点类型。当角焊缝强度不足时,在施工质量确有保证的情况下,可采用槽焊与角焊缝相结合并以角焊缝为主的连接方案(图 4.1.23 所示),槽焊强度应由试验确定。

　　焊接钢板节点上,弦杆与腹杆、腹杆与腹杆之间以及弦杆端部与节点板中心线之间的间隙均不宜小于 20 mm(图 4.1.24 所示)。

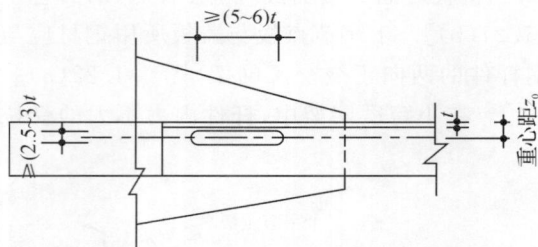

图 4.1.23　槽焊

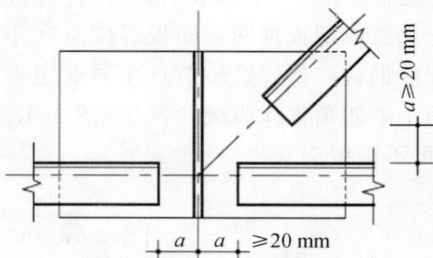

图 4.1.24　十字节点板与杆件的连接构造

2. 焊接空心球节点

　　焊接空心球节点是用两块圆钢板(钢号 Q235 钢或 Q345 钢)经热压或冷压成两个半球后对焊而成的。钢球外径一般为 $160\sim500$ mm。分为不加肋[图 4.1.25(a)]和加肋[图 4.1.25(b)]两种。当空心球外径不小于 300 mm,且杆件内力较大需要提高承载力时,球内可加环肋,其厚度不应小于球壁厚度。内力较大的杆件应位于肋板平面内。加肋空心球的肋板可用平台或凸台,采用凸台时,其高度不得大于 1 mm。焊接空心球节点构造简单,适用于连接钢管杆件(图 4.1.26)球面与管件连接时,只需将钢管沿正截面切断,施工方便。

　　在确定空心球外径时,球面上网架相连接杆件之间的缝隙 a 不宜小于 10 mm(图 4.1.27)。钢管杆件与空心球连接,钢管应开坡口。在钢管与空心球之间应留有一定缝隙予以焊透,以实现焊缝与钢管等强,否则应按角焊缝计算。为保证焊缝质量,钢管端头可加套管与空心球焊接(图 4.1.28)。

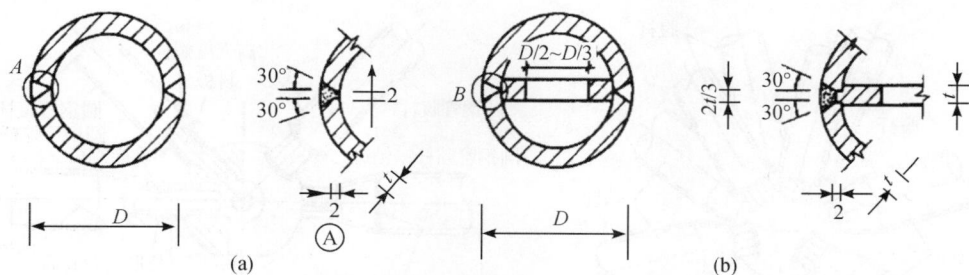

图 4.1.25　焊接空心球节点

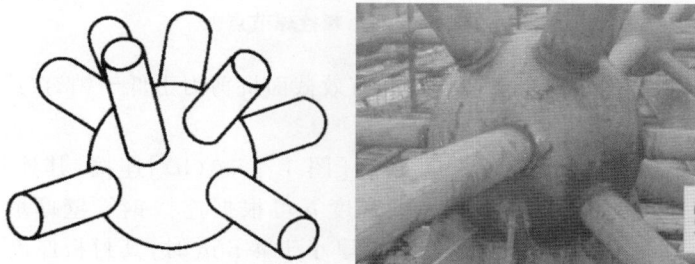

图 4.1.26　焊接空心球节点

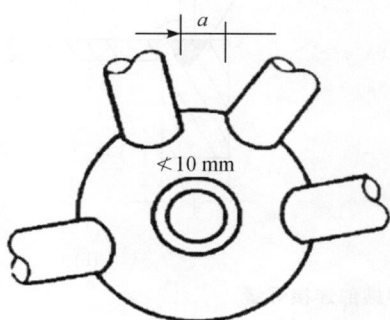

图 4.1.27　空心球节点

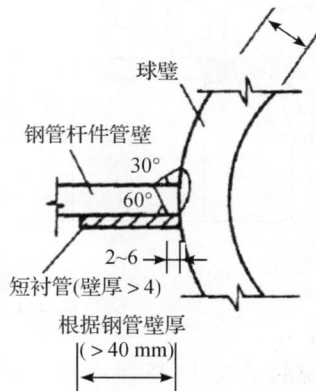

图 4.1.28　加套管连接

3. 螺栓球节点

螺栓球节点应由螺栓、钢球、销子(或螺钉)、套筒和锥头或封板等零件组成(图 4.1.29),适用于连接钢管杆件。螺栓球节点的钢管、封板、锥头和套筒宜采用国家标准《碳素结构钢》GB 700-2006 规定的 3 号钢或国家标准《低合金结构钢技术条件》GB 1591-88 规定的 16Mn 钢,钢球宜采用国家标准《优质碳素结构钢钢号及一般技术条件》GB 699-88 规定的 45 号钢,螺栓、销子或螺钉宜采用国家标准《合金结构钢技术条件》GB 3077-88 规定的 40Cr 钢,40B 钢或 20MnTiB 钢等。8.8s 的螺栓可采用 45 号钢。产品质量应符合行业标准《钢网架螺栓球节点》JG 10-2009 的规定。

套筒外形尺寸应符合扳手开口尺寸系列,端部要保持平整,内孔径可比螺栓直径大

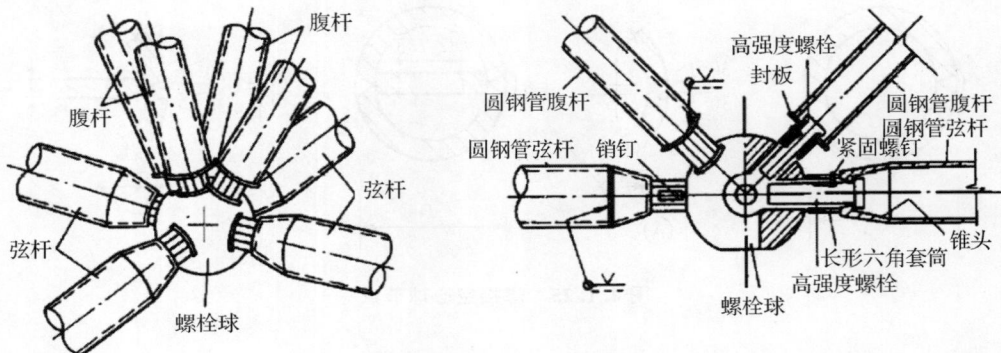

图 4.1.29　螺栓球节点

1 mm。套筒端部到开槽端部距离应使该处有效截面抗剪力不低于销钉(或螺钉)抗剪力,且不应小于 1.5 倍开槽的宽度。

　　杆件可采用锥头[图 4.1.30(a)]或封板[图 4.1.30(b)]连接,其连接焊缝以及锥头的任何截面应与连接的钢管等强,其焊缝宽度 b 可根据连接钢管壁厚取 2～5 mm,封板厚度应按实际受力大小计算决定,当钢管壁厚小于 4 mm 时,其封板厚度不宜小于钢管外径的1/5。

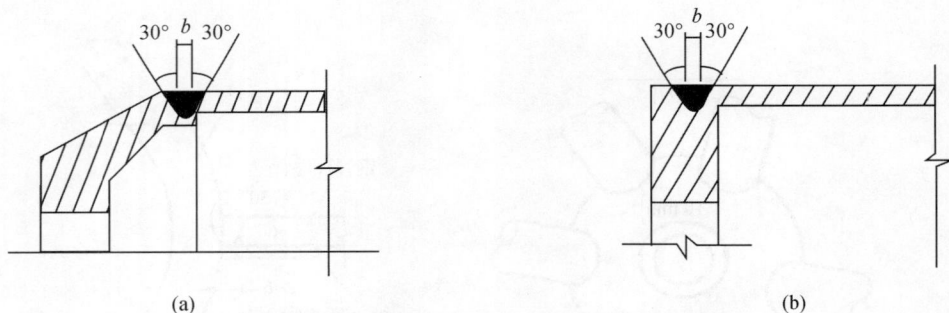

图 4.1.30　杆件端部连接焊缝

　　销子或螺钉宜采用高强度钢材,其直径可取螺栓直径的 0.16～0.18 倍,不宜小于 3 mm。螺钉直径可采用6～8 mm。

4. 支座节点

　　空间网架的支座一般都采用铰支座,支承在柱、圈梁或砖墙上。为了能安全准确地传递支承反力,支座节点应力求简单,传力明确,安全可靠,且尽量符合计算假定,以避免网架的实际内力和变形与计算值存在较大的差异而危及结构的安全。设计空间网架的支座节点时,应根据网架的类型、跨度的大小、作用荷载情况,网架杆件截面形状以及加工制造方法和施工安装方法等,选用适当形式的支座。根据受力状态,网架的支座节点一般分为压力支座节点和拉力支座节点两大类。

　　(1)压力支座节点

　　在网架结构中压力支座节点较多,它主要传递支点反力。其构造比较简单,类似于平面桁架的支座节点。一般有下列几种常见的形式。

①平板压力支座节点(图 4.1.31)

图 4.1.31 左右分别为钢板节点与空心球节点的平板压力支座的构造型式。这种节点由十字形节点板和一块底板组成,构造简单、加工方便、用钢量省。但其支承板下的摩擦力较大,支座不能转动或移动,支承板下的应力分布也不均匀,和计算假定相差较大,一般只适用于较小跨度(≤40 m)的网架。底板上的螺栓孔可做成椭圆孔,以利于安装;宜采用双螺母,并在安装调整完毕后与螺杆焊死。螺栓直径一般取 M16～M24,按构造要求设置。螺栓在混凝土中的锚固长度一般不宜小于 25d(不含弯钩)。

②单面弧形压力支座节点

这种支座的构造与平板压力支座相似,是平板压力支座的改进形式(图 4.1.32)。它在支座板与支承板之间加一弧形支座垫板,使之能转动。弧形垫板一般用铸钢或厚钢板加工而成。从而使支座可以产生微量转动和移动(线位移),支承垫板下的反力比较均匀,改善了较大跨度网架由于挠度和温度应力影响的支座受力性能,但摩擦力仍较大。为使支座转动灵活,可将二个螺栓放在弧形支座的中心线上[图 4.1.32(a)];当支座反力较大需要设置 4 个螺栓时,为不影响支座的转动,可在置于支座四角的螺栓上部加设弹簧[图 4.1.32(b)],弹簧的作用是当支座在弧面上转动时可作调节。为保证支座能有微量移动(线位移),网架支座栓孔应做成椭圆孔或大圆孔。这种支座节点的构造,比较符合不动圆柱铰支承的计算假定,适用于周边支承的中小的网架。

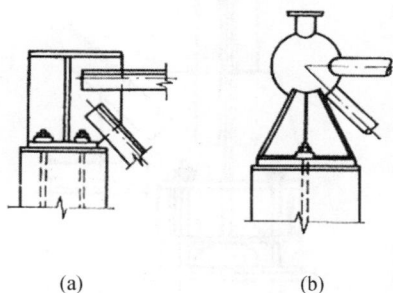

（a）　　　　　　　　（b）
图 4.1.31　平板压力或拉力支座

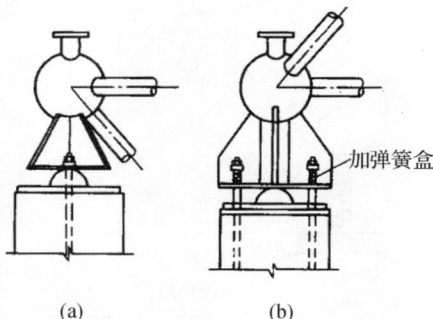

（a）　　　　　　　　（b）
图 4.1.32　单面弧形压力支座

加弹簧盒

③双面弧形压力支座节点

这种节点又称摇摆支座节点,它是在支座板与柱顶板之间设一块上下均为弧形的铸钢件(图 4.1.33)。在铸钢件两侧设有从支座板与柱顶板上分别焊出带有椭圆孔的梯形钢板,以螺栓将这三者连系在一起。这样,在正常温度变化下,支座可沿铸钢块的两个弧面作一定的转动和移动。这种支座节点构造比较符合不动圆柱铰支承的假定,适用于跨度大、支承网架的柱子或墙体的刚度较大、周边支承约束较强、温度应力也较显著的大型网架。但其构造较复杂,加工麻烦,造价较高,而且只能在一个方向转动。

④球铰压力支座节点

这种支座节点的构造特点是,以一个凸出的实心半球,嵌合在一个凹进的半球内(图 4.1.34)。在任何方向都能转动,而不产生弯矩,并在 x、y、z 三个方向都不会产生线位移。比较符合不动球铰支座支承的计算图式。为防止地震作用或其他水平力的影响使凹球与凸球脱离,支座四周应以锚栓固定,并应在螺母下放置压力弹簧,以保证支座的自由转动而不受锚栓的约束影响。在构造上凸球面的曲率半径应较凹球面的曲率半径小一些,以便接触面呈点接触,利于支座的自由转动。这种节点适用于四点支承或多点支承的大跨度网架。

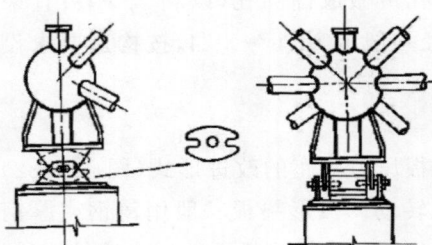

图 4.1.33　双面弧形压力支座

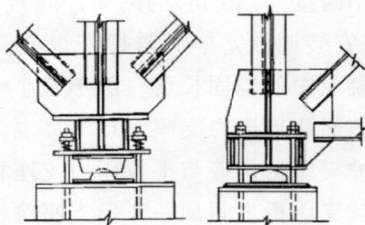

图 4.1.34　球铰压力支座

⑤板式橡胶支座节点

板式橡胶支座的橡胶垫块由多层橡胶与薄钢板制成(图4.1.35)。这种支座不仅可以沿切向及法向位移,还可绕两向转动,其构造简单、造价低、安装方便,适用于大、中跨度的网架。

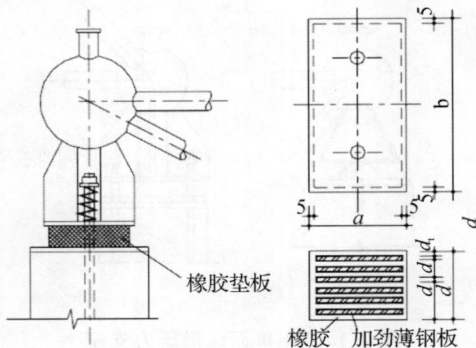

橡胶垫板

橡胶　加劲薄钢板

图 4.1.35　板式橡胶支座

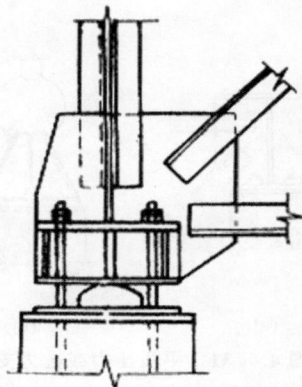

图 4.1.36　单面弧形拉力支座

(2)拉力支座节点

有些周边支承的网架,如斜放四角锥网架、两向正交斜放网架,在角隅处的支座上往往产生拉力,故应根据承受拉力的特点设计成拉力支座。在拉力支座节点中,一般都是利用锚栓来承受拉力的,锚栓的位置应尽可能靠近节点的中心线。常用的拉力支座节点有下列两种形式:

①平板拉力支座节点

如图4.1.31所示,平板拉力支座节点构造较简单,适用于较小跨度网架。

②单面弧形拉力支座节点

弧形拉力支座的构造与单面弧形压力支座节点相似(图4.1.36)。支承平面做成弧形,以利于转动。为了更好地将拉力传递到支座上,在承受拉力的锚栓附近的节点板应加肋以增强节点刚度,弧形支承板的材料一般用铸钢或厚钢板加工而成。为了转动方便,最好将螺栓布置在或尽量靠近节点中心位置。同时不要将螺母拧得太紧,以便使网架产生位移或转角时,支座板可以比较自由地沿弧面移动或转动。这种节点适用于中、小跨度的网架。

5. 杆件

网架杆件主要由钢管、锥头(封板)、套筒、高强螺栓和销轴等组成(图 4.1.37)。网架杆件可采用普通型钢和薄壁型钢,管材可采用高频电焊钢管或无缝钢管当有条件时应采用薄壁管形截面。杆件截面的最小尺寸应根据网架跨度及网格大小确定普通型钢不宜小于 L50×3,钢管不宜小于 $\phi48\times2$。

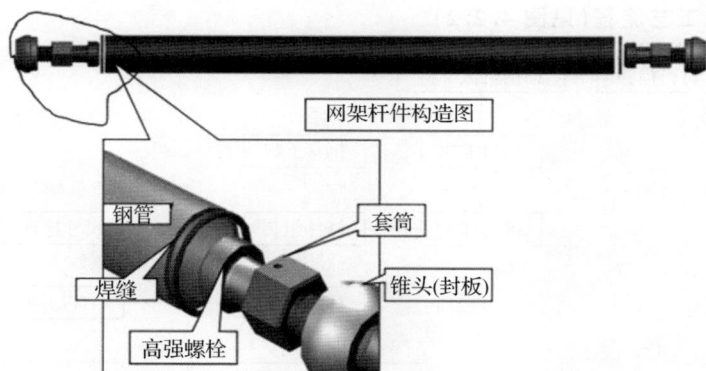

图 4.1.37　网架杆件构造图

4.1.4 图纸识读

网架施工图一般包含:网架平面布置图、网架剖面布置图;网架杆件、球节点布置图;说明及材料表;支点、支座反力及预埋件间距与尺寸;屋面排水坡度及方向;其他特殊说明等。

4.2 网架结构的加工与制作

4.2.1 杆件加工制作

1. 杆件的构造说明

网架杆件主要有:钢管、锥头(封板)、套筒、高强螺栓和销轴等组成(图 4.2.1)。

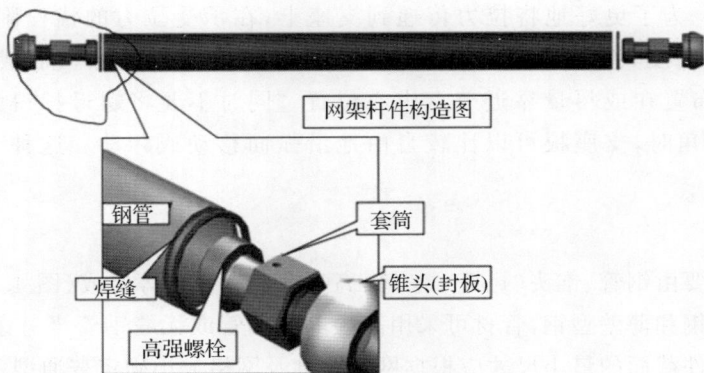

网架杆件构造图

钢管
套筒
焊缝
锥头(封板)
高强螺栓

图 4.2.1

2. 杆件制作工艺流程(见图 4.2.2)

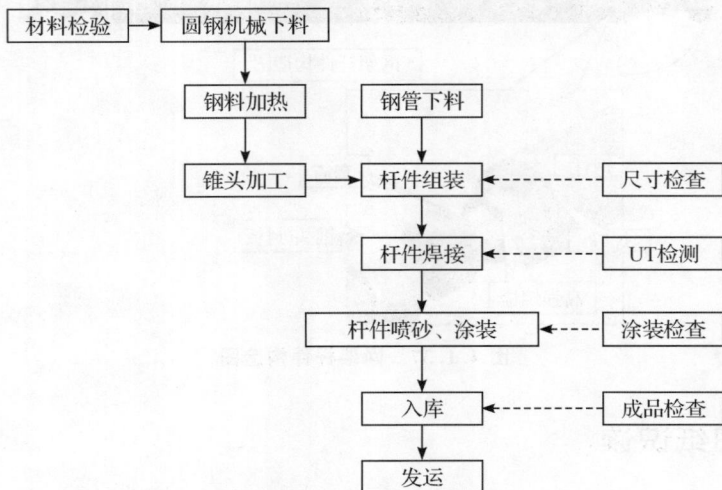

图 4.2.2　杆件制作工艺流程

3. 杆件制作工艺细则(见表 4.2.1)

表 4.2.1　杆件制作工艺细则

序号	工序名称	简图示意	工艺说明简述
1	钢管下料		(1)杆件钢管为高频焊管或无缝钢管。 (2)钢管下料采取管子自动切割机,下料坡口一次性成型。 钢管数控切割下料

续表

序号	工序名称	简图示意	工艺说明简述
2	锥头制作	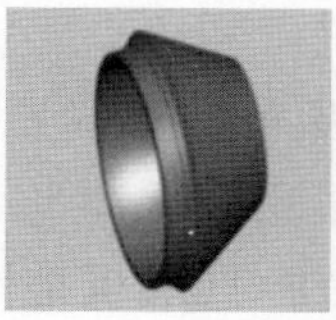	(1)锥头材料为45♯,原材料主要是圆钢,下料采取锯床锯割 (2)锥头锻造采取高速蒸汽冲床。或油压机＋专用成型模具 (3)锥头成型采取机加工,加工后的锥头如左图示
3	杆件组装		(1)杆件组装焊接在专用设备上进行,采取CO_2气体保护自动焊 (2)焊接时,保持焊枪与杆件之间偏移5～10 mm;同时,焊枪在钢管平面内旋转10～15 ℃角度;偏转角度与钢管旋转方向相反
4	杆件检验	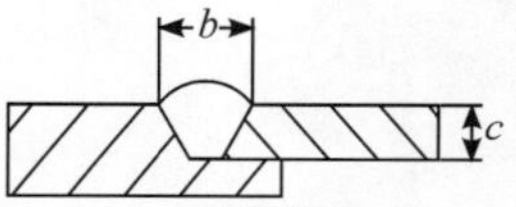 焊缝余高 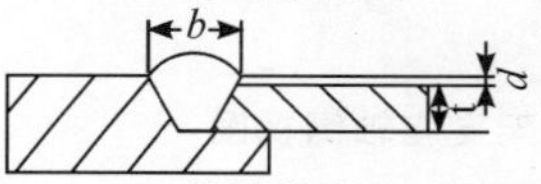 焊缝错边	(1)检验杆件的外形尺寸是否符合设计图纸要求 (2)焊缝金属表面焊波均匀,无裂纹、弧坑裂纹、电弧擦伤、焊瘤、表面夹渣、表面气孔等缺陷,焊接区不得有飞溅物;咬边深度应小于$0.05t$(t为管壁厚)。同时对焊缝进行UT检测
5	杆件标识		(1)检查杆件标记是否齐全 (2)杆件印记有:杆件号、焊工号、超声波检测号等钢印,且字迹清晰可辨
6	除锈		除锈等级需达到设计要求的Sa2.5级
7	油漆涂装	/	(1)杆件表面油漆主要采取喷涂方法 (2)涂装的厚度由干湿膜测厚仪控制并符合设计要求
8	包装发运	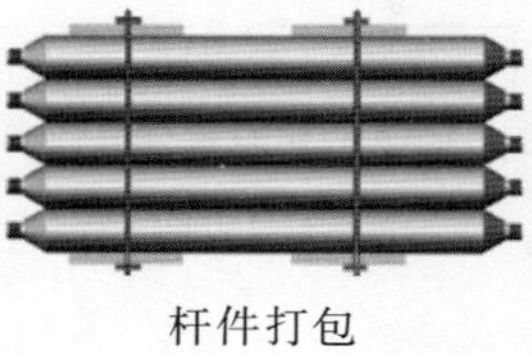 杆件打包	(1)杆件采取打包方式捆扎,并要求捆绑牢固 (2)每个打包捆上挂有杆件所在工程名称、杆件数量和编号等

4.2.2 节点加工制作

1. 支座节点加工制作

(1)支座节点的构造说明

网架支座为单支座节点,支座由底板、肋板、螺栓球和锚筋等组成(图4.2.3)。其中肋板与底板为碳素结构钢(Q235B)材质,螺栓球则采用了45♯钢锻造而成。所以支座节点肋板与螺栓球节点的焊接是支座节点工厂制作的关键,同时也是重点。

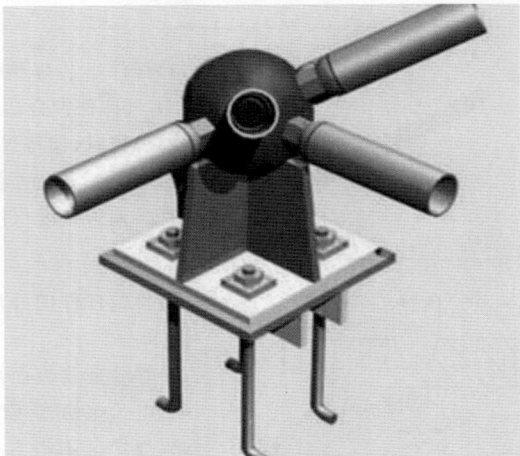

图4.2.3 网架支座轴侧视图

(2)支座节点制作工艺流程(见图4.2.4)

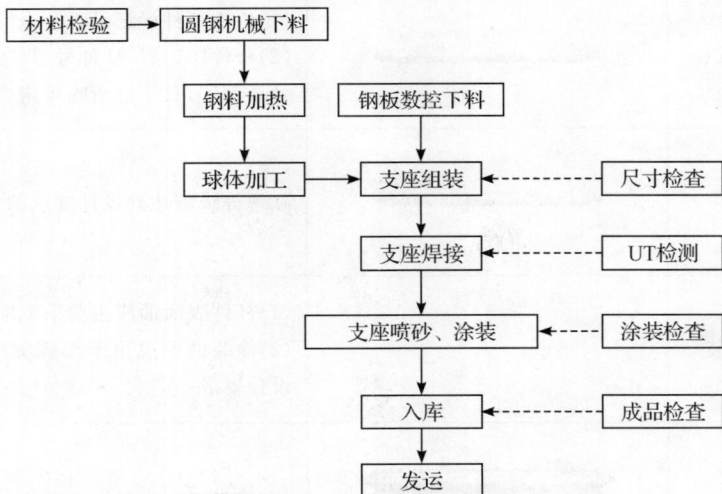

图4.2.4 支座节点制作工艺流程图

（3）支座节点制作工艺方法（见表 4.2.2）

表 4.2.2 支座节点制作工艺方法

序号	工序名称	简图示意	工艺说明简述
1	支座钢板下料	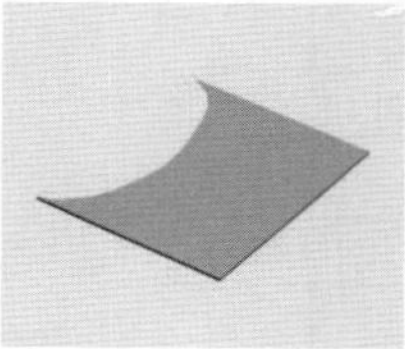	（1）支座钢板材料为碳素结构钢，材质 Q235 （2）钢板下料采取数控切割，放样时预放切割余量 
2	支座底板、肋板组装		（1）肋板之间，肋板与底板之间焊缝质量等级要求一级 （2）肋板与底板组装焊接坡口形式采取双面对称 X 形坡口形式，正面焊反面清根 （3）焊接采取热输入量小的 CO_2 气体保护焊
3	锚筋与预埋件板组装	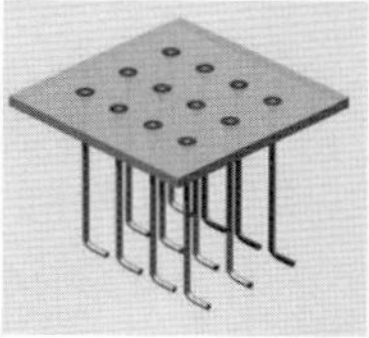	（1）锚筋与底板焊接设置为塞焊形式 （2）焊接采取 CO_2 气体保护焊接方法；当焊接至焊宽大于 16 mm 时，需分多层多道
4	球与肋板组装		（1）螺栓球体由 45♯ 高温锻造而成，肋板使用的是碳素结构钢 （2）肋板与球体坡口形式设置为双面 X 形，正面焊反面清根 （3）根据球体与肋板使用的材质性能分析；组装焊接选择手工焊条焊。焊前对焊缝两侧进行预热，控制焊层温度，焊后进行保温并缓冷。焊接采取对称施焊方式
5	喷砂除锈·涂装		（1）支座节点制作后对其外形尺寸进行检验 （2）支座喷砂采用自动喷砂机，喷后表面粗糙度应符合设计要求的 Sa2.5 级 （3）涂装均采取喷涂方式，涂后表面均匀顺滑，无明显流挂等缺陷
6	包装运输	/	（1）支座节点包装采取散件形式 （2）直接由汽车运输至安装现场

2. 螺栓球节点加工制作

(1)螺栓球节点制作工艺流程(见图 4.2.5)

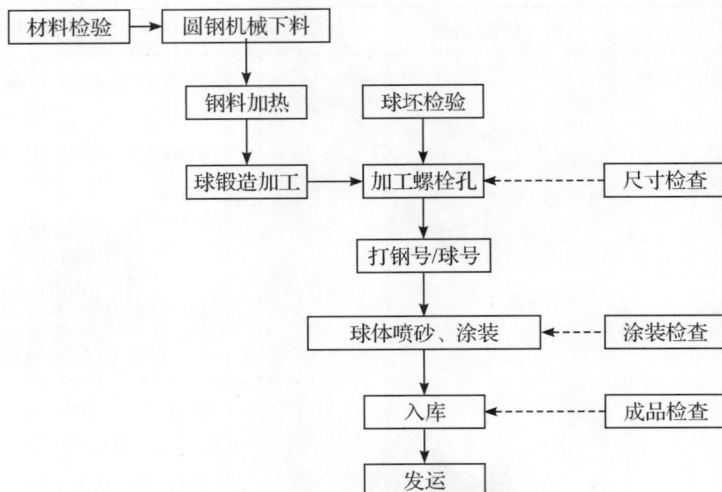

图 4.2.5　螺栓球节点制作工艺流程图

(2)螺栓球节点制作工艺方法(见表 4.2.3)

表 4.2.3　螺栓球节点制作工艺方法

序号	工序名称	简图示意	工艺说明简述
1	圆钢下料		(1)球节点材质要求为 45♯,材料主要为圆钢 (2)圆钢下料采取锯床机械锯割 圆钢锯床下料
2	钢球初压		(1)首先将圆钢在加热炉中加热至 1150～1200 ℃ (2)初锻采取高速蒸汽冲床或油压机＋专用成型模具 油压机

续表

序号	工序名称	简图示意	工艺说明简述
3	球体锻造		(1)球体锻造采取高速蒸汽冲床,配合专用成型模具 (2)锻造加工温度应控制在 800～850 ℃ (3)锻造时球体表面不得有微裂纹的产生。同时锻造后的球体表面应均匀顺滑 
4	劈面/工艺孔加工	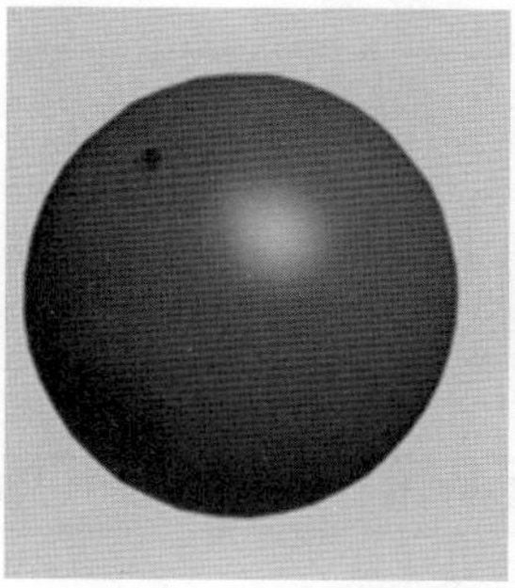 　专用夹具	 (1)在专用车床上首先劈出工艺孔平面,然后在该平面上钻出工艺孔 (2)以工艺孔为基准进行球体的装夹(配置专用夹具)
5	螺栓孔加工	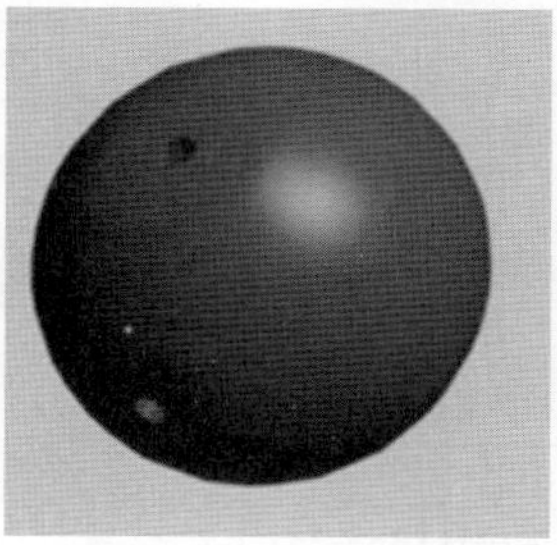	(1)先采用钻头钻出螺栓孔,然后换成丝锥进行内螺纹的攻制 (2)内螺纹丝锥公差应符合国家标准《丝锥螺纹公差》GB 968 中的 H4 级
6	标记	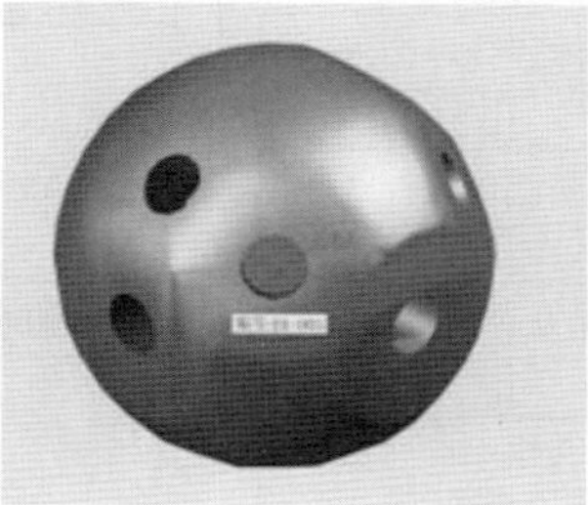	(1)检查螺栓球标记是否齐全 (2)螺栓球印记要打在基准孔平面上,要有球号、螺纹孔加工工号等;字迹清晰可辨

续表

序号	工序名称	简图示意	工艺说明简述
7	除锈		除锈等级需达到设计要求的 Sa2.5 级
8	油漆涂装	/	(1)球体表面油漆主要采取喷涂方法 (2)涂装的厚度由干湿膜测厚仪控制并符合设计要求。涂装时应注意避免油漆进入螺纹孔内

3. 焊接空心球节点制作工艺

(1)焊接空心球节点制作工艺流程(见图 4.2.6)

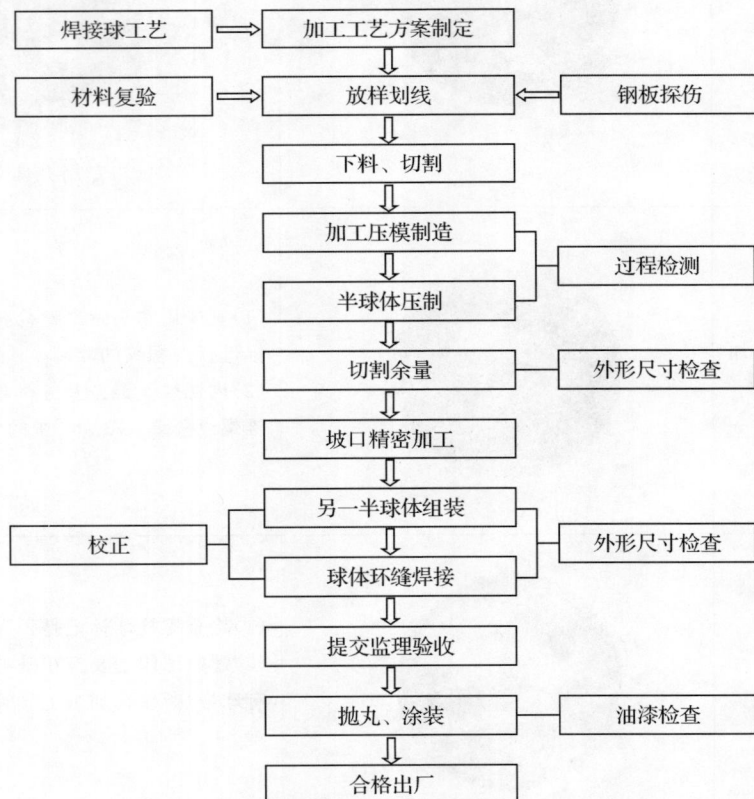

图 4.2.6 焊接空心球节点制作工艺流程图

（2）焊接空心球节点制作工艺方法

①焊接球坯下料一般采用半自动气割（用割圆规割圆）、仿形气割、数控火焰气割，为了生产效率高建议采用火焰数控切割机。

②坯料压制前要在反射炉或电阻炉加热，炉内均匀加热至 1050 ± 50 ℃用温度卡对比。

③半球压制成型，须严格控制模具尺寸和加热温度，压制一般在油压机上进行，使用凸模和凹模，脱模温度不宜低于 650 ℃，在空气中自然冷却。

④切割坡口余量可在机床上加工或半自动火焰切割机，考虑生产在机床上加工速度慢，可采用火焰切割机切割。设备由可调节旋转平台固定割枪组成。

⑤两个半球与加肋板组装时，须留焊缝收缩量，保证达到焊接后成品空心球的尺寸和圆度。

⑥在焊接时，焊接球放在专用旋转台架上采用空心球专用基金自动焊机进行。球体在旋转台架上匀速转动，焊枪固定不动。

4. 焊接钢板节点加工制作

制作时，首先根据图纸要求在硬纸板或镀锌薄钢板上足尺放样，制成样板，样板上应标出杆件、螺栓孔等中心线。节点钢板即可按此样板下料，宜采用剪板机或砂轮切割下料。节点板按图纸要求角度先施焊定位，然后以角尺或样板为标准，用锤轻击逐渐矫正，最后进行全面焊接。焊接时，应采取措施，减少焊接变形和焊接应力，如选用适当的焊接顺序（如图4.2.7 所示），采用小电流和分层焊接等，为使焊缝左右均匀，宜采用图4.2.8 所示的船形位置施焊。

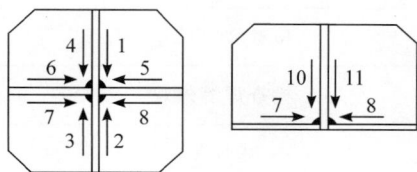

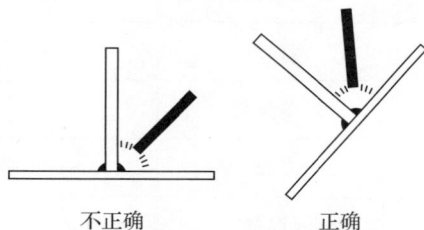

图 4.2.7　焊接顺序　　　　图 4.2.8　焊接钢板节点加工制作

4.3 网架结构的安装

4.3.1 网架结构拼装

1. 施工准备

（1）技术准备

①拼装前编制施工组织设计或拼装方案，保证网架焊接、拼装质量，必须认真执行。

②拼装过程所用计量器具如钢尺、经纬仪、水平仪等，必须经计量检验合格，并在有效期内使用。土建、监理单位使用钢尺必须进行统一调整，方可使用。

③焊工必须有相应焊接形式的合格证。

④对焊接节点(空心球节点、钢板节点)的网架结构应选择合理的焊接工艺及顺序,以减少焊接应力与变形。

⑤对小拼、中拼、大拼在拼装前宜进行试拼,检查无误,再正式拼装。

(2)材料要求

钢材材质必须符合设计要求,如无出厂合格证或有怀疑时,必须按现行国家标准《钢结构工程施工质量验收规范》GB 50205-2001 的规定进行机械性能试验和化学分析经证明符合标准和设计要求后方可使用。

(3)主要机具参见表4.3.1

表 4.3.1 主要机具

序号	名称	规格	用途
1	起重机	10 t	拼状较大网片起重机根据情况而定,翻身就位
2	交直流电焊机	30~40 kW	根据工期而定数量,拼装焊接
3	直流电焊机	21 kW	根据工期而定数量,返修焊缝
4	气泵	0.5 MPa	根据工期而定数量,拼装焊接
5	砂轮	∅100	打磨电焊飞溅
6	长毛钢丝刷	两排	去药皮
7	钢板尺	15 cm	检查坡口尺寸
8	焊缝量规	多用	检查焊缝外观
9	烤箱	350~500 ℃	烤焊条
10	保温筒	100 ℃	保温焊条
11	氧乙炔烘烤枪		预热
12	经纬仪	J_6	拼装,胎具测量
13	水准仪	自动调平	拼装过程中抄平
14	钢尺	30 m	量距
15	盒尺	5.0 m	量距
16	水平标尺	200 cm	检查平整度
17	素具		拼装用

（4）作业条件

①网架结构应在专门胎架上小拼，以保证小拼单元的精度和互换性。

②胎架在使用前必须进行检验，合格后再拼装。

③在整个拼装过程中，要随时对胎具位置和尺寸进行复核，如有变动经调整后方可重新拼装。

④网架的中拼装片或条块的拼装应在平整的刚性平台上进行。拼装前，必须在空心球表面用套模画出杆件定位线，做好定位记录，在平台上按 1∶1 大样，搭设立体模来控制网架的外形尺寸和标高，拼装时应设调节支点来调节钢管与球的同心度。

⑤焊接球节点网架结构在拼装前应考虑焊接收缩，其收缩量可通过试验确定，试验时可参考下列数值：钢管球节点加衬管时，每条焊缝的收缩量为 1.5～3.5 mm。钢管球节点不加衬管时，每条焊缝的收缩量为 2～3 mm。焊接钢板节点，每个节点收缩量为 2～3 mm。

⑥对供应的杆件、球及部件在拼装前严格检查其质量及各部尺寸，不符合规范规定的数值，要进行技术处理后方可拼装。

2. 网架结构拼装

（1）拼装示意图（见图 4.3.1）

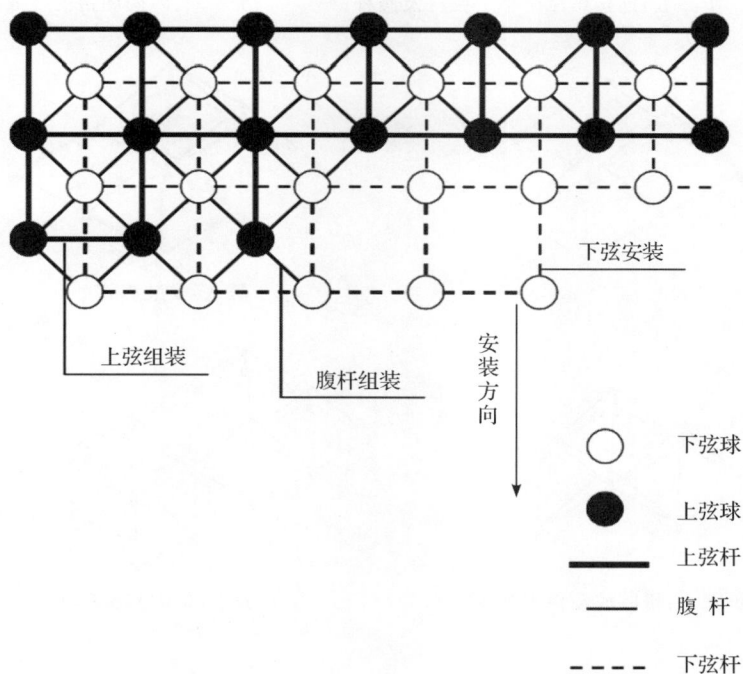

步骤一:设置并抄平脚手架平台支撑　　步骤二:按安装图安装下弦球

步骤三:连接下弦杆　　步骤四:将已拼装成的上弦球及腹杆三角锥连接到下弦层

步骤五:连接第二网格上弦杆及腹杆　　步骤六:将两网格安装成基本单元

步骤七:扩大基本单元　　步骤八:安装腹杆

步骤九:拼装成较稳固基本单元　　步骤十:扩大基本单元

步骤十一:继续扩大基本单元　　步骤十二:拼装成一吊装单元

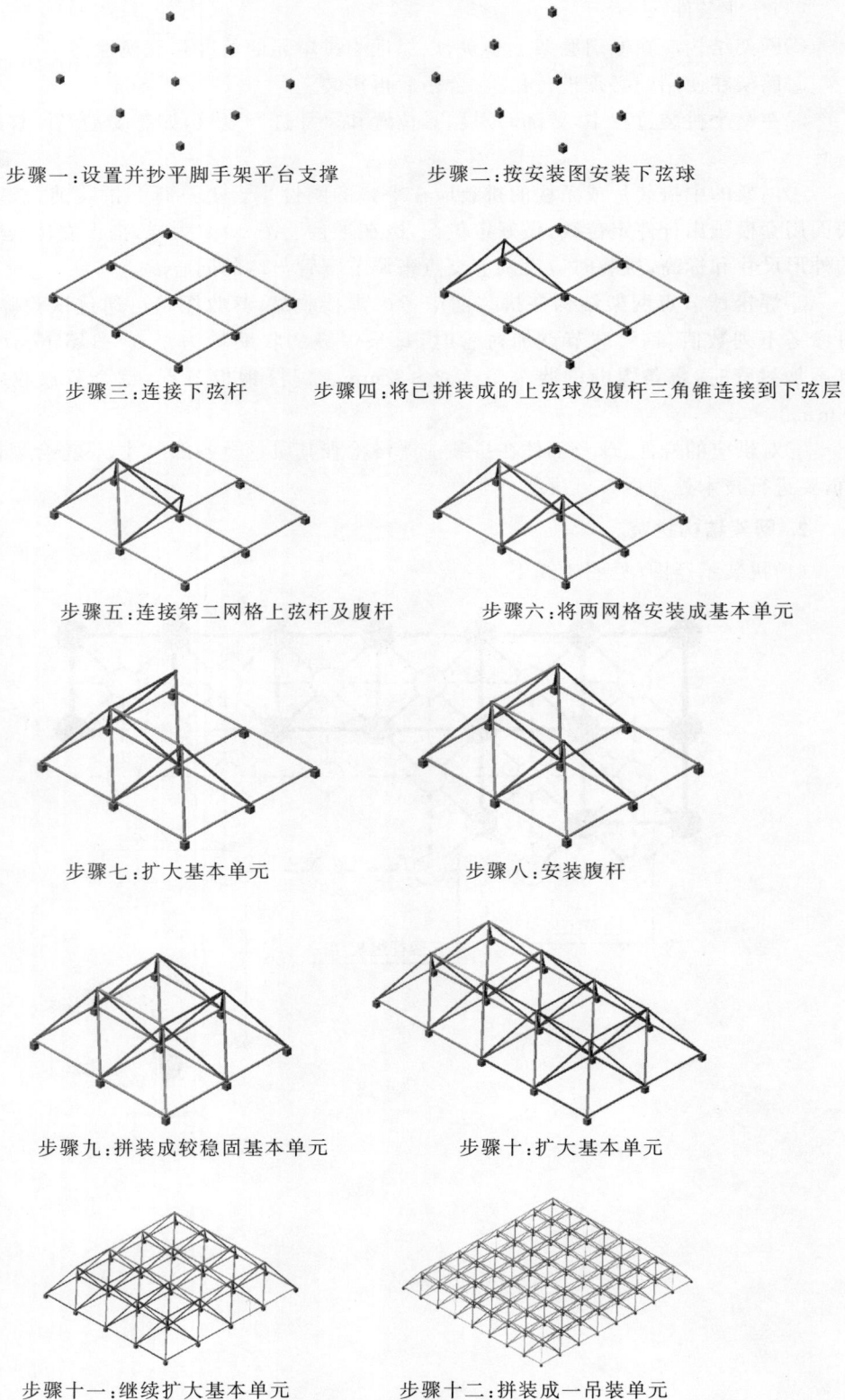

图 4.3.1　拼装示意图

（2）拼装工艺

①合理分割

即把网架根据实际情况合理地分割成各种单元体。直接由单根杆件、单个节点、一球一杆、两球一杆,总拼成网架。由小拼单元—球四杆（四角锥体）、一球三杆（二角锥体）总拼成网架。由小拼单元—中拼单元—总拼成网架。

②尽可能多地争取在工厂或预制场地焊接,尽量减少高空作业量。

③节点尽量不单独在高空就位,而是和杆件连接在一起拼装,在高空仅安装杆件。

④小拼单元。

划分小拼单元时,应考虑网架结构的类型及施工方案等条件,小拼单元一般可分为平面桁架和锥体型两种。小拼单元应在专门的拼装架上焊接,以确保几何尺寸的准确性,小拼胎架有平台型和转动型两种。

斜放四角锥网架小单元的划分。如将其划分成平面桁架型小拼单元,则该桁架缺少上弦,需要加设临时上弦,以免在翻身、吊运、安装过程中产生变形。如采取锥体型小拼单元,则在工厂中的电焊工作量就约占 75%,故斜放四角锥网架以划分成锥体型小拼单元较有利。两向正交斜放网架小拼单元划分方案,考虑到总拼时标高控制方便,每行小拼单元的两端均在同一标高上。

⑤网架单元预拼装

采取先在地面预拼装后拆开,再行吊装的措施。当场地不够时,也可用"套拼"的方法,即两个或三个单元,在地面预拼装,吊去一个单元后,再拼接一个单元。

⑥总拼顺序

为保证网架在总拼过程中具有较少的焊接应力和便于调整尺寸,合理的总拼顺序应该是从中间向两边或从中间向四周发展。总拼时严禁形成封闭圈,因为在封闭圈中焊接会产生很大的焊接收缩应力。网架焊接时,一般先焊下弦,使下弦收缩而略上拱,然后焊接腹杆及上弦,即下弦—腹杆—上弦。如先焊上弦,则易造成不易消除的下挠度。

⑦焊接

在钢管球节点的网架结构中,钢管厚度大于 4 mm 时,必须开坡口,在要求焊缝等强的构件中,焊接时钢管与球壁之间必须留有 3~4 mm 的间隙,为此应加衬管,这样才容易保证焊缝的根部焊透。如将坡口（不留根）钢管与球壁顶紧后焊接,则必须用单面焊接双面成型的焊接工艺。在这种情况下为保证焊透,建议采用 U 形坡口进行焊接。

⑧焊缝检验

为保证焊缝质量,对于要求等强的焊缝,其质量应符合现行《钢结构工程施工质量验收规范》GB 50205-2001 二级焊缝质量指标。

螺栓球节点网架、锥头与管连接焊缝,采用超声波无损检验,具体检验质量标准可根据《螺栓球节点钢网架焊缝超声波探伤方法及质量分级法》JG/T 3034.2 所规定的要求进行检验。

⑨螺栓球节点网架的拼装

螺栓球节点网架拼装时,一般是先拼下弦,将下弦的标高和轴线调整后,全部拧紧螺栓,起定位作用。开始连接腹杆,螺栓不宜拧紧,但必须使其与下弦连接端的螺栓吃上劲。如吃不上劲,在周围螺栓都拧紧后,这个螺栓就可偏歪（因锥头或封板的孔较大）,那时将无法拧紧。连接上弦时,开始不能拧紧。当分条拼装时,安装好三行上弦球后,即可将前两行调整校正,这时可通过调整下弦球的垫块高低进行;然后,固定第一排锥体的两端支座,同时将第一排锥体的螺栓拧紧。按以上各条循环进行。在整个网架拼装完成后,必须进行一次全面检查,看螺栓是否拧紧。

正放四角锥网架试拼后,用高空散装法拼装时,也可在安装一排锥体后(一次拧紧螺栓),从上弦挂腹杆的办法安装其余锥体。

⑩起拱

由于网架的刚度较好,在一般情况下,网架在使用阶段的挠度均较小,因此,当跨度在40 m 以下的网架,一般可不起拱(拼装过程中,为防止网架下挠,根据经验留施工起拱)。网架起拱按线形分为两类,一是折线型,二是圆弧线形;按找坡方向,分为单向起拱和双向起拱两种。单向圆弧线起拱和双向圆弧线起拱,都要通过计算确定几何尺寸。当为折线形起拱时,对于桁架体系的网架,无论是单向或双向找坡,起拱计算较简单。但对四角锥或三角锥体系的网架,当单向或双向起拱时计算均较复杂。

⑪防腐处理

网架的防腐处理包括制作阶段对构件及节点的防腐处理和拼装后的防腐处理。焊接球与钢管连接时,钢管及球均不与大气相通,对于新轧制的钢管的内壁可不除锈,直接刷防锈漆即可;对于旧钢管内外均应认真除锈,并刷防锈漆。螺栓球与钢管的连接属于与大气相通的状态,特别是拉杆,杆件在受拉力后即变形,必然产生缝隙,南方地区较潮湿,水汽有可能进入高强度螺栓或钢管中,对高强度螺栓不利。当网架承受大部分荷载后,对各个接头用油腻子将所有空余螺孔及接缝处填嵌密实,并补刷防锈漆。以保证不留渗漏水汽和缝隙。螺栓球节点网架安装时,必须做到确实打紧了螺栓。电焊后对已刷油漆局部破坏及焊缝漏刷油漆的情况,按规定补刷好油漆层。

4.3.2 网架结构安装

网架结构的安装是指将拼装好的网架用各种施工方法搁置在设计位置上。主要的安装方法有整体吊装法、高空散装法、分条或分块安装法、高空滑移法、整体提升法和整体顶升法。

1. 网架安装前准备工作

(1)进场杆件、购件的检查验收

网架配件主要有螺栓球、套筒、钉丝等,螺栓球不得有过烧、裂纹及褶皱,每种规格抽查5%且不少于 5 只,使用 10 倍放大镜观察;螺纹尺寸符合 6H 级精度的规定,每种规格抽查5%且不应少于 5 只,使用标准螺纹规检查;套筒要全数检查,检查产品的质量合格证明文件等;外观检查不得有裂纹、过烧及氧化皮,每种抽查 5%且不应少于 10 只,使用放大镜观察检查。杆件的检查,检查每根杆件的长度尺寸有无偏差,螺栓型号有无错装、漏装现象。

(2)基础定位测量和抗震支座的安装

安装前用钢卷尺、经纬仪或水准仪对各支座(预埋件)的标高和轴线进行检查,位置偏差为 15 mm,水平度允许偏差 1/1000,对超出规范要求的,并报土建施工单位和监理单位,现场采取措施进行处理,满足施工要求。

支座的安装。根据复核的标高轴线,将网架支座安装在柱顶埋件上,并采取支座与预埋板的段焊固定,由于网架减震支座具有万向活动性,在支座的四周采用定位螺栓加固,防止在网架安装过程中产生位移。待整个网架全部安装完毕割除,再将支座与预埋钢板全部满焊。

2. 网架安装

网架的安装方法,应根据网架受力和构造特点,在满足质量、安全、进度和经济效果的要求下,结合施工技术条件综合考虑。

网架的安装方法及适用范围见表4.3.2。

表 4.3.2 网架的安装方法及适用范围

安装方法	安装内容	适用范围
整体吊装法	单机、多机吊装	各种类型的网架,吊装时可在高空平移或选择就位
	单根、多根桅杆吊装	
高空散装法	单件杆拼装	螺栓连接节点的各种类型网架,并宜采用少支架的悬挑施工方法,焊接球节点的网架也可采用
	小拼单元拼装	
分条或分块安装法	条状单元组装	分割后刚度和受力状况改变较小的网架,如两向正交、正放四角锥、正放抽空四角锥等网架,分条或分块的大小根据起重能力而定
	块状单元组装	
高空滑移法	单条滑移法	正放四角锥、正放抽空四角锥、两向正交正放等网架。滑移时滑移单元应保证成为几何不变体系
	逐条积累滑移法	
整体提升法	在桅杆上悬挂千斤顶提升	周边支承及多点支承网架,可用升板机、液压千斤顶等小型机具进行施工
	在结构上安装千斤顶、升板机提升	
整体顶升法	利用网架支承柱作为顶升时的支撑结构	支点较少的多点支承网架
	在原支点处或其附近设置临时顶升支架	

备注:未注明连接节点构造的网架,指各类连接节点网架均适用。

(1)整体吊装法

整体吊装法是将网架结构按吊装工艺要求在地面按吊装单元错位拼装成整体。然后用起重设备将网架进行整体提升到设计高度,经空中移位、锁边后落位固定的安装方法。

①工艺流程:

安装前的技术准备工作→地面拼装网架并进行检查→吊装准备→试吊、吊装→空中就位→支座固定

②地面组装注意事项:

组装时,根据各个螺栓球受力大小,在螺栓球下设置支撑,防止网架杆件发生变形。组装完毕后,逐个检查各个杆件是否变形和螺栓球节点螺栓是否拧紧。

③吊装方案的选择

采用4机抬吊作业进行吊装。4机抬吊施工中布置起重机时,需用考虑各台起重机的工作性能和网架在空中移位的要求。起吊前要测出每台起重机的起吊速度,以便起吊时掌握,四台起重机的起重量均能满足要求时,宜将四台起重机布置在网架的两侧,这样只要四台起重机将网架垂直吊升通过柱顶后,旋转一定角度,即可完成网架空中移位要求。

④吊点的选择

吊点的布置应尽量使网架吊装时的受力与网架工作状态受力基本相同。网架起吊前的重量、面积和吊点位置的选择要根据过程实际情况进行周密的计算,确保网架吊装的安全性。绑好吊装绳索,检查完毕开始吊装。

⑤网架的试吊与吊装。

网架试吊,网架离地50 cm后进行吊点绳索和网架外形检查,再次确认一切正常,才能正式起吊。正式吊装,一次吊装到位,将网架就位于柱顶球支点。当网架提高到比柱顶高300 mm时,进行空中移位,网架中心对准网架支座中心时,四台起重机同时落钩,将网架落到柱顶就位。

⑥最后将球与球支座、球支座与减震支座全部段焊。

图4.3.2为用6根扒杆整体吊装某体育馆圆形三向网架。该网架直径为124.6 m,重600 t,支承在周边36根钢筋混凝土柱上,采用6根扒杆,整体吊装就位。

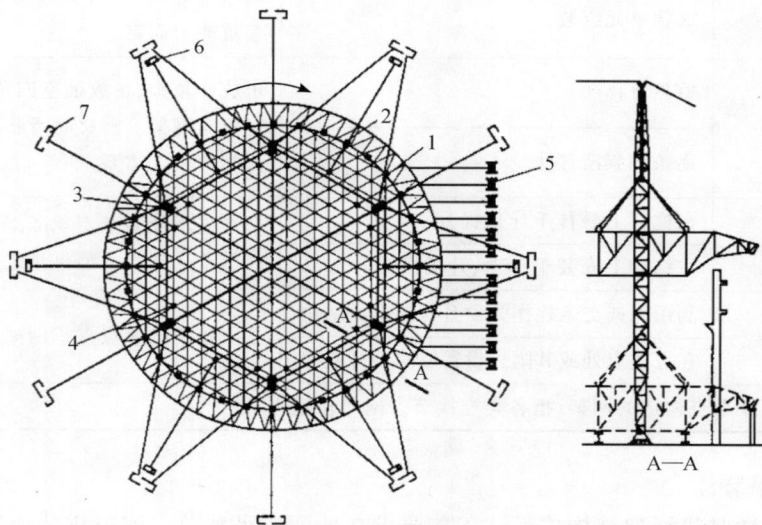

1—柱　2—网架　3—扒杆　4—吊点　5—起重卷扬机　5—校正卷扬机　7—地锚

图4.3.2　用6根扒杆整体吊装

(2)高空散装法

高空散装法是将网架的构件(小拼单元或散件)吊至设计位置直接进行拼装的方法。

高空散拼单元是与已经安装完毕的单元进行拼装安装。沿建筑物纵向从一端开始向另一端延伸。采用吊具辅助高空拼装法时,应控制网架安装过程的挠度,否则应采取增加支撑的措施,需在地面搭设脚手架或钢柱支撑安装。安装形式见图4.3.3。

图 4.3.3　高空散装法

①首先将要吊装单元的杆件组装成小拼单元

小拼单元的划分与拼装:把网架根据实际情况合理地分割成各种单主体:直接由单根杆件、单个节点、一球一杆、两球一杆总拼成网架;由小拼单元——一球四杆(四角锥体)、一球三杆(三角锥体)总拼成网架;由小拼单元组成中拼单元再总拼成网架。

②高空拼装顺序确定的原则:

a. 安装顺序应根据网架结构的类型、受力和构造特点、施工现场情况等因素综合确定。

b. 拼装顺序应能保证拼装的精度和减少积累误差。

c. 平面呈矩形的周边支承两向正交正放网架,安装顺序可由建筑物的一端向另一端呈平行四边形推进。

③临时支承点设置的原则:

a. 支承点布置可按网架安装顺序进行,支承点布置应均匀。

b. 支承点布置应结合网架结构的受力形式,必要时对支承系统和改变支点后的网架结构进行验算。

c. 应将支承支架的接头变形、弹性压缩、基础沉降等因素引起的总沉降控制在 5 mm以下,支承点处可在网架下弦与支架之间设置调整标高用的千斤顶。

d. 支承系统要有足够的刚度和稳定性。

④螺栓球节点网架总拼:

a. 螺栓球网架第一跨起头拼装时,一般是先拼下弦,将下弦的标高、轴线调整好后,全部拧紧螺栓,起定位作用。

b. 进行连接腹杆和上弦。施工中一般采用将上弦和腹杆拼成四角锥的小拼单元,进行小拼单元的安装(即推锥)。每个小拼单元的螺栓应同时进行拧紧,施工时应防止个别螺栓被挤紧,造成螺栓不能有效地安装到位。

c. 以后的下弦和另一面腹杆可以采用单件安装,也可以采用安装倒四角锥(即推倒锥)的方法进行安装。循环进行上述步骤的安装,完成整个网架的安装。

d. 网架安装一般以一个网格为一排,逐排推进。

e. 网架安装过程中,应对网架支座轴线、支承面标高进行跟踪控制,发现误差应及时纠正。

f. 网架安装过程中,应使杆件始终保持在非受外力状态。

⑤网架支座落位:

网架支座落位是指网架拼装完成后拆除支架上的支承点,使网架由临时支承状态平稳过渡到设计永久支座的操作过程。网架落位工作至关重要,必须针对不同的结构和支承情况,确定合理的落位顺序和正确的落位措施,以确保网架安全落位。网架落位应遵循以下原则:

a. 拆除临时支承点应遵循"变形协调,卸载均衡"的原则。

b. 临时支座拆除时通过放置在支座上的可调节支承装置(千斤顶),多次循环微量下降来实现荷载平衡转移。

c. 落位前需检查可调节支承装置的下降行程是否符合该点挠度值的要求,计算千斤顶行程时要考虑由于支架下沉引起行程增大的值,据此预留足够的行程余量。

(3)分条或分块安装法

分条分块法是把网架划分成若干条状或块状单元,然后用起重设备吊装就位拼成整体的安装方法。

①工艺流程:

安装前的准备工作→网架单元在地面套拼→高空条或块拼装→高空支顶点调整挠度→高空总拼→支座固定。

②单元组合体的划分原则:

a. 条状单元是指沿网架长跨方向分割若干区段,每个区段的宽度是1~3个网格。块状单元是指将网架沿纵横方向分割成矩形或正方形的单元。

b. 分条或分块安装法适用分割后的单元具有足够的刚度,并保证自身的几何不变性。

c. 为保证网架顺利拼装,在网架条与条或块与块合拢处,可设置独立的支承点或拼装支架等装置。

③分条安装法

图4.3.4所示为某体育馆双向正交方形网架采用分条吊装,该网架平面尺寸为45 m×45 m,重52 t,分割成三条吊装单元,就地错位拼装后,用两台40 t汽车式起重机抬吊就位。

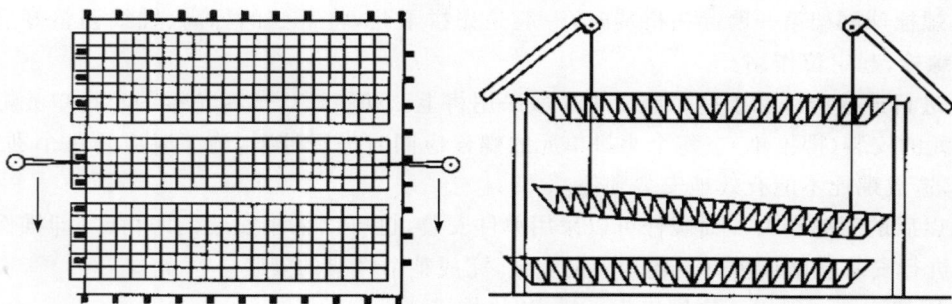

图4.3.4 分条安装法

④分块吊装法

在地面拼装组合一个单元体后,用起重设备,吊装到设计位置与已安装网架一端高空对接,另一端放置在网架支座上的安装方式。图 4.3.5 为某体育馆斜放四角锥网架,该网架平面尺寸为 45 m×36 m,从中间十字对开分为四块(每块之间留出一节间),每个单元尺寸为 15.75 m×20.25 m,重约 12 t,用一台悬臂式扒杆在跨外移动吊装就位,就位时,利用网架中央搭设的井字架作临时支撑。

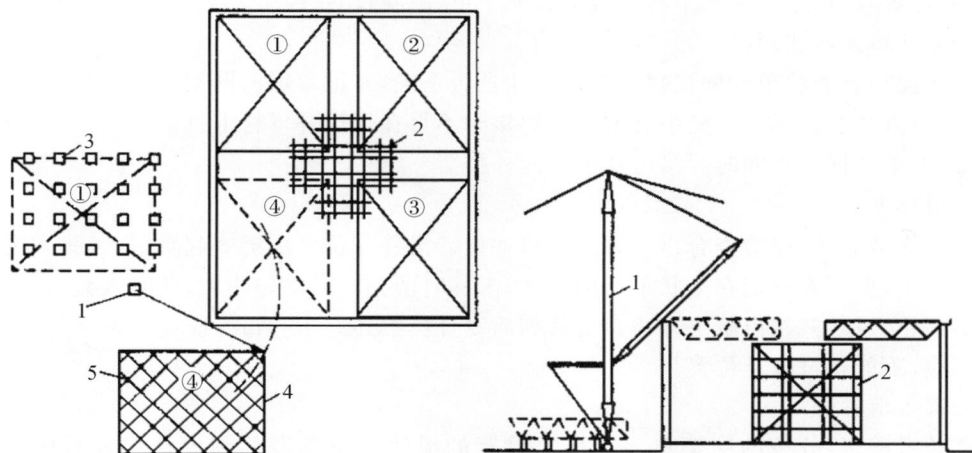

1—悬臂扒杆　2—井字架　3—拼装砖墩,①～④为网架分块编号　4—临时封闭杆　5—吊点

图 4.3.5　分块吊装法

(4)高空滑移法

高空滑移法是指分条的网架单元在事先设置的滑轨上逐条滑移到设计位置拼接成整体的安装方法。此条状单元可以在地面拼成后用起重机吊至支架上,在设备能力不足或其他因素存在时,也可用小拼单元甚至散件在高空拼装平台上拼成条状单元。高空支架一般设在建筑物一端,滑移时网架的条状单元由一端滑向另一端。高空滑移分为逐条滑移法和逐条积累滑移法。

①工艺流程

施工准备→测量定位→安装滑移导轨→拼装条状单元→焊接→油漆→牵引滑移就位→验收。

②施工要点

高空操作平台搭设高度应低于网架下弦杆外皮 300 mm,以不低于 400 mm 为宜。操作平台搭设宽度为条状单元两边宽出 2～3 m,并铺满跳板。操作平台搭设应经过强度和稳定性计算,立杆应设在球节点处。拼装刚架条单元前,首先测量好纵横轴线标高,并用钢丝拉紧,调整好标高作为纵横轴线的基准控制线。

③条状单元拼装

网架拼装前必须检查操作平台是否牢固,跳板铺设有无断档,将横向两侧滑移导轨安装好(导轨可采用角钢或其他型钢),选择好牵引固定点,检查条状单元网架的纵横基准控制线及标高,将首先拼装的条状单元网架杆件就位。

网架拼装及滑移就位采用条状单元一条一条的拼装,应分别从中间滑移到两头,然后中间合拢。具体步骤:条状单元拼装,方格架的水平杆应分为若干数,若干数中编号分为奇数和偶数。拼装应从中心往两侧推,首先固定下弦奇数(或偶数),再组对人字形(斜腹杆)。人字形组对方法:水平面上将两根斜腹杆的管端对准下弦方格架球中心,另一端两根斜腹杆的管端,同时对准一个钢球(上弦节点球),奇偶数均一样,然后将人字形(斜腹杆)立起对准下弦网格中心,同时将另一侧未组对人字形的斜腹杆同时对准下弦与上弦节点球点焊上,再将偶数(或奇数)网格架上弦水平杆连接上和人字形(斜腹杆)组装上。

④条状单元网架焊接

焊接前检查条状单元网架拼装几何尺寸是否正确,并记录焊前网架长度矢高偏差、挠度偏差、球节点与杆件(管)汇交中心偏差。焊接时不得在焊道外母材上打火引弧,焊接由四周向里推,上下弦杆节点同时焊接可从中心向外推。

⑤滑移就位

油漆涂装完毕,经检查合格后方可滑移就位。滑移就位可用链式起重机,一头固定在附近的柱头上,另一头固定在条状单元网架上,滑移时两头同时均匀用力,并有人监看,发现异常立即停止滑移,并找出解决方法。滑移到离设计位置还有 100 mm 时应缓慢进行,两头要互相照应,不能超过设计位置。

⑥逐条滑移法

逐条滑移法,分条的网架单元在事先设置的滑轨上单条滑移到设计位置后拼接。图4.3.6 为某正方形四角锥网架屋盖,用 2 台履带式起重机,将在地面拼装的条状单元分别吊至特制的小车上,然后用人工撬动逐条滑移到设计位置,就位时,先用千斤顶顶起条状单元,撤出小车,随即下落就位。

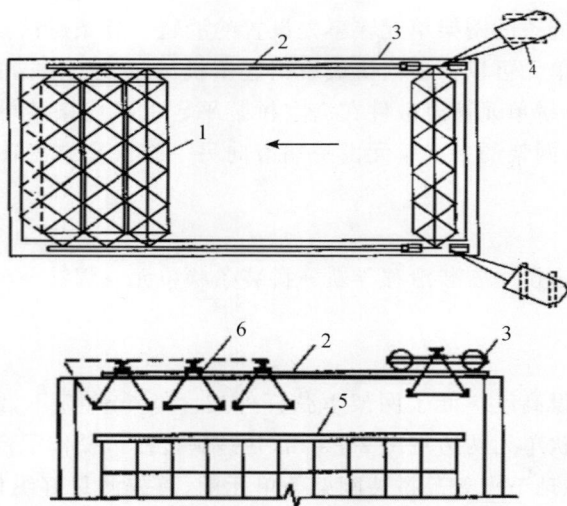

1—网架 2—轨道 3—小车 4—履带式起重机 5—脚手架 6—后装的杆件

图 4.3.6 逐条滑移法

⑦逐条积累滑移法

逐条积累滑移法,分条的网架单元在滑轨上逐条积累拼接后滑移到设计位置后拼接。

图 4.3.7 为某斜放四角锥网架,采用逐条积累滑移法施工。先在地面拼装成半跨的条状单元,然后用悬臂扒杆吊到拼装台上组成整垮的条状单元,再进行滑移,当前一单元滑出组装位置后,随即又拼装另一单元,再一起滑移,如此每拼装一个单元就滑移一次,直到滑移到设计位置为止。

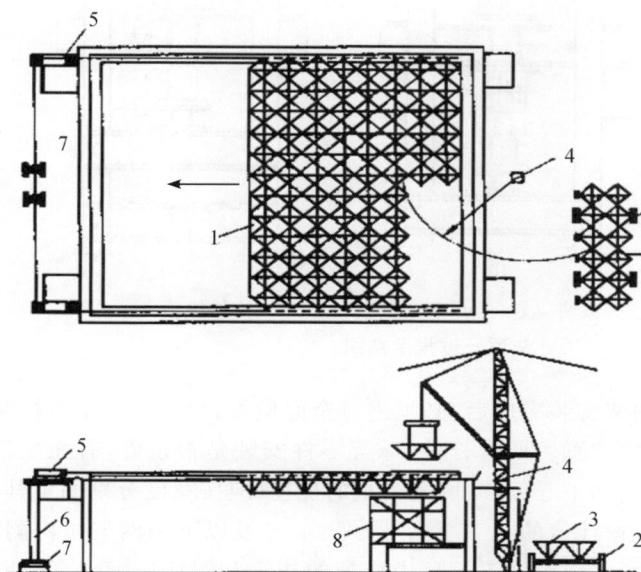

1—网架　2—拖拉架　3—网架分块单元
4—悬臂扒杆　5—牵引滑轮组　6—反力架
7—卷扬机　8—脚手架

图 4.3.7　逐条积累滑移法

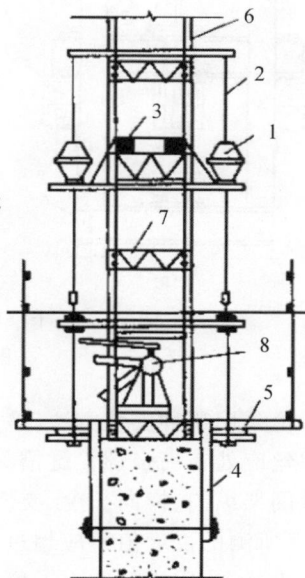

1—升板机　2—螺杆　3—承重销
4—柱子模板　5—操作平台　6—角钢柱肢
7—桁架式缀板　8—网架支座

图 4.3.8　升网提模工艺

（5）整体提升法

整体提升法是指网架在设计位置就地总拼后,利用安装在结构柱上的提升设备提升网架或在提升网架的同时进行柱子滑模的安装方法。整体提升法只能在设计坐标垂直上升,不能将网架移动或转动,适用于大跨度网架的重型屋盖系统周边支承或点支承网架的安装。图 4.3.8 为某一斜放四角锥网架采用升网提模施工法的示意图,即网架在现场就地拼装后,用升板机整体提升网架,在升网同时提升柱子模板,浇注柱子混凝土,使升网、提模、浇注同时进行。

（6）整体顶升法

整体顶升法是指网架在设计位置就地拼装成整体后,利用网架支承柱作为顶升支架,也可在原有支点处或其附近设置临时顶升支架,用千斤顶将网架整体顶升到设计标高的安装方法。顶升法适用于点支承网架,在顶升过程中只能垂直顶升,不能或不允许平移或转动。顶升法和提升法具有相同的特点,只是顶升法的顶升设备安置在网架的下面。整体顶升法适用于大跨度网架的重型屋盖系统支点较少的点支承网架的安装。图 4.3.9 为以结构柱作临时支撑的顶升示意图。图 4.3.9(a)图用千斤顶顶起搁置在十字梁上的网架;图 4.3.9(b)移去十字梁下的垫块,装上柱的缀板;图 4.3.9(c)将千斤顶及横梁移到柱的上层缀板,然后进入下一顶升循环。

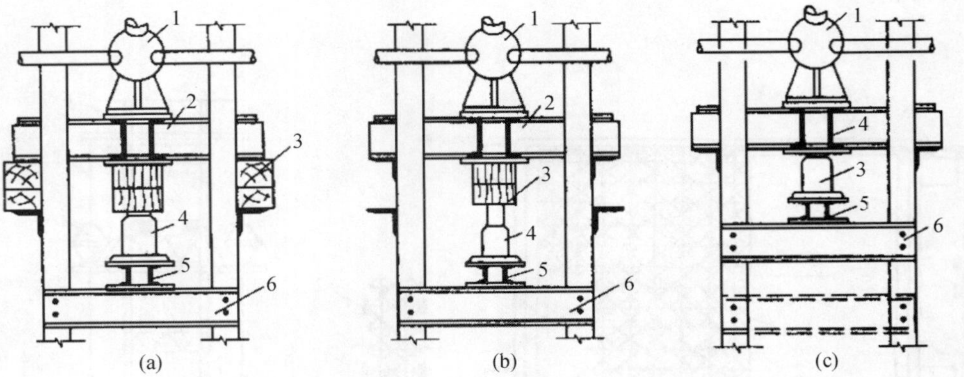

1—网架 2—十字梁 3—垫块 4—千斤顶 5—横梁 6—柱的缀板
图 4.3.9　顶升法顶升过程示意图

　　无论采用哪种安装方法,整个网架安装完成后,必须进行全面检查,检查螺栓是否拧紧,此时顶丝应处在高强螺栓键槽深槽的位置。所有杆件、球等零件安装是否正确,有无变形。应测量网架纵向、横向长度、支座标高和中心偏移、网架自重的挠度(应按宽度分别测量其挠度值,且所测的挠度值不应超过相应设计值的 1.15 倍。跨度 24 m 及以下钢网架结构测量下弦中央一点,用钢尺和水准仪实测)。应对施工过程中碰掉的油漆和螺栓球、套筒等处的油漆进行补刷,多余的空洞和缝隙用油腻子进行堵塞。

4.4 网架结构的验收

4.4.1 网架结构加工验收

1. 螺栓球

(1)螺栓球及制造螺栓球节点所采用的原材料,其品种、规格、性能等应符合现行国家产品标准和设计要求。

(2)螺栓球不得有过烧、裂纹及褶皱。

(3)螺栓球螺纹尺寸应符合现行国家标准《普通螺纹基本尺寸》GB 196 中粗牙螺纹的规定,螺纹公差必须符合现行国家标准《普通螺纹公差与配合》GB 197 中 6H 级精度的规定。

(4)螺栓球直径、圆度、相邻两螺栓孔中心线夹角等尺寸及允许偏差应符合表 4.4.1 的要求。

表 4.4.1　螺栓球节点加工尺寸允许偏差

项次	项目		允许偏差(mm)	检验方法
1	球毛坯直径	0≤120	+20 -10	用卡钳、游标卡尺检查
		0>120	+30 -1.5	
2	球的圆度	0≤120	1.5	
		0>120	2.5	
3	螺栓球螺栓孔端面与球心距		±0.2	用游标卡尺、测量芯棒、高度尺检查
4	同一轴线上两螺孔端面平行度	0≤120	0.20	用游标卡尺、高度尺检查
		0>120	0.30	
5	相邻两螺孔轴线间夹角		±30°	用测量芯棒、高度尺、分度头检查
6	螺孔端面与轴线的垂直度		0.5%r	用百分表
检查数量:每种规格抽查 5%,且不少于 5 只				
注:r 为螺孔端面半径				

2. 焊接球

(1)焊接球及制造焊接球所采用的原材料,其品种、规格、性能等应符合现行国家产品标准和设计要求。

(2)焊接球焊缝应进行无损检验,其质量应符合设计要求,当设计无要求时应符合本规范中规定的二级质量标准。

(3)焊接球直径、圆度、壁厚减薄量等尺寸及允许偏差应符合表 4.4.2 的要求。

(4)焊接球表面应无明显波纹及局部凹凸不平不大于 1.5 mm。

表 4.4.2　焊接球节点加工尺寸允许偏差(mm)

项次	项目	允许偏差(mm)	校验方法
1	球焊缝高度与求外表面平齐	±0.5	用焊缝量规,沿焊缝周长等分取 8 个点检查
2	球直径 D≤300	±1.5	用卡钳及游标卡尺检查,每个球量测各向三个数值
3	球直径 D>300	±2.5	
4	球的圆度 D≤300	≤1.5	用卡钳及游标卡尺检查,每个球测三对,每对与互成 90°,以三对直径差的平均值计
5	球圆度 D>300	≤2.5	
6	两个半径对口错边量	≤1.0	用套模及游标卡尺检查,每球取最大错边处一点
7	设计壁厚减薄量	不应大于 13% 且不得超过 1.5 mm	
检查数量:每种规格抽查 5%,且不少于 5 只			

3. 封板、锥头和套筒

(1)封板、锥头和套筒及制造封板、锥头和套筒所采用的原材料,其品种、规格、性能等应符合现行国家产品标准和设计要求。

(2)封板、锥头、套筒外观不得有裂纹、过烧及氧化皮。

(3)封板、锥头和套筒加工尺寸允许偏差见表4.4.3。

表4.4.3 封板、锥头和套筒加工尺寸允许偏差

项次	项目	允许偏差(mm)	检验方法
1	封板、锥头孔径	+0.5	用游标卡尺检查
2	封板、锥头孔径	+0.5 -0.2	
3	封板、锥头底板二面平行度	0.1	用百分表、V形块检查
4	封板、锥头孔与钢管安装台阶同轴度	0.2	用百分表、V形块检查
5	锥头壁厚	+0.2 0	用游标卡尺检查
6	套筒内孔与外接圆同轴度	0.5	用游标卡尺、百分表、测量芯棒检查
7	套筒长度	±0.2	用游标卡尺检查
8	套筒两端面与轴线的垂直度	0.5%r	用游标卡尺、百分表、测量芯棒检查
9	套筒两端面的平行度	0.3	

检查数量:每种规格抽查5%,且不少于5只

注:1. 封板、锥头、套筒应分别进行检验评定。

2. r为套筒的外接圆半径。

4.4.2 网架结构安装验收

1. 一般要求

(1)以下要求适用于建筑工程中的平板型钢网格结构(简称钢网架结构)安装工程的质量验收。

(2)钢网架结构安装工程可按变形缝、施工段或空间刚度单元划分成一个或若干检验批。

(3)钢网架结构安装检验批应在进场验收和焊接连接、紧固件连接、制作等分项工程验收合格的基础上进行验收。

(4)钢网架结构安装应遵照以下规定:

①安装的测量校正、高强度螺栓安装、负温度下施工及焊接工艺等,应在安装前进行工艺试验或评定,并应在此基础上制定相应的施工工艺或方案。

②安装偏差的检测,应在结构形成空间刚度单元并连接固定后进行。

③安装时,必须控制屋面、楼面、平台等的施工荷载,施工荷载和冰雪荷载等严禁超过梁、桁架、楼面板、屋面板、平台铺板等的承载能力。

2. 支承面顶板和支承垫块

(1)钢网架结构支座定位轴线的位置、支座锚栓的规格应符合设计要求。

(2)支承面顶板的位置、标高、水平度以及支座锚栓位置的允许偏差应符合表 4.4.4 的规定。

表 4.4.4 支承面顶板、支座锚栓位置的允许偏差(mm)

项目		允许偏差
支承面顶板	位置	15.0
	顶面标高	0 −0.3
	顶面水平度	$L/1000$
支座锚栓	中心偏移	±5.0

(3)支承垫块的种类、规格、摆放位置和朝向,必须符合设计要求和国家现行有关标准的规定。橡胶垫块与刚性垫块之间或不同类型刚性垫块之间不得互换使用。

(4)网架支座锚栓的紧固应符合设计要求。

(5)支座锚栓尺寸的允许偏差应符合表 4.4.5 的规定。支座锚栓的螺纹应受到保护。

表 4.4.5 支座锚栓尺寸的允许偏差(mm)

项目	允许偏差
螺栓(锚栓)露出长度	+30.0 0.0
螺纹长度	+30.0 0.0

3. 总拼与安装

(1)小拼单元的允许偏差应符合表 4.4.6 的规定。

表 4.4.6 小拼单元的允许偏差(mm)

项目		允许偏差
节点中心偏移		2.0
杆件轴线的弯曲矢高		$L_1/1000$,且不应大于 5.0
锥体型小拼单元	弦杆长度	±2.0
	锥体高度	±2.0
	上弦杆对角线长度	±3.0

续表

项目			允许偏差
平面桁架型小拼单元	跨长	≤24 m	+3.0 −7.0
		>24 m	+5.0 −10.0
	跨中高度		±3.0
	跨中拱度	设计要求起拱	±L/5000
		设计未要求起拱	+10.0

注:1. L_1 为杆件长度;
　　2. L 为跨长。

(2)中拼单元的允许偏差应符合表4.4.7的规定。

表 4.4.7　中拼单元的允许偏差(mm)

项目		允许偏差
单元长度≤20 m, 拼接长度	单跨	±10.0
	多跨连续	±5.0
单元长度>20 m, 拼接长度	单跨	±20.0
	多跨连续	±10.0

(3)对建筑结构安全等级为一级,跨度40 m及以上的公共建筑钢网架结构,且设计有要求时,应按下列项目进行节点承载力试验,其结果应符合以下规定:

①焊接球节点应按设计指定规格的球及其匹配的钢管焊接成试件,进行轴心拉、压承载力试验,其试验破坏荷载值大于或等于1.6倍设计承载力为合格。

②螺栓球节点应按设计指定规格的球最大螺栓孔螺纹进行抗拉强度保证荷载试验,当达到螺栓的设计承载力时,螺孔、螺纹及封板仍完好无损为合格。

(4)钢网架结构总拼完成后及屋面工程完成后应分别测量其挠度值,且所测的挠度值不应超过相应设计值的1.15倍。

(5)钢网架结构安装完成后,其节点及杆件表面应干净,不应有明显的疤痕、泥沙和污垢。螺栓球节点应将所有接缝用油腻子填嵌严密,并应将多余螺孔封口。

(6)钢网架结构安装完成后,其安装的允许偏差应符合表4.4.8的规定。

表 4.4.8　钢网架结构安装的允许偏差(mm)

项目	允许偏差	检验方法
纵向、横向长度	L/2000,且不应大于30.0 −L/2000,且不应小于−30.0	用钢尺实测

续表

项目	允许偏差	检验方法
支座中心偏移	$L/3000$，且不应大于 30.0	用钢尺和经纬仪实测
周边支承网架相邻支座高差	$L/400$，且不应大于 15.0	用钢尺和水准仪实测
支座最大高差	30.0	
多点支承网架相邻支座高差	$L_1/800$，且不应大于 30.0	

注：1. L 为纵向、横向长度；
　　2. L_1 为相邻支座间距。

4. 高强度螺栓连接

（1）高强度大六角头螺栓连接副终拧完成 1～48 h 内应进行终拧扭矩检查。

（2）高强度大六角头螺栓连接副的施拧顺序和初拧、复拧扭矩应符合设计要求和国家现行行业标准《钢结构高强度螺栓连接的设计施工及验收规程》JGJ 82 的规定。

（3）高强度大六角头螺栓连接副终拧后，螺栓丝外露应为 2～3 扣，其中允许有 10% 的螺栓丝扣外露 1 扣或 4 扣。

（4）螺栓球节点网架总拼完成后，高强度螺栓与球节点应紧固连接，高强度螺栓拧入螺栓球内的螺纹长度不应小于 $1.0d$（d 为螺栓直径），连接处不应出现有间隙、松动等未拧紧情况。

4.4.3　网架结构安装质量控制与验收要点

网架结构安装质量控制与验收要点，见表 4.4.9。

表 4.4.9　网架结构安装质量控制与验收要点

项次	项目	质量控制与验收要点
1	焊接球、螺栓球及焊接钢板等节点及杆件制作精度	（1）焊接球：半圆球宜用机床加工制作坡口。焊接后的成品球，其表面应光滑平整，不能有局部凸起或折皱。直径允许误差为 ±2 mm；不圆度为 2 mm，厚度不均匀度为 10%，对口错边量为 1 mm。成品球以 200 个为一批（当不足 200 个时，也以一批处理），每批取两个进行抽样检验，如其中有 1 个不合格，则双倍取样，如其中又有 1 个不合格，则该批球不合格。 （2）螺栓球：毛坯不圆度的允许制作误差为 2 mm，螺栓按 3 级精度加工，其检验标准按《钢网架螺栓球节点用高强度螺栓》（GB/T 16939）技术条件进行。 （3）焊接钢板节点的成品允许误差为 ±2 mm，角度可用角度尺检查，其接触面应密合。 （4）焊接节点及螺栓球节点的钢管杆件制作成品长度允许误差为 ±1 mm，锥头与钢管同轴度偏差不大于 0.2 mm。 （5）焊接钢板节点的型钢杆件制作成品长度允许误差为 ±2 mm。
2	钢管球节点焊缝收缩量	钢管球节点加套管时，每条焊缝收缩应为 1.5～3.5 mm；不加套管时，每条焊缝收缩应为 1.0～2.0 mm；焊接钢板节点，每个节点收缩量应为 2.0～3.0 mm

续表

项次	项目	质量控制与验收要点
3	管球焊接	(1)钢管壁厚4.9 mm时,坡口不小于45°为宜。由于局部未焊透,所以加强部位高度要大于或等于3 mm。钢管壁厚不小于10 mm时,采用圆弧坡口钝边不大于2 mm,单面焊接双面成型易焊透 (2)焊工必须持有钢管定位位置焊接操作证 (3)严格执行坡口焊接及圆弧形坡口焊接工艺 (4)焊前清除焊接处污物 (5)为保证焊缝质量,对于等强焊缝必须符合《钢结构工程施工质量验收规范》(CB 50205-2001)一级焊缝的质量,除进行外观检验外,对大中跨度钢管网架的拉杆与球的对接焊缝,应做无损探伤检验,其抽样数不少于焊口总数的20%。钢管厚度大于4 mm时,开坡口焊接,钢管与球壁之间必须留有3~4 mm间隙,以便加衬管焊接时根部易焊透。但是加衬管给拼装带来很大麻烦,故一般在合拢杆件情况下加衬管
4	焊接球节点的钢管布置	(1)在杆件端部加锥头(锥头比杆件细),另加肋焊于球上 (2)可将没有达到满应力的杆件的直径改小 (3)两杆件距离不小于10 mm,否则开成马蹄形,两管间焊接时须在两管间加肋补强 (4)凡遇有杆件相碰,必须与设计单位研究处理
5	螺栓球节点	(1)螺栓球节点的螺纹应按6H级精度加工,并符合国家标准的规定。球中心至螺孔端面距离偏差为±0.20 mm,螺栓球螺孔角度允许偏差为±30° (2)螺栓球节点如图4.1.29所示,钢管杆件成品是指钢管与锥头或封板的组合长度,其允许偏差值指组合偏差为±1 (3)钢管杆件宜用机床、切管机、爬管机下料,也可用气割下料,其长度都应考虑杆件与锥头或封板焊接收缩量值。影响焊接收缩量的因素较多,如焊缝长度和厚度、气温的高低、焊接电流大小、焊接方法、焊接速度、焊接层次、焊工技术水平等,具体收缩值可通过试验和经验数值确定 (4)拼装顺序应从一端向另一端,或者从中间向两边,以减少累积偏差;拼装工艺:先拼下弦杆,将下弦的标高和轴线校正后,全都拧紧螺栓定位。安装腹杆,必须使其下弦连接端的螺栓拧紧,如拧不紧,当周围螺栓都拧紧后,因锥头或封板孔较大,螺栓有可能偏斜,就难处理。连接上弦时,开始不能拧紧,如此循环,部分网架拼装完成后,要检查螺栓,对松动螺栓,再复拧一次 (5)螺栓球节点安装时,必须将高强度螺栓拧紧,螺栓拧进长度为该螺栓直径的1倍时,可以满足受力要求,按规定拧进长度为直径的1.1倍,并随时进行复拧 (6)螺栓球与钢管特别是拉杆的连接,杆件在承受拉力后即变形,必然产生缝隙,在南方或沿海地区,水汽有可能进入高强度螺栓或钢管中,易腐蚀,因此网架的屋盖系统安装后,再对网架各个接头用油腻子将所有空余螺孔及接缝处嵌填密实,补刷防腐漆两道

续表

项次	项目	质量控制与验收要点
6	焊接顺序	(1)网架焊接顺序应为先焊下弦节点,使下弦收缩向上拱起,然后焊腹杆及上弦。焊接时应尽量避免形成封闭圈,否则焊接应力加大,产生变形。一般可采用循环焊接法 (2)节点板焊接顺序如图 4.2.7 所示。节点带盖板时,可用夹紧器夹紧后点焊定位,再进行全面焊接
7	拼装顺序	(1)大面积拼装一般采取从中间向两边或向四周顺序拼装,杆件有一端是自由端,能及时调整拼装尺寸,以减小焊接应力与变形 (2)螺栓球节点总拼顺序一般从一边向另一边,或从中间向两边顺序进行。只有螺栓头与锥筒(封板)端部齐平时,才可以跳格拼装,其顺序为:下弦→斜杆→上弦
8	高空散装法标高	(1)采用控制屋脊线标高的方法拼装,一般从中间向两侧发展,以减小累积偏差和便于控制标高,使误差消除在边缘上 (2)拼装支架应进行设计,对重要的或大型工程,还应进行试压,使其有足够的强度和刚度,并满足单肢和整体稳定的要求 (3)悬挑拼装时,由于网架单元不能承受自重,所以对网架要进行加固,即在拼装过程中网架必须是稳定的。支架承受荷载,必然产生沉降,就必须采取千斤顶随时进行调整,当调整无效时,应会同技术人员解决,否则影响拼装精度。支架总沉降量经验值应小于 5 mm
9	高空滑移法安装挠度	(1)适当增大网架杆件断面,以增强其刚度 (2)拼装时增加网架施工起拱数值 (3)大型网架安装时,中间应设置滑道,以减小网架跨度,增强其刚度 (4)在拼接处可临时加反梁办法,或增设三层网架加强刚度 (5)为避免滑移过程中,因杆件内力改变而影响挠度值,必须控制网架在滑移过程中的同步数值,其方法可采用在网架两端滑轨上标出尺寸,也可以利用自整角机代替标尺
10	整体顶升位移	(1)顶升同步值按千斤顶行程而定,并设专人指挥顶升速度 (2)顶升点处的网架做法可做成 E 支承点或下支承点形式,并有足够的刚度。为增加柱子刚度,可在双肢柱间增加缀条 (3)顶升点的布置距离,应通过计算,避免杆件受压失稳 (4)顶升时,各顶点的允许高差值应满足以下要求 ①相邻两个顶升支承结构间距的 1/1000,且不大于 30 mm ②在一个顶升支承结构上,有两个或两个以上千斤顶时,为千斤顶间距的 1/200,且不大于 10 mm (5)千斤顶合力与柱轴线位移允许值为 5 mm。千斤顶应保持垂直 (6)顶升前及顶升过程中,网架支座中心对柱轴线的水平偏移值,不得大于截面短边尺寸的 1/50 及柱高的 1/500 (7)支承结构如柱子刚性较大,可不设导轨;如刚性较小,必须加设导轨 (8)已发现位移,可以把千斤顶用楔片垫斜或人为造成反向升差,或将千斤顶平放水平支顶网架支座

续表

项次	项目	质量控制与验收要点
11	整体提升柱的稳定性	(1)网架提升吊点要通过计算,尽量与设计受力情况相接近,避免杆件失稳,每个提升设备所受荷载尽量达到平衡;提升负荷能力,群顶或群机作业,按额定能力乘以折减系数,电力螺杆升板机为0.7~0.8,穿心式千斤顶为0.5~0.6 (2)不同步的升差值对柱的稳定有很大影响,当用升板机时允许差值为相邻提升点距离的1/400,且不大于15 mm;当用穿心式千斤顶时,为相邻提升点距离的1/250,且不大于25 mm (3)提升设备放在柱顶或放在被提升重物上应尽量减少偏心距 (4)网架提升过程中,为防止大风影响,造成柱倾覆,可在网架四角拉上缆风绳,平时放松,风力超过5级应停止提升,拉紧缆风绳 (5)采用提升法施工时,下部结构应形成稳定的框架结构体系,即柱间设置水平支撑及垂直支撑,独立柱应根据提升受力情况进行验算 (6)升网滑模提升速度应与混凝土强度适应,混凝土强度等级必须达到C10级 (7)不论采用何种整体提升方法,柱的稳定性都直接关系到施工安全,因此,必须做施工组织设计,并与设计人员共同对柱的稳定性进行验算
12	整体安装空中移位	(1)由于网架是按使用阶段的荷载进行设计的,设计中一般难以准确计算施工荷载,所以施工之前应按吊装时的吊点和预先考虑的最大提升高度差,验算网架整体安装所需要的刚度,并据此确定施工措施或修改设计 (2)要严格控制网架提升高差,尽量做到同步提升,提升高差允许值(指相邻两拔杆间或相邻两吊点组的合力点间相对高差),可取吊点间距的1/400,且不大于100 mm,或通过验算而定 (3)采用拔杆安装时,应使卷扬机型号、钢丝绳型号以及起升速度相同,并且使吊点钢丝绳相通,以达到吊点间杆件受力一致,采取多机抬吊安装时,应使起重机型号、起升速度相同,吊点间钢丝绳相通,以达到杆件受力一致 (4)合理布置起重机械及拔杆 (5)缆风地锚必须经过计算,缆风初拉应力控制到60%,施工过程中应设专人检查 (6)网架安装过程中,拔杆顶端偏斜不超过1/1000(拔杆高)且不大于30 mm

思考题

1. 网架结构的节点构造有哪几种?各有什么特点?适用于何种情况?
2. 网架结构可分为哪几种主要类型?它们的适用范围是什么?
3. 网架结构安装方法一般有哪几种?各有什么特点?
4. 网架结构施工要注意哪些问题?
5. 网架结构的安装控制与验收要点有哪些?

附　录

附录 1　钢材和连接的强度设计值

附表 1.1　钢材的强度设计值（N/mm²）

钢材		抗拉、抗压和抗弯	抗剪	端面承压（刨平顶紧）
牌号	厚度或直径（mm）	f	f_v	f_{ce}
Q235 钢	≤16	215	125	325
	>16～40	205	120	
	>40～60	200	115	
	>60～100	190	110	
Q345 钢	≤16	310	180	400
	>16～40	295	170	
	>40～60	265	155	
	>60～100	250	145	
Q390 钢	≤16	350	205	415
	>16～40	335	190	
	>40～60	315	180	
	>60～100	295	170	
Q420 钢	≤16	380	220	440
	>16～40	360	210	
	>40～60	340	195	
	>60～100	325	185	

注：附表中厚度系指计算点的钢材厚度，对轴心受拉和轴心受压构件系指截面中较厚板件的厚度。

附表 1.2　铸铁件的强度设计值（N/mm²）

钢号	抗拉、抗压和抗弯 f	抗剪 f_v	端面承压（刨平顶紧） f_{ce}
ZG200-400	155	90	260
ZG230-450	180	105	290
ZG270-500	210	120	325
ZG310-570	240	140	370

附表 1.3　焊缝的强度设计值(N/mm²)

焊接方法和焊条型号	构件钢材		对接焊缝				角焊缝
	牌号	厚度或直径(mm)	抗压 f_c^w	焊接质量为下列等级时，抗拉 f_t^w		抗剪 f_v^w	抗拉、抗压和抗剪 f_f^w
				一级、二级	三级		
自动焊、半自动焊和E43型焊条的手工焊	Q235钢	≤16	215	215	185	125	160
		>16～40	205	205	175	120	
		>40～60	200	200	170	115	
		>60～100	190	190	160	110	
自动焊、半自动焊和E50型焊条的手工焊	Q345钢	≤16	310	310	265	180	200
		>16～35	295	295	250	170	
		>35～50	265	265	225	155	
		>50～100	250	250	210	145	
自动焊、半自动焊和E55型焊条的手工焊	Q390钢	≤16	350	350	300	205	220
		>16～35	335	335	285	190	
		>35～50	315	315	270	180	
		>50～100	295	295	250	170	
	Q420钢	≤16	380	380	320	220	220
		>16～35	360	360	305	210	
		>35～50	340	340	290	195	
		>50～100	325	325	275	185	

注:1. 自动焊和半自动焊所采用的焊丝和焊剂,应保证其熔敷金属的力学性能不低于现行国家标准《埋弧焊用碳钢焊丝和焊剂》GB/T 5293 和《低合金钢埋弧焊用焊剂》GB/T 12470 中相关的规定。

2. 焊缝质量等级应符合现行国家标准《钢结构工程施工质量验收规范》GB 50205 的规定。其中厚度小于 8 mm 钢材的对接焊缝,不应采用超声波探伤确定焊缝质量等级。

3. 对接焊缝在受压区的抗弯强度设计值取 f_c^w,在受拉区的抗弯强度设计值取 f_t^w。

4. 附表中厚度系指计算点的钢材厚度,对轴心受拉和轴心受压构件系指截面中较厚板件的厚度。

附表 1.4 螺栓连接的强度设计值(N/mm²)

螺栓的性能等级、锚栓和构件钢材的牌号		普通螺栓						锚栓	承压型连接高强度螺栓		
		C 级螺栓			A 级、B 级螺栓						
		抗拉 f_t^b	抗剪 f_v^b	承压 f_c^b	抗拉 f_t^b	抗剪 f_v^b	承压 f_c^b	抗拉 f_t^b	抗拉 f_t^b	抗剪 f_v^b	承压 f_c^b
普通螺栓	4.6 级、4.8 级	170	140	—	—	—	—	—	—	—	—
	5.6 级	—	—	—	210	190	—	—	—	—	—
	8.8 级	—	—	—	400	320	—	—	—	—	—
锚栓	Q235 钢	—	—	—	—	—	—	140	—	—	—
	Q345 钢	—	—	—	—	—	—	180	—	—	—
承压型连接高强度螺栓	8.8 级	—	—	—	—	—	—	—	400	250	—
	10.9 级	—	—	—	—	—	—	—	500	310	—
构件	Q235 钢	—	—	305	—	—	405	—	—	—	470
	Q345 钢	—	—	385	—	—	510	—	—	—	590
	Q390 钢	—	—	400	—	—	530	—	—	—	615
	Q420 钢	—	—	425	—	—	560	—	—	—	655

注:1. A 级螺栓用于 $d \leqslant 24$ mm 和 $l \leqslant 10d$ 或 $l \leqslant 150$ mm(按较小值)的螺栓;B 级螺栓用于 $d > 24$ mm 和 $l > 10d$ 或 $l > 150$ mm(按较小值)的螺栓。d 为公称直径,l 为螺杆公称长度。

2. A、B 级螺栓孔的精度和孔壁表面粗糙度,C 级螺栓孔的允许偏差和孔壁表面粗糙度,均应符合现行国家标准《钢结构工程施工质量验收规范》GB 50205 的要求。

附表 1.5 铆钉连接的强度设计值(N/mm²)

铆钉钢号和构件钢材牌号		抗拉(钉头脱落) f_t^r	抗剪 f_v^r		承压 f_c^r	
			Ⅰ 类孔	Ⅱ 类孔	Ⅰ 类孔	Ⅱ 类孔
铆钉	BL2 或 BL3	120	185	155	—	—
构件	Q235 钢	—	—	—	450	365
	Q345 钢	—	—	—	565	460
	Q390 钢	—	—	—	590	480

注:1. 属于下列情况者为 Ⅰ 类孔:

(1)在装配好的构件上按设计孔径钻成的孔;

(2)在单个零件和构件上按设计孔径分别用钻模钻成的孔;

(3)在单个零件上先钻成或冲成较小的孔径,然后在装配好的构件上再扩钻至设计孔径的孔。

2. 在单个零件上一次冲成或不用钻模钻成设计孔径的孔属于 Ⅱ 类孔。

附录 2　梁的整体稳定系数

2.1 等截面焊接工字形和轧制 H 型钢简支梁

等截面焊接工字形和轧制 H 型钢（附图 2.1）简支梁的整体稳定系数 φ_b 应按式（2.1.1）计算：

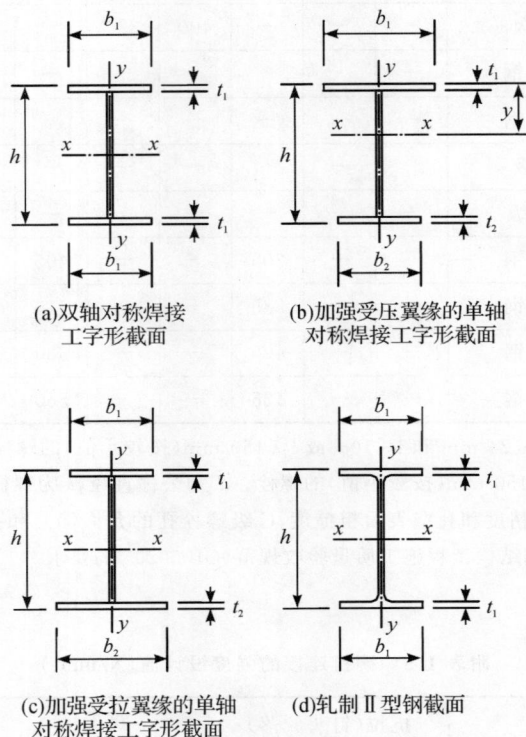

(a)双轴对称焊接
工字形截面

(b)加强受压翼缘的单轴
对称焊接工字形截面

(c)加强受拉翼缘的单轴
对称焊接工字形截面

(d)轧制 Ⅱ 型钢截面

附图 2.1　焊接工字形和轧制 H 型钢截面

$$\varphi_b = \beta_b \frac{4320}{\lambda_y^2} \cdot \frac{Ah}{W_x} \left[\sqrt{1 + \left(\frac{\lambda_y t_1}{4.4h} \right)^2} + \eta_b \right] \frac{235}{f_y} \tag{2.1.1}$$

式中 β_b——梁整体稳定的等效临界弯矩系数，按附表 2.1 采用。

　　λ_y——梁在侧向支撑点间对截面弱轴 $y\text{-}y$ 的长细比，$\lambda_y = l_1 / i_y$，l_1 为侧向支承点间的距离，i_y 为梁毛截面对 y 轴的截面回转半径。

　　A——梁的毛截面面积。

　　h、t_1——梁截面的全高和受压翼缘厚度。

　　η_b——截面不对称影响系数；对双轴对称截面[附图 2.1(a)、(d)]：$\eta_b = 0$；对单轴对称工字形截面[附图 2.1(b)、(c)]：加强受压翼缘：$\eta_b = 0.8(2\alpha_b - 1)$；加强受拉翼缘：

　　$\eta_b = 2\alpha_b - 1$；$\alpha_b = \dfrac{I_1}{I_1 + I_2}$，式中 I_1 和 I_2 分别为受压翼缘和受拉翼缘对 y 轴的惯性矩。

当按公式(2.1.1)算得的 φ_b 值大于 0.6 时,应用式(2.1.2)计算的 $\varphi_b{'}$ 代替 φ_b 值:

$$\varphi_b{'}=1.07-\frac{0.282}{\varphi_b}\leqslant 1.0 \qquad (2.1.2)$$

注:公式(2.1.1)亦适用于等截面铆接(或高强度螺栓连接)简支梁,其受压翼缘厚度 t_1 包括翼缘角钢厚度在内。

附表 2.1 H型钢和等截面工字形简支梁的系数 β_b

项次	侧向支承	荷载		$\xi\leqslant 2.0$	$\xi>2.0$	适用范围
1	跨中无侧向支承	均布荷载作用在	上翼缘	$0.69+0.13\xi$	0.95	附图2.1(a)、(b)和(d)的截面
2			下翼缘	$1.73-0.20\xi$	1.33	
3		集中荷载作用在	上翼缘	$0.73+0.18\xi$	1.09	
4			下翼缘	$2.23-0.28\xi$	1.67	
5	跨度中点有一个侧向支承点	均布荷载作用在	上翼缘	1.15		附图2.1中的所有截面
6			下翼缘	1.40		
7		集中荷载作用在截面高度上任意位置		1.75		
8	跨中有不少于两个等距离侧向支承点	任意荷载作用在	上翼缘	1.20		
9			下翼缘	1.40		
10	梁端有弯矩,但跨中无荷载作用			$1.75-1.05\left(\dfrac{M_2}{M_1}\right)+0.3\left(\dfrac{M_2}{M_1}\right)^2$,但 $\leqslant 2.3$		

注:1 ξ 为参数,$\xi=\dfrac{l_1 t_1}{b_1 h}$,其中 l_1 和 b_1 分别为 H 型钢或等截面工字形简支梁受压翼缘的自由长度和宽度。

2 M_1、M_2 为梁的端弯矩,使梁产生同向曲率时 M_1 和 M_2 取同号,产生反向曲率时取异号,$|M_1|\geqslant|M_2|$。

3 附表中项次 3、4 和 7 的集中荷载是指一个和少数几个集中荷载位于跨中央附近的情况,对其他情况的集中荷载,应按附表中项次 1、2、5、6 内的数值采用。

4 附表中项次 8、9 的 β_b,当集中荷载作用在侧向支承点处时,取 $\beta_b=1.20$。

5 荷载作用在上翼缘系指荷载作用点在翼缘表面,方向指向截面形心;荷载作用在下翼缘系指荷载作用点在翼缘表面,方向背向截面形心。

6 对 $\alpha_b>0.8$ 的加强受压翼缘工字形截面,下列情况的 β_b 值应乘以相应的系数:

项次 1:当 $\xi\leqslant 1.0$ 时,乘以 0.95;

项次 3:当 $\xi\leqslant 0.5$ 时,乘以 0.90;当 $0.5<\xi\leqslant 1.0$ 时,乘以 0.95。

2.2 轧制普通工字钢简支梁

轧制普通工字钢简支梁的整体稳定系数 φ_b 应按附表 2.2 采用,当所得的 φ_b 值大于 0.6 时,应按公式 2.1.2 算得相应的 $\varphi_b{'}$ 代替 φ_b 值。

附表 2.2 　轧制普通工字钢简支梁的 φ_b

项次	荷载情况		工字钢型号	自由长度 l_1(m)								
				2	3	4	5	6	7	8	9	10
1	跨中无侧向支承点的梁	集中荷载作用于	上翼缘									
			10～20	2.00	1.30	0.99	0.80	0.68	0.58	0.53	0.48	0.43
			22～32	2.40	1.48	1.09	0.86	0.72	0.62	0.54	0.49	0.45
			36～63	2.80	1.60	1.07	0.83	0.68	0.56	0.50	0.45	0.40
2			下翼缘									
			10～20	3.10	1.95	1.34	1.01	0.82	0.69	0.63	0.57	0.52
			22～40	5.50	2.80	1.84	1.37	1.07	0.86	0.73	0.64	0.56
			45～63	7.30	3.60	2.30	1.62	1.20	0.96	0.80	0.69	0.60
3		均布荷载作用于	上翼缘									
			10～20	1.70	1.12	0.84	0.68	0.57	0.50	0.45	0.41	0.37
			22～40	2.10	1.30	0.93	0.73	0.60	0.51	0.45	0.40	0.36
			45～63	2.60	1.45	0.97	0.73	0.59	0.50	0.44	0.38	0.35
4			下翼缘									
			10～20	2.50	1.55	1.08	0.83	0.68	0.56	0.52	0.47	0.42
			22～40	4.00	2.20	1.45	1.10	0.85	0.70	0.60	0.52	0.46
			45～63	5.60	2.80	1.80	1.25	0.95	0.78	0.65	0.55	0.49
5	跨中有侧向支承点的梁(不论荷载作用点在截面高度上的位置)											
			10～20	2.20	1.39	1.01	0.79	0.66	0.57	0.52	0.47	0.42
			22～40	3.00	1.80	1.24	0.96	0.76	0.65	0.56	0.49	0.43
			45～63	4.00	2.20	1.38	1.01	0.80	0.66	0.56	0.49	0.43

注:1. 同附表 2.1 的注 3、5。

2. 附表中的 φ_b 适用于 Q235 钢。对其他钢号,附表中数值应乘以 $235/f_y$。

2.3 轧制槽钢简支梁

轧制槽钢简支梁的整体稳定系数,不论荷载的形式和荷载作用点在截面高度上的位置,均可按下式计算:

$$\varphi_b = \frac{570bt}{l_1 h} \cdot \frac{235}{f_y} \qquad (2.3.1)$$

式中 h、b、t—分别为槽钢截面的高度、翼缘宽度和平均厚度。

按公式(2.3.1)算得的 φ_b 大于 0.6 时,应按公式(2.1.2)算得相应的 $\varphi_b{}'$ 代替 φ_b 值。

2.4 双轴对称工字形等截面(含 H 型钢)悬臂梁

双轴对称工字形等截面(含 H 型钢)悬臂梁的整体稳定系数,可按公式(2.1.1)计算,但式中系数 β_b 应按附表 2.4 查得,$\lambda_y = l_1/i_y$(l_1 为悬臂梁的悬伸长度)。当求得的 φ_b 大于 0.6 时,应按公式(2.1.2)算得相应的 $\varphi_b{}'$ 代替 φ_b 值。

附表 2.4 双轴对称工字形等截面(含 H 型钢)悬臂梁的系数 β_b

项次	荷载形式		$0.60 \leqslant \xi \leqslant 1.24$	$1.24 < \xi \leqslant 1.96$	$1.96 < \xi \leqslant 3.10$
1	自由端一个集中荷载作用在	上翼缘	$0.21+0.67\xi$	$0.72+0.26\xi$	$1.17+0.03\xi$
2		下翼缘	$2.94-0.65\xi$	$2.64-0.40\xi$	$2.15-0.15\xi$
3	均布荷载作用在上翼缘		$0.62+0.82\xi$	$1.25+0.31\xi$	$1.66+0.10\xi$

注:1. 本附表是按支承端为固定的情况确定的,当用于由邻跨延伸出来的伸臂梁时,应在构造上采取措施加强支承处的抗扭能力。

2. 附表中 ξ 见附表 2.1 注 1。

2.5 受弯构件整体稳定系数的近似计算

均匀弯曲的受弯构件,当 $\lambda_y \leqslant 120\sqrt{235/f_y}$ 时,其整体稳定系数 φ_b 可按下列近似公式计算:

1. 工字形截面(含 H 型钢):

双轴对称时:

$$\varphi_b = 1.07 - \frac{\lambda_y^2}{44000} \cdot \frac{f_y}{235} \tag{2.5.1}$$

单轴对称时:

$$\varphi_b = 1.07 - \frac{W_x}{(2\alpha_b+0.1)Ah} \cdot \frac{\lambda_y^2}{14000} \cdot \frac{f_y}{235} \tag{2.5.2}$$

2. T 形截面(弯矩作用在对称轴平面,绕 x 轴)

(1)弯矩使翼缘受压时:

双角钢 T 形截面:

$$\varphi_b = 1 - 0.0017\lambda_y\sqrt{f_y/235} \tag{2.5.3}$$

部分 T 型钢和两板组合 T 形截面:

$$\varphi_b = 1 - 0.0022\lambda_y\sqrt{f_y/235} \tag{2.5.4}$$

(2)弯矩使翼缘受拉且腹板宽厚比不大于 $18\sqrt{235/f_y}$ 时:

$$\varphi_b = 1 - 0.0005\lambda_y\sqrt{f_y/235} \tag{2.5.5}$$

按公式(2.5.1)至公式(2.5.5)所得的 φ_b 值大于 0.6 时,不需按公式(2.1.2)换算成 φ_b' 值;当按公式(2.5.1)和公式(2.5.2)算得的 φ_b 值大于 1.0 时,取 $\varphi_b=1.0$。

附录3 轴心受压构件的稳定系数

附表3.1 普通钢构件轴心受压构件的截面类别(按 GB 50017-2003)

截面形式及主轴		截面类别
板厚 t <40 mm	轧制工字钢,翼缘宽 b 与截面高 h 之比 $b/h \leqslant 0.8$,对垂直于腹板的轴(x 轴)	a 类
	轧制钢管,对任意轴	
	不属于 a 类和 b 类的截面,以及格构式构件的分肢计算垂直于腹板轴的稳定	b 类
	翼缘为轧制或剪切边焊接工字形截面,对通过或平行于腹板的轴(y 轴)	c 类
	焊接 T 形截面,翼缘为轧制或剪切边,对通过或平行于腹板的轴(y 轴)	
	焊接十字形截面,板件边缘为轧制或剪切,对 x 轴、y 轴	
	焊接矩形管截面,板件宽厚比 $\leqslant 20$,对 x 轴、y 轴	
板厚 t $\geqslant 40$ mm	不属于 c 类和 d 类的截面	b 类
	轧制工字钢或 H 形截面,$t<80$ mm,对通过或平行于腹板的轴(y 轴)	c 类
	轧制工字钢或 H 形截面,$t \geqslant 80$ mm,对垂直于腹板的轴(x 轴)	
	轧制工字钢或 H 形截面,$t \geqslant 80$ mm,对通过或平行于腹板的轴(y 轴)	d 类
	翼缘为轧制或剪切边焊接工字形截面,对垂直于腹板的轴(x 轴)	c 类
	翼缘为轧制或剪切边焊接工字形截面,对通过或平行于腹板的轴(y 轴)	d 类
	焊接箱形截面,板件宽厚比 $\leqslant 20$,对 x 轴、y 轴	c 类

附表3.2 a 类截面轴心受压构件的稳定系数 φ

$\lambda\sqrt{\dfrac{f_y}{235}}$	0	1	2	3	4	5	6	7	8	9
0	1.000	1.000	1.000	1.000	0.999	0.999	0.998	0.998	0.997	0.996
10	0.995	0.994	0.993	0.992	0.991	0.989	0.988	0.986	0.985	0.983
20	0.981	0.979	0.977	0.976	0.974	0.972	0.970	0.968	0.966	0.964
30	0.963	0.961	0.959	0.957	0.955	0.952	0.950	0.948	0.946	0.944
40	0.941	0.939	0.937	0.934	0.932	0.929	0.927	0.924	0.921	0.919
50	0.916	0.913	0.910	0.907	0.904	0.900	0.897	0.894	0.890	0.886
60	0.883	0.879	0.875	0.871	0.867	0.863	0.858	0.854	0.849	0.844
70	0.839	0.834	0.829	0.824	0.818	0.813	0.807	0.801	0.795	0.789
80	0.783	0.776	0.770	0.763	0.757	0.750	0.743	0.736	0.728	0.721
90	0.714	0.706	0.699	0.691	0.684	0.676	0.668	0.661	0.653	0.645
100	0.638	0.630	0.622	0.615	0.607	0.600	0.592	0.585	0.577	0.570

续表

$\lambda\sqrt{\dfrac{f_y}{235}}$	0	1	2	3	4	5	6	7	8	9
110	0.563	0.555	0.548	0.541	0.534	0.527	0.520	0.514	0.507	0.500
120	0.494	0.488	0.481	0.475	0.469	0.463	0.457	0.451	0.445	0.440
130	0.434	0.429	0.423	0.418	0.412	0.407	0.402	0.397	0.392	0.387
140	0.383	0.378	0.373	0.369	0.364	0.360	0.356	0.351	0.347	0.343
150	0.339	0.335	0.331	0.327	0.323	0.320	0.316	0.312	0.309	0.305
160	0.302	0.298	0.295	0.292	0.289	0.285	0.282	0.279	0.276	0.273
170	0.270	0.267	0.264	0.262	0.259	0.256	0.253	0.251	0.248	0.246
180	0.243	0.241	0.238	0.236	0.233	0.231	0.229	0.226	0.224	0.222
190	0.220	0.218	0.215	0.213	0.211	0.209	0.207	0.205	0.203	0.201
200	0.199	0.198	0.196	0.194	0.192	0.190	0.189	0.187	0.185	0.183
210	0.182	0.180	0.179	0.177	0.175	0.174	0.172	0.171	0.169	0.168
220	0.166	0.165	0.164	0.162	0.161	0.159	0.158	0.157	0.155	0.154
230	0.153	0.152	0.150	0.149	0.148	0.147	0.146	0.144	0.143	0.142
240	0.141	0.140	0.139	0.138	0.136	0.135	0.134	0.133	0.132	0.131
250	0.130	—	—	—	—	—	—	—	—	—

附表 3.3　b 类截面轴心受压构件的稳定系数 φ

$\lambda\sqrt{\dfrac{f_y}{235}}$	0	1	2	3	4	5	6	7	8	9
0	1.000	1.000	1.000	0.999	0.999	0.998	0.997	0.996	0.995	0.994
10	0.992	0.991	0.989	0.987	0.985	0.983	0.981	0.978	0.976	0.973
20	0.970	0.967	0.963	0.960	0.957	0.953	0.950	0.946	0.943	0.939
30	0.936	0.932	0.929	0.925	0.922	0.918	0.914	0.910	0.906	0.903
40	0.899	0.895	0.891	0.887	0.882	0.878	0.874	0.870	0.865	0.861
50	0.856	0.852	0.847	0.842	0.838	0.833	0.828	0.823	0.818	0.813
60	0.807	0.802	0.797	0.791	0.786	0.780	0.774	0.769	0.763	0.757
70	0.751	0.745	0.739	0.732	0.726	0.720	0.714	0.707	0.701	0.694
80	0.688	0.681	0.675	0.668	0.661	0.655	0.648	0.641	0.635	0.628
90	0.621	0.614	0.608	0.601	0.594	0.588	0.581	0.575	0.568	0.561
100	0.555	0.549	0.542	0.536	0.529	0.523	0.517	0.511	0.505	0.499
110	0.493	0.487	0.481	0.475	0.470	0.464	0.458	0.453	0.447	0.442
120	0.437	0.432	0.426	0.421	0.416	0.411	0.406	0.402	0.397	0.392
130	0.387	0.383	0.378	0.374	0.370	0.365	0.361	0.357	0.353	0.349
140	0.345	0.341	0.337	0.333	0.329	0.326	0.322	0.318	0.315	0.311
150	0.308	0.304	0.301	0.298	0.295	0.291	0.288	0.285	0.282	0.279

续表

$\lambda\sqrt{\dfrac{f_y}{235}}$	0	1	2	3	4	5	6	7	8	9
160	0.276	0.273	0.270	0.267	0.265	0.262	0.259	0.256	0.254	0.251
170	0.249	0.246	0.244	0.241	0.239	0.236	0.234	0.232	0.229	0.227
180	0.225	0.223	0.220	0.218	0.216	0.214	0.212	0.210	0.208	0.206
190	0.204	0.202	0.200	0.198	0.197	0.195	0.193	0.191	0.190	0.188
200	0.186	0.184	0.183	0.181	0.180	0.178	0.176	0.175	0.173	0.172
210	0.170	0.169	0.167	0.166	0.165	0.163	0.162	0.160	0.159	0.158
220	0.156	0.155	0.154	0.153	0.151	0.150	0.149	0.148	0.146	0.145
230	0.144	0.143	0.142	0.141	0.140	0.138	0.137	0.136	0.135	0.134
240	0.133	0.132	0.131	0.130	0.129	0.128	0.127	0.126	0.125	0.124
250	0.123	—	—	—	—	—	—	—	—	—

附表 3.4 c 类截面轴心受压构件的稳定系数 φ

$\lambda\sqrt{\dfrac{f_y}{235}}$	0	1	2	3	4	5	6	7	8	9
0	1.000	1.000	1.000	0.999	0.999	0.998	0.997	0.996	0.995	0.993
10	0.992	0.990	0.988	0.986	0.983	0.981	0.978	0.976	0.973	0.970
20	0.966	0.959	0.953	0.947	0.940	0.934	0.928	0.921	0.915	0.909
30	0.902	0.896	0.890	0.884	0.877	0.871	0.865	0.858	0.852	0.846
40	0.839	0.833	0.826	0.820	0.814	0.807	0.801	0.794	0.788	0.781
50	0.775	0.768	0.762	0.755	0.748	0.742	0.735	0.729	0.722	0.715
60	0.709	0.702	0.695	0.689	0.682	0.676	0.669	0.662	0.656	0.649
70	0.643	0.636	0.629	0.623	0.616	0.610	0.604	0.597	0.591	0.584
80	0.578	0.572	0.566	0.559	0.553	0.547	0.541	0.535	0.529	0.523
90	0.517	0.511	0.505	0.500	0.494	0.488	0.483	0.477	0.472	0.467
100	0.463	0.458	0.454	0.449	0.445	0.441	0.436	0.432	0.428	0.423
110	0.419	0.415	0.411	0.407	0.403	0.399	0.395	0.391	0.387	0.383
120	0.379	0.375	0.371	0.367	0.364	0.360	0.356	0.353	0.349	0.346
130	0.342	0.339	0.335	0.332	0.328	0.325	0.322	0.319	0.315	0.312
140	0.309	0.306	0.303	0.300	0.297	0.249	0.291	0.288	0.285	0.282
150	0.280	0.277	0.274	0.271	0.269	0.266	0.264	0.261	0.258	0.256
160	0.254	0.251	0.249	0.246	0.244	0.242	0.239	0.237	0.235	0.233
170	0.230	0.228	0.226	0.224	0.222	0.220	0.218	0.216	0.214	0.212
180	0.210	0.208	0.206	0.205	0.203	0.201	0.199	0.197	0.196	0.194
190	0.192	0.190	0.189	0.187	0.186	0.184	0.182	0.181	0.179	0.178
200	0.176	0.175	0.173	0.172	0.170	0.169	0.168	0.166	0.165	0.163

续表

$\lambda\sqrt{\dfrac{f_y}{235}}$	0	1	2	3	4	5	6	7	8	9
210	0.162	0.161	0.159	0.158	0.157	0.156	0.154	0.153	0.152	0.151
220	0.150	0.148	0.147	0.146	0.145	0.144	0.143	0.142	0.140	0.139
230	0.138	0.137	0.136	0.135	0.134	0.133	0.132	0.131	0.130	0.129
240	0.128	0.127	0.126	0.125	0.124	0.124	0.123	0.122	0.121	0.120
250	0.119	—	—	—	—	—	—	—	—	—

附表 3.5 d 类截面轴心受压构件的稳定系数 φ

$\lambda\sqrt{\dfrac{f_y}{235}}$	0	1	2	3	4	5	6	7	8	9
0	1.000	1.000	1.000	0.999	0.999	0.998	0.997	0.996	0.995	0.993
10	0.992	0.990	0.988	0.986	0.983	0.981	0.978	0.976	0.973	0.970
20	0.966	0.959	0.953	0.947	0.940	0.934	0.928	0.921	0.915	0.909
30	0.902	0.896	0.890	0.884	0.877	0.871	0.865	0.858	0.852	0.846
40	0.839	0.833	0.826	0.820	0.814	0.807	0.801	0.794	0.788	0.781
50	0.775	0.768	0.762	0.755	0.748	0.742	0.735	0.729	0.722	0.715
60	0.709	0.702	0.695	0.689	0.682	0.676	0.669	0.662	0.656	0.649
70	0.643	0.636	0.629	0.623	0.616	0.610	0.604	0.597	0.591	0.584
80	0.578	0.572	0.566	0.559	0.553	0.547	0.541	0.535	0.529	0.523
90	0.517	0.511	0.505	0.500	0.494	0.488	0.483	0.477	0.472	0.467
100	0.463	0.458	0.454	0.449	0.445	0.441	0.436	0.432	0.428	0.423
110	0.419	0.415	0.411	0.407	0.403	0.399	0.395	0.391	0.387	0.383
120	0.379	0.375	0.371	0.367	0.364	0.360	0.356	0.353	0.349	0.346
130	0.342	0.339	0.335	0.332	0.328	0.325	0.322	0.319	0.315	0.312
140	0.309	0.306	0.303	0.300	0.297	0.249	0.291	0.288	0.285	0.282
150	0.280	0.277	0.274	0.271	0.269	0.266	0.264	0.261	0.258	0.256
160	0.254	0.251	0.249	0.246	0.244	0.242	0.239	0.237	0.235	0.233
170	0.230	0.228	0.226	0.224	0.222	0.220	0.218	0.216	0.214	0.212
180	0.210	0.208	0.206	0.205	0.203	0.201	0.199	0.197	0.196	0.194
190	0.192	0.190	0.189	0.187	0.186	0.184	0.182	0.181	0.179	0.178
200	0.176	0.175	0.173	0.172	0.170	0.169	0.168	0.166	0.165	0.163

续表

$\lambda\sqrt{\dfrac{f_y}{235}}$	0	1	2	3	4	5	6	7	8	9
210	0.162	0.161	0.159	0.158	0.157	0.156	0.154	0.153	0.152	0.151
220	0.150	0.148	0.147	0.146	0.145	0.144	0.143	0.142	0.140	0.139
230	0.138	0.137	0.136	0.135	0.134	0.133	0.132	0.131	0.130	0.129
240	0.128	0.127	0.126	0.125	0.124	0.124	0.123	0.122	0.121	0.120
250	0.119	—	—	—	—	—	—	—	—	—

注:1 附表 3.2 至附表 3.5 中的 φ 值系按下列公式算得:

当 $\lambda_n = \dfrac{\lambda}{\pi}\sqrt{f_y/E} \leqslant 0.215$ 时:

$$\varphi = 1 - \alpha_1 \lambda_n^2$$

当 $\lambda_n \geqslant 0.215$ 时:

$$\varphi = \frac{1}{2\lambda_n^2}\left[(\alpha_2 + \alpha_3\lambda_n + \lambda_n^2) - \sqrt{(\alpha_2 + \alpha_3\lambda_n + \lambda_n^2)^2 - 4\lambda_n^2}\right]$$

式中,α_1、α_2、α_3 为系数,根据截面的分类,按附表 3.6 采用。

2 当构件的 $\lambda\sqrt{f_y/235}$ 值超出附表 3.1 至附表 3.4 的范围时,则 φ 值按注 1 所列的公式计算。

附表 3.6   系数 α_1、α_2、α_3

截面类型		α_1	α_2	α_3
a 类		0.41	0.986	0.152
b 类		0.65	0.965	0.300
c 类	$\lambda_n \leqslant 1.05$	0.73	0.906	0.595、
	$\lambda_n > 1.05$		1.216	0.302
d 类	$\lambda_n \leqslant 1.05$	1.35	0.868	0.915
	$\lambda_n > 1.05$		1.375	0.432

附录 4　各种截面回转半径的近似值

$i_x=0.30h$ $i_y=0.90b$ $i_z=0.195h$	$i_x=0.40h$ $i_y=0.21b$	$i_x=0.38h$ $i_y=0.44b$	$i_x=0.32h$ $i_y=0.49b$
$i_x=0.32h$ $i_y=0.28b$ $i_z=0.009(b+h)$	$i_x=0.45h$ $i_y=0.23b$	$i_x=0.32h$ $i_y=0.58b$	$i_x=0.29h$ $i_y=0.50b$
$i_x=0.30h$ $i_y=0.215b$	$i_x=0.43h$ $i_y=0.43b$	$i_x=0.32h$ $i_y=0.40b$	$i_x=0.29h$ $i_y=0.50b$
$i_x=0.32h$ $i_y=0.20b$	$i_x=0.39h$ $i_y=0.20b$	$i_x=0.38h$ $i_y=0.21b$	$i_x=0.29h$ $i_y=0.45b$
$i_x=0.28h$ $i_y=0.24b$	$i_x=0.42h$ $i_y=0.522b$	$i_x=0.44h$ $i_y=0.32b$	$i_x=0.28h$ $i_y=0.37b$
$i_x=0.30h$ $i_y=0.17b$	$i_x=0.43h$ $i_y=0.24b$	$i_x=0.44h$ $i_y=0.38b$	$i_x=0.29h$ $i_y=0.29b$
$i_x=0.28h$ $i_y=0.21b$	$i_x=0.365h$ $i_y=0.275b$	$i_x=0.37h$ $i_y=0.54b$	$i_x=0.25h$ $i_y=0.25b$
$i_x=0.21h$ $i_y=0.21b$ $i_z=0.185b$	$i_x=0.35h$ $i_y=0.56b$	$i_x=0.37h$ $i_y=0.54b$	$i_x=i_y=$ $=0.175(D+d)$
$i_x=0.21h$ $i_y=0.21b$	$i_x=0.39h$ $i_y=0.29b$	$i_x=0.40h$ $i_y=0.24b$	$i_x=0.40h_平$ $i_y=0.40b_平$
$i_x=0.45h$ $i_y=0.24b$	$i_x=0.38h$ $i_y=0.60b$	$i_x=0.41h$ $i_y=0.29b$	$i_x=0.47h$ $i_y=0.40b$

附录 5 常用型钢规格及截面特性

附表 5.1 热轧等边角钢截面特性表(按 GB 9787-88 计算)

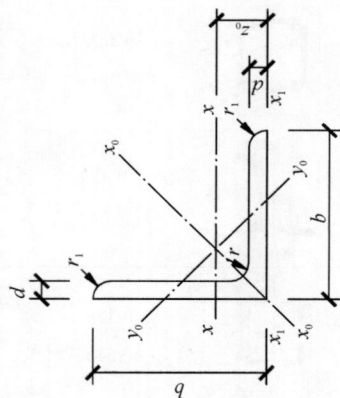

b—肢宽
d—肢厚
r—内圆弧半径
I—截面惯性矩
W—截面抵抗矩
i—回转半径
z_0—形心距离
$r_1 = d/3$(肢端圆弧半径)

| 尺寸(mm) | | | 截面面积 A(cm²) | 重量 (kg/m) | 表面积 (m²/m) | $x-x$ | | | | x_0-x_0 | | | y_0-y_0 | | | | x_1-x_1 | z_0 (cm) |
b	d	r				I_x (cm⁴)	i_x (cm)	$W_{x\min}$ (cm³)	$W_{x\max}$ (cm³)	I_{x0} (cm⁴)	i_{x0} (cm)	W_{x0} (cm³)	I_{y0} (cm⁴)	i_{y0} (cm)	$W_{y0\min}$ (cm³)	$W_{y0\max}$ (cm³)	I_{x1} (cm⁴)	
20	3	3.5	1.132	0.889	0.078	0.40	0.59	0.29	0.66	0.63	0.746	0.445	0.17	0.388	0.20	0.23	0.81	0.60
	4		1.459	1.145	0.077	0.50	0.59	0.36	0.78	0.78	0.731	0.552	0.22	0.388	0.24	0.29	1.09	0.64
25	3	3.5	1.432	1.124	0.098	0.82	0.76	0.46	1.12	1.29	0.949	0.730	0.34	0.487	0.33	0.37	1.57	0.73
	4		1.859	1.459	0.097	1.03	0.74	0.59	1.34	1.62	0.934	0.916	0.43	0.481	0.40	0.47	2.11	0.76
30	3	4.5	1.749	1.373	0.117	1.46	0.91	0.68	1.72	2.31	1.149	1.089	0.61	0.591	0.51	0.56	2.71	0.85
	4		2.276	1.786	0.117	1.84	0.90	0.87	2.08	2.92	1.133	1.376	0.77	0.582	0.62	0.71	3.63	0.89
36	3	4.5	2.109	1.656	0.141	2.58	1.11	0.99	2.59	4.09	1.393	1.607	1.07	0.712	0.76	0.82	4.67	1.00
	4		2.756	2.163	0.141	3.29	1.09	1.28	3.18	5.22	1.376	2.051	1.37	0.705	0.93	1.05	6.25	1.04
	5		3.382	2.654	0.141	3.95	1.08	1.56	3.68	6.24	1.358	2.451	1.65	0.698	1.09	1.26	7.84	1.07

续表

尺寸(mm)			截面面积 A(cm²)	重量 (kg/m)	表面积 (m²/m)	x—x				x₀—x₀			y₀—y₀				x₁—x₁	z₀ (cm)
b	d	r				I_x (cm⁴)	i_x (cm)	$W_{x\min}$ (cm³)	$W_{x\max}$ (cm³)	I_{x0} (cm⁴)	i_{x0} (cm)	W_{x0} (cm³)	I_{y0} (cm⁴)	i_{y0} (cm)	$W_{y0\min}$ (cm³)	$W_{y0\max}$ (cm³)	I_{x1} (cm⁴)	
40	3	5	2.359	1.852	0.157	3.59	1.23	1.23	3.28	5.69	1.553	2.012	1.49	0.795	0.96	1.03	6.41	1.09
	4		3.086	2.422	0.157	4.60	1.22	1.60	4.05	7.29	1.537	2.577	1.91	0.787	1.19	1.31	8.56	1.13
	5		3.791	2.976	0.156	5.53	1.21	1.96	4.72	8.76	1.520	3.097	2.30	0.779	1.39	1.58	10.74	1.17
45	3	5	2.659	2.088	0.177	5.17	1.39	1.58	4.25	8.20	1.756	2.577	2.14	0.897	1.24	1.31	9.12	1.22
	4		3.486	2.736	0.177	6.65	1.38	2.05	5.29	10.56	1.740	3.319	2.75	0.888	1.54	1.69	12.18	1.26
	5		4.292	3.369	0.176	8.04	1.37	2.51	6.20	12.74	1.723	4.004	3.33	0.881	1.81	2.04	15.25	1.30
	6		5.076	3.985	0.176	9.33	1.36	2.95	6.99	14.76	1.705	4.639	3.89	0.875	2.06	2.38	18.36	1.33
50	3	5.5	2.971	2.332	0.197	7.18	1.55	1.96	5.36	11.37	1.956	3.216	2.98	1.002	1.57	1.64	12.50	1.34
	4		3.897	3.059	0.197	9.26	1.54	2.56	6.70	14.69	1.942	4.155	3.82	0.990	1.96	2.11	16.69	1.38
	5		4.803	3.770	0.196	11.21	1.53	3.13	7.90	17.79	1.925	5.032	4.63	0.982	2.31	2.56	20.90	1.42
	6		5.688	4.465	0.196	13.05	1.51	3.68	8.95	20.68	1.907	5.849	5.42	0.976	2.63	2.98	25.14	1.46
56	3	6	3.343	2.624	0.221	10.19	1.75	2.48	6.86	16.14	2.197	4.076	4.24	1.126	2.02	2.09	17.56	1.48
	4		4.390	3.446	0.220	13.18	1.73	3.24	8.63	20.92	2.183	5.283	5.45	1.114	2.52	2.69	23.43	1.53
	5		5.415	4.251	0.220	16.02	1.72	3.97	10.22	25.42	2.167	6.419	6.61	1.105	2.98	3.26	29.33	1.57
	8		8.367	6.568	0.219	28.63	1.85	6.03	14.06	37.37	2.113	9.437	9.89	1.087	4.16	4.85	47.24	1.68
63	4	7	4.978	3.907	0.248	19.03	1.96	4.13	11.22	30.17	2.462	6.772	7.89	1.259	3.29	3.45	33.35	1.70
	5		6.143	4.822	0.248	23.17	1.94	5.08	13.33	36.77	2.447	8.254	9.57	1.248	3.90	4.20	41.73	1.74
	6		7.288	5.721	0.247	27.12	1.93	6.00	15.26	43.03	2.430	9.659	11.20	1.240	4.46	4.91	50.14	1.78
	8		9.515	7.469	0.247	34.46	1.90	7.75	18.59	54.56	2.395	12.247	14.33	1.227	5.47	6.26	67.11	1.85
	10		11.657	9.151	0.246	41.09	1.88	9.39	21.34	64.85	2.359	14.557	17.33	1.219	6.37	7.53	84.31	1.93

续表

尺寸(mm)			截面面积 A(cm²)	重量 (kg/m)	表面积 (m²/m)	$x-x$				x_0-x_0			y_0-y_0				x_1-x_1	z_0 (cm)
b	d	r				I_x (cm⁴)	i_x (cm)	$W_{x\min}$ (cm³)	$W_{x\max}$ (cm³)	I_{x0} (cm⁴)	i_{x0} (cm)	W_{x0} (cm³)	I_{y0} (cm⁴)	i_{y0} (cm)	$W_{y0\min}$ (cm³)	$W_{y0\max}$ (cm³)	I_{x1} (cm⁴)	
70	4	8	5.570	4.372	0.275	26.39	2.18	5.14	14.16	41.80	2.739	8.445	10.99	1.405	4.17	4.32	45.74	1.86
	5		6.875	5.397	0.275	32.21	2.16	6.32	16.89	51.08	2.726	10.320	13.34	1.393	4.95	5.26	57.21	1.91
	6		8.160	6.406	0.275	37.77	2.15	7.48	19.39	59.93	2.710	12.108	15.61	1.383	5.67	6.16	68.73	1.95
	7		9.424	7.398	0.275	43.09	2.14	8.59	21.68	68.35	2.693	13.809	17.82	1.375	6.34	7.02	80.29	1.99
	8		10.667	8.373	0.274	48.17	2.13	9.68	23.79	76.37	2.676	15.429	19.98	1.369	6.98	7.86	91.92	2.03
75	5	9	7.412	5.818	0.295	39.96	2.32	7.30	19.73	63.30	2.922	11.936	16.61	1.497	5.80	6.10	70.36	2.03
	6		8.797	6.905	0.294	46.91	2.31	8.63	22.69	74.38	2.908	14.025	19.43	1.486	6.65	7.14	84.51	2.07
	7		10.160	7.976	0.294	53.57	2.30	9.93	25.42	84.96	2.892	16.020	22.18	1.478	7.44	8.15	98.71	2.11
	8		11.503	9.030	0.294	59.96	2.28	11.20	27.93	95.07	2.875	17.926	24.86	1.470	8.19	9.13	112.97	2.15
	10		14.126	11.089	0.293	71.98	2.26	13.64	32.40	113.92	2.840	21.481	30.05	1.459	9.56	11.01	141.71	2.22
80	5	9	7.912	6.211	0.315	48.79	2.48	8.34	22.70	77.330	3.126	13.670	20.25	1.600	6.66	6.98	85.36	2.15
	6		9.397	7.376	0.314	57.35	2.47	9.87	26.16	90.980	3.112	16.083	23.72	1.589	7.65	8.18	102.50	2.19
	7		10.860	8.525	0.314	65.58	2.46	11.37	29.38	104.07	3.096	18.397	27.10	1.580	8.58	9.35	119.70	2.23
	8		12.303	9.658	0.314	73.49	2.44	12.83	32.36	116.60	3.079	20.612	30.39	1.572	9.46	10.48	136.97	2.27
	10		15.126	11.874	0.313	88.43	2.42	15.64	37.68	140.09	3.043	24.764	36.77	1.559	11.08	12.65	171.74	2.35
90	6	10	10.637	8.350	0.354	82.77	2.79	12.61	33.99	131.26	3.513	20.625	34.28	1.795	9.95	10.51	145.87	2.44
	7		12.301	9.656	0.354	94.83	2.78	14.54	38.28	150.47	3.497	23.644	39.18	1.785	11.19	12.02	170.30	2.48
	8		13.944	10.946	0.353	106.47	2.76	16.42	42.30	168.97	3.481	26.551	43.97	1.776	12.35	13.49	194.80	2.52
	10		17.167	13.476	0.353	128.58	2.74	20.07	49.57	203.90	3.446	32.039	53.26	1.761	14.52	16.31	244.08	2.59
	12		20.306	15.940	0.352	149.22	2.71	23.57	55.93	236.21	3.411	37.116	62.22	1.750	16.49	19.01	293.77	2.67

续表

b	d	r	截面面积 A (cm²)	重量 (kg/m)	表面积 (m²/m)	I_x (cm⁴)	i_x (cm)	$W_{x min}$ (cm³)	$W_{x max}$ (cm³)	I_{x0} (cm⁴)	i_{x0} (cm)	W_{x0} (cm³)	I_{y0} (cm⁴)	i_{y0} (cm)	$W_{y0 min}$ (cm³)	$W_{y0 max}$ (cm³)	I_{x1} (cm⁴)	z_0 (cm)
尺寸(mm)						$x-x$				x_0-x_0			y_0-y_0				x_1-x_1	
100	6		11.932	9.360	0.393	114.95	3.10	15.68	43.04	181.98	3.905	25.736	47.92	2.004	12.69	13.18	200.07	2.67
	7		13.796	10.830	0.393	131.86	3.09	18.10	48.57	208.97	3.892	29.553	54.74	1.992	14.26	15.08	233.54	2.71
	8		15.638	12.276	0.393	148.24	3.08	20.47	53.78	235.07	3.877	33.244	61.41	1.982	15.75	16.93	267.09	2.76
	10	12	19.261	15.120	0.392	179.51	3.05	25.06	63.29	284.68	3.844	40.259	74.35	1.965	18.54	20.49	334.48	2.84
	12		22.800	17.898	0.391	208.90	3.03	29.48	71.72	330.95	3.810	46.803	86.84	1.952	21.08	23.89	402.34	2.91
	14		26.256	20.611	0.391	236.53	3.00	33.73	79.19	374.06	3.774	52.900	98.99	1.942	23.44	27.17	470.75	2.99
	16		29.627	23.257	0.390	262.53	2.98	37.82	85.81	414.16	3.739	58.571	110.89	1.935	25.63	30.34	539.80	3.06
110	7		15.196	11.928	0.433	177.16	3.41	22.05	59.78	280.94	4.300	36.119	73.28	2.196	17.51	18.41	310.64	2.96
	8		17.238	13.532	0.433	199.46	3.40	24.95	66.36	316.49	4.285	40.689	82.42	2.187	19.39	20.70	355.21	3.01
	10	12	21.261	16.690	0.432	242.19	3.38	30.60	78.48	384.39	4.252	49.419	99.98	2.169	22.91	25.10	444.65	3.09
	12		25.200	19.782	0.431	282.55	3.35	36.05	89.34	448.17	4.217	57.618	116.93	2.154	26.15	29.32	534.60	3.16
	14		29.056	22.809	0.431	320.71	3.32	41.31	99.07	508.01	4.181	65.312	133.40	2.143	29.14	33.38	625.16	3.24
125	8		19.750	15.504	0.492	297.03	3.88	32.52	88.20	470.89	4.883	53.275	123.16	2.497	25.86	27.18	521.01	3.37
	10	14	24.373	19.133	0.491	361.67	3.85	39.97	104.81	573.89	4.852	64.928	149.46	2.476	30.62	33.01	651.93	3.45
	12		28.912	22.696	0.491	423.16	3.83	41.17	119.88	671.44	4.819	75.964	174.88	2.459	35.03	38.61	783.42	3.53
	14		33.367	26.193	0.490	481.65	3.80	54.16	133.56	763.73	4.784	86.405	199.57	2.446	39.13	44.00	915.61	3.61
140	10		27.373	21.488	0.551	514.65	4.34	50.58	134.55	817.27	5.464	82.556	212.04	2.783	39.20	41.91	915.11	3.82
	12	14	32.512	25.522	0.551	603.68	4.31	59.80	154.62	958.79	5.431	96.851	248.57	2.765	45.02	49.12	1099.28	3.90
	14		37.567	29.490	0.550	688.81	4.28	68.75	173.02	1093.56	5.395	110.465	284.06	2.750	50.45	56.07	1284.22	3.98
	16		42.539	33.393	0.549	770.24	4.26	77.46	189.90	1221.81	5.359	123.420	318.67	2.737	55.55	62.81	1470.07	4.06

续表

| 尺寸(mm) | | | 截面面积 A(cm²) | 重量 (kg/m) | 表面积 (m²/m) | x—x | | | | x0—x0 | | | y0—y0 | | | | x1—x1 | z0 (cm) |
b	d	r				Ix (cm⁴)	ix (cm)	Wxmin (cm³)	Wxmax (cm³)	Ix0 (cm⁴)	ix0 (cm)	Wx0 (cm³)	Iy0 (cm⁴)	iy0 (cm)	Wy0min (cm³)	Wy0max (cm³)	Ix1 (cm⁴)	
160	10	16	31.502	24.729	0.630	779.53	4.97	66.70	180.77	1237.30	6.267	109.362	321.76	3.196	52.75	55.63	1365.33	4.31
	12		37.441	29.391	0.630	916.58	4.95	78.98	208.58	1455.68	6.235	128.664	377.49	3.175	60.74	65.29	1639.57	4.39
	14		43.296	33.987	0.629	1048.36	4.92	90.95	234.37	1665.02	6.201	147.167	431.70	3.158	68.24	74.63	1914.68	4.47
	16		49.067	38.518	0.629	1175.08	4.89	102.63	258.27	1865.57	6.166	164.893	484.59	3.143	75.31	83.70	2190.82	4.55
180	12	16	42.241	33.159	0.710	1321.35	5.59	100.82	270.03	2100.10	7.051	164.998	542.61	3.584	78.41	83.60	2332.80	4.89
	14		48.896	38.383	0.709	1514.48	5.57	116.25	304.57	2407.42	7.020	189.143	621.53	3.570	88.38	95.73	2723.48	4.97
	16		55.467	43.542	0.709	1700.99	5.54	131.13	336.86	2703.37	6.981	212.395	698.60	3.549	97.83	107.52	3115.29	5.05
	18		61.955	48.634	0.708	1881.12	5.51	146.11	367.05	2988.24	6.945	234.776	774.01	3.535	106.79	119.00	3508.42	5.13
200	14	18	54.642	42.894	0.788	2103.55	6.20	144.70	385.08	3343.26	7.822	236.402	863.83	3.976	111.82	119.75	3734.10	5.46
	16		62.013	48.680	0.788	2366.15	6.18	163.65	426.99	3760.88	7.788	265.932	971.41	3.958	123.96	134.62	4270.39	5.54
	18		69.301	54.401	0.787	2620.64	6.15	182.22	466.45	4164.54	7.752	294.473	1076.74	3.942	135.52	149.11	4808.13	5.62
	20		76.505	60.056	0.787	2867.30	6.12	200.42	503.58	4554.55	7.716	322.052	1180.04	3.927	146.55	163.26	5347.51	5.69
	24		90.661	71.168	0.785	3338.20	6.07	235.78	571.45	5294.97	7.642	374.407	1381.43	3.904	167.22	190.63	6431.99	5.84

附表 5.2　热轧不等边角钢截面特性表（按 GB 9788-88 计算）

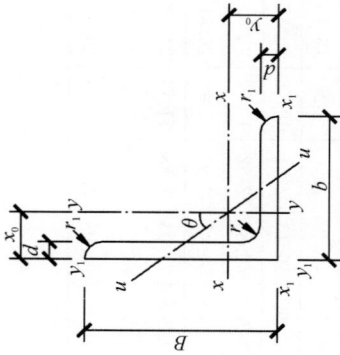

B—长肢宽　I—截面惯性矩　x_0、y_0—形心距离
b—短肢宽　W—截面抵抗矩　r—内圆弧半径
d—肢厚　i—回转半径　$r_1=d/3$肢端圆弧半径

尺寸 (mm) B	b	d	r	截面面积 A (cm²)	重量 (kg/m)	表面积 (m²/m)	$x-x$ I_x (cm⁴)	i_x (cm)	$W_{x\min}$ (cm³)	$W_{x\max}$ (cm³)	$y-y$ I_y (cm⁴)	i_y (cm)	$W_{y\min}$ (cm³)	$W_{y\max}$ (cm³)	x_1-x_1 I_{x1} (cm⁴)	y_0 (cm)	y_1-y_1 I_{y1} (cm⁴)	x_0 (cm)	$u-u$ I_u (cm⁴)	i_u (cm)	W_u (cm³)	tgθ
25	16	3	3.5	1.162	0.912	0.080	0.70	0.78	0.43	0.82	0.22	0.435	0.19	0.53	1.56	0.86	0.43	0.42	0.13	0.34	0.16	0.392
25	16	4	3.5	1.499	1.176	0.079	0.88	0.77	0.55	0.98	0.27	0.424	0.24	0.60	2.09	0.90	0.59	0.46	0.17	0.34	0.20	0.381
32	20	3	3.5	1.492	1.171	0.102	1.53	1.01	0.72	1.41	0.46	0.555	0.30	0.93	3.27	1.08	0.82	0.49	0.28	0.43	0.25	0.382
32	20	4	3.5	1.939	1.522	0.101	1.93	1.00	0.93	1.72	0.57	0.542	0.39	1.08	4.37	1.12	1.12	0.53	0.35	0.42	0.32	0.374
40	25	3	4	1.890	1.484	0.127	3.08	1.28	1.15	2.32	0.93	0.701	0.49	1.59	6.39	1.32	1.59	0.59	0.56	0.54	0.40	0.386
40	25	4	4	2.467	1.936	0.127	3.93	1.26	1.49	2.88	1.18	0.692	0.63	1.88	8.53	1.37	2.14	0.63	0.71	0.54	0.52	0.381
45	28	3	5	2.149	1.687	0.143	4.45	1.44	1.47	3.02	1.34	0.790	0.62	2.08	9.10	1.47	2.23	0.64	0.80	0.61	0.51	0.383
45	28	4	5	2.806	2.203	0.143	5.69	1.42	1.91	3.76	1.70	0.778	0.80	2.49	12.14	1.51	3.00	0.68	1.02	0.60	0.66	0.380
50	32	3	5.5	2.431	1.908	0.161	6.24	1.60	1.84	3.89	2.02	0.912	0.82	2.78	12.49	1.60	3.31	0.73	1.20	0.70	0.68	0.404
50	32	4	5.5	3.177	2.494	0.160	8.02	1.59	2.39	4.86	2.58	0.901	1.06	3.36	16.65	1.65	4.45	0.77	1.53	0.69	0.87	0.402
56	36	3	6	2.743	2.153	0.181	8.88	1.80	2.32	5.00	2.92	1.032	1.05	3.63	17.54	1.78	4.70	0.80	1.73	0.79	0.87	0.408
56	36	4	6	3.590	2.818	0.180	11.45	1.79	3.03	6.28	3.76	1.023	1.37	4.43	23.39	1.82	6.31	0.85	2.21	0.78	1.12	0.407
56	36	5	6	4.415	3.466	0.180	13.86	1.77	3.71	7.43	4.49	1.008	1.65	5.09	29.24	1.87	7.94	0.88	2.67	0.78	1.36	0.404

续表

B	b	d	r	A (cm²)	重量 (kg/m)	表面积 (m²/m)	I_x (cm⁴)	i_x (cm)	$W_{x\min}$ (cm³)	$W_{x\max}$ (cm³)	I_y (cm⁴)	i_y (cm)	$W_{y\min}$ (cm³)	$W_{y\max}$ (cm³)	I_{x1} (cm⁴)	y_0 (cm)	I_{y1} (cm⁴)	x_0 (cm)	I_u (cm⁴)	i_u (cm)	W_u (cm³)	$tg\theta$
				截面面积			x—x				y—y				x_1—x_1		y_1—y_1		u—u			
63	40	4	7	4.058	3.185	0.202	16.49	2.02	3.87	8.10	5.23	1.135	1.70	5.72	33.30	2.04	8.63	0.92	3.12	0.88	1.40	0.398
	40	5		4.993	3.920	0.202	20.02	2.00	4.74	9.62	6.31	1.124	2.07	6.61	41.63	2.08	10.86	0.95	3.76	0.87	1.71	0.396
	40	6		5.908	4.638	0.201	23.36	1.99	5.59	11.01	7.29	1.111	2.43	7.36	49.98	2.12	13.14	0.99	4.38	0.86	2.01	0.393
	40	7		6.802	5.339	0.201	26.53	1.97	6.40	12.27	8.24	1.101	2.78	8.00	58.34	2.16	15.47	1.03	4.97	0.86	2.29	0.389
70	45	4	7.5	4.553	3.574	0.226	22.97	2.25	4.82	10.28	7.55	1.288	2.17	7.43	45.68	2.23	12.26	1.02	4.47	0.99	1.79	0.408
	45	5		5.609	4.403	0.225	27.95	2.23	5.92	12.26	9.13	1.276	2.65	8.64	57.10	2.28	15.39	1.06	5.40	0.98	2.19	0.407
	45	6		6.644	5.215	0.225	32.70	2.22	6.99	14.08	10.62	1.264	3.12	9.69	68.54	2.32	18.59	1.10	6.29	0.97	2.57	0.405
	45	7		7.657	6.011	0.225	37.22	2.20	8.03	15.75	12.01	1.252	3.57	10.60	79.99	2.36	21.84	1.13	7.16	0.97	2.94	0.402
75	50	5	8	6.125	4.808	0.245	34.86	2.39	6.83	14.65	12.61	1.435	3.30	10.75	70.23	2.40	21.04	1.17	7.32	1.09	2.72	0.436
	50	6		7.260	5.699	0.245	41.12	2.38	8.12	16.86	14.70	1.423	3.88	12.12	84.30	2.44	25.37	1.21	8.54	1.08	3.19	0.435
	50	8		9.467	7.431	0.244	52.39	2.35	10.52	20.79	18.53	1.399	4.99	14.39	112.50	2.52	34.23	1.29	10.87	1.07	4.10	0.429
	50	10		11.590	9.098	0.244	62.71	2.33	12.79	24.15	21.96	1.376	6.04	16.14	140.82	2.60	43.43	1.36	13.10	1.06	4.99	0.423
80	50	5	8	6.375	5.005	0.255	41.96	2.57	7.78	16.11	12.82	1.418	3.32	11.28	85.21	2.60	21.06	1.14	7.66	1.10	2.74	0.388
	50	6		7.560	5.935	0.255	49.49	2.56	9.25	18.58	14.95	1.406	3.91	12.71	102.26	2.65	25.41	1.18	8.94	1.09	3.23	0.386
	50	7		8.724	6.848	0.255	56.16	2.54	10.58	20.87	16.96	1.394	4.48	13.96	119.32	2.69	29.82	1.21	10.18	1.08	3.70	0.384
	50	8		9.867	7.745	0.254	62.83	2.52	11.92	23.00	18.85	1.382	5.03	15.06	136.41	2.73	34.32	1.25	11.38	1.07	4.16	0.381
90	56	5	9	7.212	5.661	0.287	60.45	2.90	9.92	20.81	18.32	1.594	4.21	14.70	121.32	2.91	29.53	1.25	10.98	1.23	3.49	0.385
	56	6		8.557	6.717	0.286	71.03	2.88	11.74	24.06	21.42	1.582	4.96	16.65	145.59	2.95	35.58	1.29	12.82	1.22	4.10	0.384
	56	7		9.880	7.756	0.286	81.01	2.86	13.49	27.12	24.36	1.570	5.70	18.38	169.87	3.00	41.71	1.33	14.60	1.22	4.70	0.383
	56	8		11.183	8.799	0.286	91.03	2.85	15.27	29.98	27.15	1.558	6.41	19.91	194.17	3.04	47.93	1.36	16.34	1.21	5.29	0.380

续表

尺寸(mm) B	b	d	r	截面面积 A(cm²)	重量 (kg/m)	表面积 (m²/m)	x-x I_x(cm⁴)	i_x(cm)	$W_{x min}$(cm³)	$W_{x max}$(cm³)	y-y I_y(cm⁴)	i_y(cm)	$W_{y min}$(cm³)	$W_{y max}$(cm³)	x1-x1 I_{x1}(cm⁴)	y_0(cm)	y1-y1 I_{y1}(cm⁴)	x_0(cm)	u-u I_u(cm⁴)	i_u(cm)	W_u(cm³)	tgθ
100	63	6	10	9.617	7.550	0.320	99.06	3.21	14.64	30.62	30.94	1.794	6.35	21.69	199.71	3.24	50.50	1.43	18.42	1.38	5.25	0.394
	63	7		11.111	8.722	0.320	133.45	3.47	16.88	34.59	35.26	1.781	7.29	24.06	233.00	3.28	59.14	1.47	21.00	1.37	6.02	0.393
	63	8		12.584	9.878	0.319	127.37	3.18	19.08	38.33	39.39	1.769	8.21	26.18	266.32	3.32	67.88	1.50	23.50	1.37	6.78	0.391
	63	10		15.467	12.142	0.319	153.81	3.15	23.32	45.18	47.12	1.745	9.98	29.83	333.06	3.40	85.73	1.58	28.33	1.35	8.24	0.387
100	80	6	10	10.637	8.350	0.354	107.04	3.17	15.19	36.24	61.24	2.399	10.16	31.03	199.83	2.95	102.68	1.97	31.65	1.73	8.37	0.627
	80	7		12.301	9.656	0.354	122.73	3.16	17.52	40.96	70.08	2.387	11.71	34.79	233.20	3.00	119.98	2.01	36.17	1.71	9.60	0.626
	80	8		13.944	10.946	0.353	137.92	3.14	19.81	45.40	78.58	2.374	13.21	38.27	266.61	3.04	137.37	2.05	40.58	1.71	10.80	0.625
	80	10		17.167	13.476	0.353	166.87	3.12	24.24	53.54	94.65	2.348	16.12	44.45	333.63	3.12	172.48	2.13	49.10	1.69	13.12	0.622
110	70	6	10	10.637	8.350	0.354	133.37	3.54	17.85	37.80	42.92	2.009	7.900	27.36	265.78	3.53	69.08	1.57	25.36	1.54	6.53	0.403
	70	7		12.301	9.656	0.354	153.00	3.53	20.60	42.82	49.01	1.996	9.090	30.48	310.07	3.57	80.83	1.61	28.96	1.53	7.50	0.402
	70	8		13.944	10.946	0.353	172.04	3.51	23.30	47.57	54.87	1.984	10.25	33.31	354.39	3.62	92.70	1.65	32.45	1.51	8.45	0.401
	70	10		17.167	13.476	0.353	208.39	3.48	28.54	56.36	65.88	1.959	12.48	38.24	443.13	3.70	116.83	1.72	39.20	1.51	10.29	0.397
125	80	7	11	14.096	11.066	0.403	227.98	4.02	26.86	56.81	74.42	2.298	12.01	41.24	454.99	4.01	120.32	1.80	43.81	1.76	9.92	0.408
	80	8		15.989	12.551	0.403	256.77	4.01	30.41	63.28	83.49	2.285	13.56	45.28	519.99	4.06	137.85	1.84	49.15	1.75	11.18	0.407
	80	10		19.712	15.474	0.402	312.04	3.98	37.33	75.35	100.67	2.260	16.56	52.41	650.09	4.14	173.40	1.92	59.45	1.74	13.64	0.404
	80	12		23.351	18.330	0.402	364.41	3.95	44.01	86.34	116.67	2.235	19.43	58.46	780.39	4.22	209.67	2.00	69.35	1.72	16.01	0.400
140	90	8	12	18.038	14.160	0.453	365.64	4.50	38.48	81.30	120.69	2.587	17.34	59.15	730.53	4.50	195.79	2.04	70.83	1.98	14.31	0.411
	90	10		22.261	17.475	0.452	445.50	4.47	47.31	97.19	146.03	2.561	21.22	68.94	913.20	4.58	245.93	2.12	85.82	1.96	17.48	0.409
	90	12		26.400	20.724	0.451	521.59	4.44	55.87	111.81	169.79	2.536	24.95	77.38	1096.09	4.66	296.89	2.19	100.21	1.95	20.54	0.406
	90	14		30.456	23.908	0.451	594.10	4.42	64.18	125.26	192.10	2.511	28.54	84.68	1279.26	4.74	348.82	2.27	114.13	1.94	23.52	0.403

续表

B	b	d	r	截面面积 A(cm²)	重量 (kg/m)	表面积 (m²/m)	I_x (cm⁴)	i_x (cm)	$W_{x\min}$ (cm³)	$W_{x\max}$ (cm³)	I_y (cm⁴)	i_y (cm)	$W_{y\min}$ (cm³)	$W_{y\max}$ (cm³)	I_{x1} (cm⁴)	y_0 (cm)	I_{y1} (cm⁴)	x_0 (cm)	I_u (cm⁴)	i_u (cm)	W_u (cm³)	tgθ
									$x-x$				$y-y$		x_1-x_1		y_1-y_1			$u-u$		
160	100	10	13	25.315	19.872	0.512	668.69	5.14	62.13	127.69	205.03	2.846	26.56	89.94	1362.89	5.24	336.59	2.28	121.74	2.19	21.92	0.390
	100	12		30.054	23.592	0.511	784.91	5.11	73.49	147.54	239.06	2.820	31.28	101.45	1635.56	5.32	405.94	2.36	142.33	2.18	25.79	0.388
	100	14		34.709	27.247	0.510	896.30	5.08	84.56	165.97	271.20	2.795	35.83	111.53	1908.50	5.40	476.42	2.43	162.23	2.16	29.56	0.385
	100	16		39.281	30.835	0.510	1003.04	5.05	95.33	183.11	301.60	2.771	40.24	120.37	2181.79	5.48	548.22	2.51	181.57	2.15	33.25	0.382
180	110	10	14	28.373	22.273	0.571	956.25	5.81	78.96	162.37	278.11	3.131	32.49	113.91	1940.40	5.89	447.22	2.44	166.50	2.42	26.88	0.376
	110	12		33.712	26.464	0.571	1124.72	5.78	93.53	188.23	325.03	3.105	38.32	129.03	2328.38	5.98	538.94	2.52	194.87	2.40	31.66	0.374
	110	14		38.967	30.589	0.570	1286.91	5.75	107.76	212.46	369.55	3.082	43.97	142.41	2716.60	6.06	631.95	2.59	222.30	2.39	36.32	0.372
	110	16		44.139	34.649	0.569	1443.06	5.72	121.64	235.16	411.85	3.055	49.44	154.26	3105.15	6.14	726.46	2.67	248.94	2.37	40.87	0.369
200	125	12	14	37.912	29.761	0.641	1570.90	6.44	116.73	240.10	483.16	3.570	49.99	170.46	3193.85	6.54	787.74	2.83	285.79	2.75	41.23	0.392
	125	14		43.867	34.436	0.640	1800.97	6.41	134.65	271.86	550.83	3.544	57.44	189.24	3726.17	6.62	922.47	2.91	326.58	2.73	47.34	0.390
	125	16		49.739	39.045	0.639	2023.35	6.38	152.18	301.81	615.44	3.518	64.69	206.12	4258.85	6.70	1058.86	2.99	366.21	2.71	53.32	0.388
	125	18		55.526	43.588	0.639	2238.30	6.35	169.33	330.05	677.19	3.492	71.74	221.30	4792.00	6.78	1197.13	3.06	404.83	2.70	59.18	0.385

附表 5.3　热轧等边角钢组合截面特性表(按 GB 9787-88 计算)

y-y 轴截面特性
a 为角钢肢背之间的距离 (mm)

角钢型号	两个角钢的截面面积 (cm²)	两个角钢的重量 (kg/m)	$a=0$ mm W_y (cm³)	$a=0$ mm i_y (cm)	$a=4$ mm W_y (cm³)	$a=4$ mm i_y (cm)	$a=6$ mm W_y (cm³)	$a=6$ mm i_y (cm)	$a=8$ mm W_y (cm³)	$a=8$ mm i_y (cm)	$a=10$ mm W_y (cm³)	$a=10$ mm i_y (cm)	$a=12$ mm W_y (cm³)	$a=12$ mm i_y (cm)	$a=14$ mm W_y (cm³)	$a=14$ mm i_y (cm)	$a=16$ mm W_y (cm³)	$a=16$ mm i_y (cm)
2L20×3	2.26	1.78	0.81	0.85	1.03	1.00	1.15	1.08	1.28	1.17	1.42	1.25	1.57	1.34	1.72	1.43	1.88	1.52
4	2.92	2.29	1.09	0.87	1.38	1.02	1.55	1.11	1.73	1.19	1.91	1.28	2.10	1.37	2.30	1.46	2.51	1.55
2L25×3	2.86	2.25	1.26	1.05	1.52	1.20	1.66	1.27	1.82	1.36	1.98	1.44	2.15	1.53	2.33	1.61	2.52	1.70
4	3.72	2.92	1.69	1.07	2.04	1.22	2.21	1.30	2.44	1.38	2.66	1.47	2.89	1.55	3.13	1.64	3.38	1.73
2L30×3	3.50	2.75	1.81	1.25	2.11	1.39	2.28	1.47	2.46	1.55	2.65	1.63	2.84	1.71	3.05	1.80	3.26	1.88
4	4.55	3.57	2.42	1.26	2.83	1.41	3.06	1.49	3.30	1.57	3.55	1.65	3.82	1.74	4.09	1.82	4.38	1.91
2L36×3	4.22	3.31	2.60	1.49	2.95	1.63	3.14	1.70	3.35	1.78	3.56	1.86	3.79	1.94	4.02	2.03	4.27	2.11
4	5.51	4.33	3.47	1.51	3.95	1.65	4.21	1.73	4.49	1.80	4.78	1.89	5.08	1.97	5.39	2.05	5.72	2.14
5	6.76	5.31	4.36	1.52	4.96	1.67	5.30	1.75	5.64	1.83	6.01	1.91	6.39	1.99	6.78	2.08	7.19	2.16
2L40×3	4.72	3.70	3.20	1.65	3.59	1.79	3.80	1.86	4.02	1.94	4.26	2.01	4.50	2.09	4.76	2.18	5.02	2.26
4	6.17	4.85	4.28	1.67	4.80	1.81	5.09	1.88	5.39	1.96	5.70	2.04	6.03	2.12	6.37	2.20	6.72	2.29
5	7.58	5.95	5.37	1.68	6.03	1.83	6.39	1.90	6.77	1.98	7.17	2.06	7.58	2.14	8.01	2.23	8.45	2.31
2L45×3	5.32	4.18	4.05	1.85	4.48	1.99	4.71	2.06	4.95	2.14	5.21	2.21	5.47	2.29	5.75	2.37	6.04	2.45
4	6.97	5.47	5.41	1.87	5.99	2.01	6.30	2.08	6.63	2.16	6.97	2.24	7.33	2.32	7.70	2.40	8.09	2.48
5	8.58	6.74	6.78	1.89	7.51	2.03	7.91	2.10	8.32	2.18	8.76	2.26	9.21	2.34	9.67	2.42	10.15	2.50
6	10.15	7.97	8.16	1.90	9.05	2.05	9.53	2.12	10.04	2.20	10.56	2.28	11.10	2.36	11.66	2.44	12.24	2.53
2L50×3	5.94	4.66	5.00	2.05	5.47	2.19	5.72	2.26	5.98	2.33	6.26	2.41	6.55	2.48	6.85	2.56	7.16	2.64
4	7.79	6.12	6.68	2.07	7.31	2.21	7.65	2.28	8.01	2.36	8.38	2.43	8.77	2.51	9.17	2.59	9.58	2.67
5	9.61	7.54	8.36	2.09	9.16	2.23	9.59	2.30	10.05	2.38	10.52	2.45	11.00	2.53	11.51	2.61	12.03	2.70
6	11.38	8.93	10.06	2.10	11.03	2.25	11.56	2.32	12.10	2.40	12.67	2.48	13.26	2.56	13.87	2.64	14.50	2.72

续表

y-y 轴截面特性
a 为角钢肢背之间的距离(mm)

角钢型号	两个角钢的截面面积 (cm²)	两个角钢的重量 (kg/m)	$a=0$ mm W_y (cm³)	$a=0$ mm i_y (cm)	$a=4$ mm W_y (cm³)	$a=4$ mm i_y (cm)	$a=6$ mm W_y (cm³)	$a=6$ mm i_y (cm)	$a=8$ mm W_y (cm³)	$a=8$ mm i_y (cm)	$a=10$ mm W_y (cm³)	$a=10$ mm i_y (cm)	$a=12$ mm W_y (cm³)	$a=12$ mm i_y (cm)	$a=14$ mm W_y (cm³)	$a=14$ mm i_y (cm)	$a=16$ mm W_y (cm³)	$a=16$ mm i_y (cm)
2L56×3	6.69	5.25	6.27	2.29	6.79	2.43	7.06	2.50	7.35	2.57	7.66	2.64	7.97	2.72	8.30	2.80	8.64	2.88
4	7.78	6.89	8.37	2.31	9.07	2.45	9.44	2.52	9.83	2.59	10.24	2.67	10.66	2.74	11.10	2.82	11.55	2.90
5	10.83	8.50	10.47	2.33	11.36	2.47	11.83	2.54	12.33	2.61	12.84	2.69	13.38	2.77	13.93	2.85	14.49	2.93
8	16.73	13.14	16.87	2.38	18.34	2.52	19.13	2.60	19.94	2.67	20.78	2.75	21.65	2.83	22.55	2.91	23.46	3.00
2L63×4	9.96	7.81	10.59	2.59	11.36	2.72	11.78	2.79	12.21	2.87	12.66	2.94	13.12	3.02	13.60	3.09	14.10	3.17
5	12.29	9.64	13.25	2.61	14.23	2.74	14.75	2.82	15.30	2.89	15.86	2.96	16.45	3.04	17.05	3.12	17.67	3.20
6	14.58	11.44	15.92	2.62	17.11	2.76	17.75	2.83	18.41	2.91	19.09	2.98	19.80	3.06	20.53	3.14	21.28	3.22
8	19.03	14.94	21.31	2.66	22.94	2.80	23.80	2.87	24.70	2.95	25.62	3.03	26.58	3.10	27.56	3.18	28.57	3.26
10	23.31	18.30	26.77	2.69	28.85	2.84	29.95	2.91	31.09	2.99	32.26	3.07	33.46	3.15	34.70	3.23	35.97	3.31
2L70×4	11.14	8.74	13.07	2.87	13.92	3.00	14.37	3.07	14.85	3.14	15.34	3.21	15.84	3.29	16.36	3.36	16.90	3.44
5	13.75	10.79	16.35	2.88	17.43	3.02	18.00	3.09	18.60	3.16	19.21	3.24	19.85	3.31	20.50	3.39	21.18	3.47
6	16.32	12.81	19.64	2.90	20.95	3.04	21.64	3.11	22.36	3.18	23.11	3.26	23.88	3.33	24.67	3.41	25.48	3.49
7	18.85	14.80	22.94	2.92	24.49	3.06	25.31	3.13	26.16	3.20	27.03	3.28	27.94	3.36	28.86	3.43	29.82	3.51
8	21.33	16.75	26.26	2.94	28.05	3.08	29.00	3.15	29.97	3.22	30.98	3.30	32.02	3.38	33.09	3.46	34.18	3.54
2L75×5	14.82	11.64	18.76	3.08	19.91	3.22	20.52	3.29	21.15	3.36	21.81	3.43	22.48	3.50	23.17	3.58	23.89	3.66
6	17.59	13.81	22.54	3.10	23.93	3.24	24.67	3.31	25.43	3.38	26.22	3.45	27.04	3.53	27.87	3.60	28.73	3.68
7	20.32	15.95	26.32	3.12	27.97	3.26	28.84	3.33	29.74	3.40	30.67	3.47	31.62	3.55	32.60	3.63	33.61	3.71
8	23.01	18.06	30.13	3.13	32.03	3.27	33.03	3.35	34.07	3.42	35.13	3.50	36.23	3.57	37.36	3.65	38.52	3.73
10	28.25	22.18	37.79	3.17	40.22	3.31	41.49	3.38	42.81	3.46	44.16	3.54	45.55	3.61	46.97	3.69	48.43	3.77

续表

y-y 轴截面特性
a 为角钢肢背之间的距离（mm）

角钢型号	两个角钢的截面面积 (cm²)	两个角钢的重量 (kg/m)	$a=0$ mm		$a=4$ mm		$a=6$ mm		$a=8$ mm		$a=10$ mm		$a=12$ mm		$a=14$ mm		$a=16$ mm	
			W_y (cm³)	i_y (cm)	W_y (cm³)	i_y (cm)	W_y (cm³)	i_y (cm)	W_y (cm³)	i_y (cm)	W_y (cm³)	i_y (cm)	W_y (cm³)	i_y (cm)	W_y (cm³)	i_y (cm)	W_y (cm³)	i_y (cm)
2L80×5	15.82	12.42	21.34	3.28	22.56	3.42	23.20	3.49	23.86	3.56	24.55	3.63	25.26	3.71	25.99	3.78	26.74	3.86
6	18.79	14.75	25.63	3.30	27.10	3.44	27.88	3.51	28.69	3.58	29.52	3.65	30.37	3.73	31.25	3.80	32.15	3.88
7	21.72	17.05	29.93	3.32	31.67	3.46	32.59	3.53	33.53	3.60	34.51	3.67	35.51	3.75	36.54	3.83	37.60	3.90
8	24.61	19.32	34.24	3.34	36.25	3.48	37.31	3.55	38.40	3.62	39.53	3.70	40.68	3.77	41.87	3.85	43.08	3.93
10	30.25	23.75	42.93	3.37	45.50	3.51	46.84	3.58	48.23	3.66	49.65	3.74	51.11	3.81	52.61	3.89	54.14	3.97
2L90×6	21.27	16.70	32.41	3.70	34.06	3.84	34.92	3.91	35.81	3.98	36.72	4.05	37.66	4.12	38.63	4.20	39.62	4.27
7	24.60	19.31	37.84	3.72	39.78	3.86	40.79	3.93	41.84	4.00	42.91	4.07	44.02	4.14	45.15	4.22	46.31	4.30
8	27.89	21.89	43.29	3.74	45.52	3.88	46.69	3.95	47.90	4.02	49.13	4.09	50.40	4.17	51.71	4.24	53.04	4.32
10	34.33	26.95	54.24	3.77	57.08	3.91	58.57	3.98	60.09	4.06	61.66	4.13	63.27	4.21	64.91	4.28	66.59	4.36
12	40.61	31.88	65.28	3.80	68.75	3.95	70.56	4.02	72.42	4.09	74.32	4.17	76.27	4.25	78.26	4.32	80.30	4.40
2L100×6	23.86	18.73	40.01	4.09	41.82	4.23	42.77	4.30	43.75	4.37	44.75	4.44	45.78	4.51	46.83	4.58	47.91	4.66
7	27.59	21.66	46.71	4.11	48.84	4.25	49.95	4.32	51.10	4.39	52.27	4.46	53.48	4.53	54.72	4.61	55.98	4.68
8	31.28	24.55	53.42	4.13	55.87	4.27	57.16	4.34	58.48	4.41	59.83	4.48	61.22	4.55	62.64	4.63	64.09	4.70
10	38.52	30.24	66.90	4.17	70.02	4.31	71.65	4.38	73.32	4.45	75.03	4.52	76.79	4.60	78.58	4.67	80.41	4.75
12	45.60	35.80	80.47	4.20	84.28	4.34	86.26	4.41	88.29	4.49	90.37	4.56	92.50	4.64	94.67	4.71	96.89	4.79
14	52.51	41.22	94.15	4.23	98.66	4.38	101.00	4.45	103.40	4.53	105.85	4.60	108.36	4.68	110.92	4.75	113.52	4.83
16	59.25	46.51	107.96	4.27	113.16	4.41	115.89	4.49	118.66	4.56	121.49	4.64	124.38	4.72	127.33	4.80	130.33	4.87
2L110×7	30.39	23.86	56.48	4.52	58.80	4.65	60.01	4.72	61.25	4.79	62.52	4.86	63.82	4.94	65.15	5.01	66.51	5.08
8	34.48	27.06	64.58	4.54	67.25	4.67	68.65	4.74	70.07	4.81	71.54	4.88	73.03	4.96	74.56	5.03	76.13	5.10
10	42.52	33.38	80.84	4.57	84.24	4.71	86.00	4.78	87.81	4.85	89.66	4.92	91.56	5.00	93.49	5.07	95.46	5.15
12	50.40	39.56	97.20	4.61	101.34	4.75	103.48	4.82	105.68	4.89	107.93	4.96	110.22	5.04	112.57	5.11	114.96	5.19
14	58.11	45.62	113.67	4.64	118.56	4.78	121.10	4.85	123.69	4.93	126.34	5.00	129.05	5.08	131.81	5.15	134.62	5.23

续表

y-y 轴截面特性　a 为角钢肢背之间的距离（mm）

角钢型号	两个角钢的截面面积 (cm²)	两个角钢的重量 (kg/m)	$a=0$ mm W_y (cm³)	$a=0$ mm i_y (cm)	$a=4$ mm W_y (cm³)	$a=4$ mm i_y (cm)	$a=6$ mm W_y (cm³)	$a=6$ mm i_y (cm)	$a=8$ mm W_y (cm³)	$a=8$ mm i_y (cm)	$a=10$ mm W_y (cm³)	$a=10$ mm i_y (cm)	$a=12$ mm W_y (cm³)	$a=12$ mm i_y (cm)	$a=14$ mm W_y (cm³)	$a=14$ mm i_y (cm)	$a=16$ mm W_y (cm³)	$a=16$ mm i_y (cm)
2L125×8	39.50	31.01	83.36	5.14	86.36	5.27	87.92	5.34	89.52	5.41	91.15	5.48	92.81	5.55	94.52	5.62	96.25	5.69
10	48.75	38.27	104.31	5.17	108.12	5.31	110.09	5.38	112.11	5.45	114.17	5.52	116.28	5.59	118.43	5.66	120.62	5.74
12	57.82	45.39	125.35	5.21	129.98	5.34	132.38	5.41	134.84	5.48	137.34	5.56	139.89	5.63	143.49	5.70	145.15	5.78
14	66.73	52.39	146.50	5.24	151.98	5.38	154.82	5.45	157.71	5.52	160.66	5.59	163.67	5.67	166.73	5.74	169.85	5.82
2L140×10	54.75	42.98	130.73	5.78	134.94	5.92	137.12	5.98	139.34	6.05	141.61	6.12	143.92	6.20	146.27	6.27	148.67	6.34
12	65.02	51.04	157.04	5.81	162.16	5.95	164.81	6.02	167.50	6.09	170.25	6.16	173.06	6.23	175.91	6.31	178.81	6.38
14	75.13	58.98	183.46	5.85	189.51	5.98	192.63	6.06	195.82	6.13	199.06	6.20	202.36	6.27	205.72	6.34	209.13	6.42
16	85.08	66.79	210.01	5.88	217.01	6.02	220.62	6.09	224.29	6.16	228.03	6.23	231.84	6.31	235.71	6.38	239.64	6.46
2L160×10	63.00	49.46	170.67	6.58	175.42	6.72	177.87	6.78	180.37	6.85	182.91	6.92	185.50	6.99	188.14	7.06	190.81	7.13
12	74.88	58.78	204.95	6.62	210.43	6.75	213.70	6.82	216.73	6.89	219.81	6.96	222.95	7.03	226.14	7.10	229.38	7.17
14	86.59	67.97	239.33	6.65	246.10	6.79	249.67	6.86	253.24	6.93	256.87	7.00	260.56	7.07	264.32	7.14	268.13	7.21
16	98.13	77.04	273.85	6.68	281.74	6.82	285.79	6.89	289.91	6.96	294.10	7.03	298.36	7.10	302.68	7.18	307.07	7.25
2L180×12	84.48	66.32	259.20	7.43	265.62	7.56	268.92	7.63	272.27	7.70	275.68	7.77	279.14	7.84	282.66	7.91	286.23	7.98
14	97.79	76.77	302.61	7.46	310.19	7.60	314.07	7.67	318.02	7.74	322.04	7.81	326.11	7.88	330.25	7.95	334.45	8.02
16	110.93	87.08	346.14	7.49	354.90	7.63	359.38	7.70	363.94	7.77	368.57	7.84	373.27	7.91	378.03	7.98	382.86	8.06
18	123.91	97.27	389.82	7.53	399.77	7.66	404.86	7.73	410.04	7.80	415.29	7.87	420.62	7.95	426.02	8.02	431.50	8.09
2L200×14	109.28	85.79	373.41	8.27	381.75	8.40	386.02	8.47	390.36	8.54	394.76	8.61	399.22	8.67	403.75	8.75	408.33	8.82
16	124.03	97.36	427.04	8.30	436.67	8.43	441.59	8.50	446.59	8.57	451.66	8.64	456.80	8.71	462.02	8.78	467.30	8.85
18	138.60	108.80	480.81	8.33	491.75	8.47	497.34	8.53	503.01	8.60	508.76	8.67	514.59	8.75	520.50	8.82	526.48	8.89
20	153.01	120.11	534.75	8.36	547.01	8.50	553.28	8.57	559.63	8.64	566.07	8.71	572.60	8.78	579.21	8.85	585.91	8.92
24	181.32	142.34	643.20	8.42	658.16	8.56	665.80	8.63	673.55	8.71	681.39	8.78	689.34	8.85	697.38	8.92	705.52	9.00

附表 5.4 热轧不等边角钢组合截面特性表（按 GB9788-88 计算）

角钢型号	两角钢的截面面积 (cm²)	两角钢的重量 (kg/m)	长肢相连时绕 y-y 轴回转半径 i_y (cm)								短肢相连时绕 y-y 轴回转半径 i_y (cm)							
			a=0 mm	a=4 mm	a=6 mm	a=8 mm	a=10 mm	a=12 mm	a=14 mm	a=16 mm	a=0 mm	a=4 mm	a=6 mm	a=8 mm	a=10 mm	a=12 mm	a=14 mm	a=16 mm
2L25×16×3	2.32	1.82	0.61	0.76	0.84	0.93	1.02	1.11	1.20	1.30	1.16	1.32	1.40	1.48	1.57	1.66	1.74	1.83
4	3.00	2.35	0.63	0.78	0.87	0.96	1.05	1.14	1.23	1.33	1.18	1.34	1.42	1.51	1.60	1.68	1.77	1.86
2L32×20×3	2.98	2.24	0.74	0.89	0.97	1.05	1.14	1.23	1.32	1.41	1.48	1.63	1.71	1.79	1.88	1.96	2.05	2.14
4	3.88	3.04	0.76	0.91	0.99	1.08	1.16	1.25	1.34	1.44	1.50	1.66	1.74	1.82	1.90	1.99	2.08	2.17
2L40×25×3	3.78	2.97	0.92	1.06	1.13	1.21	1.30	1.38	1.47	1.56	1.84	1.99	2.07	2.14	2.23	2.31	2.39	2.48
4	4.93	3.87	0.93	1.08	1.16	1.24	1.32	1.41	1.50	1.58	1.86	2.01	2.09	2.17	2.25	2.34	2.42	2.51
2L45×28×3	4.30	3.37	1.02	1.15	1.23	1.31	1.39	1.47	1.56	1.64	2.06	2.21	2.28	2.36	2.44	2.52	2.60	2.69
4	5.61	4.41	1.03	1.18	1.25	1.33	1.41	1.50	1.59	1.67	2.08	2.23	2.31	2.39	2.47	2.55	2.63	2.72
2L50×32×3	4.86	3.82	1.17	1.30	1.37	1.45	1.53	1.61	1.69	1.78	2.27	2.41	2.49	2.56	2.64	2.72	2.81	2.89
4	6.35	4.99	1.18	1.32	1.40	1.47	1.55	1.64	1.72	1.81	2.29	2.44	2.51	2.59	2.67	2.75	2.84	2.92
2L56×36×3	5.49	4.31	1.31	1.44	1.51	1.59	1.66	1.74	1.83	1.91	2.53	2.67	2.75	2.82	2.90	2.98	3.06	3.14
4	7.18	5.64	1.33	1.46	1.53	1.61	1.69	1.77	1.85	1.94	2.55	2.70	2.77	2.85	2.93	3.01	3.09	3.17
5	8.83	6.93	1.34	1.48	1.56	1.63	1.71	1.79	1.88	1.96	2.57	2.72	2.80	2.88	2.96	3.04	3.12	3.20
2L63×40×4	8.12	6.37	1.46	1.59	1.66	1.74	1.81	1.89	1.97	2.06	2.86	3.01	3.09	3.16	3.24	3.32	3.40	3.48
5	9.99	7.84	1.47	1.61	1.68	1.76	1.84	1.92	2.00	2.08	2.89	3.03	3.11	3.19	3.27	3.35	3.43	3.51
6	11.82	9.28	1.49	1.63	1.71	1.78	1.86	1.94	2.03	2.11	2.91	3.06	3.13	3.21	3.29	3.37	3.45	3.53
7	13.60	10.68	1.51	1.65	1.73	1.81	1.89	1.97	2.05	2.14	2.93	3.08	3.16	3.24	3.32	3.40	3.48	3.56
2L70×45×4	9.11	7.15	1.64	1.77	1.84	1.91	1.99	2.07	2.15	2.23	3.17	3.31	3.39	3.46	3.54	3.62	3.69	3.77
5	11.22	8.81	1.66	1.79	1.86	1.94	2.01	2.09	2.17	2.25	3.19	3.34	3.41	3.49	3.57	3.64	3.72	3.80
6	13.29	10.43	1.67	1.81	1.88	1.96	2.04	2.11	2.20	2.28	3.21	3.36	3.44	3.51	3.59	3.67	3.75	3.83
7	15.31	12.02	1.69	1.83	1.90	1.98	2.06	2.14	2.22	2.30	3.23	3.38	3.46	3.54	3.61	3.69	3.77	3.86

续表

角钢型号	两角钢的截面面积 (cm²)	两角钢的重量 (kg/m)	长肢相连时绕 y-y 轴回转半径 i_y (cm)								短肢相连时绕 y-y 轴回转半径 i_y (cm)							
			a=0 mm	a=4 mm	a=6 mm	a=8 mm	a=10 mm	a=12 mm	a=14 mm	a=16 mm	a=0 mm	a=4 mm	a=6 mm	a=8 mm	a=10 mm	a=12 mm	a=14 mm	a=16 mm
2L75×50×5	12.25	9.62	1.85	1.99	2.06	2.13	2.20	2.28	2.36	2.44	3.39	3.53	3.60	3.68	3.76	3.83	3.91	3.99
6	14.52	11.40	1.87	2.00	2.08	2.15	2.23	2.30	2.38	2.46	3.41	3.55	3.63	3.70	3.78	3.86	3.94	4.02
8	18.93	14.86	1.90	2.04	2.12	2.19	2.27	2.35	2.43	2.51	3.45	3.60	3.67	3.75	3.83	3.91	3.99	4.07
10	23.18	18.20	1.94	2.08	2.16	2.24	2.31	2.40	2.48	2.56	3.49	3.64	3.71	3.79	3.87	3.95	4.03	4.12
2L80×50×5	12.75	10.01	1.82	1.95	2.02	2.09	2.17	2.24	2.32	2.40	3.66	3.80	3.88	3.95	4.03	4.10	4.18	4.26
6	15.12	11.87	1.83	1.97	2.04	2.11	2.19	2.27	2.34	2.43	3.68	3.82	3.90	3.98	4.05	4.13	4.21	4.29
7	17.45	13.70	1.85	1.99	2.06	2.13	2.21	2.29	2.37	2.45	3.70	3.85	3.92	4.00	4.08	4.16	4.23	4.32
8	19.73	15.49	1.86	2.00	2.08	2.15	2.23	2.31	2.39	2.47	3.72	3.87	3.94	4.02	4.10	4.18	4.26	4.34
2L90×56×5	14.42	11.32	2.02	2.15	2.22	2.29	2.36	2.44	2.52	2.59	4.10	4.25	4.32	4.39	4.47	4.55	4.62	4.70
6	17.11	13.43	2.04	2.17	2.24	2.31	2.39	2.46	2.54	2.62	4.12	4.27	4.34	4.42	4.50	4.57	4.65	4.73
7	19.76	15.51	2.05	2.19	2.26	2.33	2.41	2.48	2.56	2.64	4.15	4.29	4.37	4.44	4.52	4.60	4.68	4.76
8	22.37	17.56	2.07	2.21	2.28	2.35	2.43	2.51	2.59	2.67	4.17	4.31	4.39	4.47	4.54	4.62	4.70	4.78
2L100×63×6	19.23	15.10	2.29	2.42	2.49	2.56	2.63	2.71	2.78	2.86	4.56	4.70	4.77	4.85	4.92	5.00	5.08	5.16
7	22.22	17.44	2.31	2.44	2.51	2.58	2.65	2.73	2.80	2.88	4.58	4.72	4.80	4.87	4.95	5.03	5.10	5.18
8	25.17	19.76	2.32	2.46	2.53	2.60	2.67	2.75	2.83	2.91	4.60	4.75	4.82	4.90	4.97	5.05	5.13	5.21
10	30.93	24.28	2.35	2.49	2.57	2.64	2.72	2.79	2.87	2.95	4.64	4.79	4.86	4.94	5.02	5.10	5.18	5.26
2L100×80×6	21.27	16.70	3.11	3.24	3.31	3.38	3.45	3.52	3.59	3.67	4.33	4.47	4.54	4.62	4.69	4.76	4.84	4.91
7	24.60	19.31	3.12	3.26	3.32	3.39	3.47	3.54	3.61	3.69	4.35	4.49	4.57	4.64	4.71	4.79	4.86	4.94
8	27.89	21.89	3.14	3.27	3.34	3.41	3.49	3.56	3.64	3.71	4.37	4.51	4.59	4.66	4.73	4.81	4.88	4.96
10	34.33	26.95	3.17	3.31	3.38	3.45	3.53	3.60	3.68	3.75	4.41	4.55	4.63	4.70	4.78	4.85	4.93	5.01
2L110×70×6	21.27	16.70	2.55	2.68	2.74	2.81	2.88	2.96	3.03	3.11	5.00	5.14	5.21	5.29	5.36	5.44	5.51	5.59
7	24.60	19.31	2.56	2.69	2.76	2.83	2.90	2.98	3.05	3.13	5.02	5.16	5.24	5.31	5.39	5.46	5.53	5.62
8	27.89	21.89	2.58	2.71	2.78	2.85	2.92	3.00	3.07	3.15	5.04	5.19	5.26	5.34	5.41	5.49	5.56	5.64
10	34.33	26.95	2.61	2.74	2.82	2.89	2.96	3.04	3.12	3.19	5.08	5.23	5.30	5.38	5.46	5.53	5.61	5.69

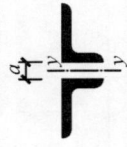

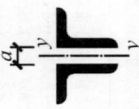

续表

角钢型号	两角钢的截面面积 (cm²)	两角钢的重量 (kg/m)	长肢相连时绕 y-y 轴回转半径 i_y (cm)								短肢相连时绕 y-y 轴回转半径 i_y (cm)							
			a=0 mm	a=4 mm	a=6 mm	a=8 mm	a=10 mm	a=12 mm	a=14 mm	a=16 mm	a=0 mm	a=4 mm	a=6 mm	a=8 mm	a=10 mm	a=12 mm	a=14 mm	a=16 mm
2L125×80×7	28.19	22.13	2.92	3.05	3.13	3.18	3.25	3.33	3.40	3.47	5.68	5.82	5.90	5.97	6.04	6.12	6.20	6.27
8	31.98	25.10	2.94	3.07	3.15	3.20	3.27	3.35	3.42	3.49	5.70	5.85	5.92	5.99	6.07	6.14	6.22	6.30
10	39.42	30.95	2.97	3.10	3.17	3.24	3.31	3.39	3.46	3.54	5.74	5.89	5.96	6.04	6.11	6.19	6.27	6.34
12	46.70	36.66	3.00	3.13	3.20	3.28	3.35	3.43	3.50	3.58	5.78	5.93	6.00	6.08	6.16	6.23	6.31	6.39
2L140×90×8	36.08	28.32	3.29	3.42	3.49	3.56	3.63	3.70	3.77	3.84	6.36	6.51	6.58	6.65	6.73	6.80	6.88	6.95
10	44.52	34.95	3.32	3.45	3.52	3.59	3.66	3.73	3.81	3.88	6.40	6.55	6.62	6.70	6.77	6.85	6.92	7.00
12	52.80	41.45	3.35	3.49	3.56	3.63	3.70	3.77	3.85	3.92	6.44	6.59	6.66	6.74	6.81	6.89	6.97	7.04
14	60.91	47.82	3.38	3.52	3.59	3.66	3.74	3.81	3.89	3.97	6.48	6.63	6.70	6.78	6.86	6.93	7.01	7.09
2L160×100×10	50.63	39.74	3.65	3.77	3.84	3.91	3.98	4.05	4.12	4.19	7.34	7.48	7.55	7.63	7.70	7.78	7.85	7.93
12	60.11	47.18	3.68	3.81	3.87	3.94	4.01	4.09	4.16	4.23	7.38	7.52	7.60	7.67	7.75	7.82	7.90	7.97
14	69.42	54.49	3.70	3.84	3.91	3.98	4.05	4.12	4.20	4.27	7.42	7.56	7.64	7.71	7.79	7.86	7.94	8.02
16	78.56	61.67	3.74	3.87	3.94	4.02	4.09	4.16	4.24	4.31	7.45	7.60	7.68	7.75	7.83	7.90	7.98	8.06
2L180×110×10	56.75	44.55	3.97	4.10	4.16	4.23	4.30	4.36	4.44	4.51	8.27	8.41	8.49	8.56	8.63	8.71	8.78	8.86
12	67.42	52.93	4.00	4.13	4.19	4.26	4.33	4.40	4.47	4.54	8.31	8.46	8.53	8.60	8.68	8.75	8.83	8.90
14	77.93	61.18	4.03	4.16	4.23	4.30	4.37	4.44	4.51	4.58	8.35	8.50	8.57	8.64	8.72	8.79	8.87	8.95
16	88.28	69.30	4.06	4.19	4.26	4.33	4.40	4.47	4.55	4.62	8.39	8.53	8.61	8.68	8.76	8.84	8.91	8.99
2L200×125×12	75.82	59.52	4.56	4.69	4.75	4.82	4.88	4.95	5.02	5.09	9.18	9.32	9.39	9.47	9.54	9.62	9.69	9.76
14	87.73	68.87	4.59	4.72	4.78	4.85	4.92	4.99	5.06	5.13	9.22	9.36	9.43	9.51	9.58	9.66	9.73	9.81
16	99.48	78.09	4.61	4.75	4.81	4.88	4.95	5.02	5.09	5.17	9.25	9.40	9.47	9.55	9.62	9.70	9.77	9.85
18	111.05	87.18	4.64	4.78	4.85	4.92	4.99	5.06	5.13	5.21	9.29	9.44	9.51	9.59	9.66	9.74	9.81	9.89

附表 5.5 热轧普通工字钢规格及截面特性（按 GB 706-88 计算）

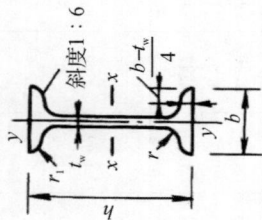

I—截面惯性矩；
W—截面抵抗矩；
S—半截面面积矩；
i—截面回转半径。

型号	尺寸 (mm)						截面面积 A(cm²)	每米重量 (kg/m)	截面特性						
	h	b	t_w	t	r	r_1			x—x 轴				y—y 轴		
									I_x (cm⁴)	W_x (cm³)	S_x (cm³)	i_x (cm)	I_y (cm⁴)	W_y (cm³)	i_y (cm)
I10	100	68	4.5	7.6	6.5	3.3	14.33	11.25	245	49.0	28.2	4.14	32.8	9.6	1.51
I12.6	126	74	5.0	8.4	7.0	3.5	18.10	14.21	488	77.4	44.2	5.19	46.9	12.7	1.61
I14	140	80	5.5	9.1	7.5	3.8	21.50	16.88	712	101.7	58.4	5.75	64.3	16.1	1.73
I16	160	88	6.0	9.9	8.0	4.0	26.11	20.50	1127	140.9	80.8	6.57	93.1	21.1	1.89
I18	180	94	6.5	10.7	8.5	4.3	30.74	24.13	1699	185.4	106.5	7.37	122.9	26.2	2.00
I20a	200	100	7.0	11.4	9.0	4.5	35.55	27.91	2369	236.9	136.1	8.16	157.9	31.6	2.11
I20b	200	102	9.0	11.4	9.0	4.5	39.55	31.05	2502	250.2	146.1	7.95	169.0	33.1	2.07
I22a	220	110	7.5	12.3	9.5	4.8	42.10	33.05	3406	309.6	177.7	8.99	225.9	41.1	2.32
I22b	220	112	9.5	12.3	9.5	4.8	46.50	36.50	3583	325.8	189.8	8.78	240.2	42.9	2.27
I25a	250	116	8.0	13.0	10.0	5.0	48.51	38.08	5017	401.4	230.7	10.17	280.4	48.4	2.40
I25b	250	118	10.0	13.0	10.0	5.0	53.51	42.01	5278	422.2	246.3	9.93	297.3	50.4	2.36
I28a	280	122	8.5	13.7	10.5	5.3	55.37	43.47	7115	508.2	292.7	11.34	344.1	56.4	2.49
I28b	280	124	10.5	13.7	10.5	5.3	60.97	47.86	7481	534.4	312.3	11.08	363.8	58.7	2.44
I32a	320	130	9.5	15.0	11.5	5.8	67.12	52.69	11080	692.5	400.5	12.85	459.0	70.6	2.62

斜度 1：6

续表

型号	尺寸(mm)						截面面积 A(cm²)	每米重量(kg/m)	截面特性						
									x—x 轴				y—y 轴		
	h	b	t_w	t	r	r_1			I_x (cm⁴)	W_x (cm³)	S_x (cm³)	i_x (cm)	I_y (cm⁴)	W_y (cm³)	i_y (cm)
I32b	320	132	11.5	15.0	11.5	5.8	73.52	57.71	11626	726.7	426.1	12.58	483.8	73.3	2.57
I32c	320	134	13.5	15.0	11.5	5.8	79.92	62.74	12173	760.8	451.7	12.34	510.1	76.1	2.53
I36a	360	136	10.0	15.8	12.0	6.0	76.44	60.00	15796	877.6	508.8	12.38	554.9	81.6	2.69
I36b	360	138	12.0	15.8	12.0	6.0	83.64	65.66	16574	920.8	541.2	14.08	583.6	84.6	2.64
I36c	360	140	14.0	15.8	12.0	6.0	90.84	71.31	17351	964.0	573.6	13.82	614.0	87.7	2.60
I40a	400	142	10.5	16.5	12.5	6.3	86.07	67.56	21714	1085.7	631.2	15.88	659.9	92.9	2.77
I40b	400	144	12.5	16.5	12.5	6.3	94.07	73.84	22781	1139.0	671.2	15.56	692.8	96.2	2.71
I40c	400	146	14.5	16.5	12.5	6.3	102.07	80.12	23847	1192.4	711.2	15.29	727.5	99.7	2.67
I45a	450	150	11.5	18.0	13.5	6.8	102.40	80.38	32241	1432.9	836.4	17.74	855.0	114.0	2.89
I45b	450	152	13.5	18.0	13.5	6.8	111.40	87.45	33759	1500.4	887.1	17.41	895.4	117.8	2.84
I45c	450	154	15.5	18.0	13.5	6.8	120.40	94.51	35278	1567.9	937.7	17.12	938.0	121.8	2.79
I50a	500	158	12.0	20.0	14.0	7.0	119.25	93.61	46472	1858.9	1084.1	19.74	1121.5	142.0	3.07
I50b	500	160	14.0	20.0	14.0	7.0	129.25	101.46	48556	1942.2	1146.6	19.38	1171.4	146.4	3.01
I50c	500	162	16.0	20.0	14.0	7.0	139.25	109.31	50639	2025.6	1209.1	19.07	1223.9	151.1	2.96
I56a	560	166	12.5	21.0	14.5	7.3	135.38	106.27	65576	2342.0	1368.8	22.01	1365.8	164.6	3.18
I56b	560	168	14.5	21.0	14.5	7.3	146.58	115.06	68503	2446.5	1447.2	21.62	1423.8	169.5	3.12
I56c	560	170	16.5	21.0	14.5	7.3	157.78	123.85	71430	2551.1	1525.6	21.28	1484.8	174.7	3.07
I63a	630	176	13.0	22.0	15.0	7.5	154.59	121.36	94004	2984.3	1747.4	24.66	1702.4	193.5	3.32
I63b	630	178	15.0	22.0	15.0	7.5	167.19	131.35	98171	3116.6	1846.6	24.23	1770.7	199.0	3.25
I63c	630	180	17.0	22.0	15.0	7.5	179.79	141.14	102339	3248.9	1945.9	23.86	1842.4	204.7	3.20

注：普通工字钢的通常长度：I 10～I 18,为 5～19 m；I 20～I 63,为 6～19 m。

附表 5.6 热轧轻型工字钢规格及截面特性（按 YB 163-63 计算）

型号	尺寸(mm)						截面面积 A(cm²)	每米重量(kg/m)	截面特性						
									x—x 轴				y—y 轴		
	h	b	t_w	t	r	r_1			I_x (cm⁴)	W_x (cm³)	S_x (cm³)	i_x (cm)	I_y (cm⁴)	W_y (cm³)	i_y (cm)
I10	100	55	4.5	7.2	7.0	2.5	12.05	9.46	198	39.7	23.0	4.06	17.9	6.5	1.22
I12	120	64	4.8	7.3	7.5	3.0	14.71	11.55	351	58.4	33.7	4.88	27.9	8.7	1.38
I14	140	73	4.9	7.5	8.0	3.0	17.43	13.68	572	81.7	46.8	5.73	41.9	11.5	1.55
I16	160	81	5.0	7.8	8.5	3.5	20.24	15.89	873	109.2	62.3	6.57	58.6	14.5	1.70
I18	180	90	5.1	8.1	9.0	3.5	23.38	18.35	1288	143.1	81.4	7.42	82.6	18.4	1.88
I18a	180	100	5.1	8.3	9.0	3.5	25.38	19.92	1431	159.0	89.8	7.51	114.2	22.8	2.12
I20	200	100	5.2	8.4	9.5	4.0	26.81	21.04	1840	184.0	104.2	8.28	115.4	23.1	2.08
I20a	200	110	5.2	8.6	9.5	4.0	28.91	22.69	2027	202.7	114.1	8.37	154.9	28.2	2.32
I22	220	110	5.4	8.7	10.0	4.0	30.62	24.04	2554	232.1	131.2	9.13	157.4	28.6	2.27
I22a	220	120	5.4	8.9	10.0	4.0	32.82	25.76	2792	253.8	142.7	9.22	205.9	34.3	2.50
I24	240	115	5.6	9.5	10.5	4.0	34.83	27.35	3465	288.7	163.1	9.97	198.5	34.5	2.39
I24a	240	125	5.6	9.8	10.5	4.0	37.45	29.40	3801	316.7	177.9	10.07	260.0	41.6	2.63
I27	270	125	6.0	9.8	11.0	4.5	40.17	31.54	5011	371.2	210.0	11.17	259.6	41.5	2.54
I27a	270	135	6.0	10.2	11.0	4.5	43.17	33.89	5500	407.4	229.1	11.29	337.5	50.0	2.80
I30	300	135	6.5	10.2	12.0	5.0	46.48	36.49	7084	472.3	267.8	12.35	337.0	49.9	2.69
I30a	300	145	6.5	10.7	12.0	5.0	49.91	39.18	7776	518.4	292.1	12.48	435.8	60.1	2.95
I33	330	140	7.0	11.2	13.0	5.0	53.82	42.25	9845	596.6	339.2	13.52	419.4	59.9	2.79
I36	360	145	7.5	12.3	14.0	6.0	61.86	48.56	13377	743.2	423.3	14.71	515.8	71.2	2.89
I40	400	155	8.0	13.0	15.0	6.0	71.44	56.08	18932	946.6	540.1	16.28	666.3	86.0	3.05
I45	450	160	8.6	14.2	16.0	7.0	83.03	65.18	27446	1219.8	699.0	18.18	806.9	100.9	3.12
I50	500	170	9.5	15.2	17.0	7.0	97.84	76.81	39295	1571.8	905.0	20.04	1041.8	122.6	3.26

续表

附录·附录5 常用型钢规格及截面特性

型号	尺寸 (mm)						截面面积 A(cm²)	每米重量 (kg/m)	截面特性						
									$x-x$ 轴				$y-y$ 轴		
	h	b	t_w	t	r	r_1			I_x (cm⁴)	W_x (cm³)	S_x (cm³)	i_x (cm)	I_y (cm⁴)	W_y (cm³)	i_y (cm)
I 55	550	180	10.3	16.5	18.0	7.0	114.43	89.83	55155	2005.6	1157.7	21.95	1353.0	150.3	3.44
I 60	600	190	11.1	17.8	20.0	8.0	132.46	103.98	75456	2515.2	1455.0	23.07	1720.1	181.1	3.60
I 65	650	200	12.0	19.2	22.0	9.0	152.80	119.94	101412	3120.4	1809.4	25.76	2170.1	217.0	3.77
I 70	700	210	13.0	20.8	24.0	10.0	176.03	138.18	134609	3846.0	2235.1	27.65	2733.3	260.3	3.94
I 70a	700	210	15.0	24.0	24.0	10.0	201.67	158.31	152706	4363.0	2547.5	27.52	3243.5	308.9	4.01
I 70b	700	210	17.5	28.2	24.0	10.0	234.14	183.80	175374	5010.7	2941.6	27.37	3914.7	372.8	4.09

注：轻型工字钢的通常长度：I 10～I 18，为 5～19 m；I 20～I 70，为 6～19 m。

附表 5.7 热轧普通槽钢的规格及截面特性（按 GB 707-88 计算）

I—截面惯性矩；
W—截面抵抗矩；
S—半截面面积矩；
i—截面回转半径。

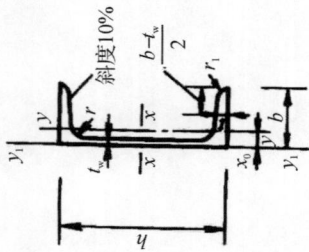

型号	尺寸(mm)						截面面积 A (cm²)	每米重量 (kg/m)	x_0 (cm)	截面特性								
										x-x 轴				y-y 轴				y_1-y_1 轴
	h	b	t_w	t	r	r_1				I_x (cm⁴)	W_x (cm³)	S_x (cm³)	i_x (cm)	I_y (cm⁴)	W_{ymax} (cm³)	W_{ymin} (cm³)	i_y (cm)	I_{y1} (cm⁴)
C5	50	37	4.5	7.0	7.0	3.50	6.92	5.44	1.35	26.0	10.4	6.4	1.94	8.3	6.2	3.5	1.10	20.9
C6.3	63	40	4.8	7.5	7.5	3.75	8.45	6.63	1.39	51.2	16.3	9.8	2.46	11.9	8.5	4.6	1.9	28.3
C8	80	43	5.0	8.0	8.0	4.00	10.24	8.04	1.42	101.3	25.3	15.1	3.14	16.6	11.7	5.8	1.27	37.4
C10	100	48	5.3	8.5	8.5	4.25	12.74	10.00	1.52	198.3	39.7	23.5	3.94	25.6	16.9	7.8	1.42	54.9
C12.6	126	53	5.5	9.0	9.0	4.50	15.69	12.31	1.59	388.5	61.7	36.4	4.98	38.0	23.9	10.3	1.56	77.8
C14a	140	58	6.0	9.5	9.5	4.75	18.51	14.53	1.71	563.7	80.5	47.5	5.52	53.2	31.2	13.0	1.70	107.2
C14b	140	60	8.0	9.5	9.5	4.75	21.31	16.73	1.67	609.4	87.1	52.4	5.35	61.2	36.6	H.1	1.69	120.6
C16a	160	63	6.5	10.0	10.0	5.00	21.95	17.23	1.79	866.2	108.3	63.9	6.28	73.4	40.9	16.3	1.83	144.1
C16b	160	65	8.5	10.0	10.0	5.00	25.15	19.5	1.75	934.5	116.8	70.3	6.10	83.4	47.6	17.6	1.82	160.8
C18a	180	68	7.0	10.5	10.5	5.25	25.69	20.17	1.88	1272.7	141.4	83.5	7.04	98.6	52.3	20.0	1.96	189.7
C18b	180	70	9.0	10.5	10.5	5.25	29.29	22.99	1.84	1369.9	152.2	91.6	6.84	111.0	60.4	21.5	1.95	210.1
C20a	200	73	7.0	11.0	11.0	5.50	28.83	22.63	2.01	1780.4	178.0	104.7	7.86	128.0	63.8	24.2	2.11	244.0

续表

型号	尺寸 (mm)						截面面积 A (cm²)	每米重量 (kg/m)	截面特性									
										x-x 轴				y-y 轴				y₁-y₁ 轴
	h	b	t_w	t	r	r_1			x_0 (cm)	I_x (cm⁴)	W_x (cm³)	S_x (cm³)	i_x (cm)	I_y (cm⁴)	W_{ymax} (cm³)	W_{ymin} (cm³)	i_y (cm)	I_{y1} (cm⁴)
[20b	200	75	9.0	11.0	11.0	5.50	32.83	25.77	1.95	1913.7	191.4	114.7	7.64	143.6	73.7	25.9	2.09	2684
[22a	220	77	7.0	11.5	11.5	5.75	31.84	24.99	2.10	2393.9	217.6	127.6	8.67	157.8	75.1	28.2	2.23	298.2
[22b	220	79	9.0	11.5	11.5	5.75	36.24	28.45	2.03	2571.3	233.8	139.7	8.42	176.5	86.8	30.1	2.21	326.3
[25a	250	78	7.0	12.0	12.0	6.00	34.91	27.40	2.07	3359.1	268.7	157.8	9.81	175.9	85.1	30.7	2.24	324.8
[25b	250	80	9.0	12.0	12.0	6.00	39.91	31.33	1.99	3619.5	289.6	173.5	9.52	196.4	98.5	32.7	2.22	355.1
[25c	250	82	11.0	12.0	12.0	6.00	44.91	35.25	1.96	3880.0	310.4	189.1	9.30	215.9	110.1	34.6	2.19	388.6
[28a	280	82	7.5	12.5	12.5	6.25	40.02	31.42	2.09	4752.5	339.5	200.2	10.90	217.9	104.1	35.7	2.33	393.3
[28b	280	84	9.5	12.5	12.5	6.25	45.62	35.81	2.02	5118.4	365.6	219.8	10.59	241.5	119.3	37.9	2.30	428.5
[28c	280	86	11.5	12.5	12.5	6.25	51.22	40.21	1.99	5484.3	391.7	239.4	10.35	264.1	132.6	40.0	2.27	467.3
[32a	320	88	8.0	14.0	14.0	7.00	48.50	38.07	2.24	7510.6	469.4	276.9	12.44	304.7	136.2	46.4	2.51	547.5
[32b	320	90	10.0	14.0	14.0	7.00	54.90	43.10	2.16	8056.8	503.5	302.5	12.11	335.6	155.0	49.1	2.47	592.9
[32c	320	92	12.0	14.0	14.0	7.00	61.30	48.12	2.13	8602.9	537.7	328.1	11.85	365.0	171.5	51.6	2.44	642.7
[36a	360	96	9.0	16.0	16.0	8.00	60.89	47.80	2.44	11874.1	659.7	389.9	13.96	455.0	186.2	63.6	2.73	818.5
[36b	360	98	11.0	16.0	16.0	8.00	68.09	53.45	2.37	12651.7	702.9	422.3	13.63	496.7	209.2	66.9	2.70	880.5
[36c	360	100	13.0	16.0	16.0	8.00	75.29	59.10	2.34	13429.3	746.1	454.7	13.36	536.6	229.5	70.0	2.67	948.0
[40a	400	100	10.5	18.0	18.0	9.00	75.04	58.91	2.49	17577.7	878.9	524.4	15.30	592.0	237.6	78.8	2.81	1057.9
[40b	400	102	12.5	18.0	18.0	9.00	83.04	65.19	2.44	18644.4	932.2	564.4	14.98	640.6	262.4	82.6	2.78	1135.8
[40c	400	100	14.5	18.0	18.0	9.00	91.04	71.47	2.42	19711.0	985.6	604.4	14.71	687.8	284.4	86.2	2.75	1220.3

注：普通槽钢的通常长度：[5～[8,为 5～12 m；[10～[18,为 5～19 m；[20～[40,为 6～19 m。

附表 5.8 热轧轻型槽钢的规格及截面特性(按 YB 164-63 计算)

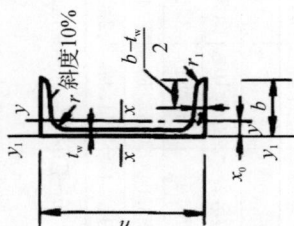

I—截面惯性矩;
W—截面抵抗矩;
S—半截面面积矩;
i—截面回转半径。

型号	尺寸(mm)						截面面积 A (cm²)	每米重量 (kg/m)	x₀ (cm)	x—x 轴				y—y 轴				y₁—y₁ 轴
	h	b	t_w	t	r	r_1			x_0 (cm)	I_x (cm⁴)	W_x (cm³)	S_x (cm³)	i_x (cm)	I_y (cm⁴)	W_{ymax} (cm³)	W_{ymin} (cm³)	i_y (cm)	I_{y1} (cm⁴)
⸆5	50	32	44	7.0	6.0	2.5	6.16	4.84	1.16	22.8	9.1	5.6	1.92	5.6	4.8	2.8	0.95	13.9
⸆6.5	65	36	4.4	7.2	6.0	2.5	7.51	5.70	1.24	48.6	15.0	9.0	2.54	8.7	7.0	3.7	1.08	20.2
⸆8	80	40	4.5	7.4	6.5	2.5	8.98	7.05	1.31	894	224	13.3	3.16	12.8	9.8	4.8	1.19	28.2
⸆10	100	46	4.5	7.6	7.0	3.0	10.94	8.59	1.44	173.9	34.8	20.4	3.99	20.4	14.2	6.5	1.37	43.0
⸆12	120	52	4.8	7.8	7.5	3.0	13.28	10.43	1.54	303.9	50.6	29.6	4.78	31.2	20.2	8.5	1.53	62.8
⸆14	140	58	4.9	8.1	8.0	3.0	15.65	12.28	1.67	491.1	70.2	40.8	5.60	45.4	27.1	11.0	1.70	89.2
⸆14a	140	62	4.9	8.7	8.0	3.0	16.98	13.33	1.87	544.8	77.8	45.1	5.66	57.5	30.7	13.3	1.84	116.9
⸆16	160	64	5.0	8.4	8.5	3.5	18.12	14.22	1.80	747.0	93.4	54.1	6.42	63.3	35.1	13.8	1.87	122.2
⸆16a	160	68	5.0	9.0	8.5	3.5	19.54	15.34	2.00	823.3	102.9	594	649	78.8	39.4	16.4	2.01	157.1
⸆18	180	70	5.1	8.7	9.0	3.5	20.71	16.25	1.94	1086.3	120.7	69.8	7.24	86.0	44.4	17.0	2.04	163.6
⸆18a	180	74	5.1	9.3	9.0	3.5	22.23	17.45	2.14	1190.7	132.3	76.1	7.32	105.4	494	20.0	2.18	206.7
⸆20	200	76	5.2	9.0	9.5	4.0	23.40	18.37	2.07	1522.0	152.2	87.8	8.07	113.4	54.9	20.5	2.20	213.3

续表

型号	尺寸 (mm)						截面面积 A (cm²)	每米重量 (kg/m)	x_0 (cm)	截面特性								
	h	b	t_w	t	r	r_1				$x-x$ 轴				$y-y$ 轴				y_1-y_1 轴
										I_x (cm⁴)	W_x (cm³)	S_x (cm³)	i_x (cm)	I_y (cm⁴)	W_{ymax} (cm³)	W_{ymin} (cm³)	i_y (cm)	I_{y1} (cm⁴)
匚20a	200	80	5.2	9.7	9.5	4.0	25.16	19.75	2.28	1672.4	167.2	95.9	8.15	138.6	60.8	24.2	2.35	269.3
匚22	220	82	5.4	9.5	10.0	4.0	26.72	20.97	2.21	2109.5	191.8	110.4	8.89	150.6	68.0	25.1	2.37	281.4
匚22a	220	87	54	10.2	10.0	4.0	28.81	22.62	246	2327.3	211.6	121.1	8.99	187.1	76.1	30.0	2.55	361.3
匚24	240	190	5.6	10.0	10.5	4.0	30.64	24.05	2.42	2901.1	241.8	138.8	9.73	207.6	85.7	31.6	2.60	387.4
匚24a	240	95	5.6	10.7	10.5	4.0	32.89	25.82	2.67	3181.2	265.1	151.3	9.83	253.6	95.0	37.2	2.78	488.5
匚27	270	95	6.0	10.5	11.0	4.5	35.23	27.66	2.47	4163.3	3084	177.6	10.87	261.8	105.8	37.3	2.73	477.5
匚30	300	100	6.5	11.0	12.0	5.0	40.47	31.77	2.52	5808.3	387.2	224.0	11.98	326.6	129.8	43.6	2.84	582.9
匚33	330	105	7.0	11.7	13.0	5.0	46.52	36.52	2.59	7984.1	483.9	280.9	13.10	410.1	158.3	51.8	2.97	722.2
匚36	360	110	7.5	12.6	14.0	6.0	53.37	41.90	2.68	10815.5	600.9	349.6	14.24	513.5	191.3	61.8	3.10	898.2
匚40	400	115	8.0	13.5	15.0	6.0	61.53	48.30	2.75	15219.6	761.0	444.3	15.73	642.3	233.1	73.4	3.23	1109.2

注：轻型型钢的通常长度：匚5~匚8,为 5~12 m；匚10~匚18,为 5~19 m；匚20~匚40,为 6~19 m。

附表 5.9　宽、中、窄翼缘 H 型钢的规格及截面特性(按 GB/T 11263-1998 计算)

类型	型号 (高度× 宽度)	截面尺寸(mm)				截面 面积 (cm²)	理论 重量 (kg/m)	截面特性参数					
								惯性矩(cm⁴)		惯性半径(cm)		截面模量(cm³)	
		$H \times B$	t_1	t_2	r			I_x	I_y	i_x	i_y	W_x	W_y
HW	100×100	100×100	6	8	10	21.90	17.2	383	134	4.18	2.47	76.5	26.7
	125×125	125×125	6.5	9	10	30.31	23.8	847	294	5.29	3.11	136	47.0
	150×150	150×150	7	10	13	40.55	31.9	1660	564	6.39	3.73	221	75.1
	175×175	175×175	7.5	11	13	51.43	40.3	2900	984	7.50	4.37	331	112
	200×200	200×200	8	12	16	64.28	50.5	4770	1600	8.61	4.99	477	160
		♯200×204	12	12	16	72.28	56.7	5030	1700	8.35	4.85	503	167
	250×250	250×250	9	14	16	92.18	72.4	10800	3650	10.8	6.29	867	292
		♯250×255	14	14	16	104.7	82.2	11500	3880	10.5	6.09	919	304
	300×300	♯294×302	12	12	20	108.3	85.0	17000	5520	12.5	7.14	1160	365
		300×300	10	15	20	120.4	94.5	20500	6760	13.1	7.49	1370	450
		300×305	15	15	20	135.4	106	21600	7100	12.6	7.24	1440	466
	350×350	♯344×348	10	16	20	146.0	115	33300	11200	15.1	8.78	1940	646
		350×350	12	19	20	173.9	137	40300	13600	15.2	8.84	2300	776
	400×400	♯388×402	15	15	24	179.2	141	49200	16300	16.6	9.52	2540	809
		♯394×398	11	15	24	187.6	147	56400	18900	17.3	10.0	2860	951
		400×400	13	21	24	219.5	172	66900	22400	17.5	10.1	3340	1120
		♯400×408	21	21	24	251.5	197	71100	23800	16.8	9.73	3560	1170
		♯414×405	18	28	24	296.2	233	93000	31000	17.7	10.2	4490	1530
		♯428×407	20	35	24	361.4	284	119000	39400	18.2	10.4	5580	1930
		*458×417	30	50	24	529.3	415	187000	60500	18.8	10.7	8180	2900
		*498×432	45	70	24	770.8	605	298000	94400	19.7	11.1	12000	4370
HM	150×100	148×100	6	9	13	27.25	21.4	1040	151	6.17	2.35	140	30.2
	200×150	194×150	6	9	16	39.76	31.2	2740	508	8.30	3.57	283	67.7
	250×175	244×175	7	11	16	56.24	44.1	6120	985	10.4	4.18	502	113
	300×200	294×200	8	12	20	73.03	57.3	11400	1600	12.5	4.69	779	160
	350×250	340×250	9	14	20	101.5	79.7	21700	3650	14.6	6.00	1280	292
	400×300	390×300	10	16	24	136.7	107	38900	7210	16.9	7.26	2000	481
	450×300	440×300	11	18	24	157.4	124	56100	8110	18.9	7.18	2550	541
	500×300	482×300	11	15	28	146.4	115	60800	6770	20.4	6,80	2520	451
		488×300	11	18	28	164.4	129	71400	8120	20.8	7.03	2930	541
	600×300	582×300	12	17	28	174.5	137	103000	7670	24.3	6.63	3530	511
		588×300	12	20	28	192.5	151	118000	9020	24.8	6.85	4020	601
		♯594×302	14	23	28	222.4	175	137000	10600	24.9	6.90	4620	701

续表

类型	型号(高度×宽度)	截面尺寸(mm)				截面面积(cm²)	理论重量(kg/m)	截面特性参数					
								惯性矩(cm⁴)		惯性半径(cm)		截面模量(cm³)	
		$H \times B$	t_1	t_2	r			I_x	I_y	i_x	i_y	W_x	W_y
HN	100×50	100×50	5	7	10	12.16	9.54	192	14.9	3.98	1.11	38.5	5.96
	125×60	125×60	6	8	10	17.01	13.3	417	29.3	4.95	1.31	66.8	9.75
	150×75	150×75	5	7	10	18.16	14.3	679	49.6	6.12	1.65	90.6	13.2
	175×90	175×90	5	8	10	23.21	18.2	1220	97.6	7.26	2.05	140	21.7
	200×100	198×99	4.5	7	13	23.59	18.5	1610	114	8.27	2.20	163	23.0
		200×100	5.5	8	13	27.57	21.7	1880	134	8.25	2.21	188	26.8
	250×125	248×124	5	8	13	32.89	25.8	3560	255	10.4	2.78	287	41.1
		250×125	6	9	13	37.87	29.7	4080	294	10.4	2.79	326	47.0
	300×150	298×149	5.5	8	16	41.55	32.6	6460	443	12.4	3.26	433	59.4
		300×150	6.5	9	16	47.53	37.3	7350	508	12.4	3.27	490	67.7
	350×175	346×174	6	9	16	53.19	41.8	11200	792	14.5	3.86	649	91.0
		350×175	7	11	16	63.66	50.0	13700	985	14.7	3.93	782	113
	♯400×150	♯400×150	8	13	16	71.12	55.8	18800	734	16.3	3.21	942	97.9
	400×200	396×199	7	11	16	72.16	56.7	20000	1450	16.7	4.48	1010	145
		400×200	8	13	16	84.12	66.0	23700	1740	16.8	4.54	1190	174
	♯450×150	♯450×150	9	14	20	83.41	65.5	27100	793	18.0	3.08	1200	106
	450×200	446×199	8	12	20	84.95	66.7	29000	1580	18.5	4.31	1300	159
		450×200	9	14	20	97.41	76.5	33700	1870	18.6	4.38	1500	187
	♯500×150	♯500×150	10	16	20	98.23	77.1	38500	907	19.8	3.04	1540	121
	500×200	496×199	9	14	20	101.3	79.5	41900	1840	20.3	4.27	1690	185
		500×200	10	16	20	114.2	89.6	47800	2140	20.5	4.33	1910	214
		♯506×201	11	19	20	131.3	103	56500	2580	20.8	4.43	2230	257
	600×200	*596×199	10	15	24	121.2	95.1	69300	1980	23.9	4.04	2330	199
		600×200	11	17	24	135.2	106	78200	2280	24.1	4.11	2610	228
		♯606×201	12	20	24	153.3	120	91000	2720	24.4	4.21	3000	271
	700×300	♯692×300	13	20	28	211.5	166	172000	9020	28.6	6.53	4980	602
		700×300	13	24	28	235.5	185	201000	10800	29.3	6.78	5760	722
	♯800×300	*792×300	14	22	28	243.4	191	25400	9930	32.3	6.39	6400	662
		*800×300	14	26	28	267.4	210	292000	11700	33.0	6.62	7290	782
	*900×300	*890×299	15	23	28	270.9	213	345000	10300	35.7	6.16	7760	688
		*900×300	16	28	28	309.8	243	411000	12600	36.4	6.39	9140	843
		*912×302	18	34	38	364.0	286	498000	15700	37.0	6.56	10900	1040

注

1. "♯"表示的规格为非常用规格。

2. "＊"表示的规格,目前国内尚未生产。

3. 型号属同一范围的产品,其内侧尺寸高度是一致的。

4. 截面面积计算公式为"$t_1(H-2t_2)+2Bt_2+0.858r^2$"。

附表 5.10　宽、中、窄翼缘剖分 T 型钢的规格及截面特性（按 GB/T 11263-1998 计算）

类别	型号（高度×宽度）	截面尺寸(mm)					截面面积（cm²）	理论重量（kg/m）	截面特性参数							对应H型钢系列
									惯性矩（cm⁴）		惯性半径（cm）		截面模量（cm³）		重心（cm）	
		h	B	t_1	t_2	r			I_x	I_y	i_x	i_y	W_x	W_y	C_x	型号
TW	50×100	50	100	6	8	10	10.95	8.56	16.1	66.9	1.21	2.47	4.03	13.4	1.00	100×100
	62.5×125	62.5	125	6.5	9	10	15.16	11.9	35.0	147	1.52	3.11	6.91	23.5	1.19	125×125
	75×150	75	150	7	10	13	20.28	15.9	66.4	282	1.81	3.73	10.8	37.6	1.37	150×150
	87.5×175	87.5	175	7.5	11	13	25.71	20.2	115	492	2.11	4.37	15.9	56.2	1.55	175×175
	100×200	100	200	8	12	16	32.14	25.2	185	801	2.40	4.99	22.3	80.1	1.73	200×200
		♯100	204	12	12	16	36.14	28.3	256	851	2.66	4.85	32.4	83.5	2.09	
	125×250	125	250	9	14	16	46.09	36.2	412	1820	2.99	6.29	39.5	146	2.08	250×250
		♯125	255	14	14	16	52.34	41.1	589	1940	3.36	6.09	59.4	152	2.58	
	150×300	♯147	302	12	12	20	54.16	42.5	858	2760	3.98	7.14	72.3	183	2.83	300×300
		150	300	10	15	20	60.22	47.3	798	3380	3.64	7.49	63.7	225	2.47	
		150	305	15	15	20	67.72	53.1	1110	3550	4.05	7.24	92.5	283	3.02	
	175×350	♯172	348	10	16	20	73.00	57.3	1230	5620	4.11	8.78	84.7	323	2.67	350×350
		175	350	12	19	20	86.94	68.2	1520	6790	4.18	8.84	104	388	2.86	
	200×400	♯194	402	15	15	24	89.62	70.3	2480	8130	5.26	9.52	158	405	3.69	400×400
		♯197	398	11	18	24	93.80	73.6	2050	9460	4.67	10.0	123	476	3.01	
		200	400	13	21	24	109.7	86.1	2480	11200	4.75	10.1	147	560	3.21	
		♯200	408	21	21	24	125.7	98.7	3650	11900	5.39	9.73	229	584	4.07	
		♯207	405	18	28	24	148.1	116	3620	15500	4.95	10.2	213	766	3.68	
		♯214	407	20	35	24	180.7	142	4380	19700	4.92	10.4	250	967	3.90	
TM	74×100	74	100	6	9	13	13.63	10.7	51.7	75.4	1.95	2.35	8.80	15.1	1.55	150×100
	97×150	97	150	6	9	16	19.88	15.6	125	254	2.50	3.57	15.8	33.9	1.78	200×150
	122×175	122	175	7	11	16	28.12	22.1	289	492	3.20	4.18	29.1	56.3	2.27	250×175
	147×200	147	200	8	12	20	36.52	28.7	572	802	3.96	4.69	48.2	80.2	2.82	300×200
	170×250	170	250	9	14	20	50.76	39.9	1020	1830	4.48	6.00	73.1	146	3.09	350×250
	200×300	195	300	10	16	24	68.37	53.7	1730	3600	5.03	7.26	108	240	3.40	400×300
	220×300	220	300	11	18	24	78.69	61.8	2680	4060	5.84	7.18	150	270	4.05	450×300
	250×300	241	300	11	15	28	73.23	57.5	3420	3380	6.83	6.80	178	226	4.90	500×600
		244	300	11	18	28	82.23	64.5	3620	4060	6.64	7—03	184	271	4.65	
	300×300	291	300	12	17	28	87.25	68.5	6360	3830	8.54	6.63	280	256	6.39	600×300
		294	300	12	20	28	96.25	75.5	6710	4510	8.35	6.85	288	301	6.08	
		♯297	302	14	23	28	111.2	87.3	7920	5290	8.44	6.90	339	351	6.331	

续表

类别	型号（高度×宽度）	截面尺寸(mm)					截面面积 (cm²)	理论重量 (kg/m)	截面特性参数							对应 H 型钢系列
									惯性矩 (cm⁴)		惯性半径 (cm)		截面模量 (cm³)		重心 (cm)		型号
		h	B	t_1	t_2	r			I_x	I_y	i_x	i_y	W_x	W_y	C_x	
TN	50×50	50	50	5	7	10	6.079	4.79	11.9	7.45	1.40	1.11	3.18	2.98	1.27	100×50
	62.5×60	62.5	60	6	8	10	8.499	6.67	27.5	14.6	1.80	1.31	5.96	4.88	1.63	125×60
	75×75	75	75	5	7	10	9.079	7.14	42.7	24.8	2.17	1.65	7.46	6.61	1.78	150×75
	87.5×90	87.5	90	5	8	10	11.60	9.14	70.7	48.8	2.47	2.05	10.4	10.8	1.92	175×90
	100×100	99	99	4.5	7	13	11.80	9.26	94.0	56.9	2.82	2.20	12.1	11.5	2.13	200×100
		100	100	5.5	8	13	13.79	10.8	115	67.1	2.88	2.21	14.8	13.4	2.27	
	125×125	124	124	5	8	13	16.45	12.9	208	128	3.56	2.78	21.3	20.6	2.62	250×125
		125	125	6	9	13	18.94	14.8	249	147	3.62	2.79	25.6	23.5	2.78	
	150×150	149	149	5.5	8	16	20.77	16.3	395	221	4.36	3.26	33.8	29.7	3.22	300×150
		150	150	6.5	9	16	23.76	18.7	465	254	4.42	3.27	40.0	33.9	3.38	
	175×175	173	174	6	9	16	26.60	20.9	681	396	5.06	3.86	50.0	45.5	3.68	350×175
		175	175	7	11	16	31.83	25.0	816	492	5.06	3.93	59.3	56.3	3.74	
	200×200	198	199	7	11	16	36.08	28.3	1190	724	5.76	4.48	76.4	72.7	4.17	400×200
		200	200	8	13	16	42.06	33.0	1400	868	5.76	4.54	88.6	86.8	4.23	
	225×200	223	199	8	12	20	42.54	33.4	1880	790	6.65	4.31	109	79.4	5.07	450×200
		225	200	9	14	20	48.71	38.2	2160	936	6.66	4.38	124	93.6	5.13	
	250×200	248	199	9	14	20	50.64	39.7	2840	922	7.49	4.27	150	92.7	5.90	500×200
		250	200	10	16	20	57.12	44.8	3210	1070	7.50	4.33	169	107	5.96	
		♯253	201	11	19	20	65.65	51.5	3670	1290	7.48	4.43	190	128	5.95	
	300×200	298	199	10	15	24	60.62	47.6	5200	991	9.27	4.04	236	100	7.76	600×200
		300	200	11	17	24	67.60	53.1	5820	1140	9.28	4.11	262	114	7.81	
		♯303	201	12	20	24	76.63	60.1	6580	1360	9.26	4.21	292	135	7.76	

注:" ♯ "表示的规格为非常用规格。

附表 5.11　热轧无缝钢管的规格及截面特性（按 YB 231-70 计算）

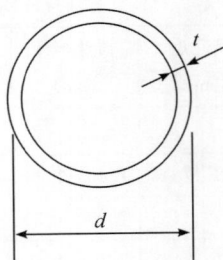

I—截面惯性矩；
W—截面抵抗矩；
i—截面回转半径。

尺寸 (mm)		截面面积	每米重量	截面特性			尺寸 (mm)		截面面积	每米重量	截面特性		
d	t	A (cm^2)	(kg/m)	I (cm^4)	W (cm^3)	i (cm)	d	t	A (cm^2)	(kg/m)	I (cm^4)	W (cm^3)	i (cm)
32	2.5	2.32	1.82	2.54	1.59	1.05	60	3.0	5.37	4.22	21.88	7.29	2.02
	3.0	2.73	2.15	2.90	1.82	1.03		3.5	6.21	4.88	24.88	8.29	2.00
	3.5	3.13	2.46	3.23	2.02	1.02		4.0	7.04	5.52	27.73	9.24	1.98
	4.0	3.52	2.76	3.52	2.20	1.00		4.5	7.85	6.16	30.41	10.14	1.97
38	2.5	2.79	2.19	4.41	2.32	1.26		5.0	8.64	6.78	32.94	10.98	1.95
	3.0	3.30	2.59	5.09	2.68	1.24		5.5	9.42	7.39	35.32	11.77	1.94
	3.5	3.79	2.98	5.70	3.00	1.23		6.0	10.18	7.99	37.56	12.52	1.92
	4.0	4.27	3.35	6.26	3.29	1.21	63.5	3.0	5.70	4.48	26.15	8.24	2.14
42	2.5	3.10	2.44	6.07	2.89	1.40		3.5	6.60	5.18	29.79	9.38	2.12
	3.0	3.68	2.89	7.03	3.35	1.38		4.0	7.48	5.87	33.24	10.47	2.11
	3.5	4.23	3.32	7.91	3.77	1.37		4.5	8.34	6.55	36.50	11.50	2.09
	4.0	4.78	3.75	8.71	4.15	1.35		5.0	9.19	7.21	39.60	12.47	2.08
45	2.5	3.34	2.62	7.56	3.36	1.51		5.5	10.02	7.87	42.52	13.39	2.06
	3.0	3.96	3.11	8.77	3.90	1.49		6.0	10.84	8.51	45.28	14.26	2.04
	3.5	4.56	3.58	9.89	4.40	1.47	68	3.0	6.13	4.81	32.42	9.54	2.30
	4.0	5.15	4.04	10.93	4.86	1.46		3.5	7.09	5.57	36.99	10.88	2.28
50	2.5	3.73	2.93	10.55	4.22	1.68		4.0	8.04	6.31	41.34	12.16	2.27
	3.0	4.43	3.48	12.28	4.91	1.67		4.5	8.98	7.05	45.47	13.37	2.25
	3.5	5.11	4.01	13.90	5.56	1.65		5.0	9.90	7.77	49.41	14.53	2.23
	4.0	5.78	4.54	15.41	6.16	1.63		5.5	10.80	8.48	53.14	15.63	2.22
	4.5	6.43	5.05	16.81	6.72	1.62		6.0	11.69	9.17	56.68	16.67	2.20
	5.0	7.07	5.55	18.11	7.25	1.60	70	3.0	6.31	4.96	35.50	10.14	2.37
54	3.0	4.81	3.77	15.68	5.81	1.81		3.5	7.31	5.74	40.53	11.58	2.35
	3.5	5.55	4.36	17.79	6.59	1.79		4.0	8.29	6.51	45.33	12.95	2.34
	4.0	6.28	4.93	19.76	7.32	1.77		4.5	9.26	7.27	49.89	14.26	2.32
	4.5	7.00	5.49	21.61	8.00	1.76		5.0	10.21	8.01	54.24	15.50	2.30
	5.0	7.70	6.04	23.34	8.64	1.74		5.5	11.14	8.75	58.38	16.68	2.29
	5.5	8.38	6.58	24.96	9.24	1.73		6.0	12.06	9.47	62.31	17.80	2.27
	6.0	9.05	7.10	26.46	9.80	1.71	73	3.0	6.60	5.18	40.48	11.09	2.48
57	3.0	5.09	4.00	18.61	6.53	1.91		3.5	7.64	6.00	46.26	12.67	2.46
	3.5	5.88	4.62	21.14	7.42	1.90		4.0	8.67	6.81	51.78	14.19	2.44
	4.0	6.66	5.23	23.52	8.25	1.88		4.5	9.68	7.60	57.04	15.63	2.43
	4.5	7.42	5.83	25.76	9.04	1.86		5.0	10.68	8.38	62.07	17.01	2.41
	5.0	8.17	6.41	27.86	9.78	1.85		5.5	11.66	9.16	66.87	18.32	2.39
	5.5	8.90	6.99	29.84	10.47	1.83		6.0	12.63	9.91	71.43	19.57	2.38
	6.0	9.61	7.55	31.69	11.12	1.82	76	3.0	6.88	5.40	45.91	12.08	2.58
								3.5	7.97	6.26	52.50	13.82	2.57
								4.0	9.05	7.10	58.81	15.48	2.55
								4.5	10.11	7.93	64.85	17.07	2.53
								5.0	11.15	8.75	70.62	18.59	2.52
								5.5	12.18	9.56	76.14	20.04	2.50
								6.0	13.19	10.36	81.41	21.42	2.48

续表

尺寸(mm) d	t	截面面积 A(cm²)	每米重量(kg/m)	截面特性 I(cm⁴)	W(cm³)	i(cm)
83	3.5	8.74	6.86	69.19	16.67	2.81
	4.0	9.93	7.79	77.64	18.71	2.80
	4.5	11.10	8.71	85.76	20.67	2.78
	5.0	12.25	9.62	93.56	22.54	2.76
	5.5	13.39	10.51	101.04	24.35	2.75
	6.0	14.51	11.39	108.22	26.08	2.73
	6.5	15.62	12.26	115.10	27.74	2.71
	7.0	16.71	13.12	121.69	29.32	2.70
89	3.5	9.40	7.38	86.05	19.34	3.03
	4.0	10.68	8.38	96.68	21.73	3.01
	4.5	11.95	9.38	106.92	24.03	2.99
	5.0	13.19	10.36	116.79	26.24	2.98
	5.5	14.43	11.33	126.29	28.38	2.96
	6.0	15.65	12.28	135.43	30.43	2.94
	6.5	16.85	13.22	144.22	32.41	2.93
	7.0	18.03	14.16	152.67	34.31	2.91
95	3.5	10.06	7.90	105.45	22.20	3.24
	4.0	11.44	8.98	118.60	24.97	3.22
	4.5	12.79	10.04	131.31	27.64	3.20
	5.0	14.14	11.10	143.58	30.23	3.19
	5.5	15.46	12.14	155.43	32.72	3.17
	6.0	16.78	13.17	166.86	35.13	3.15
	6.5	18.07	14.19	177.89	37.45	3.14
	7.0	19.35	15.19	188.51	39.69	3.12
102	3.5	10.83	8.50	131.52	25.79	3.48
	4.0	12.32	9.67	148.09	29.04	3.47
	4.5	13.78	10.82	164.14	32.18	3.45
	5.0	15.24	11.96	179.68	35.23	3.43
	5.5	16.67	13.09	194.72	38.18	3.42
	6.0	18.10	14.21	209.28	41.03	3.40
	6.5	19.50	15.31	223.35	43.79	3.38
	7.0	20.89	16.40	236.96	46.46	3.37
114	4.0	13.82	10.85	209.35	36.73	3.89
	4.5	15.48	12.15	232.41	40.77	3.87
	5.0	17.12	13.44	254.81	44.70	3.86
	5.5	18.75	14.72	276.58	48.52	3.84
	6.0	20.36	15.98	297.73	52.23	3.82
	6.5	21.95	17.23	318.26	55.84	3.81
	7.0	23.53	18.47	338.19	59.33	3.79
	7.5	25.09	19.70	357.58	62.73	3.77
	8.0	26.64	20.91	376.30	66.02	3.76
121	4.0	14.70	11.54	251.87	41.63	4.14
	4.5	16.47	12.93	279.83	46.25	4.12
	5.0	18.22	14.30	307.05	50.75	4.11
	5.5	19.96	15.67	333.54	55.13	4.09
	6.0	21.68	17.02	359.32	59.39	4.07
	6.5	23.38	18.35	384.40	63.54	4.05
	7.0	25.07	19.68	408.80	67.57	4.04
	7.5	26.74	20.99	432.51	71.49	4.02
	8.0	28.40	22.29	455.57	75.30	4.01

尺寸(mm) d	t	截面面积 A(cm²)	每米重量(kg/m)	截面特性 I(cm⁴)	W(cm³)	i(cm)
127	4.0	15.46	12.13	292.61	46.08	4.35
	4.5	17.32	13.59	325.29	51.23	4.33
	5.0	19.16	15.04	357.14	56.24	4.32
	5.5	20.99	16.48	388.19	61.13	4.30
	6.0	22.81	17.90	418.44	65.90	4.28
	6.5	24.61	19.32	447.92	70.54	4.27
	7.0	26.39	20.72	476.63	75.06	4.25
	7.5	28.16	22.10	504.58	79.46	4.23
	8.0	29.91	23.48	531.80	83.75	4.22
133	4.0	16.21	12.73	337.53	50.76	4.56
	4.5	18.17	14.26	375.42	56.45	4.55
	5.0	20.11	15.78	412.40	62.02	4.53
	5.5	22.03	17.29	448.50	67.44	4.51
	6.0	23.94	18.79	483.72	72.74	4.50
	6.5	25.83	20.28	518.07	77.91	4.48
	7.0	27.71	21.75	551.58	82.94	4.46
	7.5	29.57	23.21	584.23	87.86	4.45
	8.0	31.42	24.66	616.11	92.65	4.43
140	4.5	19.16	15.04	440.12	62.87	4.79
	5.0	21.21	16.65	483.76	69.11	4.78
	5.5	23.24	18.24	526.40	75.20	4.76
	6.0	25.26	19.83	568.06	81.15	4.74
	6.5	27.26	21.40	608.76	86.97	4.73
	7.0	29.25	22.96	648.51	92.64	4.71
	7.5	31.22	24.51	687.32	98.19	4.69
	8.0	33.18	26.04	725.21	103.60	4.68
	9.0	37.04	29.08	798.29	114.04	4.64
	10	40.84	32.06	867.86	123.98	4.61
146	4.5	20.00	15.70	501.16	68.65	5.01
	5.0	22.15	17.39	551.10	75.49	4.99
	5.5	24.28	19.06	599.95	82.19	4.97
	6.0	26.39	20.72	647.73	88.73	4.95
	6.5	28.49	22.36	694.44	95.13	4.94
	7.0	30.57	24.00	740.12	101.39	4.92
	7.5	32.63	25.62	784.77	107.50	4.90
	8.0	34.68	27.23	828.41	113.48	4.89
	9.0	38.74	30.41	912.71	125.03	4.85
	10	42.73	33.54	993.16	136.05	4.82
152	4.5	20.85	16.37	567.61	74.69	5.22
	5.0	23.09	18.13	624.43	82.16	5.20
	5.5	25.31	19.87	680.06	89.48	5.18
	6.0	27.52	21.60	734.52	96.65	5.17
	6.5	29.71	23.32	787.82	103.66	5.15
	7.0	31.89	25.03	839.99	110.52	5.13
	7.5	34.05	26.73	891.03	117.24	5.12
	8.0	36.19	28.41	940.97	123.81	5.10
	9.0	40.43	31.74	1037.59	136.53	5.07
	10	44.61	35.02	1129.99	148.68	5.03

续表

左半部分：

尺寸(mm) d	t	截面面积 A (cm²)	每米重量 (kg/m)	I (cm⁴)	W (cm³)	i (cm)
159	4.5	21.84	17.15	652.27	82.05	5.46
	5.0	24.19	18.99	717.88	90.30	5.45
	5.5	26.52	20.82	782.18	98.39	5.43
	6.0	28.84	22.64	845.19	106.31	5.41
	6.5	31.14	24.45	906.92	114.08	5.40
	7.0	33.43	26.24	967.41	121.69	5.38
	7.5	35.70	28.02	1026.65	129.14	5.36
	8.0	37.95	29.79	1084.67	136.44	5.35
	9.0	42.41	33.29	1197.12	150.58	5.31
	10	46.81	36.75	1304.88	164.14	5.28
168	4.5	23.11	18.14	772.96	92.02	5.78
	5.0	25.60	20.10	851.14	101.33	5.77
	5.5	28.08	22.04	927.85	110.46	5.75
	6.0	30.54	23.97	1003.12	119.42	5.73
	6.5	32.98	25.89	1076.95	128.21	5.71
	7.0	35.41	27.79	1149.36	136.83	5.70
	7.5	37.82	29.69	1220.38	145.28	5.68
	8.0	40.21	31.57	1290.01	153.57	5.66
	9.0	44.96	35.29	1425.22	169.67	5.63
	10	49.64	38.97	1555.13	185.13	5.60
180	5.0	27.49	21.58	1053.17	117.02	6.19
	5.5	30.15	23.67	1148.79	127.64	6.17
	6.0	32.80	25.75	1242.72	138.08	6.16
	6.5	35.43	27.81	1335.00	148.33	6.14
	7.0	38.04	29.87	1425.63	158.40	6.12
	7.5	40.64	31.91	1514.64	168.29	6.10
	8.0	43.23	33.93	1602.04	178.00	6.09
	9.0	48.35	37.95	1772.12	196.90	6.05
	10	53.41	41.92	1936.01	215.11	6.02
	12	63.33	49.72	2245.84	249.54	5.95
194	5.0	29.69	23.31	1326.54	136.76	6.68
	5.5	32.57	25.57	1447.86	149.26	6.67
	6.0	35.44	27.82	1567.21	161.57	6.65
	6.5	38.29	30.06	1684.61	173.67	6.63
	7.0	41.12	32.28	1800.08	185.57	6.62
	7.5	43.94	34.50	1913.64	197.28	6.60
	8.0	46.75	36.70	2025.31	208.79	6.58
	9.0	52.31	41.06	2243.08	231.25	6.55
	10	57.81	45.38	2453.55	252.94	6.51
	12	68.61	53.86	2853.25	294.15	6.45
203	6.0	37.13	29.15	1803.07	177.64	6.97
	6.5	40.13	31.50	1938.81	191.02	6.95
	7.0	43.10	33.84	2072.43	204.18	6.93
	7.5	46.06	36.16	2203.94	217.14	6.92
	8.0	49.01	38.47	2333.37	229.89	6.90
	9.0	54.85	43.06	2586.08	254.79	6.87
	10	60.63	47.60	2830.72	278.89	6.83
	12	72.01	56.52	3296.49	324.78	6.77
	14	83.13	65.25	3732.07	367.69	6.70
	16	94.00	73.79	4138.78	407.76	6.64

右半部分：

尺寸(mm) d	t	截面面积 A (cm²)	每米重量 (kg/m)	I (cm⁴)	W (cm³)	i (cm)
219	6.0	40.15	31.52	2278.74	208.10	7.53
	6.5	43.39	34.06	2451.64	223.89	7.52
	7.0	46.62	36.60	2622.04	239.46	7.50
	7.5	49.83	39.12	2789.96	254.79	7.48
	8.0	53.03	41.63	2955.43	269.90	7.47
	9.0	59.38	46.61	3279.12	299.46	7.43
	10	65.66	51.54	3593.29	328.15	7.40
	12	78.04	61.26	4193.81	383.00	7.33
	14	90.16	70.78	4758.50	434.57	7.26
	16	102.04	80.10	5288.81	483.00	7.20
245	6.5	48.70	38.23	3465.46	282.89	8.44
	7.0	52.34	41.08	3709.06	302.78	8.42
	7.5	55.96	43.93	3949.52	322.41	8.40
	8.0	59.56	46.76	4186.87	341.79	8.38
	9.0	66.73	52.38	4652.32	379.78	8.35
	10	73.83	57.95	5105.63	416.79	8.32
	12	87.84	68.95	5976.67	487.89	8.25
	14	101.60	79.76	6801.68	555.24	8.18
	16	115.11	90.36	7582.30	618.96	8.12
273	6.5	54.42	42.72	4834.18	354.15	9.42
	7.0	58.50	45.92	5177.30	379.29	9.41
	7.5	62.56	49.11	5516.47	404.14	9.39
	8.0	66.60	52.28	5851.71	428.70	9.37
	9.0	74.64	58.60	6510.56	476.96	9.34
	10	82.62	64.86	7154.09	524.11	9.31
	12	98.39	77.24	8396.14	615.10	9.24
	14	113.91	89.42	9579.75	701.81	9.17
	16	129.18	101.41	10706.79	784.38	9.10
299	7.5	68.68	53.92	7300.02	488.30	10.31
	8.0	73.14	57.41	7747.42	518.22	10.29
	9.0	82.00	64.37	8628.09	577.13	10.26
	10	90.79	71.27	9490.15	634.79	10.22
	12	108.20	84.94	11159.52	746.46	10.16
	14	125.35	98.40	12757.61	853.35	10.09
	16	142.25	111.67	14286.48	955.62	10.02
325	7.5	74.81	58.73	9431.80	580.42	11.23
	8.0	79.67	62.54	10013.92	616.24	11.21
	9.0	89.35	70.14	11161.33	686.85	11.18
	10	98.96	77.68	12286.52	756.09	11.14
	12	118.00	92.63	14471.45	890.55	11.07
	14	136.78	107.38	16570.98	1019.75	11.01
	16	155.32	121.93	18587.38	1143.84	10.94
351	8.0	86.21	67.67	12684.36	722.76	12.13
	9.0	96.70	75.91	14147.55	806.13	12.10
	10	107.13	84.10	15584.62	888.01	12.06
	12	127.80	100.32	18381.63	1047.39	11.99
	14	148.22	116.35	21077.86	1201.02	11.93
	16	168.39	132.19	23675.75	1349.05	11.86

注：热轧无缝钢管的通常长度为3~12 m。

附表 5.12　电焊钢管的规格及截面特性（按 YB 242-63 计算）

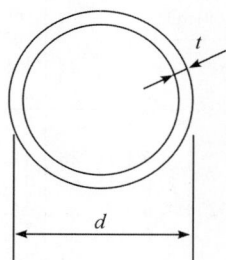

I—截面惯性矩；
W—截面抵抗矩；
i—截面回转半径。

d(mm)	t(mm)	A(cm²)	每米重量(kg/m)	I(cm⁴)	W(cm³)	i(cm)
32	2.0	1.88	1.48	2.13	1.33	1.06
	2.5	2.32	1.82	2.54	1.59	1.05
38	2.0	2.26	1.78	3.68	1.93	1.27
	2.5	2.79	2.19	4.41	2.32	1.26
40	2.0	2.39	1.87	4.32	2.16	1.35
	2.5	2.95	2.31	5.20	2.60	1.33
42	2.0	2.51	1.97	5.04	2.40	1.42
	2.5	3.10	2.44	6.07	2.89	1.40
45	2.0	2.70	2.12	6.26	2.78	1.52
	2.5	3.34	2.62	7.56	3.36	1.51
	3.0	3.96	3.11	8.77	3.90	1.49
51	2.0	3.08	2.42	9.26	3.63	1.73
	2.5	3.81	2.99	11.23	4.40	1.72
	3.0	4.52	3.55	13.08	5.13	1.70
	3.5	5.22	4.10	14.81	5.81	1.68
53	2.0	3.20	2.52	10.43	3.94	1.80
	2.5	3.97	3.11	12.67	4.78	1.79
	3.0	4.71	3.70	14.78	5.58	1.77
	3.5	5.44	4.27	16.75	6.32	1.75
57	2.0	3.46	2.71	13.08	4.59	1.95
	2.5	4.28	3.36	15.93	5.59	1.93
	3.0	5.09	4.00	18.61	6.53	1.91
	3.5	5.88	4.62	21.14	7.42	1.90
60	2.0	3.64	2.86	15.34	5.11	2.05
	2.5	4.52	3.55	18.70	6.23	2.03
	3.0	5.37	4.22	21.88	7.29	2.02
	3.5	6.21	4.88	24.86	8.29	2.00
63.5	2.0	3.86	3.03	18.29	5.76	2.18
	2.5	4.79	3.76	22.32	7.03	2.16
	3.0	5.70	4.48	26.15	8.24	2.14
	3.5	6.60	5.18	29.79	9.38	2.12
70	2.0	4.27	3.35	24.72	7.06	2.41
	2.5	5.30	4.16	30.23	8.64	2.39
	3.0	6.31	4.96	35.50	10.14	2.37
	3.5	7.31	5.74	40.53	11.58	2.35
	4.5	9.26	7.27	49.89	14.26	2.32
76	2.0	4.65	3.65	31.85	8.38	2.62
	2.5	5.77	4.53	39.03	10.27	2.60
	3.0	6.88	5.40	45.91	12.08	2.58
	3.5	7.97	6.26	52.50	13.82	2.57
	4.0	9.05	7.10	58.81	15.48	2.55
	4.5	10.11	7.93	64.85	17.07	2.53
83	2.0	5.09	4.00	41.76	10.06	2.86
	2.5	6.32	4.96	51.26	12.35	2.85
	3.0	7.54	5.92	60.40	14.56	2.83
	3.5	8.74	6.86	69.19	16.67	2.81
	4.0	9.93	7.79	77.64	18.71	2.80
	4.5	11.10	8.71	85.76	20.67	2.78
89	2.0	5.47	4.29	51.75	11.63	3.08
	2.5	6.79	5.33	63.59	14.29	3.06
	3.0	8.11	6.36	75.02	16.86	3.04
	3.5	9.40	7.38	86.05	19.34	3.03
	4.0	10.68	8.38	96.68	21.73	3.01
	4.5	11.95	9.38	106.92	24.03	2.99
95	2.0	5.84	4.59	63.20	13.31	3.29
	2.5	7.26	5.70	77.76	16.37	3.27
	3.0	8.67	6.81	91.83	19.33	3.25
	3.5	10.06	7.90	105.45	22.20	3.24
102	2.0	6.28	4.93	78.57	15.41	3.54
	2.5	7.81	6.13	96.77	18.97	3.52
	3.0	9.33	7.32	114.42	22.43	3.50
	3.5	10.83	8.50	131.52	25.79	3.48
	4.0	12.32	9.67	148.09	29.04	3.47
	4.5	13.78	10.82	164.14	32.18	3.45
	5.0	15.24	11.96	179.68	35.23	3.43
108	3.0	9.90	7.77	136.49	25.28	3.71
	3.5	11.49	9.02	157.02	29.08	3.70
	4.0	13.07	10.26	176.95	32.77	3.68
114	3.0	10.46	8.21	161.24	28.29	3.93
	3.5	12.15	9.54	185.63	32.57	3.91
	4.0	13.82	10.85	209.35	36.73	3.89
	4.5	15.48	12.15	232.41	40.77	3.87
	5.0	17.12	13.44	254.81	44.70	3.86
121	3.0	11.12	8.73	193.69	32.01	4.17
	3.5	12.92	10.14	223.17	36.89	4.16
	4.0	14.70	11.54	251.87	41.63	4.14
127	3.0	11.69	9.17	224.75	35.39	4.39
	3.5	13.58	10.66	259.11	40.80	4.37
	4.0	15.46	12.12	292.61	46.08	4.35
	4.5	17.32	13.59	325.29	51.23	4.33
	5.0	19.16	15.04	357.14	56.24	4.32
133	3.5	14.24	11.18	298.71	44.92	4.58
	4.0	16.21	12.73	337.53	50.76	4.56
	4.5	18.17	14.26	375.42	56.45	4.55
	5.0	20.11	15.78	412.40	62.02	4.53

续表

尺寸 (mm)		截面面积 A (cm²)	每米重量 (kg/m)	截面特性			尺寸 (mm)		截面面积 A (cm²)	每米重量 (kg/m)	截面特性		
d	t			I (cm⁴)	W (cm³)	i (cm)	d	t			I (cm⁴)	W (cm³)	i (cm)
140	3.5	15.01	11.78	349.79	49.97	4.83	152	3.5	16.33	12.82	450.35	59.26	5.25
	4.0	17.09	13.42	395.47	56.50	4.81		4.0	18.60	14.60	509.59	67.05	5.23
	4.5	19.16	15.04	440.12	62.87	4.79		4.5	20.85	16.37	567.61	74.69	5.22
	5.0	21.21	16.65	483.76	69.11	4.78		5.0	23.09	18.13	624.43	82.16	5.20
	5.5	23.24	18.24	526.40	75.20	4.76		5.5	25.31	19.87	680.06	89.48	5.18

注:电焊钢管的通常长度:$d = 32 \sim 70$ mm 时,为 $3 \sim 10$ m;$d = 76 \sim 152$ mm 时,为 $4 \sim 10$ m。

附表 5.13　冷弯薄壁焊接圆钢管的规格及截面特性

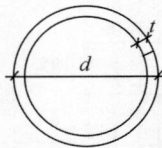

尺寸(mm)		截面面积 (cm²)	每米长质量 (kg/m)	I (cm⁴)	i (cm)	W (cm³)
d	t					
25	1.5	1.11	0.87	0.77	0.83	0.61
30	1.5	1.34	1.05	1.37	1.01	0.91
30	2.0	1.76	1.38	1.73	0.99	1.16
40	1.5	1.81	1.42	3.37	1.36	1.68
40	2.0	2.39	1.88	4.32	1.35	2.16
51	2.0	3.08	2.42	9.26	1.73	3.63
57	2.0	3.46	2.71	13.08	1.95	4.59
60	2.0	3.64	2.86	15.34	2.05	5.10
70	2.0	4.27	3.35	24.72	2.41	7.06
76	2.0	4.65	3.65	31.85	2.62	8.38
83	2.0	5.09	4.00	41.76	2.87	10.06
83	2.5	6.32	4.96	51.26	2.85	12.35
89	2.0	5.47	4.29	51.74	3.08	11.63
89	2.5	6.79	5.33	63.59	3.06	14.29
95	2.0	5.84	4.59	63.20	3.29	13.31
95	2.5	7.26	5.70	77.76	3.27	16.37
102	2.0	6.28	4.93	78.55	3.54	15.40
102	2.5	7.81	6.14	96.76	3.52	18.97
102	3.0	9.33	7.33	114.40	3.50	22.43
108	2.0	6.66	5.23	93.6	3.75	17.33
108	2.5	8.29	6.51	115.4	3.73	21.37
108	3.0	9.90	7.77	136.5	3.72	25.28
114	2.0	7.04	5.52	110.4	3.96	19.37

续表

尺寸（mm）		截面面积	每米长质量	I	i	W
d	t	（cm²）	（kg/m）	（cm⁴）	（cm）	（cm³）
114	2.5	8.76	6.87	136.2	3.94	23.89
114	3.0	10.46	8.21	161.3	3.93	28.30
121	2.0	7.48	5.87	132.4	4.21	21.88
121	2.5	9.31	7.31	163.5	4.19	27.02
121	3.0	11.12	8.73	193.7	4.17	32.02
127	2.0	7.85	6.17	153.4	4.42	24.16
127	2.5	9.78	7.68	189.5	4.40	29.84
127	3.0	11.69	9.18	224.7	4.39	35.39
133	2.5	10.25	8.05	218.2	4.62	32.81
133	3.0	12.25	9.62	259.0	4.60	38.95
133	3.5	14.24	11.18	298.7	4.58	44.92
140	2.5	10.80	8.48	255.3	4.86	36.47
140	3.0	12.91	10.13	303.1	4.85	43.29
140	3.5	15.01	11.78	349.8	4.83	49.97
152	3.0	14.04	11.02	389.9	5.27	51.30
152	3.5	16.33	12.82	450.3	5.25	59.25
152	4.0	18.60	14.60	509.6	5.24	67.05
159	3.0	14.70	11.54	447.4	5.52	56.27
159	3.5	17.10	13.42	517.0	5.50	65.02
159	4.0	19.48	15.29	585.3	5.48	73.62
168	3.0	15.55	12.21	529.4	5.84	63.02
168	3.5	18.09	14.20	612.1	5.82	72.87
168	4.0	20.61	16.18	693.3	5.80	82.53
180	3.0	16.68	13.09	653.5	6.26	72.61
180	3.5	19.41	15.24	756.0	6.24	84.00
180	4.0	22.12	17.36	856.8	6.22	95.20
194	3.0	18.00	14.13	821.1	6.75	84.64
194	3.5	20.95	16.45	950.5	6.74	97.99
194	4.0	23.88	18.75	1078	6.72	111.1
203	3.0	18.85	15.00	943	7.07	92.87
203	3.5	21.94	17.22	1092	7.06	107.55
203	4.0	25.01	19.63	1238	7.04	122.01
219	3.0	20.36	15.98	1187	7.64	108.44
219	3.5	23.70	18.61	1376	7.62	125.65
219	4.0	27.02	21.81	1562	7.60	142.62
245	3.0	22.81	17.91	1670	8.56	136.3
245	3.5	26.55	20.84	1936	8.54	158.1
245	4.0	30.28	23.77	2199	8.52	179.5

附表 5.14　冷弯薄壁方钢管的规格及截面特性

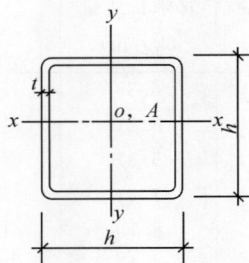

尺寸（mm）		截面面积	每米长质量	I_x	i_x	W_x
h	t	（cm²）	（kg/m）	（cm⁴）	（cm）	（cm³）
25	1.5	1.31	1.03	1.16	0.94	0.92
30	1.5	1.61	1.27	2.11	1.14	1.40
40	1.5	2.21	1.74	5.33	1.55	2.67
40	2.0	2.87	2.25	6.66	1.52	3.33
50	1.5	2.81	2.21	10.82	1.96	4.33
50	2.0	3.67	2.88	13.71	1.93	5.48
60	2.0	4.47	3.51	24.51	2.34	8.17
60	2.5	5.48	4.30	29.36	2.31	9.79
80	2.0	6.07	4.76	60.58	3.16	15.15
80	2.5	7.48	5.87	73.40	3.13	18.35
100	2.5	9.48	7.44	147.91	3.05	29.58
100	3.0	11.25	8.83	173.12	3.92	34.62
120	2.5	11.48	9.01	260.88	4.77	43.48
120	3.0	13.65	10.72	306.71	4.74	51.12
140	3.0	16.05	12.60	495.68	5.56	70.81
140	3.5	18.58	14.59	568.22	5.53	81.17
140	4.0	21.07	16.44	637.97	5.50	91.14
160	3.0	18.45	14.49	749.64	6.37	93.71
160	3.5	21.38	16.77	861.34	6.35	107.67
160	4.0	24.27	19.05	969.35	6.32	121.17
160	4.5	27.12	21.05	1073.66	6.29	134.21
160	5.0	29.93	23.35	1174.44	6.26	146.81

附表 5.15　冷弯薄壁矩形钢管的规格及截面特性

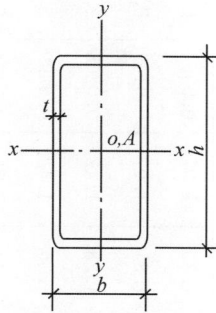

尺寸(mm)			截面面积 (cm²)	每米长质量 (kg/m)	x—x			y—y		
h	b	t			I_x (cm⁴)	i_x (cm)	W_x (cm³)	I_y (cm⁴)	i_y (cm)	W_y (cm³)
30	15	1.5	1.20	0.95	1.28	1.02	0.85	0.42	0.59	0.57
40	20	1.6	1.75	1.37	3.43	1.40	1.72	1.15	0.81	1.15
40	20	2.0	2.14	1.68	4.05	1.38	2.02	1.34	0.79	1.34
50	30	1.6	2.39	1.88	7.96	1.82	3.18	3.60	1.23	2.40
50	30	2.0	2.94	2.31	9.54	1.80	3.81	4.29	1.21	2.86
60	30	2.5	4.09	3.21	17.93	2.09	5.80	6.00	1.21	4.00
60	30	3.0	4.81	3.77	20.50	2.06	6.83	6.79	1.19	4.53
60	40	2.0	3.74	2.94	18.41	2.22	6.14	9.83	1.62	4.92
60	40	3.0	5.41	4.25	25.37	2.17	8.46	13.44	1.58	6.72
70	50	2.5	5.59	4.20	38.01	2.61	10.86	22.59	2.01	9.04
70	50	3.0	6.61	5.19	44.05	2.58	12.58	26.10	1.99	10.44
80	40	2.0	4.54	3.56	37.36	2.87	9.34	12.72	1.67	6.36
80	40	3.0	6.61	5.19	52.25	2.81	13.06	17.55	1.63	8.78
90	40	2.5	6.09	4.79	60.69	3.16	13.49	17.02	1.67	8.51
90	50	2.0	5.34	4.19	57.88	3.29	12.86	23.37	2.09	9.35
90	50	3.0	7.81	6.13	81.85	2.24	18.19	32.74	2.05	13.09
100	50	3.0	8.41	6.60	106.45	3.56	21.29	36.05	2.07	14.42
100	60	2.6	7.88	6.19	106.66	3.68	21.33	48.47	2.48	16.16
120	60	2.0	6.94	5.45	131.92	4.36	21.99	45.33	2.56	15.11
120	60	3.2	10.85	8.52	199.88	4.29	33.31	67.94	2.50	22.65
120	60	4.0	13.35	10.48	240.72	4.25	40.12	81.24	2.47	27.08
120	80	3.2	12.13	9.53	243.54	4.48	40.59	130.48	3.28	32.62
120	80	4.0	14.96	11.73	294.57	4.44	49.09	157.28	3.24	39.32
120	80	5.0	18.36	14.41	353.11	4.39	58.85	187.75	3.20	46.94
120	80	6.0	21.63	16.98	406.00	4.33	67.67	214.98	3.15	53.74
140	90	3.2	14.05	11.04	384.01	5.23	54.86	194.80	3.72	43.29
140	90	4.0	17.35	13.63	466.59	5.19	66.66	235.92	3.69	52.43
140	90	5.0	21.36	16.78	562.61	5.13	80.37	283.32	3.64	62.96
150	100	3.2	15.33	12.04	488.18	5.64	65.09	262.26	4.14	52.45

附表 5.16　冷弯薄壁等边角钢的规格及截面特性

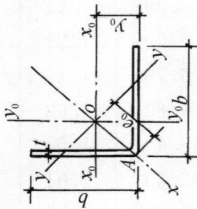

| 尺寸(mm) | | 截面面积(cm²) | 每米长质量(kg/m) | y_0(cm) | x_0-x_0 | | | | $x-x$ | | $y-y$ | | x_1-x_1 | e_0(cm) | I_t(cm⁴) | U_y(cm⁵) |
b	t				I_{x0}(cm⁴)	i_{x0}(cm)	W_{x0max}(cm³)	W_{x0min}(cm³)	I_x(cm⁴)	i_x(cm)	I_y(cm⁴)	i_y(cm)	I_{x1}(cm⁴)			
30	1.5	0.85	0.67	0.828	0.77	0.95	0.93	0.35	1.25	1.21	0.29	0.58	1.35	1.07	0.0064	0.613
30	2.0	1.12	0.88	0.855	0.99	0.94	1.16	0.46	1.63	1.21	0.36	0.57	1.81	1.07	0.0149	0.775
40	2.0	1.52	1.19	1.105	2.43	1.27	2.20	0.84	3.95	1.61	0.90	0.77	4.28	1.42	0.0208	2.585
40	2.5	1.87	1.47	1.132	2.96	1.26	2.62	1.03	4.85	1.61	1.07	0.76	5.36	1.42	0.0390	3.104
50	2.5	2.37	1.86	1.381	5.93	1.58	4.29	1.64	9.65	2.02	2.20	0.96	10.44	1.78	0.0494	7.890
50	3.0	2.81	2.21	1.408	6.97	1.57	4.95	1.94	11.40	2.01	2.54	0.95	12.55	1.78	0.0843	9.169
60	2.5	2.87	2.25	1.630	10.41	1.90	6.38	2.38	16.90	2.43	3.91	1.17	18.03	2.13	0.0598	16.80
60	3.0	3.41	2.68	1.657	12.29	1.90	7.42	2.83	20.02	2.42	4.56	1.16	21.66	2.13	0.1023	19.63
75	2.5	3.62	2.84	2.005	20.65	2.39	10.30	3.76	33.43	3.04	7.87	1.48	35.20	2.66	0.0755	42.09
75	3.0	4.31	3.39	2.031	24.47	2.38	12.05	4.47	39.70	3.03	9.23	1.46	42.26	2.66	0.1203	49.47

附表 5.17　冷弯薄壁卷边等边角钢的规格及截面特性

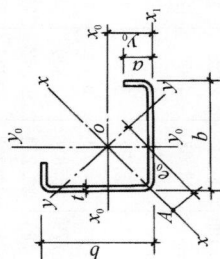

| 尺寸(mm) | | | 截面面积 (cm²) | 每米长质量 (kg/m) | y_0 (cm) | x_0-x_0 | | | | $x-x$ | | $y-y$ | | x_1-x_1 | e_0 (cm) | I_t (cm⁴) | I_w (cm⁵) | U_y (cm⁵) |
b	a	t				I_{x0} (cm⁴)	i_{x0} (cm)	W_{x0max} (cm³)	W_{x0min} (cm³)	I_x (cm⁴)	i_x (cm)	I_y (cm⁴)	i_y (cm)	I_{x1} (cm⁴)				
40	15	2.0	1.95	1.53	1.404	3.93	1.42	2.80	1.51	5.74	1.72	2.12	1.01	7.78	2.37	0.0260	3.88	3.747
60	20	2.0	2.95	2.32	2.026	13.83	2.17	6.83	3.48	20.56	2.64	7.11	1.55	25.94	3.38	0.0394	22.64	21.01
75	20	2.0	3.55	2.79	2.396	25.60	2.69	10.68	5.02	39.01	3.31	12.19	1.85	45.99	3.82	0.0473	36.55	51.84
75	20	2.5	4.36	3.42	2.401	30.76	2.66	12.81	6.03	46.91	3.28	14.60	1.83	55.90	3.80	0.0909	43.33	61.93

附表 5.18 冷弯薄壁槽钢的规格及截面特性

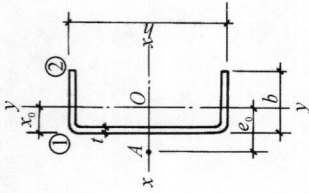

尺寸(mm) h	b	t	截面面积 (cm²)	每米长质量 (kg/m)	x_0 (cm)	I_x (cm⁴)	i_x (cm)	W_x (cm³)	I_y (cm⁴)	i_y (cm)	W_{ymax} (cm³)	W_{ymin} (cm³)	I_{y1} (cm)	e_0 (cm)	I_t (cm⁴)	I_w (cm⁵)	k (cm⁻¹)	W_{w1} (cm⁴)	W_{w2} (cm⁴)	U_y (cm⁵)
40	20	2.5	1.763	1.384	0.629	3.914	1.489	1.957	0.651	0.607	1.034	0.475	1.350	1.255	0.0367	1.332	0.10295	1.360	0.671	1.440
50	30	2.5	2.513	1.972	0.951	9.574	1.951	3.829	2.245	0.945	2.359	1.096	4.521	2.013	0.0523	7.945	0.05034	3.550	2.045	5.259
60	30	2.5	2.74	2.15	0.883	14.38	2.31	4.89	2.40	0.94	2.71	1.13	4.53	1.88	0.0571	12.21	0.0425	4.72	2.51	7.942
70	40	2.5	3.496	2.74	1.202	26.703	2.763	7.629	5.639	1.269	4.688	2.015	10.697	2.653	0.0728	413.05	0.02604	9.499	5.439	19.429
80	40	2.5	3.74	2.94	1.132	36.70	3.13	9.18	5.92	1.26	5.23	2.06	10.71	2.51	0.0779	57.36	0.0229	11.61	6.37	26.089
80	40	3.0	4.43	3.48	1.159	42.66	3.10	10.67	6.93	1.25	5.98	2.44	12.87	2.51	0.1328	64.58	0.0282	13.64	7.34	30.575
100	40	2.5	4.24	3.33	1.013	62.07	3.83	12.41	6.37	1.23	6.29	2.13	10.72	2.30	0.0884	99.70	0.0185	17.07	8.44	42.672
100	40	3.0	5.03	3.95	1.039	72.44	3.80	14.49	7.47	1.22	7.19	2.52	12.89	2.30	0.1508	113.23	0.0227	20.20	9.79	50.247
120	40	2.5	4.74	3.72	0.919	95.92	4.50	15.99	6.72	1.19	7.32	2.18	10.73	2.13	0.0988	156.19	0.0156	23.62	10.59	63.644
120	40	3.0	5.63	4.42	0.944	112.28	4.47	18.71	7.90	1.19	8.37	2.58	12.91	2.12	0.1688	178.49	0.0191	28.13	12.33	75.140
140	50	3.0	6.83	5.36	1.187	191.53	5.30	27.36	15.52	1.51	13.08	4.07	25.13	2.75	0.2048	487.60	0.0128	48.99	22.93	160.572
140	50	3.5	7.89	6.20	1.211	218.88	5.27	31.27	17.79	1.50	14.69	4.70	29.37	2.74	0.3223	546.44	0.0151	56.72	26.09	184.730
160	60	3.0	8.03	6.30	1.432	300.87	6.12	37.61	26.90	1.83	18.79	5.89	43.35	3.37	0.2408	1119.78	0.0091	78.25	38.21	303.617
160	60	3.5	9.29	7.29	1.456	344.94	6.09	43.12	30.92	1.82	21.23	6.81	50.63	3.37	0.3794	1264.16	0.0108	90.71	43.68	349.963
180	60	4.0	11.350	8.910	1.390	510.374	6.705	56.708	35.956	1.779	25.856	7.800	57.908	3.217	0.6053	1872.165	0.01115	135.194	57.111	511.702
180	60	5.0	13.985	10.978	1.440	616.044	6.636	68.449	43.601	1.765	30.274	9.562	72.611	3.217	1.1654	2190.181	0.01430	170.048	68.632	625.549
200	60	4.0	12.150	9.538	1.312	658.605	7.362	65.860	37.016	1.745	28.208	7.896	57.940	3.062	0.6480	2424.951	0.01013	165.206	65.012	644.574
200	60	5.0	14.985	11.763	1.360	796.658	7.291	79.665	44.923	1.731	33.012	9.683	72.674	3.062	1.2488	2849.111	0.01298	209.464	78.322	789.191

附表 5.19 冷弯薄壁卷边槽钢的规格及截面特性

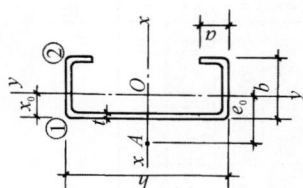

尺寸(mm)				截面面积 (cm²)	每米长质量 (kg/m)	x_0 (cm)	$x-x$			$y-y$				y_1-y_1	e_0 (cm)	I_t (cm⁴)	I_w (cm⁵)	k (cm⁻¹)	W_{w1} (cm⁴)	W_{w1} (cm⁴)	U_y (cm⁵)
h	b	a	t				I_x (cm⁴)	i_y (cm)	W_x (cm³)	I_y (cm⁴)	i_y (cm)	W_{ymax} (cm³)	W_{ymin} (cm³)	I_{y1} (cm⁴)							
80	40	15	2.0	3.47	2.72	1.452	34.16	3.14	8.54	7.79	1.50	5.36	3.06	15.10	3.36	0.0462	112.9	0.0126	16.03	15.74	21.25
100	50	15	2.5	5.23	4.11	1.706	81.34	3.94	16.27	17.19	1.81	10.08	5.22	32.41	3.94	0.1090	352.8	0.0109	34.47	29.41	67.77
120	50	20	2.5	5.98	4.70	1.706	129.40	4.65	21.57	20.96	1.87	12.28	6.36	38.36	4.08	0.1246	660.9	0.0085	51.04	48.36	103.53
120	60	20	3.0	7.65	6.01	2.106	170.68	4.72	28.45	37.36	2.21	17.74	9.59	71.31	4.87	0.2296	1153.2	0.0087	75.68	68.84	166.06
140	60	20	3.0	8.25	6.48	1.964	245.42	5.45	35.06	39.49	2.19	20.11	9.79	71.33	4.61	0.2476	1589.8	0.0078	92.69	79.00	245.42
160	70	20	3.0	9.45	7.42	2.224	373.64	6.29	46.71	60.42	2.53	27.17	12.65	107.20	5.25	0.2836	3070.5	0.0060	135.49	109.92	447.56

续表

序号	截面代号	截面尺寸(mm)				截面面积 A (cm²)	质量 g (kg/m)	x_0 (cm)	$x-x$			$y-y$				y_1-y_1	e_0 (cm)	I_t (cm⁴)	I_w (cm⁵)	k (cm⁻¹)	W_{w1} (cm⁴)	W_{w2} (cm⁴)
		h	b	c	t				I_x (cm⁴)	i_y (cm)	W_x (cm³)	I_y (cm⁴)	i_y (cm)	W_{ymax} (cm³)	W_{ymin} (cm³)	I_{y1} (cm⁴)						
1	C140×2.0	140	50	20	2.0	5.27	4.14	1.59	154.03	5.41	22.00	18.56	1.88	11.68	5.44	31.86	3.87	0.0703	794.79	0.0058	51.44	52.22
2	C140×2.2	140	50	20	2.2	5.76	4.52	1.59	167.40	5.39	23.91	20.03	1.87	12.62	5.87	34.53	3.84	0.0929	852.46	0.0065	55.98	56.84
3	C140×2.5	140	50	20	2.5	6.48	5.09	1.58	186.78	5.39	26.68	22.11	1.85	13.96	6.47	38.38	3.80	0.1351	931.89	0.0075	62.56	63.56
4	C160×2.0	160	60	20	2.0	6.07	4.76	1.85	236.59	6.24	29.57	29.99	2.22	16.19	7.23	50.83	4.52	0.0809	1596.28	0.0044	76.92	71.30
5	C160×2.2	160	60	20	2.2	6.64	5.21	1.85	257.57	6.23	32.20	32.45	2.21	17.53	7.82	55.19	4.50	0.1071	1717.82	0.0049	83.82	77.55
6	C160×2.5	160	60	20	2.5	7.48	5.87	1.85	288.13	6.21	36.02	35.96	2.19	19.47	8.66	61.49	4.45	0.1559	1887.71	0.0056	93.87	86.63
7	C180×2.0	180	70	20	2.0	6.87	5.39	2.11	343.93	7.08	38.21	45.18	2.57	21.37	9.25	75.87	5.17	0.0916	2934.34	0.0035	109.50	95.22
8	C180×2.2	180	70	20	2.2	7.52	5.90	2.11	374.90	7.06	41.66	48.97	2.55	23.19	10.02	82.49	5.14	0.1213	3165.62	0.0038	119.44	103.58
9	C180×2.5	180	70	20	2.5	8.48	6.66	2.11	420.20	7.04	46.69	54.42	2.53	25.82	11.12	92.08	5.10	0.1767	3492.15	0.0044	133.99	115.73
10	C200×2.0	200	70	20	2.0	7.27	5.71	2.00	440.04	7.78	44.00	46.71	2.54	23.32	9.35	75.88	4.96	0.0969	3672.33	0.0032	126.74	106.15
11	C200×2.2	200	70	20	2.2	7.96	6.25	2.00	479.87	7.77	47.99	50.64	2.52	25.31	10.13	82.49	4.93	0.1284	3963.82	0.0035	138.26	115.74
12	C200×2.5	200	70	20	2.5	8.98	7.05	2.00	538.21	7.74	53.82	56.27	2.50	28.18	11.25	92.09	4.89	0.1871	4376.18	0.0041	155.14	129.75
13	C220×2.0	220	75	20	1.0	7.87	6.18	2.08	574.45	8.54	52.22	56.88	2.69	27.35	10.50	90.93	5.18	0.1049	5313.52	0.0028	158.43	127.32
14	C220×2.2	220	75	20	2.2	8.62	6.77	2.08	626.85	8.53	56.99	61.71	2.68	29.70	11.38	98.91	5.15	0.1391	5742.07	0.0031	172.92	138.93
15	C220×2.5	220	75	20	2.5	9.73	7.64	2.07	703.76	8.50	63.98	68.66	2.66	33.11	12.65	110.51	5.11	0.2028	6351.05	0.0035	194.18	155.94

附表 5.20　冷弯薄壁卷边 Z 形钢的规格及截面特性

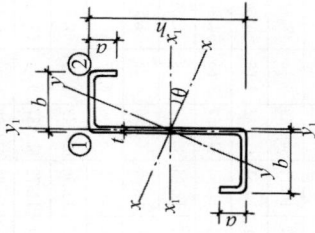

尺寸 (mm) h	b	a	t	截面面积 (cm²)	每米长质量 (kg/m)	θ	x_1-x_1 I_{x1} (cm⁴)	i_{x1} (cm)	W_{x1} (cm³)	y_1-y_1 I_{y1} (cm⁴)	i_{y1} (cm)	W_{y1} (cm³)	$x-x$ I_{x1} (cm⁴)	i_{x1} (cm)	W_{x1} (cm³)	W_{x2} (cm³)	$y-y$ I_y (cm⁴)	i_y (cm)	W_{y1} (cm³)	W_{y2} (cm³)	I_{x1y1} (cm⁴)	I_t (cm⁴)	I_w (cm⁵)	k (cm⁻¹)	W_{w1} (cm⁴)	W_{w2} (cm⁴)
100	40	20	2.0	4.07	3.19	24°1′	60.04	8.84	12.01	17.02	2.05	4.36	70.70	4.17	15.93	11.94	6.36	1.25	3.36	4.42	23.93	0.0542	325.0	0.0081	49.97	29.16
100	40	20	2.5	4.98	3.91	23°46′	72.10	3.80	14.42	20.02	2.00	5.17	84.63	4.12	19.18	14.47	7.49	1.23	4.07	5.28	28.45	0.1038	381.9	0.0102	62.25	35.03
120	50	20	2.0	4.87	3.82	24°3′	106.97	4.69	17.83	30.23	2.49	6.17	126.06	5.09	23.55	17.40	11.14	1.51	4.83	5.74	42.77	0.0649	785.2	0.0057	84.05	43.96
120	50	20	2.5	5.97	4.70	23°50′	129.39	4.65	21.57	35.91	2.45	7.37	152.05	5.04	28.55	21.21	13.25	1.49	5.89	6.89	51.30	0.1246	930.9	0.0072	104.68	52.94
120	50	20	3.0	7.05	5.54	23°36′	150.14	4.61	25.02	40.88	2.41	8.43	175.92	4.99	33.18	24.80	15.11	1.46	6.89	7.92	58.99	0.2116	1058.9	0.0087	125.37	61.22
140	50	20	2.5	6.48	5.09	19°25′	186.77	5.37	26.68	35.91	2.35	7.37	209.19	5.67	32.55	26.34	14.48	1.49	6.69	6.78	60.75	0.1350	1289.0	0.0064	137.04	60.03
140	50	20	3.0	7.65	6.01	19°12′	217.26	5.33	31.04	49.83	2.31	8.43	241.62	5.62	37.76	30.70	16.52	1.47	7.84	7.81	69.93	0.2296	1468.2	0.0077	164.94	69.51
160	60	20	2.5	7.48	5.87	19°59′	288.12	6.21	36.01	58.15	2.79	9.90	323.13	6.57	44.00	34.95	23.14	1.76	9.00	8.71	96.32	0.1559	2634.3	0.0048	205.98	86.28
160	60	20	3.0	8.85	6.95	19°47′	336.66	6.17	42.08	66.66	2.74	11.39	376.67	6.52	51.48	41.08	26.56	1.73	10.58	10.07	111.51	0.2656	3019.4	0.0058	247.41	100.15
160	70	20	2.5	7.98	6.27	23°46′	319.13	6.32	39.89	87.74	3.32	12.76	374.76	6.85	52.35	38.23	32.11	2.01	10.53	10.86	126.37	0.1663	3793.3	0.0041	238.87	106.91
160	70	20	3.0	9.45	7.42	23°34′	373.64	6.29	46.71	101.10	3.27	14.76	437.72	6.80	61.33	45.01	37.03	1.98	12.39	12.58	146.86	0.2836	4365.0	0.0050	285.78	124.26
180	70	20	2.5	8.48	6.66	20°22′	420.18	7.04	46.69	187.74	3.22	12.76	473.34	7.47	57.27	44.88	34.58	2.02	11.66	10.86	143.18	0.1767	4907.9	0.0037	294.53	119.41
180	70	20	3.0	10.05	7.89	20°11′	492.51	7.00	54.73	101.11	3.17	14.76	553.83	7.42	67.22	52.89	39.89	1.99	13.72	12.59	166.47	0.3016	5652.2	0.0045	353.22	138.92

附表 5.21 冷弯薄壁斜卷边 Z 形钢的规格及截面特性

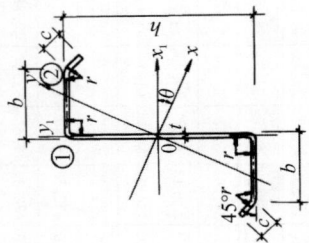

序号	截面代号	h	b	c	t	截面面积 A (cm²)	质量 g (kg/m)	θ (°)	x_1-x_1 I_{x_1} (cm⁴)	i_{x_1} (cm)	W_{x_1} (cm³)	y_1-y_1 I_{y_1} (cm⁴)	i_{y_1} (cm)	W_{y_1} (cm³)	x-x I_x (cm⁴)	i_x (cm)	W_{x_1} (cm³)	W_{x_2} (cm³)	y-y I_y (cm⁴)	i_y (cm)	W_{y_1} (cm³)	W_{y_2} (cm³)	$I_{x_1y_1}$ (cm⁴)	I_t (cm⁴)	I_w (cm⁵)	k (cm⁻¹)	W_{w_1} (cm⁴)	W_{w_2} (cm⁴)
1	Z 140×2.0	140	50	20	2.0	5.392	4.233	21.99	162.07	5.48	23.15	39.37	2.70	6.23	185.96	5.87	29.26	27.67	15.47	1.69	6.22	8.03	59.19	0.0719	968.9	0.0053	53.36	67.41
2	Z 140×2.2	140	50	20	2.2	5.909	4.638	22.00	176.81	5.47	25.26	42.93	2.70	6.81	202.93	5.86	32.00	30.09	16.81	1.69	6.80	9.04	64.54	0.0953	1050.3	0.0059	58.34	73.57
3	Z 140×2.5	140	50	20	2.5	6.676	5.240	22.02	198.45	5.45	28.35	48.15	2.69	7.66	227.83	5.84	36.04	33.61	18.77	1.68	7.65	10.68	72.66	0.1391	1167.2	0.0068	65.68	82.60
4	Z 160×2.0	160	60	20	2.0	6.192	4.861	22.10	246.83	6.31	30.85	60.27	3.12	8.24	283.68	6.77	38.98	37.11	23.42	1.95	8.15	10.11	90.73	0.0826	1900.7	0.0041	78.75	90.38
5	Z 160×2.2	160	60	20	2.2	6.789	5.329	22.11	269.59	6.30	33.70	65.80	3.11	9.01	309.89	6.76	42.66	40.42	25.50	1.94	8.91	11.34	99.18	0.1095	2064.7	0.0045	86.18	98.70
6	Z 160×2.5	160	60	20	2.5	7.676	6.025	22.13	303.09	6.28	37.89	73.93	3.10	10.14	348.49	6.74	48.11	45.25	28.54	1.93	10.04	13.29	11.64	0.1599	2301.9	0.0052	97.16	110.91
7	Z 180×2.0	180	70	20	2.0	6.992	5.489	22.19	356.62	7.14	39.62	87.42	3.54	10.51	410.32	7.66	50.04	47.90	33.72	2.20	10.34	12.46	131.67	0.0932	3437.7	0.0032	111.10	19.13
8	Z 180×2.2	180	70	20	2.2	7.669	6.020	22.19	389.84	7.13	43.32	95.52	3.53	11.50	448.59	7.65	54.80	52.22	36.76	2.19	11.31	13.94	44.03	0.1237	3740.3	0.0036	121.66	130.18
9	Z 180×2.5	180	70	20	2.5	8.676	6.810	22.21	438.84	7.11	48.76	107.46	3.52	12.96	505.09	7.63	61.86	58.57	41.21	2.18	12.76	16.25	162.31	0.1807	4179.8	0.0041	137.30	146.41
10	Z 200×2.0	200	70	20	2.0	7.392	5.803	19.31	455.43	7.85	45.54	87.42	3.44	10.51	506.90	8.28	54.52	52.61	35.94	2.21	11.32	13.81	146.94	0.0986	43438.7	0.0029	132.47	129.17
11	Z 200×2.2	200	70	20	2.2	8.109	6.365	19.31	498.02	7.84	49.80	95.52	3.43	11.50	554.35	8.27	59.92	57.41	39.20	2.20	12.39	15.48	160.76	0.1308	4733.4	0.0033	145.15	141.17
12	Z 200×2.5	200	70	20	2.5	9.176	7.203	19.31	560.92	7.82	56.09	107.46	3.42	12.96	624.42	8.25	67.42	64.47	43.96	2.19	13.98	18.11	181.18	0.1912	5293.3	0.0037	163.95	158.85
13	Z 220×2.0	220	75	20	2.0	7.992	6.274	18.30	592.79	8.61	53.89	103.58	3.60	11.75	652.87	9.04	63.38	61.42	43.50	2.33	13.08	15.84	181.66	0.1066	6260.3	0.0026	166.31	152.62
14	Z 220×2.2	220	75	20	2.2	8.769	6.884	18.30	648.52	8.60	58.96	113.22	3.59	12.86	714.28	9.03	69.44	67.08	47.47	2.33	14.32	17.73	198.80	0.1415	6819.4	0.0028	182.31	166.86
15	Z 220×2.5	220	75	20	2.5	9.926	7.792	18.31	730.93	8.58	66.45	127.44	3.58	14.50	805.09	9.01	78.43	75.41	53.28	2.32	16.17	20.72	224.18	0.2068	7635.0	0.0032	206.07	187.86

附录6　锚栓和螺栓规格

附表6.1　Q235钢(Q345钢)锚栓规格

锚栓直径 d (mm)	锚栓截面有效面积 A_e (cm²)	单螺母 a (mm)	单螺母 b (mm)	双螺母 a (mm)	双螺母 b (mm)	Ⅰ型 C15	Ⅰ型 C20	Ⅱ型 C15	Ⅱ型 C20	Ⅲ型 C15	Ⅲ型 C20	锚板尺寸 c (mm)	锚板尺寸 t (mm)	每个锚栓的受拉承载力设计值 N_t^a (kN)
20	2.448	45	75	60	90	500(600)	400(500)							34.3(44.1)
22	3.034	45	75	65	95	550(660)	440(550)							42.5(54.6)
24	3.525	50	80	70	100	600(720)	480(600)							49.4(63.5)
27	4.594	50	80	75	105	675(810)	540(675)							64.3(82.7)
30	5.606	55	85	80	110	750(900)	600(750)							78.5(100.9)
33	6.936	55	90	85	120	825(990)	660(625)							97.1(124.8)
36	8.167	60	95	90	125	900(1080)	720(900)							114.3(147.0)
39	9.758	65	100	95	130	1000(1170)	780(1000)	1050(1260)	840(1050)	630(755)	505(630)	140	20	136.6(175.6)
42	11.21	70	105	100	135									156.9(201.8)

连接尺寸　锚固长度及锚件部尺寸

Ⅰ型　Ⅱ型（16~20）　Ⅲ型（20~50，0.7）

垫板顶面面标高　基础顶面面标高

基础混凝土的强度等级

续表

锚栓直径 d (mm)	锚栓截面有效面积 A_e (cm²)	连接尺寸 单螺母 a (mm)	单螺母 b (mm)	双螺母 a (mm)	双螺母 b (mm)	锚固长度 l(mm) I型 C15	I型 C20	II型 C15	II型 C20	III型 C15	III型 C20	锚板尺寸 c (mm)	t (mm)	每个锚栓的受拉承载力设计值 N_t^a (kN)
45	13.06	75	110	105	140			1125(1350)	900(1125)	675(810)	540(675)	140	20	182.8(235.1)
48	14.73	80	120	110	150			1200(1440)	960(1200)	720(865)	575(720)	200	20	206.2(265.1)
52	17.58	85	125	120	160			1300(1560)	1040(1300)	780(935)	625(780)	200	20	246.1(316.4)
56	20.30	90	130	130	170			1400(1680)	1120(1400)	840(1010)	670(840)	200	20	284.2(365.4)
60	23.62	95	135	140	180			1500(1800)	1200(1500)	900(1080)	720(900)	240	25	330.7(425.2)
64	26.76	100	145	150	195			1600(1920)	1280(1600)	960(1150)	770(960)	240	25	374.6(481.7)
68	30.55	105	150	160	205			1700(2040)	1360(1700)	1020(1225)	815(1020)	280	30	427.7(549.9)
72	34.60	110	155	170	215			1800(2160)	1440(1800)	1080(1300)	865(1080)	280	30	484.4(622.8)
76	38.89	115	160	180	225			1900(2280)	1520(1900)	1140(1370)	910(1140)	320	30	544.5(700.0)
80	43.44	120	165	190	235			2000(2400)	1600(2000)	1200(1440)	960(1200)	350	40	608.2(781.9)
85	49.48	130	180	200	250			2125(2550)	1700(2125)	1275(1530)	1020(1275)	350	40	692.7(890.6)
90	55.91	140	190	210	260			2250(2700)	1800(2250)	1350(1620)	1080(1350)	400	40	782.7(1006)
95	62.73	150	200	220	270			2375(2850)	1900(2375)	1425(1710)	1140(1425)	450	45	878.2(1129)
100	69.95	160	210	230	280			2500(3000)	2000(2500)	1500(1800)	1200(1500)	500	45	979.3(1259)

注：Q345 钢锚栓规格按括号内的数值选取。

附表 6.2　普通螺栓规格

公称直径 d(mm)	12	14	16	18	20	22	24	27	30
螺距 t(mm)	1.75	2.0	2.0	2.5	2.5	2.5	3.0	3.0	3.5
中径 d_2(mm)	10.863	12.701	14.701	16.376	18.376	20.376	22.052	25.052	27.727
内径 d_1(mm)	10.106	11.835	13.835	15.294	17.294	19.294	20.752	23.752	26.211
计算净截面面积 A_n(cm^2)	0.84	1.15	1.57	1.92	2.45	3.03	3.53	4.59	5.61

注：计算净截面面积按下式算得：$A_n = \dfrac{\pi}{4}\left(\dfrac{d_2 + d_3}{2}\right)^2$，式中 $d_3 = d_1 - 0.1444t$。

参考文献

[1]中国建筑标准设计研究院.钢结构施工图参数表示方法[S].北京:中国计划出版社,2008

[2]李楠.钢结构工程施工质量验收规范应用图解[M].北京:机械工业出版社,2009

[3]中国建筑标准设计研究院.01SG519多、高层民用建筑钢结构节点构造详图(建筑标准图集)[S].北京:中国计划出版社,2009

[4]郭荣玲.轻松读懂钢结构施工[M].北京:机械工业出版社,2011

[5]乐嘉龙.学看钢结构施工图[M].北京:中国电力出版社,2006

[6]上官子昌.钢结构施工图识读与实例详解[M].北京:化学工业出版社,2013

[7]陈禄如.建筑钢结构施工手册[M].北京:中国计划出版社,2002

[8]路克宽、侯赵新、文双玲.钢结构工程便携手册[M].北京:机械工业出版社,2003

[9]马向东、孙斌等.钢结构施工员一本通[M].北京:中国建筑工业出版社,2009

[10]陈远春.建筑钢结构工程设计施工实例与图集[M].北京:金版电子出版社,2003

[11]邱耀、秦纪平等.钢结构基本理论与施工技术[M].北京:中国水利水电出版社,2011

[12]杜绍堂.钢结构施工[M].北京:高等教育出版社,2009

[13]戚豹.钢结构工程施工[M].北京:中国建筑工业出版社,2010

[14]李顺秋.钢结构制造与安装[M].北京:建筑工业出版社,2005

[15]钢结构工程施工质量验收规范(GB 50205-2001)[S].北京:中国计划出版社,2001

[16]钢结构工程施工规范(GB 50755-2012)[S].北京:中国建筑工业出版社,2001

[17]门式刚架轻型房屋钢结构技术规程(CECS 102-2012)[S].北京:中国计划出版社,2012

[18]网架结构设计与施工规程(JGJ 7-2010)[S].北京:中国建筑工业出版社,1991